文訊叢刊㉓

藝文與環境

——台灣各縣市藝文環境調查實錄

文訊雜誌社　主編

目錄

8 序 李瑞騰
10 傾聽鄉土的聲音 封德屏

屏東：陽光海岸

22 陽光海岸——屏東簡史 曾寬
27 近年來屏東縣立文化中心藝文活動概況 許思
33 屏東藝文團體簡介 陳添福
38 尋找區域文化的特色
——「屏東藝文環境的發展」座談會 封德屏

台東：美麗淨土

56 美麗淨土——台東簡史 陳顯忠
63 風沙幃幕後的花園——台東縣藝文活動概況 吳當
71 台東地區藝文團體及刊物紮記 楊雨河
77 擺脫過客心理，爲這塊土地投注心力
——「台東藝文環境的發展」座談會 高惠琳

彰化：卦山春曉

94 卦山春曉——彰化的文藝發展簡史 康原
101 彰化的藝文團體及刊物 呂興忠
106 彰化藝文環境的發展
——彰化縣立文化中心的回顧與前瞻 張釗騰

112 從大處著眼，從根本入手
——「彰化藝文環境的發展」座談會 楊錦郁

南投：竹影茶香

136 台灣地理的中心——南投簡史 胡坤仲
142 山林與溪水的對答——南投縣藝文團體及刊物簡介 岩上
149 從沙漠性格的擺脫到墾殖角色的呈現
——南投縣藝文活動概況分析 王灝
159 從個人出發，締造地方文化美景
——「南投藝文環境的發展」座談會 高惠琳

雲林：稻花千里

176 走過歲月長廊——雲林縣藝文發展簡史 沈文台
186 不信東風喚不回——雲林的藝文團體及刊物 羊牧
192 花雖美，無根隨謝——從鄉鎮文教基金會談文化重建 楊子潤
201 從地方出發，重建鄉土文化
——「雲林藝文環境的發展」座談會 高惠琳

澎湖：天人合歡

220 海峽的十字路口——澎湖 洪瑞全
226 西瀛風島的茁壯——澎湖藝文社團及刊物素描 薛國忠
232 爲文化執炬薪傳，爲菊島締造風采
——澎湖縣藝文活動簡介 漢卿
238 落實文化傳統，創造海上樂園
——「澎湖藝文環境的發展」座談會 高惠琳

嘉義：諸羅風情

260 感懷・珍惜・期許——閒話嘉義藝文環境發展 江春標
267 嘉義藝文活動概況 李清子
272 嘉義地區藝文環境之展望 李國俊
275 説一尺不如做一寸——「嘉義藝文環境的發展」座談會 高惠琳

台南：府城春秋

294 永生的鳳凰——台南市藝文團體及活動簡介 楊文雄
301 台南縣民間藝文團體 涂順從
306 豐美大地，豐美民俗——台南地區的廟會景觀 黃文博
311 鹽分地帶文藝營——十三年來大事記略 杜文靖
318 校園文化與社區文化的結合——「台南藝文環境的發展」座談會 高惠琳

花蓮：璀璨蓮花

340 花蓮簡史 林炬璧
346 人間的淨土，文藝的故鄉——簡介花蓮地區文藝社團和刊物 葉日松
353 洄瀾濤聲——花蓮文藝活動概況和展望 邱上林
357 善用自然資源，創造藝文環境——「花蓮藝文環境的發展」座談會 高惠琳

新竹：科技文化

374 從往昔的古樸走向嶄新的科技——新竹市簡史 曾文樑

378 竹塹藝文團體流覽 林志成
383 新竹藝文現況 李青霖
389 政府與民間互動，促進文化快速發展
——「新竹藝文環境的發展」座談會 高惠琳

苗栗：栗質天香

410 苗栗簡史 黃鼎松
416 苗栗藝文團體及刊物 王幼華
421 瞻前顧後新期盼——苗栗藝文活動概況 張瑞恭
423 合理有效地分配資源
——「苗栗藝文環境的發展」座談會 高惠琳

桃園：灼灼桃花

442 飛躍的桃園縣——桃園簡介 許金用
446 桃園藝文刊物略述 邱傑
455 桃園藝文活動概況 黃興隆
461 從鄉土的需求出發——「桃園藝文環境的發展」座談會 高惠琳

宜蘭：戲劇故鄉

480 宜蘭的開發與藝文傳統 陳進傳
485 蘭雨潤澤下，俊秀的藝文花樹 李潼
492 宜蘭藝文簡述 邱阿塗
498 讓自主性的生命外放
——「宜蘭藝文環境的發展」座談會 高惠琳

高雄：三山聳立

518 高雄縣開拓史 陳子波
522 高雄縣文藝社團與刊物 蔡文章
529 高雄縣文化建設的情形 鍾鐵民
534 文化總動員——「高雄藝文環境的發展」座談會 高惠琳

台中：山海之間

552 台中的歷史及其文化發展 陳炎正
561 台中縣的藝文景觀 硯農
567 台中市的文藝社團 桓夫
575 本土文學發祥在台中 陳千武
583 人力與資金的充分運作——「台中藝文環境的發展」座談會 高惠琳

基隆：雨港樂音

606 基隆開發史略 洪連成
613 基隆的文藝寫作活動 瑯環
616 基隆的藝文團體和刊物 賴東爐
622 塑造本土的文化特色——「基隆藝文環境的發展」座談會 高惠琳

附錄：各縣市藝文環境的回響

636 對藝文環境座談會的回響 羅朝明
638 綿延與傳承 李清子
639 扮演文化傳播的橋樑 葉佳雄
641 爲官方與民間溝通觀念，凝聚共識 曾光雄

集思廣益，提升文化活動水準　洪慶峯　642
遙遠的呼喚　曾寬　644
關懷與期待——給爲自由中國藝文工作努力的「文訊」　吳當　645
山水間的風情畫　康原　647
藝文的平衡發展　岩上　650
她提供了觸媒　羊牧　651
文訊美宴的回響　薛國忠　653
擁有「文訊」，希望無盡　江春標　655
感想與期望——爲台南爭取設立現代文學資料館催生　楊文雄　657
一簇美麗的結晶　邱上林　658
重要的「紅蘿蔔」　李清霖　660
重振山城文風的契機　黃鼎松　662
做了没人做的事　邱傑　664
與來自鄉野的藝文心聲迴流　李潼　665
一幅藝文工程藍圖　蔡文章　667
傾聽沙漠裡的水聲　陳憲仁　668
鼓舞地方藝文建設的專題製作　王岫　670
走過從前，放眼未來　尹章中　671
地方人文心靈的探索　沈清松　673
文化特色要深入發掘　高業榮　674
自信與謙遜——「孔子像」與羅丹「沈思者」的抉擇　黃才郎　676
敬意與謝意　葉海煙　680

序

⊙李瑞騰

「各縣市藝文環境調查」原只是一個媒體的編輯計畫，是熱情與理想的結合，其原始的構想是這樣的：

一、以臺北為重鎮的臺灣藝文環境，嚴重的忽略地方，使我們產生一探究竟的念頭。

二、在理論上，文化來自於土地與人民的生活，各區域性鄉土文化總的集合成整體國家文化，所以要眞正了解藝文傳統及其發展，從地方的歷史與現實入手，才是最實際的。

三、在做法上，我們先進行有關文獻的閱讀，知其梗概，約請當地學者或作家撰寫有關歷史沿革、藝文團體及其活動、刊物等方面的文章，然後我們親赴當地與學者、作家及有關人員舉辦座談，實際了解問題所在。

在一年多的時間裡，我們的足跡遍及臺北縣市、高雄市以外的所有縣市，總計二〇二位從事藝文工作的人參加了這一系列的活動，發表了五十九篇文章及十六次座談會紀錄。

總的來說，各縣市藝文環境的發展普遍面臨一些困難，諸如文化行政體系的配合問題、活動空間狹小、活動經費不足，以及發展不均等等，這裡面被視之為根本的問題大概是：一、政府的政策及其作為，二、教育體質及社會風氣問題，三、文化人的熱情與理想問題。理想情境如何？現實的狀況又是如何？經由這一系列的探訪及報導，大大小小的問題都暴現出來了。

在情感上，我們是親赴各地傾聽發自鄉土的聲音；在理智上，我們是發現問題，把它攤開來談，希望社會各界共同來關切，尤其是文化主管部門，我們等於做了一次具體的民意調查，結果都發表在刊物上，希望能產生作用。

在整個活動中，我們深切體認出，制度的重要性，它一定要合理，要契合事實的需要，譬如說文化部的成立問題，文化中心的定位問題等，都被高度關切，除了制度需要完善，人是最重要的了，一個充滿文化理想，而且具有領導魅力、親和性的文化中心主任，當地的文藝必然蓬勃發展；一個地方如果多幾位充滿文藝熱情的朋友，當地的藝文環境一定非常活潑，具有很好的發展潛力。

在每一次的座談當中，我個人也都表示了意見，有時難免激動，主要是我和所有的朋友們一樣，都關切著臺灣的藝術文化。寫本文的時候，我想到朋友們熱烈的回應以及殷切的期待，於此謹代表文訊雜誌社向各位道謝，也利用機會再說明一下個人的淺見。對於教育部社教司的經費贊助，對於編輯部同仁長期的辛勞，於此亦一併致謝。

附註：本書作者及座談與會者之介紹，皆以專題製作及會議召開時之職稱，特此說明。

傾聽鄉土的聲音

⊙封德屏

‧楔子

以往的編輯工作，與作家聯繫、約稿，大多是靠書信或電話，就算是舉辦活動或現場採訪，也是在以「臺北」爲中心的方圓幾十公里範圍內。因此，當我們決定要花整年的時間，從南到北，每個縣市逐一叩訪時，對我來說，無疑是編輯工作的一個新的形態及挑戰。

爲了使整個專題深入而翔實，我們開始了事前的準備，其中包括各地藝文人力資源的調查，各地藝文團體的聯繫，各地藝文發展簡史的蒐集。雖然文訊長期以來點滴建立起許多作家資料，但對默默在各地貢獻心力、引導風氣、紮根教育的藝文工作者，難免有錯失的遺憾。因此，多方面的諮詢、查訪，是絕對必要的。

一連串的日子，就在長途電話與蒐輯、閱讀資料中緊鑼密鼓地展開。

•七十九年十二月一日，屏東。

暖暖的冬陽下，我們沿著高屏公路直奔屏東縣立文化中心。在這之前，我們已和屏東籍作家曾寬就這次專輯交換過意見。曾寬在屏東藝文界活動力强，誠懇熱情，屏東的朋友都暱稱他「老大」。在無數次的電話線、傳眞紙上，與曾寬及屏東縣立文化中心的祕書涂燕諒做了仔細而快速的溝通，把一份座談會出席的名單擬好。

當所有識與不識的面孔，聚集在屏東文化中心二樓會議室中，用流暢的國語、或略帶鄉土的口音，表達他們內心的感觸及意見，激動的、靦腆的，都盈滿對這塊土地的期待與愛。

•八十年一月五日，臺東。

一點半，我們抵達臺東社教館。二樓會議室裡，推廣組長孫玉章親自指揮，細心地張羅會場內外的大小事。原本計畫這一系列的座談都與當地文化中心合辦，沒想到第二場就受挫，好在社教館羅館長慨然應允合辦，活動才得以順利進行。

座談會由三點進行到六點，天色全暗了下來，精采的論辯仍在室內持續著，我們帶著感謝與包容去看待臺東藝文界朋友的爭辯，儘管他們有不同的文化理念，不同的文學表現，但對文學藝術的執著，對土地無私的愛都是一樣的。

當我們致上微薄的出席費時，他們都表示驚訝與感謝。臺東師院的何三本教授說：「你們千里迢迢的從臺北來，爲臺東的藝文環境奔波，該付車馬費的是我們，怎麼可以收你們的錢？」經我們再三解釋與堅持，何三本、林嶺旭、杜若洲只好收下出席費，但隨即轉訂文訊，以表達他們對文訊感謝的心意。

第二天我們到張少東開的「東部人書坊」，及卑南族雕刻家陳文生遠在深谷的家。從張少東那裡看到的是一個由外地落腳在臺東三十餘年的人，在這裡結婚、生子、教書、辦報、開出版社，雖然他不是在臺東出生，但他的生命與臺東這塊土地已密不可分了，陳文生立志爲自己族羣做些什麼、留下什麼的願望，以及毫不吝惜放下賴以維生的農事而從事雕刻的執著，都令人感動。

•一月二十六日，彰化。

文訊經年累月與各地作家建立的良好關係，對此次專輯幫助很大。彰化的作家康原，熱情豪邁，中部地區的文友沒有人不認識他，有他幫忙，彰化之行格外順利。

在寬敞、明亮的文化中心會議室，聽李篤恭、陳金連前輩回顧以往的文學傳統，提及以往作家在寫作時必須突破語言障礙的艱辛過程。

曾勘仁校長、丁國富、孔建國、施坤鑑老師暢談如何從教育來推動文藝紮根的工作。林武憲長久以來對兒童文學投注的心力及心得，康原積極推動文學活動的熱情及遭人誤解的落寞……。

鹿港民俗文物館的歐式建築、重遊童年記憶中的彰化大佛，都一一在此行中留下令人難忘的回憶。

•三月二日，南投。

去年我們做過「埔里——藝術小鎮」的專輯，南投草屯又是總編輯的家鄉，所以就多了一分熟悉感。再加上詩人岩上、王灝的幫忙，使整個聯繫工作進行得十分順利。

南投山林秀美，藝文活動較中部的其他縣市熱絡，尤其是美術活動十分蓬勃。不論藝術單位或個人展出，本縣佔的比重很大。也就是說南投縣內藝文團體的活動力很強，這是主導南投藝文活動的主要資源，也使得南投縣的藝文呈現出美術性格的文化特質來了。

爲什麼會造就美術活動如此充沛的活力呢？除了南投前輩美術工作者的啓發引導外，許多成名的藝術家，對鄉土的回饋，用實際的行動，產生了有效的成果，例如經常回鄉舉辦畫展，購置土地將工作室轉移回故鄉等等，都是促成南投藝術活動興盛的原因。

•三月二十五日，雲林。

雲林文化中心離斗六市區還有一段路程。也許是雲林鄉鎮散佈在各個角落，藝文界朋友很少聯繫，開會之初，顯得有些陌生、隔閡。

逐漸地，隱藏在內心深處對文學的執著、對土地的期待，掙脫了陌生的面具。楊子澗慷慨陳述笨港媽祖文教基金會成立的宗旨與活動的方式；羊牧呼籲大家拋開各自爲政的心態，多多聯繫，如此才能凝聚力量，帶動雲林的藝文風氣。王麗萍直陳要從封閉中覺醒，讓教育重新紮根，讓下一代擁有思考性、自主性。

滔滔的雄辯及意見，取代了先前的陌生及冷漠，愉快的交談由文化中心會議室轉移到餐廳。我們臨走前，這羣雲林藝文界的朋友已經初步決定了他們往後聚會的時間、地點，他們決心團結起來，一起爲雲林的文學藝術貢獻力量。

•四月廿七日，澎湖。

一行四人，都是第一次到澎湖，情緒上十分興奮。意外的，澎湖文化中心主任李興揚親自派車來接我們。

直奔文化中心會場，一進門，眼睛一亮。海報設計、簽名簿、名牌、場地排列，樣樣都別出心裁，亮麗淸新。才坐定，推廣組長陳石筆告知立委陳癸淼及縣長王乾同都要來開會。我們當然感到欣慰。

會議中許多人提到年輕一代人口外流的問題，應該如何利用澎湖的天然資源，發展成有利經濟發展、藝文活動的豐富資源。

意猶未盡的談話延長到別緻的餐廳內，許多意見及心得繼續交流。晚餐後，我們參觀了「建國日報」，這是島上唯一的報社，簡單的設備及人員，肩負著「新聞」與「文藝」工作。

會議之外，李主任支援我們一部車，讓我們充份享受澎湖的天然景觀。車子在乾淨的空氣、輕柔的和風、蔚藍的天空下奔馳，兩旁的仙人掌及天人菊，交織成特殊風味的澎湖景觀。

•五月二十五日，嘉義。

雖然整個專題系列進行到第七次，可是並不意味著聯繫的工作會愈順利。嘉義是全省唯一沒有文化中心及社教館的縣市。所有藝文活動、文化事務由嘉義市政府教育局第四課來負責，以輪流租借各學校活動中心或教室爲活動場所。我們花了許多力氣，與幾所學校聯繫，最後終於由嘉義救國團潘江東總幹事拔刀相助，會議才得以順利舉行。

雖然沒有富麗堂皇的文化中心，但在樸素的救國團會議室內，嘉義的藝文代表熾熱的情緒與各地的朋友一樣。臧汀生的一句「山不來就我，我就去就山」，代表了文藝人奉獻的誠心。嘉義市政府教育局第四課長李清子的表現，不亞於任何一個有漂亮硬體設備的文化中心主管。

因此，我們悟出一個道理，只要有「心」去做，許多困難，皆可迎刃而解。

•七月七日，臺南。

臺南市及臺南縣都有文化中心，臺南又是文化古都，歷史悠久的成功大學又位在臺南。開會前，我們利用半天的時間，盤旋在成大鳳凰木的濃蔭下，對這古都第一學府，做了一番巡禮。

晚上在成大附近一家風味別緻的「老友小吃」，與成大教授及幾位文友聚餐，眼見店老闆陳鴻志先生與他們大塊吃肉、大碗喝酒的豪邁，讓旁觀者也感染到那份豪情與大量。席後，才知道陳老闆多年來與成大文學院師生已結爲知交，每學期必提供一名獎學金給中文系家境清寒的優秀學生。

這些愛鄉愛才的支持與贊助，不也正是地方文藝資源能不斷展現它特有風味的基本要素？

•七月廿九日，花蓮。

作家陳黎開車來接我們，陪我們共進午餐，在這之前，我原就邀請什麼人撰稿、座談，徵詢過他的意見。他在電話中的開場白我永遠記得：「我一直在注意你們這個專輯，也一直在等，何時你們才會來花蓮？」本來以為這個工作做得辛苦又極少人知道，這時才明白，再寂寞的路上都有人相伴、問候。

花蓮除了有秀麗的山川外，人才方面更是臥虎藏龍。我們利用開會後的空檔，匆匆造訪了楊崑峯的「竹筆」藝術，樓斐心的毫芒雕刻，以及林聰惠的石雕藝術。

在楊崑峯先生府上，我們親見他當場用竹筆揮毫及滿室的奇石；在茹素修持、神閑氣定的樓斐心先生的工作室，讚嘆驚訝他的鬼斧神工。難以忘懷的是溽暑中在石雕家林聰惠的客廳中，聽他用低沈悲涼的聲音敘述他從事石雕的歷程，談及他痛失愛兒的經過，感動的淚水不禁奪眶而出……。

•八月二十七日，新竹。

初見新竹文化中心主任及推廣組長、圖書組長時十分驚訝，他們的年輕出乎我們的預料。連帶的會場佈置，也顯得活潑而有朝氣。

會議中，曾文樑教授興奮的向大家宣佈「竹塹大學」籌設的經過；林柏燕教授建議從次文化出發，爭取對本土文化的認同；廖炳惠教授也強調必先尋求對本土文物的認同；呂正惠教授建議先克服地緣障礙，發展社區文化……。

第二天往新埔褒忠義民廟時，正好遇到中元普渡祭祀，人山人海的盛況，使我們親身感受到民間信仰所展現的影響。

•九月三十日，苗栗。

許多人說客家人熱情、團結，在苗栗的採訪中，我們深刻感受到。臺視「鄉親鄉情」執行製作張瑞恭談到「三台」雜誌創刊及停刊的始末：那是一羣志同道合的朋友，有朝一日時機成熟，他們還準備復刊。陳運棟在推動整理地方史料的前瞻性作法，一本頭份鎮誌動員八所國小教師，分頭採訪。

文化中心主任曾光雄先生，是三義鄉人，他特地擱下繁忙的公務，親自陪我們走訪三義。走在寧靜的山城街道，我們享受假日的悠閒。我們細細欣賞每件藝術品背後的縷縷刻痕，享受著一場難得的藝術盛宴。

•十月二十八日，桃園。

桃園因距離臺北太近，很難形成地方的特色。境內的兩所大學與地方亦有脫節的現象，中國時報記者黃興隆建議由文化中心扮演統合的角色，充分結合這些學院的藝文社團及地方團體，定能帶動地方的藝文發展。此外，桃園縣內有八千多家工廠，若能得到這些企業的贊助，不但能豐富藝文活動，還能提昇民衆的精神生活。

傅林統先生提到落實藝文的實際做法。大溪鎮關帝廟的主任委員，利用廟會舉行藝文展演，其中包括書畫、文物展，及詩歌吟唱、鄉土音樂、鄉土戲劇等表演；另外，八德鄉長正致力於鄉誌的編輯，造訪老前輩，將他們的經驗化爲文字以供流傳。邱晞傑也將採訪縣內作家的心得提出報告。

•十一月二十三日，宜蘭。

這兩年，宜蘭在展現藝文活動方面的蓬勃興盛，在文化中心工作人員身上可以感受到。座談會那天，幾乎全體都動員起來。現場另有好幾個臺大城鄉研究所的同學正在做田野調查，要求旁聽，我們欣然同意。

會中，蘭陽舞蹈團的負責人祕克琳神父的一席話發人深思：「我在臺灣待了很長一段時間，臺灣的經濟快速發展，反觀文化方面，卻一直沒有較大的進步。」

但仰山文教基金會的一羣人，卻集中力量爲地方藝文貢獻心力，縣長游錫堃就任以來以「文化立縣」的政策標竿所做的努力，都可以感受到濃厚鄉土文化氣息。

我們抽空到羅東公園，採訪一個愛戲如癡的游澤溪老先生，在他懷抱著幾十卷拍攝看戲的實錄，七年來記錄著每一齣戲曲名稱及內容的泛黃紙張，我們感受到源源不絕的生命力來自鄉土的底層。

•十二月二十九日，高雄。

高雄縣、市的藝文代表，有些很難區隔，我們本來想整個大高雄地區一起含括，而高雄市立文化中心的冷漠及不感興趣，使我們迅速決定只在高雄縣立文化中心舉辦座談。

周天龍先生在會中提到「文化總動員」的論點，許振江說要自助才會人助；王希成說藝文的心是癡、是狂。也許，我們都要以奉獻宗教的心，奉獻在藝文上。

黃埔陸軍官校的雄偉、壯麗，超乎我們的想像，在高雄一地，就有多所軍校，形成了一個具有特色的「軍中文化」，這實在是作家筆下的好題材。

•八十一年一月二十三日，臺中。

兩年前，臺中縣立文化中心出版了縣籍作家作品選輯，一套十本，首開文化中心爲當地作家出版書籍的先例。此舉引起各地作家的羨慕及注意，其他縣市文化中心也開始跟進。

其實臺中縣立文化中心的活動力及出版量不只在文學作家上面，美術活動、史料整理、田野調查，都展現了洪慶峯主任的企圖心。

因此，在臺中縣立文化中心的座談，就顯得活潑而豐富。最興奮的是，在會場中遇到我的小學老師陳忠秀，近三十年的歲月流走，師生感慨而又興奮。

會後的聚餐，充滿了歌聲及笑聲。洪慶峯主任及多位藝文人士，展露了文人浪漫的一面，交織成一個難忘的夜晚。

•二月二十九日，基隆。

離臺北最近的地方，聯絡起來並不如想像中容易。眼見專輯就要結束，疲憊的情緒席捲而來，面對一些不容易溝通的行政瑣事，幾乎想放棄這次座談。幸好，峯廻路轉，一切都順利解決。

基隆藝文界朋友的認眞及熱情，補償了我們在行政上所受的挫折。基港的「雨港樂音」、「藝術家聯盟獅子會」都是一羣愛好藝術的朋友組成的，他們也都並不仰賴政府，不依靠行政體系，而主動地希望多做些事。

•結語

結束一年四個月的十六個縣市專輯系列，我又如常地在臺北的東區辦公大樓內工作。每當疲累、倦怠時，那些在山嶺水涯、市郊鄉野，爲家鄉的子弟，家鄉的文藝，辛勤開墾，默默工作的面孔，就浮現在眼前，低落的精神就振作起來，總覺得不再那麼寂寞了。

他們也許認爲地處偏遠，但正如臺東的作家吳當說的：「把臺東當做圓心，不只是臺北，即便是全世界，也都是偏遠地區。」

屏東
陽光海岸

陽光海岸

屏東簡史

◎曾寬　潮州國中教師．作家

歷史沿革

明末，鄭成功以台灣作為反清復明的根據地，當時將台灣分為天興、萬年兩縣，屏東即隸屬萬年縣。

清康熙二十三年，收台灣入版圖，其時自台南登陸之閩粵移民，逐漸南移，沿高屏溪而下，墾田種植，建立村落，地名為阿猴汎，阿猴者為蕃語平埔社之譯音，該蕃族係自高雄退避於此，嗣後阿猴一地經閩粵移民開發結果，乃漸形成一繁華街市。

光緒元年，日人藉口台蕃殺琉民攻台灣，清朝欽差大臣沈葆禎於是擇瑯𤩝築城，增縣設治，同瑯𤩝四季如春，乃稱恆春縣，其城即今之縣屬恆春。光緒二十一年，日人據台，設台南縣，本縣屬之。光緒二十七年五月設恆春廳，十一月設阿猴廳。宣統元年，恆春併入阿猴廳，至民國九年，又將本縣改隸高雄州，稱高雄州屏東郡屏東街，民國二十二年復改稱為高雄州屏東市，屏東之名即取阿猴位於半屏山以東之意。

民國三十四年台灣光復，同年十二月二十九日，正式成立屏東市政府。三十五年四月市區擴大，合原屬高雄縣之萬丹、長治、九如等三區，共分七區，面積計二百二十平方公里，人口達十三萬餘。民國三十九年，爲實施地方自治，重新調整行政區域，由高雄原轄恆春、潮州、東港、屏東等區畫併，改設屏東縣，面積二千七百七十五平方公里，人口達四十六萬之多，縣政府於十月一日正式成立，原屏東市內四區改爲縣轄市，其餘地區分設三鎭、二十九鄉、成爲本省最南的縣份。

地勢、氣候、物產、人口

屏東縣依山面海，東有中央山脈南段，西爲台灣海峽，南瀕巴士海峽，極南爲恆春鎭的七星岩，另在台灣海峽有琉球嶼。南北長一百一十二公里，東西寬四十七公里。地形大體可分爲三區：屏東平原區，北自境內里港、九如之平地起，南至東港、林邊、枋寮沿岸，西由高屏溪起，東至平地鄉與山地鄉交界，係由高屏溪、旗山溪、荖濃鎭、隘寮溪、東港溪、林邊溪等網狀河流沖積而成的大平原。恆春丘陵區，係指枋寮以南的地區，其中以恆春、東城一帶平原較廣。高山區，位於本縣東部，包括三地、霧台、瑪家、泰武、來義、春日等山地鄉，平均海拔在一千公尺以上。

本縣屬於熱帶性氣候，年均溫攝氏二十四度，全年雨量大部分集中於五至九月間，夏季雨量以雷雨與颱風雨爲主，尤以八月雨量最多，平均一年的下雨量在二千五百公厘以上。雨量足，地下水源豐富，加上氣候暖熱，農業極爲發達，一年三穫，即兩期種稻，中間一期種大豆，旱田則植甘蔗、檳榔、椰子及果樹。由於本縣稻作最早收割，產量又最豐，素有台灣穀倉之稱呼。其他，諸如蔗糖、蓮霧、蔬菜等產量亦冠於全省。洋葱，產於恆春丘陵地，爲台灣惟一的產物，除內銷外，還外銷日本。東港、林邊、佳冬、枋寮等沿海地帶，由於地勢低窪，地質貧瘠，不適農耕，因此，此地住民大部挖池養魚，飼養草蝦、牡蠣、虱目及石斑魚等，雖然給漁民帶來財富，可是，卻由於大量抽取地下水，造成地層嚴重下陷，有些地區還低於海平面。

屛東縣總人口九十萬以上，客家人約佔五分之一强，集中於高樹、長治、內埔、麟洛、萬巒、竹田、新埤、佳冬等鄉，統稱爲六堆。山地同胞約有五萬人，散居在三地、瑪家、霧台、泰武、春日、獅子、牡丹等鄉，除了霧台屬於魯凱族外，其他都是排灣族人。由於屛東是典型的農業縣，工廠不多，因此，年輕人都往鄰近都市發展，也因此人口增加率很低，造成農村勞工不足。

自然景觀

本縣三面環海，海岸線爲全省最長的一縣，達一百四十六公里，西面由高屛溪而下至枋寮是沙岸，枋寮以南是礁岸，東面由鵝鑾鼻以北至台東交界處則是岩岸、珊瑚礁，另外，孤懸於海峽中的琉球嶼全是珊瑚礁。雖然，綿長的海岸僅有東港、琉球嶼、後壁湖等地有像樣的漁港，可是，「海」卻給屛東帶來最大的觀光資源。

屛鵝公路出枋寮後，都是沿著海岸線南下，觸目盡是奇形怪狀的礁石，一波波的海浪，掀起了千堆雪似浪花，到了恆春半島，幾等於抵達了邁阿米，這裡不但有台灣難得一見的湛藍海灣，也有綿長柔細的白沙灘，還有金黃色的貝殼沙灘，一年四季如春，遊客可海泳，可衝浪，也可駕小帆船。

墾丁國家公園，面積四百三十八公頃，面積雖不怎麼大，可是觀光資源卻非常豐富，它有一千多種的熱帶植物林，有台灣最大的鵝鑾鼻燈塔，登上七層樓高的望海亭，可飽覽半島全景，可遠眺巴士、台灣海峽及舒舒麗麗的太平洋。

墾丁牧場也是一大勝景，一千多公頃的牧場，種植了盤古拉草，依山起伏，點綴了叢叢綠樹，如詩如畫。牧場裡，飼養了一千九百多頭肉牛，有的欄牧，也有放牧，低首啃草，昂頭漫步，頗有美國西部牧場色彩。

南仁湖是熱帶雨林區，也是一座神祕的高山湖；面積一百三十七公頃的龍鑾潭，是候鳥的第二家鄉；二千五百公尺長的佳樂水珊瑚海岸，足可媲美台北的野柳；早在光緒年間即被發現的四重溪溫泉，爲本省四大溫泉之一；琉球嶼，海岸光怪陸離，海水澄澈，素有海上公園之稱。

歷史古蹟

古蹟，是文化的資產，屏東雖是台灣的邊陲之地，先民留下的資產卻是不少。恆春古城，是台灣保存最完整的一座古城，完成於光緒五年，全城周長八百八十丈，牆高一丈四尺有餘，有四座城門，城外有壕溝，該城經長年的風雨侵蝕，加上開路的破壞，雖顯得頹圮不堪，可是，城垣模樣依舊，尤其是四座巍峨雄壯的城門，完全保存原貌。

佳冬蕭宅，是屏東最富盛名的古宅，面積一千多坪，六十多棟房子，五宅七進，崙奐馳名。此宅爲蕭達梅所建，蕭氏是康熙年間的廣東梅縣人，渡海來台後，定居下六根（佳冬），經商米穀、蔗糖、染布、釀酒，刻苦致富，財廣而興思舊，乃依梅縣故里古宅法式，聘粵東名匠，購唐山建材，歷時兩代始落成。由於，古宅長期居用，維護尚佳，頗具觀光懋古的價值。

萬金天主教堂，座落於萬巒鄉萬金村，此教堂建於同治八年，歷一百十七年，民國七十三年七月二十日，羅馬天主教教宗若望二世勅封此堂爲「宗座聖殿」，足見其宗教地位與文化價值。

屏東書院，建於嘉慶年間，屋三十六間，爲當時下淡水一帶文化中心，光緒二十一年改爲孔廟，爲屏東惟一的孔子廟。阿猴城門，位於縣立體育場內，建於道光十六年，爲當時阿猴城壘之大門。另外，茄冬西隘門、新北勢庄東柵門、建功庄東柵門、六堆天后宮、石頭營聖蹟亭等，均爲清代留下的古蹟。

結語

屏東是淳樸的農業縣，因毗鄰高雄市的關係，過去，文化難於大規模性推展，迄今尚無一家日報或全省性的雜誌、亦無音樂廳、美術館。惟自從縣立文化中心成立後，全面推展藝文下鄉活動，如文藝作家下鄉演講、下鄉巡迴書展、民俗表演，並不時邀請學者、藝術團體來屏演講或表演，另外，民間的藝術團體也紛紛成立，響應政府的文化紮根工作，期使屏東文化更落實、更燦爛。

近年來屏東縣立文化中心藝文活動概況

⊙許　思　潮州國中教師・作家

一、前言

屏東縣立文化中心於七十三年九月廿八日啓用（中正圖書館），介壽圖書館於七十八年七月一日啓用，連同中正藝術館（六十九年十月廿七日啓用），對開展屏東文化活動有頗大的貢獻。預算由七十四年的二千零八十餘萬而遞減，七十七年提高到三千四百多萬，七十九年度則為二千九百七十餘萬元。

現行員額數為四十人，由於使用人數日益增加，使人手漸感不足，但員工仍發揮服務熱誠，使屏東藝文活動蓬勃展開。

二、藝文活動概況：

㈠圖書館閱覽流通人數：七十六年達十四萬八千九百多人次，由教育廳之統計報告，高居各縣市之冠。

七十六年三月六日辦理書香歸鄉，充實鄉鎮圖書館藏書。

減化借書手續後，借書手續僅需卅秒，節省的人力致力於推展閱讀指導、書評園地及文化下鄉等活動，以七十八年爲例，兼辦輔導鄉鎮圖書館業務、圖書巡迴展覽、縣政府成果展覽鄉鎮巡迴展覽、假日廣場下鄉等。

㈡音樂：

美國林肯中心音樂名家演奏會（75、9、6）

美國音樂展教學示範（75、5、21）

文化大學國樂組畢業演奏會

湯瑪斯狄更生鋼琴演奏會

國防部示範樂隊演奏會

地中海歌聲（76、3、17）

法蘭克索爾排笛演奏（76、4、22）

「大雅清音」古琴古樂展（77、12）

七十九年十一月統計，本年度學辦音樂會場次爲二十七場，聆賞人數爲一萬三千九百多人。

㈢舞蹈：

學辦過草埔國小山地舞、國立藝專芭蕾舞劇「火鳥」，「天河配」、南部七縣市舞展、華岡藝校舞蹈科公演。

七十九年度共辦理八場，參觀者四千三百多人。

㈣戲劇：

夢幻山的故事（77、4、4）

財神下凡（77、4、16）

民間劇場計有陣頭戲表演、線西老人會社區民俗才藝表演、啦啦隊、山地歌舞、掌中戲、歌仔戲（哪吒、傳奇、紅塵菩提）布偶戲、（小紅帽）（77、12、24——77、12、26）

民間劇場據行政院文建會、教育部等指導並給予經費補助。

七十九年度辦理五場，觀衆達三千六百多人。

㈤舞台劇：

七十九年辦理五場，觀賞人數一千六百位。

㈥美術：

第四十屆全省美展（75）

美國版畫家聯展

朱銘雕刻展

中國民俗版畫展（75、4、17）

劉子仁書畫展

全國第11屆美展（75、8、5）

日本二科會、新加坡美展

公教人員書畫展（75、9、1）

地方美展下鄉（76、7、13東港）

美術家聯展、縣政府成果展覽巡迴十四個鄉鎮（77、3月到6月）

七十九年共展出三十八場，吸引七千九百多位觀賞者。

(七)文物：

當代全國及地方作家手稿、著作展

古埃及文物展

台灣地區古蹟資料展覽

中國傳統民俗技藝、民俗文物展

西藏佛教文物特展

屏縣剪紙藝術緞帶花展覽

明清開台資料展

當代名家彩瓷聯展

自然生態攝影展

華夏文物英華展

資訊壁報巡迴展及演講比賽

屏東美術家聯展（以上75年）

防治公害漫畫展（76）

國家公園專題特展（76、1、14）

中國象棋造型設計展（76、6、24～30）
朱銘人間系列展（76、9）
鄉之寶石展（77、6）
另全國性的「中國農村古農具展」（77、2、28～3、8）在萬巒五溝展出，吸引全省各地觀衆數萬人，極爲轟動。

七十九年共展出文物五十一次，觀賞人數達十五萬二千多人。

㈧文化講座：

七十九年協辦「復興中華文化系列活動」，榮獲全省優等。

七十九年計卅二場，聽衆二萬一千多人。

目前仍在進行的「文化下鄉巡迴講座」，由曾寬、林清泉、張榮彥、許思、許振江、凌煙等，到縣內高中職、國中舉辦巡迴演講及座談，藉以提升讀書風氣及寫作興趣。此次活動將持續至八十年六月爲止。

㈨文藝研習活動：

七十七學年度在文化中心辦理爲期三天的國中生文藝研習營，採用演講、座談、寫作競賽方式。由許思、曾寬、林清泉、張榮彥及外縣市作家許振江、傅孟麗、周梅春、楊濤、陳艷秋等主講。

七十八學年由崇文國中承辦，由陳添福校長總籌畫。

七十九學年度寒假由崇文國中承辦，假潮州國中舉行，屆時台灣新聞報、台灣時報、民衆日報等副刊主編、葉石濤、汪笨湖、凌煙及縣內作家均將蒞臨指導學生寫作。

三、展望：

屏東是農業縣，文化資訊之傳播比大都會稍有遜色，因此文化中心負起相當吃重的責任，往後的工作更須多元化、效率化、資訊化，然而以目前的人力，在運用上恐將捉襟見肘，這是值得關注的課題。

鄉下一向較為閉鎖，加上學生升學掛帥，對於藝文活動一向闕如，參觀展覽、聆聽演講、借閱圖書的風氣仍待開發，未來除了靜態活動之外，上山下鄉辦活動，將是文化中心更須積極進行的重要工作。

台灣社會日益走向功利、逸樂取向，文化活動是扭轉不良風氣的重要工作，政府應在經費、人力、資源方面大量投入，才能使社會更和諧安樂，這是我們的期盼。

屏東藝文團體簡介

⊙陳添福 崇文國中校長

由農業社會進入工商社會，隨著社會變遷，本縣各類藝文團體，受到轉型期的影響，不免有起有落、有消有長，與本省其他縣市一樣，像野台戲的逐漸沒落。但是近幾年來，有識之士大力提倡各類文化活動，文化中心工作同仁結合藝文團體的努力，本縣呈現欣欣向榮的新形象。藝文團體更加邁力發展，基層文化活動的辦理場次、參與人口也較以往增加。國際名鋼琴家傅聰在屏東演出，座無虛席，聽衆聆聽演奏的水準，令傅聰讚譽有加，留下深刻的印象。

限於篇幅，僅作摘要式的介紹本縣藝文團體如下：

一、明華園歌劇團：

由陳明吉先生所創辦，曾遠赴北京演出，爲亞運增色不少，也曾應邀在我國國家劇院作精彩演出，是目前最受歡迎演出場次最多享譽國內外的歌仔戲團。三代同堂的明華園，民國十九年由陳明吉先生創辦，陳明吉十五歲進入戲團學藝，十九歲創立金和興劇團即爲明華園的前身。早期戲班多在台南及南部鄉鎮表演，每逢農閒節令、迎神廟會或民家婚宴喜慶，便應邀演出所謂「野台戲」，日據時代受到壓迫，明華園幾乎中斷，光復後又重整旗鼓，台灣各地劇團如雨後春筍紛紛成立，在多年來的演進中，明華園一枝獨秀。

明華園團員由陳明吉的兒子、媳婦和孫兒、孫女擔任，是典型的家族劇團。不論行政業務、編導、道具服務設計、美工佈景都是自家兄弟一起來，能演能導允文又允武。它苦心研究國內外的舞台表演藝術，運用現代科技，配合一流的國樂團，呈現一新耳目的歌仔戲，將野台戲帶進國家劇院舞台演出，這是歌仔戲登峯造極的創舉。

明華園檔期近乎無空檔，每年演出三百多場，曾蟬聯台灣區地方戲劇比賽三屆冠軍，七十一年全國地方戲劇比賽總冠軍，經常應邀在國內外演出，民國七十六年遭受回祿之災損失數百萬元，但是明華園爲歌仔戲傳薪火的熱忱不稍減，北京亞運邀請的唯一歌仔戲團，六十年來奮鬥的成果是不同凡響的。

二、本縣地方美術社團之沿革演變：

㈠民國四十年三月廿五日美術節由雪痕、張光寅、于寰、魯京、藍石嶙、林謀秀、池振周、陳榮和、徐鼐銘宇、黃梅、張道林、丁天送、莊世和等十三人假屏東介壽圖書館舉辦「屏東縣美術展覽會」爲期三天，展出一〇二件作品。

㈡民國四十六年秋天由莊世和老師等十二人成立綠舍美術研究社，四十七年光復節在潮州舉辦第一屆「綠舍美展」，年年舉辦，提攜不少年輕畫家，如今已舉辦三十三屆。

㈢民國四十八年春天何文杞先生等二十三人共同創立「翠光畫會」，四十九年八月廿六日起三天，假屏東介壽圖書館舉行第一屆美展。

㈣民國五十四年春節由蔡水林老師等人成立「南州美展」，同時舉辦第一屆畫展，地點在南州鄉公所，蔡老師退休後，仍不遺餘力推展美術教育。

㈤五十七年五月陳處世老師等多位教師組成「育樂美術研究會」，五十八年五月假屏東介壽圖書館舉行首屆美展。另外，陳老師致力推展紙影戲等民俗技藝，亦名聞全省，「樂樂兒童紙影戲團」指導兒童表演由皮影戲改進的紙影戲，對於兒童美術教育功不可沒。

㈥五十八年四月二日由劉子仁老師等人發起成立「屏東縣書畫協會」，同年為慶祝先總統　蔣公誕辰於屏東縣黨部中山堂舉辦首屆展覽，作品以國畫、書法為主。

㈦五十九年美術節鍾照彥老師在內埔鄉成立「內埔美術研究會」，六十年十月九日起三天在內埔鄉公所學辦首屆展覽。

㈧七十年十二月廿五日何文杞老師等人組成「屏東縣美術協會」，七十一年美術節假中正藝術館學行會員展，成員有一〇二人之多。

㈨七十三年四月十五日林謀秀老師等人創立「屏東縣畫學會」隔月首次假中正藝術館學行展覽，作品中西畫各半，其成員有三十七人。

㈩七十三年三月四日東港鄭大洲先生等人成立「中國書法協會屏東支會」，同年美術節假中正藝術館學行首次展覽，會員由三十五人，增加至一百餘人。

此外，還有李強先生等人在西勢成立「草地人畫會」，吳登居老師在枋寮組成「鄉音畫會」，東港地方陳政森先生等人組成「海藍畫會」，年輕書法家陳興安等人創立淡溪書法研究會，平日熱心書法教育指導，本縣的美術成果是十分輝煌的。屏東縣攝影學會五十五年十二月五日成立，目前會員將近五百人，不但經常舉辦比賽及展覽，更出刊專輯，會員都富熱忱，接辦第十三屆全國攝影展覽和第九屆台灣區聯誼比賽都順利完成。

三、台灣省音樂協進會屏東縣分會：

民國六十七年十月七日，由郭淑眞、劉天林、張絢、錢萬輝、曾次郎、許明得、林惠美、陳聯華、董義森，蘇萬進、曾愛鄉、廖玲芳等音樂人士發起成立至今，一直以推展屏東縣的音樂活動而努力。

目前該會有會員一百五十名，百分之九十以上是教師，屏東縣教師合唱團均爲該會會員，已經連續三年榮獲師鐸獎比賽冠軍，這些教師分別在屏東師院、大專院校、國民中小學任教，平時即以音樂教學爲主，本縣擁有逐年增加的音樂人口，該會會員功不可沒。該會近年來在已故郭理事長淑眞的領導下，舉辦不少的音樂活動，包括邀請和自辦音樂發表會，辦理各項音樂研習，以提昇會員水準，致力於音樂教育。現任理事長張絢，兼任屏東縣教師合唱團、鄉頌婦女合唱團顧問及兒童少女合唱團團長，不但提供練習教室，而且運用社會資源，給予人力、財力支援。該會未來努力的方向是多辦音樂會，提昇社會人士的音樂欣賞風氣，吸收優秀的音樂人士入會，以加强推展樂教工作。

四、本縣文化中心：

建立文藝作家人才檔，設立兒童文藝寫作研習班，一期三個月，聘請縣籍作家曾寬、許思、林淸泉、張榮彥等人指導，舉辦文藝作家聯誼，辦理青少年文藝營，從七十九年起辦理文化講座下鄉巡迴活動，請知名作家苦苓、凌煙、許振江及縣籍作家主講，引起基層學校熱烈迴響。尤其是曾寬、許思、林清泉、張榮彥等人，工作之餘，推動文藝的努力，是一股不可忽視的力量。

五、崁頂鄉祝安掌中劇團：

團主陳正義卅六歲，文化大學戲劇系影劇組畢業。祖父陳萬吉、父親陳深寶三代均從事布袋戲演出工作。七十三年陳正義獲得文建會于復華先生引薦，拜師台北新莊小西園許王，同年隨小西園木偶劇團到美國演出三十九場布袋戲，使傳統地方戲在海外宣傳。七十六年台灣區地方戲劇比賽，陳正義率祝安掌中劇團與賽，在十五團中脫穎而出，榮獲優等獎。雖然布袋戲近幾年有沒落的趨勢，但是相信陳正義敬業精神，維護傳統地方戲的努力不懈，未來仍可傳承發揚。

除了以上團體的努力耕耘外，青溪新文藝協會屏東分會、台灣省作家協會屏東分會、屏東縣婦女會、屏東縣婦聯分社、青商會、扶輪社、獅子會、執政黨屏東縣黨部、屏東縣救國團團委會、屏東縣花藝設計協會，還有功學社等等社團都盡心盡力辦理各項藝文活動，來豐富縣民生活，使屏東縣的文化工作一年比一年更好，這是不容否認的事實，文化中心近幾年來結合社會資源推行文化活動的貢獻，大家有目共睹。

⊙封德屏

尋找區域文化的特色

「屏東藝文環境的發展」座談會

時間：七十九年十二月八日下午三時～六時

地點：屏東市大連路屏東縣立文化中心二樓會議廳

主席：李瑞騰（本刊總編輯）

與會：涂燕諒（屏東縣立文化中心祕書）

莊世和（屏東縣畫學會、綠舍美術研究會理事）

高業榮（屏東師院教授）

陳處世（美術教育、紙影戲工作者）

劉天林（屏東師院教授）

方建明（屏東師院教授）

朱煥文（作家・屏東青溪通訊社社長）

許天得（明正國中美術教師）

林清泉（內埔國中教師．作家）
曾　寬（潮州國中教師．作家）
許　思（潮州國中教師．作家）
陳添福（崇文國中校長）
林庚福（屏東縣立文化中心推廣組組長）
（以上按發言序）

討論題綱：

一、本地的藝文傳統
二、現階段的藝文活動之檢討
三、如何開創一個寬廣活潑的藝文環境
四、如何形成具有特色的屏東文化

涂燕諒：

各位屏東藝文界的前輩們平安，感謝各位在百忙中來參加由文訊雜誌社及屏東縣立文化中心聯合主辦的「屏東藝文環境的發展」座談。現在我們請文訊雜誌社總編輯李瑞騰先生來主持這場座談。

城鄉明顯的差距，形成文化上極不均衡的發展

李瑞騰：

今天非常高興能到屏東來與各位藝文前輩共聚一堂。這場座談是明年元月文訊雜誌社專題計劃的一部分。我們選擇屏東爲這個系列計劃的第一站。在企劃這個專題時，基本上我們有一些想法，在此向大家做一個簡單的報告。

我們都知道，有關「台灣」的歷史，從明鄭時期開始有比較多的文獻記錄。但由於它獨特的地理環境，這個地方一直沒有受到應有的重視。等到清朝開始建省，也曾經想要積極發展，可是卻在一八九五年甲午戰爭後，將台灣割讓給日本，被日本統治了半個世紀之久。光復以後，台灣處在一個變動、複雜的階段，一九四九年政府播遷，台灣又承擔了復國、建國的重責大任。所以，在整個歷史演變中，台灣文化的發展，一直沒有一個很好的環境。

最近一、二十年來，台灣在穩定的情況下發展，主要是來自經濟成長。也因爲經濟的開發，導致新的都會興起，新都會又集中在北、高兩市，尤其是台北，人文薈萃，因此形成了城鄉明顯的差距，這種差距也在文化上形成極不均衡的發展。最近幾年，政府在文化建設上有意往地方開發，可是仍然不足。加上台灣近年來政治結構有很大轉變，地方文化備受重視。在這樣的情況下，我們希望對各個地方的藝文環境多一層認識和了解。李登輝先生曾提到「文化建國」，不久前他又兼任文復會會長，李煥先生也曾提到「文化均富」的概念。文化均富首先該重視過去文化比較落後貧窮的地方，使它變得富裕起來。

站在一個傳播媒體的立場，「文訊」長期以來對台灣的文化發展投入了很多人力及時間。過去一年裡，我們做了「文化與生活」系列探索，對比較重要的文化問題我們都有了接觸，但是我們仍然覺得不足，因此這也是我們計劃對地方藝文環境做深入探索的原因。在探索的過程中，我們選擇了十二個縣市做爲一整年逐月的計劃。選擇屏東——距我們最遙遠的地方，做我們的第一站，對我們來說是高難度的挑戰，加上決定開會的時間非常倉促，一定有準備不周的地方，先向各位致歉。

現在我們先請莊世和先生發表意見。

只要有人背後支援，屏東的藝文絕不輸人

莊世和：

我覺得屏東有很多人才，只是很多人不敢寫，不敢發表，或是寫了也沒有園地發表。此外，經費不夠，使活動的成效很難表現，這是我最深的感觸。我相信在藝文的表現上，屏東不會比別的地方差。這些可從我在現代繪畫的努力推行上，得到證明。

記得謝東閔先生當台灣省主席時推行「都市鄉村化，鄉村都市化」，經由這個概念的發揮，多年來我不斷在美術繪畫的領域中奮鬥。

此外，在座的屏東師院的高業榮，多年來對山地文化藝術的研究，孜孜不倦；作家陳冠學長年爲理想堅持，也創作出不少好作品，這些都需要鼓勵及實際支持。以上是我的淺見。

尋找區域文化的特色

高業榮：

剛才李總編輯在會議開始時，對台灣整個歷史背景，做了扼要的敍述，我個人十分同意他的看法。在漢人未來之前，就有所謂原住民的文化，接著是漢民族中的漳州、泉州、客家人，以及四九年

以後一部分外省籍遷移到台灣來。基本上台灣是一個文化面貌呈多元性、草根性至爲濃厚的地區。我們可以從幾個不同成分的縣民組成中去了解。三百多年間，客家文化、閩南文化，甚至山地文化，互相激盪，蔚成一個新面貌。近年來，政治經濟的自由發展，使過去許多不適合研究發展的禁忌逐漸打破，在文藝政策的正確導向下，未來的文藝環境應該是有比較好的發展。

當年我曾思考如何在屏東這個地方，找到我的研究方向，於是我採用人類學中的田野調查，也就是實地調查。我認爲要認識這個地區的自然環境及地理條件、人文因素，務必要認淸當地的文化特色。因此，田野調查是非常重要的工作。在這二十年當中，我完全以個人力量做山地文化調查的工作，這些調查報告也陸續發表在藝術家雜誌上，企圖引起藝文界的反省。也許我們不必把標的定得太高，但必須在區域文化中找出特色。

至於如何開創活潑開闊的藝文環境，我倒是有幾個想法：

㈠各級學校提倡接近大自然活動。因爲升學的壓力，許多藝文科目得不到應有的重視，應該結合生物、博物等科目，以厚植文藝創作之基礎。

㈡各機關團體在假日學行郊遊及藝文活動，並與文化中心的活動結合在一起。

㈢希望傳播媒體重視本地區文藝成果的發表。有好的藝術作品篩撿出來，在較高水準的藝文刊物上刊載。

至於如何形成具有特色的屏東文化？我覺得和第一個題綱「本地的藝文傳統」息息相關。屏東的藝文傳統有這麼多面貌，我們不能偏廢任何一種。例如在山地文化方面，有優美的口傳文學、造形藝術，也有動人的音樂，及大家熟知的山地舞蹈。應用人類學的觀點來說，面對生活、解決困難的一套因應方式，就是文化。閩南、客家，未嘗不是這樣。我們脫離華南母文化到海島地區，爲適應新環境，自然衍變出有別於華南母文化的另一種文化面貌。所以區域文化本身就帶有特色，只是我們沒有重視它。所以建議中央對地方文化要實地研究，從研究當中取得創作經驗。有一個方式可行，譬如本縣文化中心或縣政府，可成立藝文諮詢委員會，大家集思廣益，來推動本縣藝文活動。不知道其他縣市有沒有類似的藝文諮詢委員會，在此我願做此呼籲。

最後希望有關單位了解屏東的藝文環境是「先天不足，後天失調」，而能多給我們方便及重視。譬如屏東師院許多同事，對山地藝術、民間藝術的調查非常有興趣，但我們畢竟是教育機關，缺乏經費。

以上是我個人的一些意見，希望各位指教。

好作品，終究不會寂寞

陳處世：

我的本職是研究兒童美術教育的，另外我也研究傳統皮影戲。目前屏東的兒童卡通皮影戲團有「樂樂兒童紙影戲團」、「光鹽兒童皮影戲團」。我從事多年教育的心得，發現，教育孩子最有效的方式就是利用故事，這些故事也同時可做爲皮影戲的劇本。

我認爲對現實的不滿，可能源自理想太高。反求諸己，提昇自己創作的品質，不要只一味的想出版，而製造一些垃圾。如果是好作品，終究有一天會被發現的。

主動出擊，主動參與

劉天林：

我學的是音樂，從事的大部分也都是音樂教育工作。我是民國四十五年到屏東來，在這之前，屏東只有很少的地方戲、歌仔戲或師範學校的合唱團，有關的藝文活動，可以說是非常貧乏。

我覺得音樂可以當做休閒，但音樂是美的、高雅的。不要使音樂往低下的路線走，最好從個人的演唱發展到團體的演唱，許多國家推行「全民音樂」，也都是由團體合唱著手。以下是我個人的幾點意見：

㈠希望文建會或文化中心主動出擊。過去的類似機關，都十分官僚，坐著等事情來。必須抱著教育民眾的心態，本著「我不入地獄，誰入地獄」的態度，此外，藝文同仁也要主動參與。

㈡希望文化中心有關藝文活動的規劃和安排有時段重點。譬如從幾月到幾月，是音樂活動，幾月到幾月是美術活動，每年固定，使負責的人，可以提早規劃、安排演練。有計劃的培養人，培養活動，不一定要用比賽的方式，可採觀摩性質，也不一定要集中屏東市，可以到每個地方巡迴。

㈢培養藝文生力軍。深植下一代藝文的根，文化中心可以積極、長期的去準備。

屏東目前有教師合唱團、婦女合唱團及兒童合唱團，但都處在非常式微的狀態下苟延殘喘。另外有「滿洲民謠促進會」，由滿洲人組織而成，由屏東師院兩位校友先後擔任會長，由他們帶頭來整理；「恆春民謠」也有恆春國小的黃校長在提倡。

我建議成立本地的藝文小組，小組下細分各類型藝術，請各方有專長的專家學者或藝文工作者來執行負責。在這個理想下，各地文化中心的編制，必須再擴大，經費也要增加，使藝文活動不僅是休閒，而走向「美育」的領域。

將屏東的歷史傳承整理出來

方建明：

本人所學的是有關視覺藝術，因此僅就視覺藝術方面做一個簡略的發言。

就屏東本地的藝文傳統來說，可分爲漢族及原住民這兩個系統；有三個方向，一爲在知識分子中流傳的藝文活動，二爲閩南、客家民間藝術，三爲原住民藝術。我建議就此三項的歷史傳承及脈落淵源整理出來，美術的理論建立起來，這將是屏東各項藝文活動發展的基礎。

這些工作除了私人的研究持續在做外，文化中心應該負起領導的責任，主動提出研究的方向，分別請專人來做。

目前屏東藝文活動多屬靜態，有地方的局限性。以後的藝文活動，是否可採比較活潑的動態方式，可以把休閒活動和藝文活動結合起來，在這方面，我的建議是這樣的：

首先，我們可以和有關的團體舉辦假期美術營、音樂營等，可以接受一般社會人士報名參加。第二，我建議在屏東縣的風景旅遊區成立戶外藝術公園，在國外的戶外藝術公園相當多，對我們的藝術發展有正面的意義。由政府在本縣境內規劃藝術村，提供各類藝術人才專心創作的地方。聚集許多藝術人才之後，藝術村也就成爲休閒性藝文活動的基地。

眞正做到「文化下鄉」，與青年學生面對面座談

朱煥文：

我來談一些比較現實的問題。剛才李總編輯提到城鄉之間文化不平衡的問題，我覺得以目前狀況來說，很難達到平衡。屏東救國團暑假舉辦文藝營，本人參加多次，發覺有些國中、高中生，對文藝創作非常有興趣，甚至有不錯的基礎，但高中畢業後，爲了升學或就業，離開了屏東。如果經濟的發展、政治的結構，都不能做到城鄉平衡，在文藝方面就更難做到城鄉平衡。

屏東是一個農業縣，經濟狀況一定比不上高雄、台北，社會福利方面比不上大縣市，文化活動當然更是這樣。因爲文藝的紮根必須有經費來支援，不辦活動不能蔚爲風氣，不辦大型活動，不能使多數人參與。

曾在佛光山舉辦的「文化會議」，藝文界的朋友都來參加，舉行分組座談，但是我覺得像大拜拜。我們眞正願意響應「文化下鄉」工作的卻沒有經費。屏東青溪文藝學會委託我辦活動時，我曾把屏東劃分爲五個地區，出動青溪所有的指導老師，將各地初、高中學生聚集起來，先舉行一個小時演講後，再分組座談，反應非常熱烈。許多初中的孩子對文學充滿熱情，像恆春那麼僻遠的地方，效果也一樣好。我們沒有經費，只有救國團的車輛支援。

因此我個人覺得，眞正的「文化下鄉」，與青年學生面對面座談，比什麼效果都好，這才是眞正文藝紮根的工作。

召開「屏東縣文化會議」

許天得：

最近我從金門返回高雄時，在機場拿了一份高雄市文化中心的簡訊，與屏東文化中心的簡訊比較，可以看出這兩個地方，大大不同。高雄市連文化中心在內，一共有十個畫廊，屏東只有文化中心一處。展覽場所高雄有三十五個，屏東只有五處。本來屏東仁愛路附近開過一個畫廊，但沒多久就無疾而終了。

因此，如何加强訊息的傳播，培養藝文人口，保持活動的生生不息，我想是最重要的。總計屏東有綠舍畫會，翠光畫會、藝、書畫、美術學會五個美術團體，再加上教師美術展、學生美展及地方美展、全省美展，一年總有八、九個美展在屏東舉行。每個月一次，還有三個月沒有活動。我們也許可以考慮像台中一樣的「美術接力」。屏東是一個比較貧脊的縣，許多藝術系畢業的學生回來，投入藝術工作，就像一個小石子投入大海中，無聲無息，起不了任何作用，我自己也是如此。

此外，除了全國文化會議外，我覺得應該召開屏東縣全縣的文化會議。分音樂、美術、舞蹈、戲劇各組會談，談完了再彙整，這個大網撒下去，一定會有收穫。

屏東作家孤立，卻不寂寞

林清泉：

屏東縣的藝文界有一特色，就是兒童文學非常盛行，像黃基博老師的投入及屏東周刊的極力提倡，對屏東藝文實在功不可沒。可是接下來的少年文學似乎就斷層了，這當然是升學主義及各種因素造成的。

其實屏東也有人在做紮根的工作。像潮州國中的曾寬、許思老師，請許多作家演講，辦了許多活動；崇文國中的校長陳添福更是推動文藝活動，不遺餘力。

屏東作家像是比較孤立的一羣，但孤立並不表示寂寞，幾個作家也時常「以文會友」，只是屏東作家創作的環境比較不好，至於作品好壞的評斷，實在見仁見智。剛才有位先生說到出版的書如果不是好書，就是製造垃圾，我不太同意。我不會寫書評，但我常寫讀後感，我都是用鼓勵的話語，我不能絕對斷定這本書的好壞；尤其作者親筆簽名的書，我一定珍藏。

創作的路，本來就有辛苦、寂寞的一面，但也有快樂的一面。國內對出版新書，彼此已日漸淡漠，但反而海外異邦常有人轉載、翻譯或來信鼓勵。

屏東文藝中心的蘇主任推行一系列「文化講座」，現在正在國中、高中進行。最近又獲得一個消息，出書可以補助五萬元，也頗令人興奮。

像屏東作家朱煥文，曾得過多次國軍文藝金像獎，但他現在擺書攤，非常辛苦。此外，作家創作環境很差，因此我建議成立作家館、作家創作工作室，讓他們有一個安靜的環境來創作。

此外，我個人認爲本土文化應該重視，但有朋友用客家話寫的新詩，連我這個客家人也看不懂。「文章千古事」，還是多提倡正統的「國語的文學」，至於「方言文學」適度就好。

期望在墾丁設立文化村

曾寬：

今年暑假我到大陸去，在參觀一個國際性的公開表演中，一個年老的藝人告訴觀衆：「這是我在台北學的，在此公開的演出。」這句話使我感觸很深：藝術的交流是無遠弗屆的。

我覺得屏東的藝文環境一片空白，可能是工業化的影響，也許屏東比較有名的是「檳榔文化」、「卡拉ＯＫ文化」。

如果要保存我們的文化傳統，我覺得應該成立民俗館、美術館，最好集中在墾丁一帶。以往政府的十大建設、六大建設，往往忽略了屏東，現在的文化建設，政府可以從台灣省的最南部屏東做起。

剛才林老師提到成立作家創作室，構想很好，我建議可以在墾丁成立作家會館、美術會館、音樂會館等、另外也可以成立一個文化村，讓全省作家都可以到墾丁來耕耘。

屏東文化中心目前編制非常小，人員缺乏。希望能擴大文化中心編制，讓更多人參與文化中心的工作，可以有人力到各鄉鎮推動藝文工作。

現存教育體制，要徹底改善

許思：

我想用另一個角度來談論今天的問題。剛才許多人都談了經費問題，似乎每個問題都和錢有關。但是以經濟學的關點來看，文藝的出版品也是一種商品，必須有市場及消費者，而台灣的藝文市場以中學生、大學生爲主。然而我們再回頭看看這一階段的教育，如果不徹底改善，閱讀者及觀賞者的人口仍然有限。

我們檢視一下國中的國文教科書，政治性及公民道德一類非文學性的文章也放在書內，課文最好在十課以內，其他時間帶領他們進入眞正的文學世界。

現在有些學校爲了升學，學生三年級的時候，音樂、美術、家政、體育課都挪來用做升學主科。如此，對孩子的身心、及藝文的發展傷害極大，目前這種情形仍然在繼續下去，我們是否可用强制手段禁止課程的挪用？

在語言文學方面，方言本來是很美的語言，但目前三台電視方言節目的製作，十分粗糙，將台語講得十分不雅。

有些學校像師大附中，課外活動也教方言、俗語，這些充滿哲理的俚語，對生活及成長都有幫助，因此國中也可以推展方言教學。

辦活動、文化下鄉，我覺得只能做蜻蜓點水，如果不能從法律、教育體制根本改善，我們文藝環境的前途，並不十分樂觀。

從中央到地方的文化組織系統，要建立起來

陳添福：

今天與會者的身份都是作家與藝術家，我算是比較特別的，我只是一個文化工作者，過去我曾在文化中心工作過，現在仍是文化中心的義工。

我在崇文國中服務，今年已四十四歲，人生可說過了一半，我回憶在過去生命中最充實的日子，就是在文化中心服務的那段時光。因爲我所接近的都是藝文界人士，我的生活及心靈都十分充實。我時常在晚上到曾寬老師家，和三、五作家聊天，也商量一些文藝活動。那時我自嘲爲「文化的掮客」。

政府過去四十年重視經濟的結果，以致社會粗俗文化充斥，實有檢討的必要。前行政院長孫運璿曾說，他覺得以往忽視了文化教育。現在政府正努力將這些偏差扭轉過來。

我覺得文化工作要徹底的做好，不要拖延著不處理。成立文化部也喊了好幾年，我覺得各地人員的充實也很重要。中央有文化部、縣市有文化中心，更應設文化局。但是鄉鎮最好不要以民政課來兼任文化工作。過去辦活動的經驗，碰到有些民政課，根本不協助，使基層工作很難展開，也使主辦的人心灰意冷。所以從中央到地方的組織系統要建立起來。文化政策指導委員會、諮詢委員會應該成立，經費也需逐年成長。

此外，政府應努力做到城市與鄉鎮均衡發展，讓大型的藝文活動多在南部及僻遠的地方舉行，我相信我們的藝文活動會更蓬勃。

使民衆在生活上、精神上，有良好的舒展

涂燕諒：

感謝各位先進剛才在談話中，對文化中心的支持與建言。這些意見將是我們日後推動工作最好的參考。也感謝文訊雜誌社將一系列「各縣市藝文環境的調查」專題，以屏東爲第一站，這對我們是最

好的鼓舞。

文化中心的目的，是長期推動文化建設。使民衆在精神上、生活上有良好的舒展，我們的工作重心如下：

㈠培養讀書風氣，建立書香社會。目前中正圖書館每天出入的人口有五五〇人左右。

㈡倡導精緻藝術活動，增進民衆藝術欣賞的興趣與能力。剛開始文化中心辦一些通俗性的活動，目前正在逐漸把活動推向精緻的層面，當然這些活動仰賴上級機關，另方面由本中心編列預算，由文化基金補助。

㈢提倡民俗及傳統技藝，弘揚民族藝術。目前本中心也舉辦了一些民俗及傳統藝術活動的研習活動；另外委託作家舉辦文藝營及文化講座的下鄉活動，讓各地的民衆也能充分享受到文藝的氣息。

㈣規劃典藏特色，啓發民衆愛鄉情操。目前本中心正籌劃山地排灣族藝術雕刻館，這項工作已委託高教授及阮教授規劃完畢，送請文建會審查。

㈤輔助各鄉鎮辦理藝文活動，均衡城鄉藝文活動。目前文化中心已將美展、講座推展至各鄉鎮，並在各鄉鎮成立鄉鎮圖書館，讓民衆可以借書。並在各地區成立服務處，由藝文界人士擔任義工，策劃各區的活動。

文化工作是持續性的，屏東文化中心本服務的態度，將繼續努力，爲屏東的藝文環境做最好的發展。

鼓勵從事文化保存及記錄的工作

林庚福：

我是在屏東文化中心成立後，才開始加入文化工作的。這幾年工作中感觸較深的是，國外一些國家，尤其是日本，對台灣本土的文化做深入的研究，他們找各類藝術的專家，到台灣各個地區做實地研究及調查工作。反觀國內，並不缺少人才，但缺乏鼓勵與資助，所以很少人從事這類工作，我想如果有這樣的經費預算，會有更多的人願意從事文化保存及記錄的工作。

如何讓民間的社會力量凝聚起來

李瑞騰：

各位剛才的談話，可以歸納爲三部分：

第一部分，從事各藝術文化工作的朋友，在自己工作崗位上提出很多心得，很多感想。

第二部分，對於藝文界團體或作家羣的意見。

第三部分，比較多的是對政府的建議，這其中又包含兩部分，第一個部分是屬於本鄉本土對縣政府、文化中心的意見。另外更大的是對文化部及文化建設委員會的一些意見。

有些朋友建議文化中心能夠主動出擊，也希望藝文界朋友能主動參與，另外有人提到文化中心成立「創作室」，縣政府能否成立藝術政策的諮詢委員會或成立藝文小組，甚至有人提議在墾丁成立文化村、藝術村，意見都很珍貴，我相信有些是辦得到的，有些可能是較遙遠的理想。可是文化人心中永遠有一個夢，這個夢是引導我們往前進的動力，我們希望我們的夢及理想有一天都能達成。

在這裡我也願意提出我的意見供各位參考。

我們談到藝文環境發展的時候，不外乎兩方面，一方面是政府怎麼做，一方面是從事文化藝術工作者，自己該怎麼做？文化人在參與文化工作時，應該是主動、積極的。假如沒有這樣基本的性格，文化人永遠在被動的依賴政府、依賴媒體、依賴羣衆，假如這個依賴的心理無法去除，文化生態環境一定是非常消沉、低迷的。譬如在南投埔里就有一羣從事藝術工作的年輕朋友，他們希望用藝術文化重新改造市鎮。

在這種情況下，民間的社會力量如何由原來比較蟄伏的狀態讓它活絡起來。官方最重要的也是要讓這種力量活動起來。民間的文化力量也不一定要完全與官方同步發展，假如有些作家或藝術家不喜歡參加團體活動，也應該被尊重。我們擔心的是藝文環境及資源比較缺乏的時候，藝文工作者又不願共同去面對這樣的難題，在這樣的情況下，地方的文化發展可能會非常困難。

剛才高教授提到，我們如何去尋找屬於我們這個地方文化特色的問題，我相信屏東一定有它比較久遠的文化傳統。這些到底是什麼，在現實生活中是否依然存在？假如已不存在，我們該用文學把它記錄下來，讓後代了解，先人是如何走過崎嶇、坎坷的道路。假如它還存在，是否能和現實生活結合在一塊；如果能結合，可用那種方式來實際運用？

最後，提出一個想法與各位共勉。從事文化藝術工作的人，對自己追求的理想，應該有一種奉獻的精神。

今天非常高興與大家共聚一堂，也非常仔細的聆聽了各位的高見。謝謝各位。

台東美麗淨土

美麗淨土

台東簡史

◎陳顯忠 台東史蹟源流調查會會長

壹、前言

台東位在台灣東部，也在中央山脈之東，因開發較遲，俗稱台灣後山。

台東的開發，早在明朝崇禎十三年（西元一六四〇年），荷人征服瑯璠（今恆春一帶）諸社後，聞卑南覓（今台東一帶）產金，遂由荷人第六任總督社拉第紐斯，派助理商務員衞西林，數次征伐台東，但是關於金礦仍無所聞，衞西林並爲大巴六九及呂家兩社先住民所殺。

爲便於敍述，擬將台東開發簡史，分爲撫番、移民和官治三時期來說明。

一、撫番時期：自清朝康熙至乾隆年間

清康熙三十二年（西元一六九三年），陳文（彰化人）居住淡水，年少豪俠。富冒險精神，與林侃合資購船往來沿海，遇颶風避難於岐萊（今花蓮），當時其地爲生番所處，未曾與漢人接觸，陳文等就定局岐萊，學習番語，與番人和睦相處；數年後略通番語，並熟悉岐萊港道，並駕船來台東，陳

先生乃為漢人至東台開發之先驅。

清康熙三十五年，賴科（居住淡水）為雞籠番通事，素具勇敢精神，常出入番社，撫番開墾，甚有貢獻，獲知後山有番，決心撫番，遂率壯士七人，度高山，晝伏夜行，歷數十番社，到達崇爻地方（今花蓮太魯閣地方）。賴科曾安撫東台九番社，奠定漢人撫番開墾的基礎。

清乾隆三十三年，淡水人林漢生召衆欲入墾哈仔難（今宜蘭等地），而番性兇悍，漢生被害，漢人對台灣撫番工作，遂呈現中斷。

至於撫番的工作內容，可從下列五件皇帝命令檔案窺知一切：

1.清雍正十二年（西元一七三四年），令台灣道巡撫開設熟番社學，使各番民衆讀書明禮。

2.清乾隆二年（西元一七三七年），詔減熟番丁稅，並規定漢民不得擅娶番婦，番婦不得牽手漢民。

3.清乾隆四年（西元一七三九年），禁漢人侵占番地，立石番界。

4.清乾隆五年（西元一七四〇年），賜淡水廳岸裡頭目墩仔姓潘（潘係多水，多稻米、多田地之意）。

5.清乾隆二十三年（西元一七五八年），令熟番歸化習清俗——剃髮蓄辮，穿戴冠履，稱姓。

二、移民時期

清道光八年（西元一八二八年），淡水人吳全、吳伯玉墾台東，募二千八百餘人，築吳全城（今瑞穗一帶）。

清咸豐五年（西元一八五五年），鄭尚鳳山水底寮人，至卑南與土番貿易，且授耕耘之法，番喜以師事之，土地日闢，尚亦富，乃募佃入墾。

清同治十三年（西元一八七四年），沈葆禎蒞任台灣巡撫，認爲開發後山，必須撫番開山同時並進，遂進行北、中、南路之開發。

羅大春提督首築台灣東部蘇澳至廻瀾之道路，此路北起今蘇澳鎮，南迄花蓮市。（今蘇澳鎮南强里，尚有提督羅大春勒石存在。）

中路由吳光亮負責，從竹山、林圯埔經鳳凰山、八通關到璞石閣（今玉里）。

南路由袁聞柝負責，從瑯瑀經巴朗衛（大武）到卑南。

開闢道路，發展交通，除有助於撫番外，更利於移民。沈葆禎巡撫更奏明清廷，准予開禁移民。略曰：「全台後山除番社外，無非曠土，邇者南北各路，雖漸開通，而深谷荒埔，人迹罕至，有可耕之地，而無可耕之民，草木叢雜，瘴霧下垂，兇番得以潛伏狙擊，縱闢蹊徑，終爲畏途，久而不開，茅將塞之。……今欲開山，不先招墾，則路雖通而仍塞。欲招墾不先開禁，則民裹足而不前。」

移民初期，總兵吳光亮便在台東開義塾，教番童，頒訓番俚言，俾助誦讀，以陶鎔其蠻性。並頒教條五教——一曰正朔，二曰恆業，三曰體制，四曰法度，五曰善行。及五禁——一做彎，二仇殺，三爭佔，四佩帶，五遷避。

另在各地由官方倡建媽祖廟，使移耕社會中的漢人，得以神祇的力量，改過遷善或倡導善行。並在寺廟中，成立詩社、樂社，聚集民衆從事休閒娛樂及正當活動。可以說已將寺廟成爲主教中心，譬如成功鎮小港天后宮（同治十三年建）、台東天后宮（光緒十五年，提督張兆連等人捐資倡建，光緒頒賜靈昭誠佑匾額）。

各地媽祖廟廂房皆設立昭忠祠，供奉築路犧牲的英雄神主，以悼念其功勳。

三、官治時期

台東位在台灣後山，清康熙時，全台入版籍，原係南路理番同知所轄之境。因該地荒僻爲羣番所居，其人不解耕織，故不責其賦稅，而以化外視之。

清同治十三年，日本藉口牡丹社番前曾戕害遇難登陸之琉球漁民，擅以輪船載兵闖入琅璚（今恆春）而攻之，實則是覬覦我後山。

我督辦台灣海防大臣沈公葆禎，燭其奸詐陰謀，遂決計調兵分南北中三路，鑿山開道，經理後山。並奏請清廷將台東納入行政體制，設置官署，治理台東。

清光緒元年成立卑南廳，隸屬於台北府，命袁聞柝攝南路理番同知，篆領綏靖軍駐卑南理番。光緒十四年台灣巡撫劉銘傳奏裁同知，改設台東直隸州。

清光緒十九年胡鐵花先生奉委代理台東知州兼鎮海後軍統領，二十年眞除，總管台灣後山軍政，轄境達五百里之遙。

胡知州名傳，字守三，又字鐵花，號鈍夫，安徽積谿人，生於道光十一年（公元一八四一年）二月十九日，光緒二十一年（公元一八九五年）七月三日病逝廈門，享年五十有五，公生四子，其最幼者爲前中央研究院院長胡適博士。

胡傳先賢對台東開發的貢獻如下四點：

㈠卓越的地理觀念——胡傳先賢精於邊疆地區，他就任台東隸州知州，就提出：「據海口、立埠市」和「撫番與禦守海疆兼顧」的謀略，使台東開發向前邁一步。先後在沿海成立卑南、成廣澳、大港口、米崙港等埠市。同時將火燒島（綠島）、紅頭嶼（蘭嶼）歸併版圖。

㈡重視撫番工作——當時台東直隸州山胞人口約六萬人，而平地漢人僅五千人，人口比例為十二比一，胡傳先賢一面廣聘通事，到各番社推行政令與教化事宜；一面親往各番社，訪問頭目，探求民隱。更難得的是：他深入研究山胞習俗、語言和禮節。在他的著作——「台東州採訪册」一書裡，對於後山山胞的習俗、語言和禮節，憑其細膩的觀察和深入的研究，做了詳盡的敍述，是後人研究山胞習俗最重要的參考文獻。

台東直隸州通事陳安生（閩南人），卑南族頭目招為女婿，使卑南族民接受教化，並協助進行撫番工作，更是一個撫番成功的例證。

㈢開禁移民——當後山開山闢路之同時，募集墾民隨軍前往，與地使耕。並在廈門、汕頭、香港各設招墾局，立章程，任保護。當時有楓港庄民林讚，募得農民六十名，承墾卑南之巴朗禦荒埔；熟番潘琴之募民六十，承墾大陂頭東邊荒埔；寶桑庄民陳雪淸，募民化番五十，承墾利基里吉荒埔。另奏請巡撫丁日昌派員二千餘名，至卑南開墾。

胡傳先賢更設卑南、秀姑巒、花蓮港撫墾局，發給農具種籽，丈量土地，要求民番開成田園。並以「勸民四字」諭示民衆：

台東各處，土曠而沃。勸爾居民，各求富足。
多開荒地，多種五穀。多養牛羊，多栽竹木。
利用厚生，以資富足。毋吸鴉片，嚴禁賭博。
力戒惰游，庶免窮蹙。早完錢糧，無待催促。

無論民番，共敦和睦。毋相尋仇，以全類族。

各安生業，各除惡俗。勉爲善良，毋違特告。

㈣興建水利，灌溉田園——胡傳先賢在台東直隸州知州任內，特別注重興築與修建水圳，俾利農田灌漑。

當時最重要的水圳是：⑴大陂圳；⑵大庄圳；⑶萬人埔圳；⑷拔子庄圳。

㈤以教化民——當初開發後山之後，胡先賢便在台東開義塾（先辦五所、後辦三所），教番童、頒訓番俚言，俾助誦讀，以陶鎔其蠻性。

另在各地由官方倡建媽祖廟，使墾耕社會中的漢人，得以神祇的力量，倡導善行或使之有改過遷善的精神依所。台東天后宮便在清光緒十五年，由提督張兆連等人捐資倡建，光緒頒賜「靈昭誠佑」匾額一個。

台東昭忠祠於光緒七年由南路同知袁聞柝興建，原在埤南寶桑庄之東海濱。光緒十九年八月，颱風三次吹倒，暫移祠中神主於天后宮之旁，而錄其官銜、姓名於册，其籍貫及立勛事蹟與入祠先後，則因民番之變，南路廳署被燒毀，案卷無存，而無從查考。

胡傳先賢於光緒十九年九月十一日親赴鰲魚山開昭忠祠基地，於光緒廿年五月十四日完成，並親題楹聯二對：

蟲鶴昔同悲，瘴雨蠻煙何太酷。

牲牢今共享，青山白骨有餘榮。

胃瘴開山，已報羣番同薙髮。

登高攬勝，永看萬水此朝宗。

參、結語

胡傳先賢在台東知州任內，撫山胞、編戶口、設學校、訂稅賦，墾荒增產，整軍經武，要皆革故鼎新，政績輝煌。甲午年後，曾領導後山同胞抗日，後奉召內渡，不久因積勞成疾，病故廈門，可謂壯志未酬，曾賦詩一首以明心志：

聽海濤作悲壯之聲，
時應激英雄怒；
願瘴氣與戰征並息，
共謳賡耕鑿歌。

台灣後山淪爲日寇占據後，許多同胞紛紛掀起抗日運動，尤其是由福州移居之福州客，以三刀（剃頭刀、菜刀、裁縫刀（剪刀））維生、經營餐飲、西服、理髮業，並藉中華會館爲聚集抗日活動之掩護。本縣鄭縣長之尊翁鄭品聰先生，即爲領導人之一。鄭老先生閩省龍岩人，生於民前十年，家學淵源、夙精歧黃經營中藥舖，見倭寇魚肉良民，遂決心獻身祖國，加入中國國民黨，密宣主義，組中華會館，進行抗日活動。雖被捕入獄，備受酷刑，其堅貞剛毅，履危難而不顧。台灣光復後，膺任台東縣籍立委。

⊙吳當　省立台東高中教師．作家

風沙幃幕後的花園

台東縣藝文活動概況

九年前，雲門舞集在台東公演時，林懷民先生曾語重心長的說：「今天，雲門在台東，以台東為圓心，台北就是偏遠地區。」這一段話，多年來一直深深烙印在我的心中。的確，身處台東，大多數人都有一種邊疆地區的觀念：不止是地理上的偏遠，同時也是心理上的偏遠。以至於在各項藝文活動的發展上，有了相當難以克服的障礙：由於缺乏有力的媒體，所以成果不易凸顯；由於地理上的因素，許多大型的、有水準的表演、展覽，不是縮水，就是失之交臂。在這種情形之下，台東地區的藝文活動，像是石縫裡的小花，發展得格外艱辛。其實，台東有秀麗的山水，是藝術發展的溫牀，本地藝文工作者，在各方面的表現，並不亞於其他地區。他們是如何努力的呢？讓我們一起走入這一個風沙幃幕後的世界。

各項藝文活動鳥瞰

目前台東的藝文活動，最主要的推動者，是省立台東社會教育館、台東文化中心、救國團台東縣團委會及台東師院語教系。原住民藝術的推動，主要是台東縣政府山地行政課。現在分別加以敍述：

一、省立台東社會教育館

省立台東社會教育館名爲「台東」，其實工作範圍括及花蓮。前任館長張光寅先生及現任館長羅朝明先生，對文藝活動的推展不遺餘力。該館首先在民國六十八年與花蓮更生報合辦「社教徵文」，項目有新詩、散文、小說，分社會、學生兩組。目前已進入第十三屆，是花東地區最具規模的徵文活動。

該館在民國七十一年，又舉辦了「青少年文藝創作獎」，每年評選具有潛力的青少年作者若干位，發給獎金獎牌，並將得獎作品輯印專書，分贈各界閱覽。其目的在激發青少年對文學的興趣，培養寫作人才。目前已舉辦至第八屆，獲得獎勵的青少年共有八十位。我們相信，這些作者假以時日，必能開出燦爛的花朵，是東部文壇一批充滿活力的生力軍。

當年，該館又在五月舉行「東部地區文藝研討會」，每年邀請花東兩縣的藝文人士，就東部藝文的發展交換意見，並且提供作品展示，藉資觀摩，在東部地區藝文界的連絡上，扮演了很重要的角色。

爲了提倡兒童文學，該館並在民國七十五年舉行「台灣省東區兒童文學獎」，並將得獎作品輯印成書，分贈各界，獲得熱烈的迴響。今年起，並與台東師院語教系合辦，對東部地區兒童文學的發展，是很大的助力。

另外，該館亦有獎助作家出版的辦法，並且經常邀請作家前來台東演講，對台東地區的文學發展，最爲熱心。

除了文藝性的活動之外，該館每年亦曾舉辦相聲比賽、古詩吟唱比賽、篆刻、裱褙……等活動。更值得一提的是，該館的展覽室，是台東目前最重要的展覽場所，各項美術、書法、攝影……等展示，幾乎不斷，是台東市民最好的參觀去處。

二、台東縣立文化中心

藉著十四項建設完成的台東文化中心，打著「文化」的旗幟，許多人都寄以無限的希望。目前該中心承接了過去台東社教館的圖書館、音樂演奏的活動，積極的推動各項藝文活動：

在文藝方面，該中心並未有如社教館之類的長期性活動，但安排了一連串的人生系列講座，全年度共邀請了十二位在文學、美術、教育、社會……各方面卓有成就的人士前來演講，吸引了許多聽衆。

在美術方面，該中心每年舉辦「地方美術家聯展」，並印行專輯，是地方美術界的盛事。該中心設有兩個展覽室，可惜的是，因場地太小，以及燈光不良，並未發揮原來預期的目標，在此舉辦的展覽，比起台東社教館，遜色許多。

該中心最具特色的有下列幾項：

一是「山地文物陳列室」。在中山堂地下室，爲長年性的展覽，想要一窺山地文物面貌的人，千萬不要錯過。

其次是劇團活動。該中心轄下有兩個劇團：一是以社會人士及大專學生爲主的「台東公教劇團」，另一是以小學生爲主的「台東縣立文化中心兒童劇團」。每年不定期舉行公演，並巡迴外縣市表演。像去年十二月三十日，他們在台東文化中心聯合舉辦一場名爲「四隻大神龜」的舞台劇，佳評如潮。藝術組組長黃展富先生很自豪的表示，這種劇團，在全省文化中心亦不多見，他們願意繼續發展下去。

另外，他們還長期與台東佛教普賢行願會合辦「華雨慈光——送歡樂給偏遠國小」專案活動，每個月均赴各偏遠國小，舉辦民俗才藝研習，獲得相當好的迴響。

除了以上幾項之外，該中心還在每年的三至六月及九至十二月舉辦基層文化活動，落實藝術下鄉，讓各地區都能充滿藝術的氣息。很令主辦單位頭痛的是，他們是縣屬單位，經費仰賴縣政府提供，而台東卻是個窮縣，經費相當短缺，他們常有「巧婦難爲無米之炊」之歎。這種現象，普遍存在於各文化機構，實在有通盤檢討的必要。在經濟奇蹟之後，大家亟思提高文化水準、文化素養，職司推動文化工作的單位，卻有這種無力感，有關當局，是不能不正視的。

三、救國團台東縣團委會

救國團一向以活動見長，與青年的關係十分密切，在台東縣團委會也有一些本土性的藝文活動。該會學工組編印一份台東唯一的文藝性刊物——台東青年，提供青年學子發表的園地。該刊有六十四頁，每期印行近兩萬本，目前每年出版八期，現已出版至一一九期。

該會爲了提倡青年寫作風氣，民國七十年，曾在蔣萱輝與吳當先生的大力推動下，成立「中國青年寫作協會台東分會」，進行作品討論、創作之旅……等活動。可惜轟轟烈烈的進行了兩年之後，卻難以爲繼，最後竟至煙消雲散了。近幾年來，該會每年暑假均舉辦「台東縣青年文藝營」，以本縣國、高中學生爲對象，邀請本縣及外縣作家授課。是本縣唯一定期性的研習活動，對文藝種子的散布，居功厥偉。

其次，該會在民國七十三年成立了「山地青年歌唱巡迴服務隊」，該隊係以在學高職原住民青年爲主，利用假日練習歌舞，在各慶典、晚會中表演，有極爲不錯的水準。去年五月，該隊曾在聲寶文教基金會的贊助下，以「後山的傳奇——射日英雄傳」爲名，前往台北縣市、基隆、桃園等地做了十四場的巡迴表演。對原住民的歌舞，做了相當成功的介紹，是一次漂亮成功的出擊，頗值得其他縣市參考。

四、台東師院語教系

師院的改制，使得我國國小師資的培訓，有了革命性的改變；師資的提昇、經費的增加，也使師院有了更寬闊的活動及發展空間。台東師院是台東最高學府，他的活動，當然也影響了台東各項發展。與台東藝文活動關係最密切的，應屬語文教育系。

該系目前的系主任，爲文學理論名家林文寶先生。林氏在師院改制後即膺選首任系主任。在院長李保玉女士的大力支持下，全力推動文學與語文教育的發展。目前該系有屬於老師的「東師語文學刊」；有屬於學生的「學鏡」，另外還有語文叢書，每年出版教授的著作。是目前師院中做得最具特色的一個系；也因此承接了許多全省性的活動。如七十八年的「兒童文學學術研討會」，今年一月底的「中國語文研習」都是。今年，他們還開始舉辦兒童文學獎。我們希望該系不但能爲台東的文壇帶來蓬勃的氣象，也能成爲國內文學的重鎮。

五、台東縣政府山地行政課

台東縣山地遼闊，山胞人口佔全省之冠，全省九族山胞中佔了六族（卑南、阿美、布農、魯凱、排灣、雅美）。山胞熱愛歌唱、舞蹈。因此，對山胞歌舞的推動，一直是台東各界所重視的事。

台東縣政府山地行政課，是台東掌管山胞事務的最高單位。現任課長賴榮幸先生也是原住民，對同胞的歌舞有相當深入的研究，在保存與發揚方面，不遺餘力。去年五、六月間，曾選派嘉蘭國小（屬山地國小）前往西德表演，每年不定期派團前往屏東瑪家鄉「山地文化園區」表演。七十八年在內政部、文建會及教育部等單位的支持下，舉辦「第一屆山胞運動會」，盛況空前；有感於山胞歌舞的日益式微，並有青黃不接的危機，去年又舉行了「山胞民俗文化才藝活動」。內容有各族的歌唱、舞蹈及編織、雕刻……，吸引了全省無數的來賓，獲得了極高的評價。據賴課長表示，以後將採兩項活動交替舉行的方式，希望能在台東原住民的團結及傳統藝術的保存上，發揮很大的作用。

藝文現況發展的檢討

台東，沒有報社，沒有電視台，沒有雜誌社，負責推動文化的單位，經費又十分短絀……缺乏有力的媒體與經費，因此在藝文活動的發展上，可以說先天不足，導致目前在音樂、美術、戲劇、雕刻、攝影等的發展上，都十分岑寂。在台東社教館及文化中心的紀錄上，百分之九十以上的展覽及演出，都是外來的單位及人士，這是十分令人憂心的現象。

比較可喜的是：在這樣艱困的物質條件下，台東的文學，尚有不少可觀的成果。例如民國七十二年，林文寶與吳當兩位先生合力創辦了國內唯一的兒童文學理論研究刊物——海洋兒童文學研究。雖然四年後因稿源難以為繼而停刊，但迄今仍為人津津樂道。再如楊雨河、詹徹、葉香、楊敏村、徐慶冬、林建成、林韻梅……諸人的努力耕耘，也都有極為不錯的成績。

其次，是在山胞歌舞藝術的保存與發揚上，已略具規模。在國際上日益重視本土藝術發展的今天，我們欣見台東已有了一股蓬勃的朝氣，希望主管單位能多予鼓勵贊助，讓它發出耀眼的光芒。

結語——風沙後的花園

每年的冬季，遒勁的東北季風，挾帶著卑南大溪河牀的沙石，吹向這一個濱海的小城，台東市便籠罩在一片風沙之中。數十年來，台東的藝文活動，就像風沙中的市容，朦朧又迷離，一直未曾受到外界很大的重視與肯定，令人憂心，也令人惋惜。

冬去春來，風沙停息，台東翠綠的山巒，明媚的流水，又展現了一番欣欣向榮、生氣盎然的景象。台東的藝文界也活躍了起來：一月五日，「文訊」蔣社長震、李總編輯瑞騰、封副總編輯德屏等人，風塵僕僕的在台東與當地藝文人士舉行研討會；一月底，傅聰與華沙交響樂團在台東文化中心演奏；一月底，台東師院承辦了為期六天的「中國語文研習」，有來自全省近百位師院生參加；二月一日起五天，台東社教館在花蓮玉里高中舉辦「文學研習營」，有來自花東兩縣七十多位高中、大專學生及社會青年接受文學的洗禮……。

台東需要被關心，卻不能期待別人扶起來；台東人需要努力，不要忘了：台灣只剩下這一塊美麗的淨土。「地靈」，是上天豐厚的賜予；「人傑」，是需要自己去努力的。把台東當作圓心，不只台北，即便是全世界，也都是偏遠地區！

附註：

本文資料，承台東社教館孫組長玉章、台東文化中心黃組長展富及錢其榮先生，救國團台東縣團委會蔣組長萱輝、台東師院林主任文寶、台東縣政府山地行政課賴課長榮幸諸位先生協助，謹此一併致謝！

台東地區藝文團體及刊物絮記

◎楊雨河 青溪新文藝學會理事長

在藝文展現上，如果說台北是大沙龍，那麼台東大概可以說是沙漠！主因是藝文難以生根。我在台東沙城居住廿三年有餘，發現這古名「寶桑」之地，卻始終寶不起來，但我始終不灰心，也很留心台東地區的藝文前程。於是七年前（民國七十二年）創始性發起書法、文藝、青溪三個藝文社團，這當然不是我一個人的力量，主要是救國團台東縣團委會趙令正總幹事（現服務總團部）、省社教館台東館長張光寅（已故）、書法好友莊有德先生、佛教界瑞麒與紹弘二位法師，有志一同所完成的。

以下是有關台東地區藝文的一些資料：

早期有關文獻

一、清代

• 台東州採訪修志册，胡傳著作。胡傳即胡適先生的尊翁。稿成於光緒二十年，日據時代未刊行，現在稿本存於台灣省文獻委員會。另有一册「台灣日記」，稿本計八卷，光復後，省文獻會與台灣銀行經濟研究室先後刊行，是胡傳在台東直隸州知州任內之記事。極有時代史性價值。

•台東首任縣長袁聞柝，著作「開山日記」，此本胡傳在其修志冊中言及，稿本亡佚。

•光緒二年出刊「化番俚語」、「訓番俚語」，是吳光亮與沈葆楨、王凱泰等三人監修，見台東縣藝文志。

二、日據時代

•「台東誌」，僅有之中文著述，脫稿於日本據台後第二、三年間，民前十六年八月，著者陳英，日據時未付梓，光復後，省文獻會刊行，在台灣文獻九卷四期刊出全文。

•「改隸前の東部台灣」，渡邊善嗣著，內容廣博，民國二十年刊行，彙編有日本據台前台灣後山（台東）之各項文獻史料。

•「三百年前の東部台灣」——尾崎秀眞著作，手稿於民國十四年十二月贈與總督府圖書館，今仍存省立台北圖書館台灣資料特藏部，內容具考據性，其文是誇耀日本最先經略台灣之各項史迹。（由這些記載中我們可以知道日本人之蓄心積慮，從民國七十九年台灣區運釣魚台事件，國人理應知之。）

•台東縣志稿（首卷），稿成於民國四十九年。

•清代州官台東日記——胡傳，列爲寶桑叢書，民國四十九年印刷，五十年春發行。

三、光復後

•新台東（期刊），四十六年元旦發行。出六期停刊，華强出版社發行。

•「授田記」，著者南雁，四十七年出版。原名李潤榮，任台東地政科長。

•「檳榔花開的時候」，內容是本省土地改革寫實的小說，作者是台東新報編輯。

•「台東縣廿八景」，詩集，作者王養源。在民國四十七年「戊戌」詩人大會印贈。王養源的詩是舊體詩。

寶桑吟社：早期唯一的藝文團體

•寶桑吟社，創立於民前，迄今（八十年）有八十四年的歷史。詩社主旨以民族復興，鼓吹中華文傳，發揚傳承詩教，是台東最早藝文社團。社友全爲愛國詩人，僅存的詩人碩果——曾其南先生，已是耋耋高齡。民國元年正式成立，由蘇宜秋（即今知本國中校長蘇滄洲之父）、鄭品聰（今台東縣長鄭烈之父、前故立法委員）暨王養源爲社長。現任社長鄭烈先生。早期社員王萬源、邱耀青、洪傳、李泉、王養源、趙壽珍、施振益、李劍閣、蔡元直（總幹事）、洪國禎等卅多家，光復迄今，曾爭取一次全國詩人大會，是在四十七年——戊戌端午節，在台東市舉行。之後，有六縣市聯吟擊缽主辦全國詩人大會，以鄭品聰故立委厥功甚偉，倡導傳承詩教。鄭係同盟會元老，也是抗日志士。

•其他：文化事業，台東以「台東導報」創刊最早，始於民國三十五年十二月十三日，爲三日刊，每期出刊八開一張，發行一百一十三期停刊。後來招股爲地方性日報——「台東新報」，民國卅七年十二月廿日創刊，三十九年十一月十一日停刊，四十一年七月十二日復刊，台東鎮（今爲市）永樂街七十號爲其社址。陣容頗壯，與地方政府不能協調，四十四、四十六到四十八年，出版又不正常，終於擱淺。繼而「東昇日報」於五十四年出現台東市，又改組爲「大漢日報」，在民國六十六年又改組遷彰化，易名爲「自由日報」社。現僅有的刊物是民國四十五年由救國團台東團委會主辦的「台東青年」。廣播事業：「中廣」民國三十五年十一月十一日開播，四十八年八月廿二日正東台開播，復興台七月三日開播。教育廣播電台是民國七十七年九月三十日開播。

近期藝文團體及其他

•省立台東社會教育館鄭清源館長，於民國六十四年三月奉省府指示，倡導地方藝文，邀請書畫人士成立書畫社，會長張慶萱（已故），會員分散。有東海岸畫會而起，是在民國七十三年。人員他調，多爲教職員。並未立案。

•民國七十年筆者參加救國團青年寫作協會座談，台東縣團委會主辦。老文友小說家段彩華願促成書法、文藝，青溪三會，要我從事一些實質的文化藝術工作。於是首先在台東縣團委會成立藝文團體聯誼會。會中文友達五十餘位，加上從政官員與新聞同僚，樂於促成，參與的會員達百餘位，於是三會成立：

•中國書法學會台東縣支會正式成立於民國七十二年六月廿六日。

•台灣省文藝作家協會台東縣分會與書法會同一月成立。

•中華民國青溪新文藝學會台東縣分會七十六年八月十五日成立。

三會會長均由筆者負責。而這三會名別而性質實同。在隸屬上，書法會員，均是總會會員，「文藝」與「青溪」兩會也是一樣。筆者全是「服務」而已。成立以來，配合從政單位以及地方文化機構舉辦各種藝文活動，如「地方美展」、「省社教徵文」、「春節書紅」、「離島文化巡迴美展」、「書法展」、「書畫展」、「文化講座」、「文藝座談」。將近八年，三會會員達百餘位。最爲傑出的，他們的芳名是：朱文彬、莊有德、翟家瑞、林嶺旭、李崇建、許金龍、林壽徵、丁學洙、伍琪、易可、李源昌、王瑞甫、邱弘義、劉鋒武。自七十二年到七十九年，參加全國美展、國父紀念館徵選作品、亞洲美展、中日韓美展、省、縣文化中心徵集美展。每年作品晋入優選佳作，以上書法。

文藝方面：曾興平、楊敏村、吳當、陳英雄、易可，均有著作，其中曾興平、易可二君分別受聘省級和軍管區美術「金環獎」評審委員。縣級論文評審第一二名，羅世昌、詹寬仁二會員每次中選。林昆城、林建成作品散見全國各報刊雜誌。其中會員張少東，廿五年前是東昇日報社總編輯。

•在刊物方面，「今日台東」創刊於六十九年三月；「知本月刊」創於民國七十年五月二十八日，國民黨台東刊物；「海洋兒童文學」創刊於七十二年四月七日，發行人兼社長林文寶，總編輯吳當；「普賢」（佛教）雜誌，創於七十七年一月一日，現改八開；「東部文藝」半月刊，東花二縣文藝分會主編，創於七十二年，四個月後停刊；「台東文教」創刊於七十七年六月二十五日，年刊。

•有關的文化講座：本縣文藝作家台東縣分會，暨省社教館、縣文化中心於民國七十三年至七十九年，七年當中，以文藝協會講座敦請的名作家學者，計有：司馬中原、歸人、張默、羊令野、三毛、李殿魁、丹扉、李瑞騰、周春芳、許振江，講座地點分別在省社教館、縣文化中心、台東縣救國團團委會，及女中與商校。

結語

引言中曾指出台東地方是大沙漠，實在是極力希望此地藝文環境能成爲綠州。其實，台北的藝文大沙龍，也是人爲經建而成的。

有大沙漠的國土尚能開出油田，富甲天下。我堅信台東是寶藏，在藝文上會有更大的成就。據我所知，台灣史博館將在台東縣境建立卑南文化區，對本地藝文將更有助益。

◎高惠琳

擺脫過客心理，爲這塊土地投注心力

「台東藝文環境的發展」座談會

時間：八十年一月五日下午三時～五時半

地點：台東市大同路台東社會教育館二樓會議廳

主席：李瑞騰（本刊總編輯）

與會：蔣　震（本刊社長）

羅朝明（台東社教館館長）

阮　囊（作家）

林文寶（台東師院語文教育系主任）

楊雨河（作家・「青溪」台東分會理事長）

何三本（台東師院語文教育系教授）

林嶺旭（書法家・台東郵局局長）

葉　香（作家）

陳文生（雕刻家）
林韻梅（作家・省立台東高中國文教師）
張少東（作家）
林鳳朝（台東史蹟源流調查會會員・馬蘭國小教師）
杜若洲（畫家・藝術評論家）
孫玉章（台東社教館推廣組長）
（以上按發言序）

討論題綱：

一、本地的藝文傳統
二、現階段的藝文活動之檢討
三、如何開創一個寬廣活潑的藝文環境
四、如何形成具有特色的台東文化

認識地方的藝文傳統

李瑞騰：

非常高興能有機會和台東的文藝先進共聚一堂，一起來面對台東文藝發展的問題。

文訊雜誌是一本以文學、藝術、文化爲內容的刊物，多年來我們一直努力在挖掘、探討文藝問題，希望台灣能擁有更寬廣的藝文環境。去年，我們著手規劃一系列有關台灣各縣市藝文環境的調查，並且暫定以一年十二個月走訪十二個地方爲第一階段，目的在於將各地方的文藝現況、問題等，透過雜誌有效編輯作業及整理，呈現給藝文界朋友，也反映給有關單位，讓他們了解文藝的問題並不只是侷限在大都會，地方上仍有許多藝文工作者不斷地付出智慧，默默耕耘。在我們計畫的十二站中，大都屬於較偏遠地區，因此在執行上也較爲困難。基本上，我們策畫的重點有四：一、簡單呈現當地的歷史源流；二、表現當地的藝文傳統；三、展示當地近幾年有關的藝文團體及所舉辦過的活動；四、透過與當地作家面對面的座談，將文藝問題集中，並刊載在「文訊」上。

當然，我們最終目的便是希望文化主管單位或負責文藝工作的官員，能在閱讀「文訊」之後，對地方上的文化問題能有進一步的了解和掌握。

現在我們先請「文訊」社長蔣震先生跟大家說幾句話。

台東的人才濟濟

蔣震：

很感謝大家犧牲周末的時間來參加我們所舉辦的「台東藝文環境的發展」座談會。「文訊」所以舉辦這系列座談會，主要是有鑑於國家未來六年建設中已經將文化建設列爲重點。其實官方單位並沒有漠視文化的重要性，但是由於未曾眞正落實文化建設，因而導致國人的文化生活貧乏，所以我們想到，假如文藝界人士能夠針對文化建設的問題提出意見，供政府參考，作爲其從事文化建設的依據，則應當可以達到事半功倍的效果。

今天在座的各位都是地方上的重要文藝人士，因此對於地方上的文化建設也擔負著相當的責任，我們希望藉由問題的探討，尋求本地的文化特色。剛才我在樓下欣賞了賴維進先生的攝影展，覺得他的攝影具有相當水準，作品內容非常精彩；上個月，杜若洲先生也在台北舉辦了一場畫展，場面十分熱烈。由此可見台東人才濟濟，但是如何發展，卻有待大家共同努力。

這次座談並沒有其他媒體給予宣傳、協助，但是我們相信，藉由「文訊」翔實的記錄，將來定能發揮相當的作用。今天，希望大家能暢所欲言，踴躍提供意見，同時也預祝今天會議圓滿順利。

李瑞騰：

這次會議所以能順利召開，完全是仰賴台東社教館的鼎力支援，我們請羅館長為我們說幾句話。

不會間斷文藝的推動

羅朝明：

首先我代表社教館全體同仁歡迎大家蒞臨本館，召開此次會議。

剛剛聽了李先生和蔣先生的談話，可以感覺到大家對於本縣文藝活動和教育的殷切期望。在這方面，我不諱言其實我們做得很多，但是由於缺乏宣導，以及系統性的整理，因此無法呈現效果，甚至看似空虛。舉例來說，台東師院的何三本、林文寶兩位老師，對於文藝寫作方面有頗多貢獻，而且也舉辦過若干次大型的文藝活動；楊雨河先生多年來也致力於文藝活動，文藝教育的推展工作。至於社教館本身也經常舉辦這類活動，尤其前幾年更是每年都舉行文藝作家的聯誼活動，讓老中青三代作家能共聚一堂，交換意見、相互切磋。此外，也曾與更生日報多次合辦社會教育徵文比賽；而青少年、兒童文學創作比賽等項目更是經常舉辦。今年我們更計畫在二月一、二日兩天在玉里高中舉行「東區青少年文藝營」。從以上我所舉的這些例子可以看出，無論是社教館或是文藝人士，都努力在推動台東的文藝活動。

除了文學以外，台東地方上的其他藝文活動也十分熱絡，除了蔣社長所提的攝影展外，有位從卑南國中退休的工友，他擅長於竹編貼畫，本館不僅給予經費上的協助，同時也在館內爲他舉辦了首次個展。

雖然台東當前文藝活動並不是成效卓著，但是我們從事推動工作的用心卻不曾間斷。當然，也希望在座的文藝人士，倘若對本館有任何意見，或需要我們協助的地方，能夠於會議中不吝提出。

文化式微論

阮囊：

幾年前牟宗三先生曾經對社會上人文教育式微的現象提出示警，沒多久，吳大猷先生也提出了同樣的感歎。他們兩位是當代的哲學、科學大師，卻從不同的學術領域發出相同的慨歎，足見這社會的人文教育眞有式微之虞了。前不久，孫運璿先生提到，當年他在行政院長任內，偏重經建發展而忽略了人文教育的措施，他深表遺憾。前兩天，漢寶德先生在一篇文章中也表示，台灣當前的文化在工業環境的衝擊下已經逐漸式微、解體了。歸納上面幾位先生的言論，我最大的感受是：藝文是屬於文化的一部分，既然文化在當前社會呈現式微的現象，那麼藝文的衰微也可想而知了。

現在，我先針對第一個題綱做簡單的報告。本人是民國五十年來台東，那時台東已有「寶桑詩社」，並且持續至今，此外，國劇、象棋、圍棋、書法也都十分盛行，不過，如今只剩下書法在楊理事長的大力推動下仍繼續發揚光大，而其他三者則都已經沒落了。

在藝文人士方面，音樂上，國際知名的李泰祥先生是台東的原住民，而他所致力的也是原住民音樂的收集研究，但是後來由於台東缺乏供他創作、研究的園地，於是他便舉家遷往台北；在現代詩方面，除了在座的楊雨河先生之外，著名的女詩人夐虹也是台東人，但也因缺乏發表的空間而離開台東；還有一位詩畫雙全的王金芳先生，辭去教職到台北開畫廊；而李春生、路衞等人，原先也都是台東的藝文人士，如今也都已遷居他鄉。從上面的例子可以明顯看出，牟宗三先生等人先前所說的話都已經在台東應驗了。

在我來到台東的這二十幾年間，台東新增加的團體便是獅子會、青商會、扶輪社、觀光協會等，他們逐一取代了以往藝文團體的地位。

那麼，如何使台東的文藝振衰起弊？我提出幾點個人的看法：一、爭取設立大學，教育是一切的根本，不先從教育紮根，就不用再談其它了；二、希望教育部能加强學校人文課程的份量；三、期盼台東的菁英分子能夠羣聚力量，籌辦一份夠水準的刊物，讓台東人能擁有一塊屬於自己的創作發表園地。

再者，我另有一項建議，就是無論是個人作品或刊物，一定要能夠跟得上時代潮流，尤其在當前社會型態下，除了要求內在的品質，包裝的講究也是十分重要的。

文化的建樹十分貧乏

林文寶：

我是民國六十年來台東，從事新文藝及兒童文學的教學工作。多年來，我致力於台灣本土文化的追求，對這方面的資料也蒐集了許多，但是對於今天所討論的題綱卻是不曾仔細思考過，因此，我也僅就其中幾項提出個人看法。

第一項，本地有沒有文藝傳統？我的答案是沒有。除了剛才阮囊先生所舉出的一些人，我還可以加以補充好幾位，但是這些文藝人士卻只能算是台東的過客，或許他們曾在台東待過一段時間，但是最後還是離開了；而現在留下來的這些人，雖然不斷地在貢獻心力，卻也因爲本土文化未能眞正落實而導致苦心白費，甚至遍體鱗傷。所以，當我們在談台東的藝文傳統時，倒不如先去思考如何落實台東的文化。例如文化中心、社教館在官方的資助下，應該能爲大家多做些事情；我也一直希望台東各界能和台東師院合作，從事一些研究。如台北新莊市曾經聘請學者爲新莊的歷史尋根溯源，而台東師院的人才衆多，也有心從事各項研究，但往往礙於經費問題，導致有志難伸，於是在這種情況下，人才必然是留不住，因此我只能說我們是過客。

第三項，如何開創寬廣活潑的藝文環境？在當前社會處於轉型期時，台東可以說是一個很好的創作空間，但也可能是最壞的創作環境，原因在於缺乏文學的刺激。在台東，想找人一塊喝酒十分容易，但是如果想找人一起討論文學卻是非常困難，所以，在會議開始之前，我向蔣震先生表示，能否建議官方單位在台東設立現代文學研究室，或現代文學資料館，因爲雖然台北人才很多，但每一個人都很忙碌，無暇從事研究工作，而台東最大的優點，卻是時間充裕，唯獨缺乏支持、贊助。

我認爲，要提昇台東的文藝環境，必須先透過團體機構的推動，比如公辦刊物，以台中縣爲例，他們請專人負責編輯「中縣文藝」，不僅邀稿範圍普及全省，同時更出版了一套地區作家的文集，成果斐然；但是反觀台東地區，雖然有衆多如青商會、獅子會、文化中心等團體單位，但是在文藝的建樹上卻十分貧瘠，令人不勝感慨。

台東是文化的大沙漠？

楊雨河：

我就針對討論題綱的四個題目，提出個人淺見：

一、台東在清代叫「後山」，原住民稱爲「寶桑」，而其文藝傳統則以原住民文化爲主，包括舞蹈、歌唱、運動；同時這三方面也陸續出現過一些名人，如：李泰祥、謝東山、楊傳廣及紅葉少棒隊等。

二、台東文藝活動的檢討。首先談省立台東社教館，該館舉辦的活動成效頗大，但是卻不受上級的重視，甚至屢次有遭裁撤之憂。至於縣立文化中心，無法充分掌握此地的文化特色，對於文藝推展工作的力量不大。

由於以上的現象，我們不禁考慮到，若要達到寬廣活潑的藝文環境，至少須具備兩項條件：一是由行政官員率先倡導，以達風行草偃之效；二是需要有欣賞文藝人才的伯樂，使人盡其才，而不外流。

台北是文化的大沙龍，而台東是文化的大沙漠，但是沙漠中仍然存在著一些綠洲，如何保有綠洲、開墾沙漠，這些都需官方與民間有共識一起來努力。

仍有許多地方尚待加强

何三本：

藝文的空間是相當寬廣的，而並不只是局限在詩歌、繪畫、書法上，因此藝文活動的舉辦也具多樣化。例如今年寒假將在台東師院舉辦為期一週的全省童詩研習營；六月份我們也將主辦一場台灣地區幼兒創造性戲劇研討會；社教館在羅館長的領導下，也積極地舉辦各類文學獎，由此可見，台東的文藝是在逐漸成長、茁壯中。

當然台東仍有許多尚待加强、努力的地方，我試舉例說明：

一、創辦一份屬於台東地區的刊物，並於全省發行，讓全國的人能更進一步的了解台東的特質，也讓台東人有發表創作的天地。

二、由於台東原屬原住民居處，所以地名名稱與其它地方截然不同，假使能有人對於這些地名的來龍去脈加以探討，定可發現更多的台東藝文傳統和特色。

三、政府應落實地方的文化建設。近來我們可以發現，社會上犯罪者的年齡層在逐漸下移，其關鍵在於缺乏文藝的薰陶，因此提升文化精神的建設實在是刻不容緩。

四、改進國小教師的資質。擔任過多次國小教師的甄選工作，我發現現在的老師對於童詩、古詩十分陌生，而這些作品卻是具有淨化年輕人心靈的功能，因此，今年的國小教師甄試，我特別偏重於詩歌的測驗，也希望能喚起國小教師對詩歌教學的重視。

五、師院的課程能多加強文科教學，而不應爲應付聯考制度，偏重理、數，而忽略了具有涵養人格的人文教育。

加強社團聯繫與人文教育

林嶺旭：

我本人是在郵局工作，性質上與文藝有段距離，但是我願意以台東人的身分，提出個人的看法，期盼台東能有更大的進步。

台東原住民的人口佔總數的三分之一，因此台東的傳統藝文大都屬原住民文化，無論是雕刻、服飾、建築、音樂等方面，原住民的確擁有很美的文化，因此應當加以維護、保存，因爲它代表一部分的台東。

台東所舉辦的藝文活動並不少，但是觀賞的人卻是寥寥無幾，因此也就造成如楊先生所講的文化沙漠。而探究其原因有三：一是宣傳不夠；二是文藝的種籽太少；三是各機關團體未能大力倡導。如何從這三方面加強，也是值得大家討論的。

對於第三項題綱，我有四點建議：

一、台東的藝文團體並不少，但是彼此間的聯繫卻嫌不夠，假使能集中大家的力量，那麼文藝的推動將會更具效果；二、機關單位應肩負起文藝推展的責任。一般人除了在家，大部分的時間都用在工作上，如果公司機關能主動舉辦文藝活動，使員工工作閒暇有適當的休閒活動，不僅能提高服務品質，同時對社會風氣的提昇也是一大幫助；三、學校應摒除重數理輕人文的觀念，而應加重藝文課程，强化人文教育；四、做好文藝紮根的工作，不要使文藝的薪傳產生斷層。

最後，我建議設立原住民博物館及文化村，使在台東文化上佔有重要地位的原住民文化得以保存。

文藝的發展靠個人內心的省思

葉香：

我僅就台東的文化特色一項提出個人看法。

我覺得，如果在台東生活卻看不出台東的美，那麼就不算是台東人，因此，我們不應用台北的文化作為台東文化的衡量標準，相信「文訊」想探討地方特色的本意也是如此。

每個地區都有其基本的特色，而這特色便代表該地的文化。以文藝的視野來談，文藝的發展是靠個人內心的省思與投注，而不是取決於活動舉辦的次數和參與人數的多寡。所以，或許有些人因為台東的藝文活動不多，就認為台東沒有文化，我卻覺得，台東的特色便在於未經過太多建設而保有的質樸、自然，而它的文化、它的美也在於此。

成立雕刻博物館，讓原住民能發揮所長

陳文生：

無論從事任何工作，每個人都希望能獲得他人的鼓勵。記得民國七十二年，台東舉辦地方美展，

那時剛學習雕刻的我，很想也能參加展出，後來經過楊雨河先生的幫助，我以一名非專業人士的身分參展。在展出期間，得到評審委員杜若洲先生的肯定，並且於展覽後開始傳授我藝術的學問和觀念。當時我處在生活和興趣的矛盾中，最後，我選擇了雕刻，並且四處貸款、尋求補助，也遇到了許多困難。現在我終於在雕刻上有了進步，同時生活也有了改善，並且時常有一些山地青年跑來看我雕刻，而且也很想學習，不過卻因爲農忙而沒有時間教他們，因此，我常希望如果台東能夠成立雕塑博物館及雕刻教室，讓山地青年也能發揮所長，一方面不受社會不良風氣的污染，另外，也能呈現山胞不同於商業化的原始雕刻藝術，更可以爲台東的文化發現一項特點。

環境的污染影響學生的創作心靈

林韻梅：

上個月我去一家相館影印稿子，負責影印的小姐看了我的作品後，對我說：「台東人寫的散文內容似乎對環境的關懷並不多。」當時我很想告訴她，生活的環境與寫作心靈是未必一致的，尤其對於一個從事文學創作的人來說，台東生活的悠閒、時間的充裕是讓他長居下來的重要原因。

在我多年從事教學的工作上，我發現了一種現象，居住在太麻里、泰源、成功等靠台東海岸地區的學生，和居住台東市內的學生，彼此的創作素質不太一樣，前者的寫作心靈、開發性都比後者大，最主要的原因卻不在於生活的貧富，而是受到社會污染的深淺。

此外，學生發展的空間太小，剛才羅館長提到二月初要學辦的「東區青少年文藝營」，本校只分配到三位名額，面對許多有潛力的同學，眞教人不知如何取捨。

剛才大家都提到了缺少發表的園地，我也有相同的看法。另外，有關地方語言的保存和記錄也值得重視。雖然我對語言沒有研究，但是一些原住民學生的作品都是比較粗獷、頗具氣魄，但是卻往往因爲文字語言比較粗俗，而無法參與作文比賽，因此，我建議台東地區在舉辦作文比賽時，能夠將原住民的作品獨立出來比賽。尤其在原住民的作品中，時常保有傳統用詞，假如不諳原住民語言，自然也就不能了解他們的作品內容了，而如果政府單位能有人專門研究原住民的語言，並作翻譯、整理，那麼對於他們的生活習性、文化特色將有更深的掌握。

最後，我想附帶提一下有關台東史蹟的研究問題，我有位朋友專門從事台東史蹟的調查、研究，但是卻缺乏發表的管道，而今天既然我們談到台東的文化傳統，對這方面的問題也應有所考量。

文化的傳遞重於個人成就

張少東：

當年我來台東辦報，卻找不到可以印刷的地方，後來找到了，印出來卻一片模糊，效果很差，而現在，台東的印刷技術比以前好多了，因此可以看出，台東確實是在進步、在成長。所以我認爲今天我們眞正要知道的是，台東的藝文環境到底發展到什麼樣的地步。

我多年從事教學工作，發現學生的表達能力大多仰賴於老師的指導方式。記得十多年前，有一次學校開運動會，我召集了十位學生合辦一份報紙，當時鄭烈先生擔任國大代表，也蒞臨會場，於是我便指派兩名學生去採訪他，其中有位學生便問我該如何去訪問、撰寫？我就告訴他，依照他想知道的去問，照所得到的資料去寫。如今這名學生已經是個很不錯的記者。因此我想告訴大家，一個人的成就固然可喜，而傳承的任務卻更重要。

剛才大家都提到，文藝界人士缺乏聯繫，我也有此同感。最近我開了家書店，取名叫「東部人書坊」，意即是大家無論來自何方，既然到了台東，就算是東部人，彼此就應當常保聯繫，相互溝通。

最後，我提出三點建議：一是某些藝文團體應擔負起整合的工作，促進台東的藝文發展；二是台東的文藝發表園地仍待加强；三是致力於文藝幼苗的培育工作。或許我們做出來的成果不是最好的，但是肯定自己、努力耕耘才是我們所要重視的。

要求自己比要求他人重要

林鳳朝：

我本人並沒有從事文藝創作，今天來參加這個座談，主要是我先生陳顯忠臨時有事不能來，所以由我代替。

陳顯忠多年來從事史蹟源流的調查，並且組織了史蹟源流小組，每一年我們都刊登廣告，舉辦有關台東田野調查或古蹟、文物研究的徵文活動，但是卻一直得不到迴響，不禁令人感慨在台東這塊空氣新鮮、風景優美的土地上，雖然我們有心散播文藝的種籽，但是卻缺乏有心人士的幫助。

我曾經編過台東縣政府的刊物達數年之久，發現所刊登的小學生文章只重視文字的雕琢、堆砌，而看不到一點來自心靈的眞正感受，但是反觀台東師院附小的學生，他們的作品卻可以將內心情感眞實而自然的流露出來，那麼一般的學生是因爲不會用適當的詞句來表達，還是不好意思表現出來？相信前者的因素佔大部分，而這個責任便在於老師自己，而許多方面也是一樣，因此我贊同張老師所說的，要求自己比要求別人重要。

還有，關於剛才林韻梅老師提到，有關她的朋友研究台東的史蹟，資料卻沒地方發表，假使他願意，可以和我們史蹟源流小組聯絡，彼此共同爲台東的文藝而努力。

文藝的發展應順乎自然

杜若洲：

我認爲文化藝術本身具有很堅强的生命力，是會逐漸長大的，至於爲這個幼兒的成長擔憂，倒不是十分必要，因爲時間會印證一切，也會在文化發展史上給予一個交代。

台東實際上只有原住民的文化傳統，但是由於長久以來受到中原文化的影響，將來必定能呈現一種融合性的結果，只要耕耘，就一定會有收穫，而我也願以觀察者的角色樂見它成長，看它開花、看它結果。

良好的藝文環境有待大家的共識和努力

李瑞騰：

在各位談話過程中，常常會令人感動。最近幾年，我時常到各地去，發覺在許多地方總有一些人在默默地耕耘。到底是什麼原因趨使他們這樣去做呢？是使命感？責任？還是趣味？

文化本來就具有很堅强的生命力，可以在任何環境下自然地生長，有很多內在外在的原因促使它產生變化，因此，傳統本身就是一個流動變化的有機生命體。可是當一個社會有了結構以後，換句話說，在有了一個政府以後，文化就成了公衆事務，大家便期待它能夠穩定、良性地發展，過去在戒嚴時代，政府或執政黨有許多文化政策令人感到不滿意，而那些規範性的文藝政策，如今都已不存在了，現在政府或政黨在面對文化事務時，最應確切實行的是幫文藝界人士提供一個最好的文藝環境。在座的各位包括了大學教授、文藝團體負責人、中學老師，以及純作家，你們就是最好的社會力量，而這份力量能否讓社會所用，是一件非常重要的事。

社教館、文化中心是政府在地方上執行文化建設的機構，他們應設法凝聚地方上的力量，爲政府辦好文化事務；而每一個個人，假如愛這塊土地，假如願意爲文化奉獻，又該怎樣去投身其中？

剛才林文寶先生提到了過客心理，我以爲，既然大家來到了這裡，立足在這裡，就該擺脫這樣的心態，眞正爲這塊土地奉獻心力。但從另外一個角度來看，文藝也很個人，非常自我，所以社會也應該尊重創作者的自我天地。再度感謝今天出席並踴躍發言，讓我們共同攜手合作，開創更寬廣的藝文環境，謝謝大家。

彰化

卦山春曉

卦山春曉

彰化的文藝發展簡史

◎康 原 彰化高工教師・作家

地理位置與歷史沿革

彰化位居台灣西部海岸之中央，北鄰台中縣，西臨台灣海峽，南毗連雲林縣，東接南投。因位於鐵路山線和海線分支點，又有公路、高速公路，交通便利、四通八達。

縣內以八卦山爲主山脈，峯巒特秀，奇麗非凡，登卦山遠眺，山光水色、綠野平疇，盡收眼底，故「卦山春曉」列全省風景之首。境內河川北截大肚溪，南瀕濁水溪，另有烏溪、貓羅溪，使本縣埤圳溪溝縱橫密佈，可惜近年來山林被濫墾，破壞水土保持，圳溪淤塞，若山洪暴發，邊山市鎮首當其害。本縣近北回歸線，有宜人氣候，土地極爲肥沃。因海岸綿長達五十八公里，沿海新港、線西、鹿港、福興、芳苑、大城等鄉鎮靠漁爲生。

天啓年間，荷人入據台灣，那時本縣仍屬化外之地。明清時代，以鹿港爲台灣之交通要港，使鹿港形成一文化古城，時至今日仍有「一府、二鹿、三艋舺」之說，可見歷史上的彰化曾風光一時。原名「半線」的彰化，係山胞巴布薩族半線社之地，迨雍正元年方建制；光緒十一年，台灣建省，分全省爲三府十一縣五廳；北路設台北府，中路設台灣府，南路設台南府；彰化隸屬台灣府。

日據時代的台灣，沿淸朝舊制。後來日人爲防義民抗日，將三縣一廳除台北縣外，於台中、台南各置民政支部，並於轄內樞要之地設民政支部出張所，本縣屬台中民政支部，一直到民國八年仍隸屬台中州，到台灣光復一直爲台中州所轄管。

民國三十五年，台中州改組成立爲台中縣政府及彰化市政府。屬於本縣者有彰化、員林、北斗三區，彰化市政府轄彰西、彰南、彰北、大竹四區。民國三十九年，將全省改設十六縣五市，將台中縣政府及彰化市政府裁併改組，分別設立台中、彰化、南投三縣，以原台中縣轄之彰化、員林、北斗、彰化市劃入彰化縣。

文教發祥與文化性格

「文化」來自社會環境。了解社會背景，可以掌握文化的動向，素有「文化古都」的彰化，在淸朝時學校教育始克定制，亦具有規模；舉凡儒學、書院、社會、義學、民學等均相繼設立。縣儒爲地方政府之最高教育行政機關，掌握文廟，指導與監督生員，舉行士子月課，均爲儒學之主要任務。書院則爲文運中心，以講授學術以正人心，俾補官學之不足。至於社學、民學與義學，義學由官方設立以教貧童，社學初爲鄉民居住遼遠者而設立，民學則係私家延聘、設帳授徒，以爲應試之準備。

彰化由於書院、社學、義學等設立普遍，主要是培養學生應付考試，故本縣登舉人者，以公元一七四四年甲子科黃師琬始；登第進士者以公元一八六八年蔡鴻章開其端；淸代題名碑中之台灣進士共有三十一人，其中彰化得八人之多，爲全省之冠，足證彰化地靈人傑，文風丕盛，人才蔚起。

公元一八九五年，日本人竊據本省，實施殖民政策，於翌年在本縣設立日語傳習所，俾養成日語教員或通譯人才。公元一八九八年公布「台灣公學校令」，確定台胞初等教育基礎。一九一九年日人發表「台灣教育令」，確立台灣學制、教育方針及綱領；一九二六年日人以日語爲教育中心，改善教育方針，注重敎養「國民精神」。一九四一年，日人爲了推行戰時體制，以懷柔政策，推行「皇民化」，修訂「台灣教育令」，撤銷中、日人民在台教育的差別待遇，廢除小學校、公學校之名。一九四二年本縣設立公學校（國民小學）中山國小、鹿港國小、員林國小、北斗國小。職業學校設有北斗實踐農校、永靖實踐農校、員林農業家事實踐學校，另設有彰化中學。一九四五年台灣光復，政府的教育主旨，以實施三民主義爲教育方針，重「量」的擴充，著重國語教育與義務教育推行，改革學制、修定課程，以反攻大陸、收復河山爲教育政策，彰化縣因教育的普及，以及優良的文化傳統，培養出許多人才。

如果從五四新文學運動以後，來看彰化的藝文人才，在文學方面，縣籍作家有陳虛谷、賴和、周定山、葉榮鐘、王白潮、楊松茂、翁鬧、陳火泉、賴顯穎、林亨泰、陳金連、李篤恭、姚嘉文、吳晟、潘榮禮、陳恆嘉、洪醒夫、康原、蕭蕭、李昂、蕭國和、林武憲、廖莫白、楊憲宏、林雨澄、逸峯……等人。縣籍畫家有王漢英、黃天素、柯煥章、林錦鴻、鄭安、李克全、余德煌、張煥彩、朱啓南、李甦、丁國富、郭煥彩、施南生、林煒鎭、林俊寅、黃良臣、洪遜賢、陳來興、陳朝寶、施翠峯、袁金塔、李元亨、張柏舟、陳銘顯、吳秋波、李憶金、周于棟、施並錫、曾得標、杜忠誥……等人。另外，因工作關係落籍彰化的傑出藝文作家有宋協邦、李仲生、楊慧龍、林雙不、宋澤萊、蔣振興、詹悟、瞿毅、李展平等。在音樂方面縣籍有成就者有許常惠、李景臣、施福珍、王耀焜、吳文修、賴德和等，舉不勝舉，在各行各業，各種不同思想流派的文人、藝術家的帶領下，使藝文風氣昌盛，造就了不同風格的文化性格，多元化的社會環境，造成各種不同的價值判斷，也造成了多種思想、意識形態的差異性，也活潑各式各樣的文化造型。

宗教信仰與民間曲藝

本縣鄉民大部分由閩南而來，在鄭成功時代創立的洪門會，是以道教作爲民族精神思想教育的中心，到了日據時代，日人限制人民拜神，倡導「皇民化」運動，除了佛教以外，禁止任何宗教組織，沒收寺廟的財產，許多道士改做「師公」，直到光復以後，恢復信仰自由，本縣各種寺廟林立，現有的寺廟大都以佛、道、儒、天主、基督、一貫道爲主，多祀奉孔子、關帝君、釋迦、天上聖母、玄天上帝、無極老母、福德正神，可謂多神教派，其儀式已經多采多姿，大部分具迷信色彩。

奉神拜佛，旨在祈禱神佛庇護，或求福壽，或求平安發財，有時爲了消災解厄、改命造運、驅鬼治病，或卜卦算命，其至看風水、找地理、牽紅姨、收驚、扶鸞、跳童，近來甚至有藉助神佛降數字，以做簽賭六合彩、大家樂。在宗教活動上，仍以做廟會方式，在寺廟拱拜，藉以聯絡親戚朋友，古老的習俗仍然延續者。

以農立縣的彰化縣民，相信「人的命運」是天註定，常藉卜卦算命了解一生的運途，不管建屋、喪葬都必須看風水、選地理、紅姨的巫術，不但會「牽亡魂」還會替孕婦換斗栽花，爲婦人祈求得子，無所不能，人民的宗教性格是「迷信」與「功利」。在一九八九年，住在鹿港的小說家宋澤萊，在報端與大乘佛教論戰後，著手研究「阿舍經」，積極展開推展「根本佛教」，著重「教理介紹」和「修行方法」指導，並出版根本佛教教本「拯救佛陀」，把「根本佛教」納入「苦、樂、滅、道」四聖論來講，教導「四念經」修行，注意身、受、心、法的變化，分析五陰，使修行達到「無我」境界，希望培養出正確宗教情操，徹底破除迷信，達到消除「我慢」，把「貪、瞋、癡」轉薄，嚴守戒律的修行生活，使八正道伸張，變為一個人道主義者，宋澤萊在鹿港、彰化開班，對象是知識份子或富有文化修養人士，希望提升宗教情操。

另外，民俗曲藝方面：依許常惠教授調查，本縣可分㈠歌謠類：民歌係屬福佬系；詩詞吟唱：傳承中原文化，仿古作詩、吟詞，有鹿港調、天籟調、歌仔調、黃梅調、福建流水調、江西調等；南管「曲」：又稱南音、五音、絃管、郎君樂，係流傳於閩南一帶的古代音樂。㈡戲劇類：包括了七字戲、亂彈戲、高甲戲、歌仔戲、布袋戲等。㈢陣頭類：有車鼓陣、牛犁陣、布馬陣、獅陣、龍陣、宋江陣、八家將。㈣樂器類：有大鼓陣、八音、錕腔陣、南管指譜、北管牌子。㈤民間信仰音樂：有祭孔音樂、佛教音樂、道教音樂、牽亡陣、誦經團等；以上的民俗曲藝皆屬本縣的文化瑰寶，做為文化工作者或縣民，除了必須知道之外，必須加以維護與發揚，使其能恢復往昔的精彩演出，以振興地方民俗曲藝，傳承優良的文化衣缽。

社會活動與文化精神

從先民開拓本縣之歷史沿革來觀察，先賢們可謂飽經憂患，歷盡滄桑，其披荊斬棘、開疆拓土之精神，永遠是子孫的典範，從抗清運動中，彰化縣有林爽文、陳周全、戴潮春、施九緞等人領銜之戰役，均爲反强權、反異族之侵略與統治，表現出彰化人有强烈的民族精神。在日人統治的五十年之內，素有鄉土文學之父美譽的賴和先生，是最具反抗精神的作家，他强調「文學就是社會縮影」，所以在其作品中深刻揭露了台灣在日本殖民體制下，所受的政治、經濟雙重壓迫，透過文學批判社會的陰暗面，譴責統治者的不公不義，形成日據時代抗議文學之局面。

大家都知道文化是一種啓蒙工作，可透過演講來鼓吹民衆，透過作品表達羣衆的思想、觀念，在日據時代的文化活動，談的是民族主義，以及對台灣統治者的責難，來喚起民衆的示威運動，以挑起民族的反統治之心，來收攬民心，日據時代的彰化縣內常有講習會或演講會，由地方的先知先覺的知識份子，辦理這些文化事物；一方面培養縣民的讀書興趣，使縣民增進智識、破除迷信與守舊，增强其强烈的民族意識。是故，彰化縣抗日活動勢態甚熾，有彰化城之役與義民武裝抗日運動，縣民的戰爭精神有「不到黃河心不死」的決心，抗日行動層出不窮。直到後來日人採懷柔政策，多方誘騙，抗日熱潮雖漸降低，但抵抗外侮之精神已深植民心。日據時代的文學作品，均由現實出發，透過寫實主義與藝術觀點，深刻表現强權下殖民地的衆生相，强烈表達對强權妄肆的不滿。文化工作者，一方面從革新的角度著手，批評舊社會的陰暗，另一方面站在抵抗的立場，譴責統治者的不義；除了賴和之外，有陳虛谷先生，以小說來關心人民生活，反應被壓迫者的無奈；葉榮鐘的文章，表達守正不阿的個性，且强烈的民族意識，以「放膽文章拚命酒」鼓勵創作；楊松茂的小說，敍述小市民的生活窘境。在這樣的文化環境中，培養出本縣文風的「寫實」創作風格。光復以後的彰化文學精神，仍然表達對鄉土事物的關懷；比如參與「笠」詩社的林亨泰先生，致力於「時代性」與「本土性」的創作；陳金連的詩表達「批判性」與「諷刺性」，寫出詩人的自覺；李篤恭在一連串不幸中，表達對鄉土的執著；蕭國和以爲農民喉舌爲己任；潘榮禮的的作品以詼諧而玩世不恭的滑稽，替社會找良心，以突梯笑調嘲弄、戲謔士紳；陳恆嘉的小說用冷靜而客觀技巧表達人間汚穢；吳晟的詩，筆觸堅實而富於感情，認同土地、關懷鄉村，以大自然和現實社會爲依歸，寫出對人民的同情與智慧；洪醒夫刻劃台灣農民共同宿命、隱忍、悲苦的性格，寫出沿海窮人們的骨氣；李昂以轉型期的鹿港爲背景，表達轉型期社會人價值觀念的改變，以及大男人沙文主義下，女性追求自主性的努力；姚嘉文的「七色記」以台灣史爲中心，涵蓋中國史和世界史層面，寫出民族的回憶與經驗；另外因工作而落籍彰化的林雙不、宋澤萊寫出台灣的農業問題、教育問題、環保生態、政治生態等具時代精神的好作品，也承繼本縣文化的抗議精神與「批判」的傳統，以及現實的精神。

冬去春來見曉日

文化中心成立以來，本縣爲了加强文化建設，充實縣民精神生活內涵，提升人民生活品質，建立「富而好禮」的道德縣，結合地方藝文界人士，有計劃性推展文化薪傳工作，展開「本土化」藝文活動，諸如蒐集展陳地方文物、邀請專家演講等。但願八卦山下的子民，能再臨春曉情境，以邁向「道德文化縣」爲目標，把文化紮根鄉土上，盼望縣民享受冬去春來見曉日的和諧精神，不要使「彰化」淪爲「髒化」的「貪婪之城」，破壞傳統文化城的美譽。

彰化的藝文團體及刊物

⊙呂興忠　鹿鳴國中訓育組長．作家

一、前言

彰化自古文風鼎盛，文人雅士，代有才出；詩社林立，擊缽吟咏，風氣極盛一時，對傳統文化的保留及發揚，貢獻良多。尤其值得注意的，二十年代（日據時期）台灣新文學運動、文化啓蒙運動以及文化抗日運動等，諸多重要的歷史事件，彰化是中部地區不可忽略的重鎭。本地傑出的文化先賢如賴和、陳虛谷、施文杞、謝春木、楊守愚、陳火泉、楊啓東、陳瑞榮、葉榮鐘等，都是當時非常重要的新文學領導人、文化運動的大將。配合當時的「台灣民報」文藝欄、「台灣文藝」、「南音」等雜誌的推動，喚起全島民衆現代文藝的思潮，有著不可磨滅的偉大貢獻。

在介紹本地目前的藝文情況之前，先將本地先賢的文藝精神傳統，做一簡短說明，除了向先賢的奮鬥精神致敬外，也希望以此可貴的精神傳統來檢視本地藝文活動的精神傳承。

二、本地的藝文團體

鹿港「聚英社」：是一個南管樂的團體，已有一百四十多年的歷史，由施棉先生所創立，該社社址曾經多次遷徙，但五十多年來一直設於鹿港龍山寺八卦亭的右廂房內。「南管」又名「南曲」，發源於長江以南，與發展於長江以北的「北管」對稱。南管是純粹的閩南語腔的音樂，具有沉靜幽雅的特色，充分表現台灣敦厚誠樸的民族性。

目前聚英社的社務由九十二高齡的王昆山老先生主持，郭應護、施永川兩位老師指導教學，他們利用夜間召收學員，免費義務教授南管樂的唱奏藝術，數十年如一日，維繫南管於不墜，功不可沒。

聚英社的南管樂以及子弟戲，都是每年民俗活動不可或缺的壓軸好戲，該社並且年年獲得地方、全國許多重要表演的傑出獎狀。

員林「新和興歌仔戲團」：歌仔戲是台灣唯一土生土長的地方地方戲曲。「新和興」成立於民國四十五年，至今已有三十五年歷史。創始人是現在的團主江清柳先生，江先生繼承其父江接枝衣缽，七歲習粉墨，十四歲登台演出。創立「新和興」以後，由於演技精湛，管理得宜，不數年又增設了第二團及第三團。

「新和興」一直堅持傳統歌仔戲的風味，不若時下許多歌仔戲班一昧地迎合現代社會的口味而矯枉過正。目前「新和興」每年大約要演出兩百場的傳統野台戲，數十場的各地巡迴公演。曾多次應文建會、文工會邀請參與文藝季民間劇場的演出，在國家劇院等藝術殿堂爲提昇歌仔戲而努力。並多次榮獲台灣地區地方戲劇比賽的冠軍。

江清柳先生在民國七十六年，於員林首創全國唯一的「歌仔戲短期補習班」，召收學員，結合學科與術科，免費傳授歌仔戲藝術。接受訓練結業的學員已超過兩百人。目前更在本縣彰安國中、二林工商等校，指導學生社團演練歌仔戲，定期發表訓練成果公演。由於江清柳先生不遺餘力，默默耕耘，使這項民間藝術不至因後繼無人而被社會淘汰。

「**彰化美術學會**」：成立於民國七十二年，是因應社會變遷文化多元而產生的綜合美術團體，至今已有會員百餘人，是縣內最大的美術團體，包括了水墨畫、書法、油畫、水彩、木雕、塑造、陶瓷、金工等多方面的藝術家。「美術學會」曾於七十二年十月，配合文化中心的開幕，全體會員參與舉行首展，盛況空前。

「**彰化教師合唱團**」：成立於民國六十六年，由本縣音樂教師，以提倡合唱音樂爲宗旨，在縣政府教育局以及救國團的輔導下正式成立。該會聘請李君重教授擔任音樂總監兼總指揮，施福珍、許安連、黃紀美擔任執行指揮，在彰化、員林兩地育樂中心練習。該團成立迄今已有十四個年頭，歷年均有極優秀的成績表現。

「**中國青年寫作協會彰化分會**」、「**台灣省文藝作家協會彰化分會**」：是本縣兩個純文藝的團體。「寫作協會」理事長康原先生以及「作家協會」理事長瞿毅先生都是創作不斷、學養豐富的文藝先進。這兩個團體在他們兩人的熱心領導下，經常舉辦文藝作家聯誼、學生文藝營、文藝講座、徵文比賽等活動，對提昇本縣文藝風氣，培養青年寫作人才，自有他們一定的貢獻。

「**台灣省磺溪文化學會**」：甫於八十年二月三日成立，該會幾乎網羅了本省籍的重要作家、文化人以及研究台灣文學的學者專家。由鍾肇政先生與李篤恭先生及多位熱心人士的奔走促成，終於在彰化正式成立。該會以提昇台灣文化、改善人文風氣爲宗旨。除了將經常舉辦本土文化講座，蒐集整理日據時代作家的文學史料，翻譯國內作品外，還將進行台灣民間神話、故事、傳說及童謠的田野收集工作。

三、本地的藝文刊物

純文藝刊物在本地並不容易生存，端賴少數幾位對文藝懷抱高度熱忱與理想的可敬人士，肯爲它犧牲奉獻，在滲澹中，苦心獨撐。

「中國詩文之友」雜誌：本雜誌以鼓勵並發表傳統詩的寫作爲宗旨。從民國四十二年創刊，至今已歷四百多期，每月一期從未中斷。該雜誌由王友芬先生一手創辦，現已八十七高齡的王友芬老先生仍是實際的負責人。王老先生的夫人邱淑鶯女士，任雜誌的總經理，輔助社務。王友芬老先生將其一生的積蓄、精力完全投注於這個刊物，數十年如一日，不悔不改，對傳統詩堅持一貫的理想態度，頗受本地士林敬重。

「古今藝文」：由瞿毅先生主持的「古今藝文」雜誌，以封面典雅、文字印刷精英爲識者所稱道。本雜誌因屬純文藝刊物，暢銷不易，但該刊在瞿毅先生的苦心經營下，仍然每期如期出刊，且內容皆能保持一定的水準。由該刊每年舉辦的「五四文藝節徵文比賽」（已舉辦了七年），是本縣藝文界的大事，由該項活動挖掘、培養出來的寫作人才不在少數。

本地其他綜合性的雜誌刊物，尚有縣政府教育局主辦的「彰化文教」，財團法人謝文賓文教基金會主辦的「文教天地」、民間社團的「八卦山月刊」等，限於篇幅不再一一介紹。

四、結語

本地的藝文活動由於文化中心及各鄉圖書館的相繼成立，環境大有進步。相信在各藝文團體的熱心推動下，本地藝文人口將會顯著的增加，而如何繼承並發揚先民先賢的文藝精神，則是彰化人責無旁貸的責任。

彰化藝文環境的發展

彰化縣立文化中心的回顧與前瞻

◉張釗騰
彰化縣立文化中心推廣組組長

中華民族源遠流長，中華文化博大精深，乃是人類歷史文化的瑰寶。遠溯先民流傳下來的文獻記載、傳承的古蹟文物及出土的斷碣殘碑，從中可以窺見先民的智慧結晶與文化涵養。然而，時移世易，自清廷統治、日本割據、國府遷台，百餘年來，殘存的民族意識已被崇尚東西洋文明與追求物欲滿足的膚淺心態所摧殘殆盡了！尤其是在五、六十年代經濟逐步起飛以後。我們不妨看看當今的社會現狀——道德低落、色情橫行、暴戾之氣彌漫社會，更有甚者，某些人已將自己生根的鄉土當做是冒險家的樂園，時時存著撈一票就走的心理，在在都令人痛心疾首。有人認爲這不過是一個所謂進入已開發國家行列中的病態反射。但從深處去想，也未嘗不是因爲近數十年來政府鑑於大陸棄守乃繫於「貧窮爲動亂之源」的關係，於是乎以政治手段發展經濟，然後再用經濟發展的成效來推動政治的革新，導致了朝野上下過份重視物的層面，並有意無意中漠視自己傳承與文化的一種自卑心態所促成的。

自從十大建設陸續完成之後，政府也已發現了這種不正常趨勢。因此，在緊接著的十二項建設中就特別列有文化建設一項，期於五年之內，分區完成每一縣市的文化中心，以推動該縣市文教活動事項。

彰化縣立文化中心籌建於民國六十七年，至七十二年正式落成啓用，迄今已有七年的歲月。其建築以傳統造型為特色，外部結構與內部空間設計融合了古典的美感、現代的技術，雄偉雍容、氣象萬千，在全省文化中心的建築中可算是出類拔萃。而且，位居市內核心區、交通便利。四週為文教及行政單位，書香味濃。背依八卦山風景區，遊人如織。地利人和都直接間接促進了文化發展的空間及指引工作人員努力的方向。

本中心特色與藝文推展活動的擴張

依社會教育法第四條之規定，直轄市、縣市政府應設立文化中心，以圖書館為主，辦理各項社會教育及文化活動。因此，本中心在成立初期，其主要的工作目標就是以培養國民讀書求知的習慣，達成知識水準的全面提高、保存發揚民族文化、推動各種文藝活動、提高國民生活品質為努力的標的。並且對於提供主要文化活動措施、培養及輔導各類藝文人才、推動社會文化活動與學校藝文教育結合、增進青年身心正常發展等項目也不遺餘力。茲依本中心推展藝文活動過程略述之：

一、成立初期（自72年10月～73年10月）

主要以配合中央及省的政策指示，並期望對於本縣基層文化建設有所助益，使民衆從認識文化中心的功能與服務項目，進而安排其參與藝文活動，融入其日常生活，並逐漸擴大至各角落，充分發揮社會教育的功能。因此，這一時期本中心辦理活動的重點在圖書館方面，以寬列經費、充實藏書及期刊、提供開架式閱覽、提供諮詢與參考等服務。藝文展覽方面以開闢一般及特別展覽室，並經常舉辦各項地方文物特展。演藝方面則安排各項演藝的展演及學校優良社團的演出活動——也就是著重在使民衆認知與提升文化的發展層次，並落實於國民生活之中。

二、茁壯時期（73年10月～76年10月）

本中心經過了一年辛勤耕耘與不斷嘗試，已建立之了獨特的風格與紮實的基礎。因此，在這個階段裡，加強文化建設、充實精神生活就成了努力的目標。由於軟硬體各方面的逐漸充實以及各界人士、社團踴躍參與，已使文化活動更形蓬勃發展，舉其犖犖大者如：

㈠提高服務風氣、加强服務品質

1.重新規劃期刊室、閱覽室。整理裝訂過期期刊雜誌、提供讀者更多的閱覽資訊。

2.增闢兒童室開架式書庫、開放兒童圖書借閱。

3.擴大辦理書展、配合精緻的表演活動，以增進書香社會。

㈡運用社會資源、擴大民間參與

1.結合縣內四大國際社團，舉行早餐會報，決議共同參與舉辦文化活動，配合本中心演藝、展覽、講座、藝文競賽等。一方面，培養其策劃辦理活動之能力，另方面亦充分使用社會資源、擴大參與層面。

2.廣結社會人士、學校、社團參與，尤其在文物展示方面屢屢得到收藏家的熱烈支持，紛紛提供藝品參展。而縣內各大醫院如彰基、秀傳、省立醫院也定期或配合中心活動舉辦醫學講座、醫療諮詢服務。此外，更結合了諸如詩學會、國學會、蘭藝協會定期舉辦詩文欣賞習作、書畫揮毫及展覽等活動。

㈢加強基層文化推廣工作、培養藝文人口、重現文化向下紮根

1.爲了聯絡藝術家之情感與交流、建立鄉梓共識，提高地方藝文活動水準，每年舉辦藝術家聯誼會，邀請縣內外藝文作家、社團代表參加，以培養交誼，切磋技藝，研商推展藝文活動方針。

2.辦理文化下鄉活動，如文物巡迴展、「稻香書也香」圖書下鄉的開辦、基層講座的拓展等。

3.貫徹「鄉鄉皆有圖書館」的目標，本中心除了積極輔導鄉鎮圖書館業務外，主動邀請學者專家或指派中心專業人員依各館進展情形舉辦研習、講座及專業指導。並經常舉行座談會溝通意見及協助贈書。

4.爲使民衆能獲取更詳實迅速的藝文活動訊息，除了對於彰化文教月刊及藝文活動表版面內容加强改進。並設計有問卷調查表，以了解民衆的需要、意見，供本中心辦理活動之參考，及「藝術之友」辦法，主動提供藝文消息，無形中提高了民衆參與意願及向心力。

㈣發揚傳統技藝、維護地方文物

如鼓勵安排縣內傳統技藝作家——木書畫、紙木雕、中國結、硯台製作、香包製作、風箏等在各種大型活動及集會公開展示、現場表演、建立南北館研習工作坊、學辦傳統技藝研習班等。

三、發展時期（76年10月～）

本中心成立至此時期已四年了！雖因全體同仁的努力及全民踴躍的參與而得到了豐碩的成果。但人力的缺乏、館舍的問題始終無法得到妥善的解決——專業人員無處演出、展示，演藝廳偈促一隅、寄人籬下，館室不盡適合展示的需要。因此，許多構想與計劃都只有胎死腹中。所以如何「追求卓越

」就成了以後最迫切的問題了！

此時期除了賡續及發揚先前的努力外，許多方面都有了突破性的進展，如：

㈠圖書館自動化工程的進行，本中心圖書館藏書由成立初期的十萬餘册迅速增加至十四萬餘册，並且建立了以園藝花卉書刊爲館藏之特色。爲了因應資訊化社會的來臨並落實多向化的服務功能。自七十八年起就開始進行自動化的策劃評估、選定系統。目前已完成了流通及網路系統的安裝工作，並已鍵入三萬多筆資料，預計八十年三月三十一日可以啓用。俟計畫完成後可以逐步將之導入中心自動化系統內。

㈡設置電腦日報專線及全國藝文活動資訊系統連線作業，可迅速而切實的提供民衆全國藝文活動訊息。

㈢兒童室增闢兒童視聽室、精選益智及兒童喜愛之錄影帶供小朋友欣賞學習之用，平時亦可利用辦理兒童專屬活動之用。

㈣擴大辦理家庭教育服務資訊、增加傳眞系統、設置輔導教師、編輯輔導刊物、辦理家庭講座。

㈤爲了提倡藝術普及化、特別舉辦縣籍藝文人士林煒鎭畫展、楊敏郎泥畫展等巡迴全省各文教單位展覽，並策劃薪傳工藝大展以呈現本縣藝文風格及台灣傳統工藝的眞實面貌，喚起全民之關注與參與。

㈥輔導民族藝師並敦聘重要民族藝師招收藝生習藝、期透過藝師之精湛技藝、學養，傳承民族鄉土藝術的璀璨光輝及使命。

㈦建立健康、道德的彰化縣，消除虛僞、乖戾、色情、墮落的浮面，致力發揚及保存屬於自己的藝文傳統，開辦歌仔戲、掌中戲、國劇等研習活動，不要讓自己成了別人藝術的俘虜。

檢討與展望

藝文活動的盛衰可以看出一個國家民族人民精神生活的充裕與否，而高水準的精神生活又可以左右藝文活動水準的提高。我們可以由近鄰的日、韓兩國得知，他們不但政府重視文化活動、全力支持，民衆也都能普遍參與，尤其，對於下一代的文化教育更爲重視。現在，台灣地區的人民生活在所謂「富裕」之中，但這種富裕是與暴發戶、沒水準、破壞生存環境、撈一票就走，乃至於貪婪之島……等可恥的詞彙密不可分，世界各國詫爲奇觀。之所以有文化中心，可能與政府急欲擺脫這種惡劣的環境有密切的關係。但急就章的結果，許多文化中心變成了四不像，或被譏評爲眞空館，浪費了大家的血汗錢。這與朝野兩方面都不能正確認識及選擇適合當地當時的藝文環境與活動息息相關。

爲了能切實掌握未來前進的方向與推動本縣藝文活動的蓬勃發展，本中心既是彰化縣「文化」的「中心」，就不能妄自菲薄，而要以彰化縣文化樞紐的地位自我期許，結合全體藝文界人士、社團、學校以及民衆，以文化列車的火車頭自居。這樣，期我以數年，相信彰化縣藝文環境與活動的發展必會邁向一嶄新的境界了！

從大處著眼，從根本入手

「彰化藝文環境的發展」座談會

◎楊錦郁

時間：八十年一月二十七日上午九時～十二時
地點：彰化縣立文化中心會議廳
主席：李瑞騰（本刊總編輯）
與會：徐天福（彰化縣立文化中心主任）
曾勘仁（彰化高中校長）
李篤恭（資深作家）
陳金連（前輩詩人）
丁國富（畫家・精誠中學總務主任）
施坤鑑（彰化高商訓導主任）
孔建國（作家・員林家商教務主任）
呂興忠（作家・鹿鳴國中訓育組長）

詹　悟（作家‧彰化社教館館長）

林武憲（兒童文學家‧國小教師）

李展平（作家）

康　原（作家‧彰化高工教師）

（以上按發言序）

列席：封德屏（本刊副總編輯）

張釗騰（文化中心推廣組組長）

討論題綱：

一、本地的藝文傳統

二、現階段的藝文活動之檢討

三、如何開創一個寬廣活潑的藝文環境

四、如何形成具有特色的彰化文化

幾天陰雨之後，臘八才過，天空卻出奇的清明。週日上午，八卦山下穿織著不輟的遊客；山腳邊，磚紅古雅造型的文化中心特別引起入山者的注目。這時，文化中心四樓的會議廳裡，羣聚了十幾位關注彰化本土文化的藝文人士，他們各抒己見，暢所欲言，言談間流露出對家鄉的深情。座談由文訊雜誌總編輯負責穿針引線，他首先請合辦單位彰化縣立文化中心主任徐天福致詞。

讓文化活動普遍發展

徐天福：

首先代表文化中心歡迎大家到此地來參加「彰化藝文環境的發展」座談會。我們知道彰化地區文風鼎盛，尤其是鹿港，更創風氣之先，自從七年前，文化中心成立之後，上級政府對文化工作便非常重視，尤其是李總統將文化建設當做第一項工作，行政院郝院長就任後，也隨即巡視文建會，表現出對文化的重視。

目前，彰化縣立文化中心準備為彰化縣籍或居住在彰化縣的作家建立個人檔案，以成為彰化縣史的一部分。文化中心對文化的推展是義不容辭的，今天很高興能邀請到本縣重要的文藝作家來參加座談，相信各位一定能夠提出很好的建議，也希望能對文化中心的活動加以指導、鞭策，讓文化活動由點推廣到線或面，從城市到鄉村都能普遍發展。倘若藝文活動充實起來，社會一定會更和諧，國家也會更富强康樂，謝謝各位。

所有文化人都關心文化事務

李瑞騰：

徐主任，各位彰化文藝界的先進，首先，我想向各位報告一下，我們這一系列活動的目的。我們都知道，臺灣多年來經濟發展上確實創造了一個令人敬佩的奇蹟，可是在經濟開發的過程中，卻忽略了許多應該及早注意的事情，那就是文化建設部分。自從文化建設委員會成立之後，也有心做事情，可是由於中央對文化事務權責的劃分不甚清楚，以及文化建設實際上不似經濟建設那麼有形、落實，所以，感覺上，文化建設遠不及經濟建設，這種情況導致經建和文建的差距愈來愈大，也形成了臺灣所謂的暴發戶性格。而另一方面，都會和地方也顯示出嚴重的貧富不均。最近，關於地方文化事務的問題備受各方重視，譬如彰化這個地方，在李篤恭先生和其他幾位熱心朋友的推動下，成立了賴和紀念館以及「鬥熱鬧」日，下星期「磺溪文化協會」也將成立，不只彰化在進行這種文化事務的推動，很多地方也在進行，譬如「笨港文教基金會」的成立。前些日子，我們走過屏東，到過臺東，每個地方都有一批熱心推動當地文化事物的學者、教師、文藝界的朋友，顯示出地方文化逐漸受到重視。在這樣的情況下，它到底應該怎麼發展？有什麼樣的發展條件？也就是我們所關心的事情。以我們雜誌社的力量進行這個工作，其實非常地困難，可是我們願意做，主要希望聽到各種不同的聲音，我們希望發自本鄉本土的聲音到最後能夠凝聚起來，讓中央知道地方對於藝文的看法。

我們一直非常關心，在國家未來建設裡，文化將要如何發展？我們瞭解，文化事務並非文化官員的事，所以文化人都在關心文化事務，我們也應該將自己關心的聲音透過媒體的有效編輯，讓各界聽到，如果這些聲音都能普遍反應出來，相信對政府在擬定、規劃文化事務時，將會有所幫助，這是我們在企劃這一系列專輯時，所抱持的根本心願。

非常感謝文化中心鼎力協助，來辦好這個座談會。在籌備過程中，康原先生給我們很多意見，提供許多資訊，使我們進行規劃時非常順利，因爲他在這裡和地方上的朋友接觸較多，所以，我想請他代勞一下，爲與會的朋友做個介紹。

（在康原先生生動的介紹下，與會人士們彼此之間也有更深層的認識，介紹完畢，便開始座談。）

李瑞騰：

今天我們列了四項討論題綱，這些題綱非常龐大，以第一條爲例，彰化漫長的歷史發展中，諸多前輩一直在地方上努力推動文化事務，所以整個文化傳統非常豐盛，處理起來也不容易，我想大家不必一定按照這幾條題綱來討論，各位平常在關心本地的文化活動，有什麼意見和看法，請儘量提出來，願意按照題綱討論，我們也非常歡迎，首先請曾校長發言。

讓每個人都成爲人材

曾勘仁：

我本身學的是工程，但我覺得文學藝術可以啓發和豐富人生，所以對從事文藝工作者都十分敬佩。像我們彰中有一位瞿毅老師獨自編了一份「古今藝文」，我看到他一個人獨自在撐，便帶動學校老師來協助他。我看到其他藝文活動的成長，也很高興，雖然也很想參與，可惜能力不夠，我偶而也在校刊上寫一、兩篇文章，卻覺得寫得很辛苦，雖然我在這方面的能力不夠，但是我希望自己能夠從旁協助讓別人的能力發揮出來。

除了文學之外，我自己也一直在接觸其他藝術，像前陣子，我告訴美術館劉館長說，很想將彰化地區學校的文化氣息帶動起來，他聽了很高興，答應將彰中安排爲彰化地區重要展覽場之一，將美術館的東西借我們展示，我打算將本校新蓋的弘道樓一樓挪出一至三間來做爲展示場，將來，彰中的學生就可以天天欣賞美術品，我們也歡迎彰化地區的民衆將來能夠來參觀。剛才談到城鄉文化發展的差距，好的人材往都市跑，鄉下留不住人，這是造成差距的原因。目前臺灣經濟發達、交通便利，即使將全省視爲一個城市也無不可，所以，我想將來要促使城鄉平衡，應該不再倚賴特殊的人材，而要盡量發揮個人的潛力，讓每個人都成爲人材。

彰化文風鼎盛，文藝活動有深厚的基礎，可惜人材外流，沒有好的發展，便跟著沒落下去，但是，想要再回復也會很快，因爲人材雖然外流，可是文藝工作者卻可以「人在外地，心在家鄉」，只要有心，反而更容易將力量匯集起來。所以我相信在各位的努力之下，彰化的文藝發展是很有希望的。

李瑞騰：

曾校長是實際從事教育工作者，所以著重在人材培養上，他給我們一個觀念，就是人材雖然外流，但是外流並非眞正的流失，這些人材隨時都有回饋鄉土的可能，接下來我們請李篤恭先生發言。

彰化在過去是文化的中心

李篤恭：

我很幸運從小就接觸到本地的藝文傳統，當時家中經常有抗日知識份子出入，讓我親眼看到抗日活動，而日據時代臺灣的菁英份子如林獻堂、蔣渭水等也常常到我家來。據我所瞭解，從前臺灣中部可以說是文化重鎭，教育和文化的衝擊也最深，因此，抗日風氣也最盛。

就藝文方面而言，彰化在過去也是文藝的中心，在二十年代，林幼春、蔡惠如、黃呈聰這些中部人將大陸白話文學帶回來，在彰化開始鼓吹白話文學。從前的文學都是有錢或有權階級吟花弄月的文字遊戲，可是這些知識份子卻認爲文學應該屬於全民的，所以把白話文學又稱爲全民文學，用口語去寫，讓人人能懂，而鹿港的施文杞、謝春木也開始用口語寫詩，像賴和就用口語寫了第一篇小說，即「鬥鬧熱」，後來，全省逐漸有人跟進。我們現在想來，用口語寫東西好像是天經地義，可是當時卻不然，那時，文學是很高貴、神聖的東西，在臺灣用口語寫出來的作品會被認爲很不入流，還曾經引起一場筆戰，不過隨著白話文革命和時代潮流，臺灣也發展出口語文學，可惜壽命不長，只有十幾年左右。後來日人爲了備戰，更將口語文學禁止掉，可是它仍然造成文化風氣，尤其當時在日本東京留學生當中，磺溪人（大甲溪到濁水溪之間）很多，由於這些人的努力，在二十年代，曾在中部興起廣泛的文學風氣，像我在幼年時就曾看到中山堂或中山國小的禮堂開美術展、演講會或音樂會，都是人山人海，在彰化的很多人家都有世界美術大系，或一些思想全集，不過這股文風卻受到戰爭和日本人全力的壓抑，至今還未恢復。過去抗日活動或是從台北、台南開始，到後來卻集中在彰化。彰化的詩社很多，也經常熱烈的聚會討論，我很希望故鄉能恢復以往的文化水準，也很想盡心爲故鄉做點事，可惜個人的力量實在有限。

李瑞騰：

謝謝李篤恭先生，彰化地區的文化其實不落後，落後的地方更多，接著請錦連（陳金連）先生發言。

沒有歷史體驗的人寫不出好作品

陳金連：

我從鐵路學校畢業後，在光復前一年回到故鄉彰化，進入鐵路局服務。由於我唸的是職業學校，根本不曉得臺灣有那些人在寫詩，那時候台灣的日本報紙也有副刊，由於作品都是用日文寫的，我都看得懂，至於中文作品，我就從來沒有看過。

在我的朋友當中，有人參加台中張彥勳的「銀鈴會」，「銀鈴會」本來爲台中一中的校刊，由日本和本地學生合編，光復之後，那批學生已變爲老師，便把這份刊物改爲同仁刊物，在上面發表詩和小說，除了發表作品者列爲同仁外，「銀鈴會」還吸收了很多贊助會員，以彰化來說，彰化銀行的女職員幾乎全爲贊助會員，我的朋友也是贊助會員之一，當他將那份刊物拿給我看之後，我才知道臺灣也有其他人在從事文學創作。我一直在鐵路局做事，對文學很有興趣，大半自己跑到圖書館去看書，在我看到「銀鈴會」刊物上的詩時，心想這種程度的詩，我早就寫過，於是我便開始投稿，結果每投必刊。我在光復後七、八年才開始用中文寫作，我日文的程度還不錯，用起中文卻很辛苦，所以我經常翻閱報章雜誌，將符合自己需要的句子摘錄下來，如此大約花上半來時間，才能將自己的一首詩翻譯出來，後來自己開始認眞讀國語，詩作也開始刊在「現代詩」上。我一直深信，沒有歷史體驗的人，是寫不出好的作品，因爲他們不知道該將自己的作品擺在世界文壇的那個地位。我平常很少參加文學活動，很高興能借助這個機會和大家認識，共同爲文學來奮鬥。

李瑞騰：

謝謝，錦連先生用感性的方式將他過去的寫作歷程告訴我們，他其實提出一個非常重要的事情，就是過去臺灣文學發展過程中，有所謂跨越語言的一代，他們的創作歷程備極艱辛。日本一位研究臺灣文學的專家曾經說過，在日據時代或光復以後，臺灣的作家在寫作時必須衝破好幾層障礙，第一個最基本的就是語言的障礙，語言的障礙如何突破呢？我們今天聽到時代的見證，錦連先生的經驗比較起現代，讓我們覺得歷史實在很無情，同時也見證了文學之可貴。

今天在場的有幾位都在學校從事教育工作，擔任校內的重要主管，文化是需要教育的，尤其是往下紮根，永遠是文化創新的最大動力，接著我們就請幾位長字輩的先生們來發言。

認識鄉土文化之美

丁國富：

個人從事教育和美術工作多年，常常有許多感觸，今天利用這個機會將自己不成熟的意見提出來就教各位，請大家指教。

我們經常覺得臺灣報上兇殺報導的比例太大，這無疑顯示出現代社會的功利、無情，從前日據時代並沒有這種情形，爲什麼如今經濟發展快速，卻衍生這個病態現象？我覺得有幾點原因，第一是過去政府重視經濟、忽視文藝所造成的，最近幾年，政府也發現這個問題的嚴重性，開始回頭加強文藝工作，所以才有各地文化中心的成立。第二是人際關係的淡薄及功利化，也就是另一種無情，我一直覺得一個無情的社會缺乏美，這也證實了我們過去文藝和美術教育的失敗，今天我們最應該加强的是培養下一代的藝文氣質，利用教育的力量來改變它。第三，忽略了鄉土之美，以我學美術的立場來看，覺得近幾年來在美育方面的發展太好高騖遠，一心想跟得上國際腳步，卻忽略了自己鄉土的美麗。我認爲文藝工作要從認識鄉土之美開始，才能提昇到認識國家或外國，因爲每個社會都有它獨特的人文特質，我們不要爲了老是趕上別人，而將自己忽略了。其次，除了景物美之外，我們也要注重人之美，在人際間要懂得欣賞對方的美，不一定穿西裝或明星才美，像市場上的小販也有他的美，現今社會之所以變成如此功利，主要也是因爲大家的眼光都往上看而不往下看，以這種眼光去衡量別人，當然就產生很多紛擾。

基於上述的現象，我想提出幾點建議，第一，文化工作能不能尊重藝文工作者創作和發表環境？創作者的作品除了滿足自己外，也要讓別人來欣賞，所以畫家應該有適當的展覽場地，作家也應有刊物可以發表，這一點聽似容易，做起來卻滿困難，因爲現今每個報紙都有自己的作家圈，而文化中心成立之後，展覽機會雖然增多，可惜文化中心都位於市內，以彰化市爲例，文化中心的藝文展示要吸引王功、二林偏遠地區的民衆前來參觀，實在不容易，剛才我們已經强調過城鄉文化的差距，然而，事實上美術館、歌劇院仍然選擇蓋於台北，以彰化來講，只有一個文化中心，像我們鹿港連一個圖書館都經營不起來，以鹿港這個文化古鎭來看，這一點無疑是一大諷刺。而目前文化中心的展覽場地又在三、四樓，格局也小，造成觀衆不方便。我們知道，文化中心的展覽大多是靜態，靜態的事物要吸引觀衆比較困難，我認爲在靜態展示之外，不妨配合動態活動，以吸引更多民衆的參與。

第二，社敎館除了辦靜態展覽、民衆教育之外，若要發揮，其實也可以辦很多動態活動，我覺得社敎館多年來固定舉辦的學生美術比賽似乎已成爲例行公事，我不知道這項活動對學生的美術教育是否有所提高。每次比賽完，到處都是圖畫紙、垃圾，可見學生們只會畫畫，卻不懂得欣賞環境之美，這是很諷刺的。

第三，在古蹟的保護上，我覺得這個力量是應該由政府來發揮，像台北的北門已受到高架橋的壓迫，林安泰古厝重建，在在顯示出過去政府對文化古蹟的忽視，更遑論要求各個小地方。以鹿港爲例，要求居民保存舊日建築的風格是不可能的，因爲他們也要求生活現代化，然而，我認爲比較重要的觀念，是不一定要將所有的古蹟都保存，而是要讓民俗之美、鄉土氣息的活動繼續傳承下去，這種活生生的傳統，不像建築物會受到時間的侵蝕而毀壞。

最後，我們要將期望寄託在年輕人身上，我在學校教書多年，覺得現在的學生也逐漸沾染到社會上的功利主義，失去了過去的純樸，所以，我們希望在升學主義之下，也能改變學生的氣質，讓他們懂得愛美，有美好眼光的人，大概不會做壞事，學校的訓導工作也會較減輕。在國外，學生經常在上課時間到美術館、博物館參觀，而我們校內美術課只有一節，學生只能利用下課時間去參觀展覽。如果能安排各校輪流參觀，文化中心或美術館的展覽才會有更多人來看，而這種影響也比學生在校內上一堂美術課好得多。另外，校際多舉辦藝文競賽，帶動學生創作風氣，讓他們逐漸培養審美的眼光，分辨美與醜，同時也能平衡升學主義的功利化傾向。以上是個人的一些淺見，謝謝。

重視學校藝文教育

施坤鑑：

多年來，我所從事的以藝文活動的行政工作爲主，所以今天就來談談自己的一些經驗。剛才幾位前輩提到彰化的藝文活動在過去非常蓬勃，可是在我大學畢業的時候，我卻看不出彰化有任何文化氣息，後來我分發到埔鹽國中，在那裡教了六年書，六年間，我也一直覺得鄉下並沒有藝文活動可言，一般而言，藝文活動都集中在彰化、員林、鹿港，這種情況到現在仍然一樣。由此，讓我覺得藝文活動在彰化的發展空間很大，也有很大的潛力。第二點，我在彰化從事訓導工作已進入第十二年，在十二年間，我一直想用藝文活動來做爲訓導重心，今天社會上有許多青少年問題，政府花費極大心力在做防堵工作，但是我們的教育單位又投注了多少精力在藝文活動上呢？第三，就是人材沒有結合起來，彰化地區藝文活動方面的人材非常多，可是多是楚材晋用，也許他們是人在外地，心在家鄉，實際上卻是並沒有將力量回饋家鄉。第四，社會功利觀念興盛，大家一味强調經建，忽視了藝文活動的發展，而在上位者也不重視文藝發展。彰化地區在七〇年代左右，藝文活動非常蓬勃，每星期都有活動，可是這幾年卻沉寂了，爲什麼呢？主要是縣內的藝文界朋友們孤軍奮鬥去推展藝文活動，卻得不到贊助或鼓舞，自然難以形成風氣。第五是缺乏健全的組織，彰化原來有兩個不錯的組織，分別是：「青年寫作協會」和「青溪寫作協會」的彰化分會，龍頭都是康原先生，這兩個協會曾經帶動了青年朋友參加的藝文活動，也培養不少人材，可是最近卻沉寂下來，這實在是彰化藝文活動的一大不幸。我認爲各個藝文組織如果能夠健全、組合起來，對本地將大有幫助。第六，彰化地區的有錢人相當多，可是我們卻看不到那個企業家出面支持藝文發展。第七是文化中心和社教館的地位問題，彰化地區得天獨厚擁有這兩個單位，我期待這兩個單位能夠以專業人材、充裕經費、詳細規畫來負起領導彰化地區藝文發展的責任。

我服務的彰化高商每週出版一張「彰商一週」，第二版全部報導藝文活動，十年來，已發行了三百一十八期，大大提高了學校的藝文風氣。我們知道，藝文活動必須從基層做起才能開花結果，因此，學校藝文活動的推展應該是最重要的，因爲唯有教育才能將種籽散佈下去。像曾校長如此重視藝文活動，結果彰中升大學的人數反而比以前增加許多，可見藝文活動的倡導不但無礙升學率，反而有提昇功能。

整合縣內各種文化資源

孔建國：

今天能來參加這場盛會，覺得很光榮。我想基於一個基層教育工作者對藝文活動的關心，來談談幾個問題，第一，藝文環境受到社會大環境的污染相當大，我們可以看到今日的青少年喜歡追求聲光色的刺激，他們對電動玩具、電視、漫畫的興趣可能大於藝文活動。我們也看到大環境中的色情污染，在座都是彰化人，也知道鄉下在作醮、拜拜、結婚，請來的電子琴花車表演不堪入目，色情海報充斥街頭，可是大人小孩都在看，如此藝文環境又怎能提高？第二，今日青少年文化的陶冶不夠，國文程度不高，現今教育雖然講求五育並重，可是受到升學主義的影響，一般仍以智育掛帥，而在職業學校方面，也受到實用主義的影響，而減少文化課程，以我們職業學校爲例，從國文新課程實施之後，一年級的國文變成四節，二、三年級三節，以三、四節課要加强學生的民族精神教育或文化教育，顯然不夠。另外，學生文學的訓練也不夠，我們可以發現今日學生在國語表達方面或許在水準之上，可是國文程度卻普遍降低，有的青少年有寫作的慾望，但在動筆時卻出現很多瑕疵。第三點，我們發現今日從事文藝工作者，包括老師和學生，對藝文的執著不夠。從事藝文創作是一種「衣帶漸寬終不悔，爲伊消得人憔悴」的寂寞工作，今日有多少人能忍受這種寂寞而寫出一、兩篇足以藏諸名山的作品呢？一般來說，大家都傾向追求速成，迎合青少年的胃口，這種作品也許會造成一、兩年的暢銷，可是之後卻煙消雲散了。我們發現，隨著年齡的增加，從事藝文工作卻遞減，像我們也經常辦些徵文比賽，發現青年朋友投稿的意願很高，老師們卻很低，也許老師基於工作或其他原因，而失去了這份執著。

另外，我也很同意施主任的看法，要整合縣內各種文化資源，如此一定會使彰化的藝文活動呈現蓬勃的現象，我們不希望看到單打獨鬥，或互相扯腿，唯有擺脫文人相輕的心態，互相合作，才能使彰化的藝文恢復以往光榮的歷史，謝謝。

重拾和平的藝文傳統

呂興忠：

我想在此提出幾點不成熟的意見以就教各位，首先我認爲彰化的藝文傳統可從三方面來說：一、清代以來的古文人傳統。二、民間口傳文學及民俗。三、日據時代以彰化市爲中心的文化抗日及新文學運動。其中以後兩項最有意義也最有時代精神，應該是我們要給予定位和發揚光大的傳統。古文人傳統尙保留貴族、有閒階級的吟花弄月，以現代眼光來看已是過時無益的活動。但是民間的口傳文學及民俗，可以追尋民族的根，以及民族性格形成的痕迹。例如，從觸目可見的地名，許多是平埔族的譯音或社名，而這些地名留下來到今天，就說明了我們先民是具有非常闊達自信的心胸的，而且也是具有和平氣度的。這樣的精神傳統才應該是我們藝文的精神傳統，我們的藝文是否繼承了這一種純樸剛毅的拓荒精神？至於日據時代的文學表現，可以說是我們最寶貴的遺產，在那樣的時代能有那麼精彩前進的作品，豈不是我們最寶貴的文藝傳統，所以我們也應該致力於這些資料的收集。

其次，談到藝文活動的提倡，我想首先要正本清源，認清臺灣目前應該鼓吹的藝文精神，我個人認爲，臺灣是個移民社會，移民對土地和人的感情普遍都是和平、充滿愛的，我想我們應該發揚先民的精神，並將之灌輸給學生，譬如我們可以讓學生閱讀民國十幾年臺灣作家所寫的傑出白話作品，讓他們明白先民們在惡劣環境下所稟承的情操。我常常發現許多藝文活動所排出來的課程都受到流行的導向，如此是否眞的具有影響力呢？

最近成立的磺溪文化協會，我個人也參與了籌備工作，這個協會的目的在於透過中小學教師的地緣關係去採集臺灣民間的傳說故事，這將是我們給予後代的最佳精神食糧，如果我們現在不積極整理地方上的文物，幾年後，這些將消失殆盡，以上僅是些個人的粗淺想法，謝謝各位。

彰化具有良好的人文環境

詹悟：

彰化的藝文環境非常好，單鹿港一地就出了很多人材，如李昂、施淑青、丁貞婉等等，同時，彰化還有公路花園、漁港海岸線、八卦山等，都是很好的景觀，所以說，彰化實在具有良好的人文環境。

剛才各位談到整合問題，我自己從事文藝工作，也參加許多協會，總覺得雖然社團多，但大部分的協會都各自爲政，我建議文建會將來能否將所有的文藝協會納編起來，將經費和人力集中，以發揮更大的力量。

各位也提到請文化中心來整理作家檔案，其實台中縣已經在辦，而且也出了十本書。剛剛有幾位學校老師對社教館提出一些意見，我非常感謝，社教館本身是個輔導機構，以前文化中心還沒有成立時，許多藝文工作都是我們在做，而現在文化中心在辦各種展示，我們就不方便和他們重複。目前彰化社教館五個縣市有三十三個社教站，由於我們是教育機構，所以並不單純辦些繪畫、寫生而已，我在三年半前到職時，我們白天、晚上各辦了一班成人識字班，後來增加到四班，今年報名人數則高達一百四十人，這種工作和救國團並不相同。至於剛才談到學生在繪畫比賽亂丟畫紙一事，這點我們覺得很遺憾，也想請指導老師們能多加留意，負起責任。

談到藝文活動方面，我們知道彰中有位瞿毅老師自己一個人辦了「古今藝文」，後來撐下不下去了，我便從去年接手過來，並舉辦徵文比賽。在我任職社教館三年半的時間，我們已經出了十幾本書，也辦過中部五縣市童詩比賽，除了靜態活動之外，我們中部三十三個社教站也經常舉辦動態活動，還辦過許多專題演講和藝文活動，也許我們的宣傳不夠，但請各位多多指教幫忙。

推動作家返鄉、校友返校活動

林武憲：

各位好，我目前任教於新港國小，關於彰化的藝文環境的發展，我想在此提出幾點意見：第一、建立本縣作家作品的專櫃，展出手稿、資料，這些作家包括已過世和當代。第二、在人材應用方面，積極推動作家返鄉、校友返校的活動，像本縣出身的作家目前有很多人住在外地，我們除了請他們回鄉參加座談會外，還可以到各校演講、朗誦，據我所知，在美國或奧地利等國家的小學，經常邀請詩人到校爲小朋友們朗誦作品。除了作家之外，我們也可以請畫家，如本縣籍的陳朝寶、蔡志忠到學校演講，順便在現場露一手，相信對學生一定有很大的激勵作用。第三、出版本縣籍作家作品集，我希望我們所挑選出來的作品是適合國、高中的學生閱讀，例如李昂小姐的某些作品並不適合中學生，但是她曾爲遠流出版公司寫過「台灣的民間故事」就很適合學生讀。如果可能的話，我們最好能編一本給國中生、一本給高中生、另一本給小學生看，而作者則可涵括已謝世或當今仍活躍的作家，事實上，以本縣兒童文學的人材來看，要編幾本書給孩子們來看，應該是不成問題。第四、是城鄉文化平衡和讓文化在學校生根的問題，我們是否能透過教育局或教育廳來發動偏遠地區的學生前來參觀文化中心或鹿港民俗文物館。我在新港教書，新港離彰化只有十公里，我好幾次問過各班的學生是否來過文化中心，結果大部分的班級約有一半以上的小朋友沒有來過文化中心，很令人遺憾。我在韓國、日本的博物館經常看到當地的學生在參觀之餘，還做筆記，這一點實在値得我們學習。

强化各縣市的青年期刊

李展平：

各位前輩好，我個人從事報導文學及散文小品的創作，也經常接觸地方上的藝文活動。因爲我家在雲林縣古坑鄉，後來又搬到南投縣中興新村，工作地點在彰化，可以說是遊走三個縣，所以我想提一提自己成長的經驗，以供大家參考。我從初三開始寫作，當時「雲林青年」文風鼎盛，和我同齡層的有碧果（林雙不）、季季、陳慶隆等，他們雖然不是大紅大紫，但起碼寫作的歷程維持了二、三十年，無論環境如何改變，始終有作品出現，這點實在很令人敬佩。我們知道各地的青年刊物都隸屬於救國團，如果能夠强化各縣市的青年期刊，一定會對青年學生有更大的幫助，因爲這些期刊無疑是中學生們一個很珍貴的發表園地，如果光只是喜歡寫作，卻無處發表，到後來難免無疾而終，若能滿足他們的發表慾，對文藝種籽的散布，將有正面功能。

其次，最近「南投青年」請中興高中的李玉屏老師執編，她在每一期中介紹一位南投縣籍的作家，我覺得這種作法正是地方人士爲地方所能貢獻的棉薄之力，作法具體而容易。

摒棄意識掛帥的文學風格

康原：

今天我想就第二個題綱：現階段藝文活動之檢討發表點意見。第一，剛才我們談到如何結合藝術家的問題，我認爲要結合藝術家並非簡單的聚會、舉辦活動而已。依我的看法，文化中心和社教館應該將作家的資料蒐集起來，或許也可以像台中縣立文化中心出版一套台中縣文學作家選集。一般說來，文化中心都有所謂重藝輕文的傾向，它可以辦很多畫展、活動，卻不曾爲文學界出版一本選集，所以，我希望文化中心能夠有計畫地爲彰化縣具有代表性的作家們逐一出版選集，而這樣的工作也必須經由一個委員會來統籌。其次，我想談談文化生態的考察，我們在各縣市在掌握作家作品和藝文活動的資料是比較容易，如果每個地區都能確實去做，我們要掌握全臺灣藝文生態就比較容易，所以，我在此要建議文化中心是否能成立一個小組，來主持這件事。

其次，剛才施主任談到我曾熱烈的帶動藝文活動，現在卻沉寂下來，其實這完全是心態問題，我想在此說明一下，我想文化工作首要摒除意識掛帥的文學性格，我曾經在文化中心辦一次演講，邀請林雙不、宋澤萊、吳晟主講，那次演講內容批判性相當大，之後，有人指稱我這個人好像有問題，以後不能邀請我來演講。我一直以爲文化不是政治的工具，應該超出政治的範疇，沒想到卻有這種結果。後來，我又和李篤恭先生、文化中心合辦一個「鬥鬧熱」活動，結果有人竟說我是有關單位安排來統合磺溪文化協會的間諜，我沒想到自己賣力的在做文化工作，卻落得裡外不是人，這種情形令眞正有心爲藝文做事的人感到灰心。因此，我對意識掛帥的文學觀念感到相當痛恨，於是我推掉所有職務，想做個閒雲野鶴的人，這並非說我不再關心文化問題，只要和青少年教育有關的活動，我仍然會很樂於參與，在現階段的藝文活動檢討中，我寄望詹館長和徐主任能夠統籌藝文圈，摒除意識掛帥的心理。

文化中心的難題很多

徐天福：

剛才各位先進對文化中心多所指教，我想在此做個說明，文化中心是政府的十二大項建設之一，主要就是使它成爲各縣內文化推動的樞鈕，文化活動包羅萬象，如藝文、美術、文物、展覽等等，都是我們應該要做的，但是，我也有我的苦衷，第一是地位問題，目前在縣市政府組織條例中，沒有文化中心這個名詞，文化中心是依照社會教育法第四條所生出來的，所以算是縣府的直屬單位，既然它沒有法定地位，當然也就處處受掣。第二在體制方面，文化教育是一體兩面，然而如果我們要和中小學合辦活動，必須透過教育局，由於文化和教育工作劃分不清楚，難免會有不周延的地方，所以，我們的活動如果涉及學校方面，在手續上就會比較繁瑣，不像社教館，直接隸屬於教育廳，可以直接和學校做任何聯繫，在這個體制下，有時我們很想做事，卻是心有餘力不足，這點請各位諒解。第三，關於人力方面，文化中心從成立到現在，一個人都沒有增，可是工作量卻不斷成長，結果每位同仁的負荷量無形增加，去年就有七位同仁離職。人力不足之外，我們更欠缺專家，而且以目前公務人員待遇，根本找不到專家。第四，在經費方面，彰化有一百二十三萬人口，可是文化中心全年度的預算卻只有二千三百多萬，其中人事費就佔了一半，另一半還要支付水電、維護等費用，所以，我們的經費實在很拮据，我常自稱自己是個「文化乞丐」，到處去要錢。第五，剛剛各位提到下鄉問題，除了我們本身人力不足之外，其實鄉鎮本身的意願並不高，我們曾經經辦了一次文物下鄉，結果所有的工作都要文化中心全攬，鄉下根本沒有人手可以幫忙，所以，我們舉辦的下鄉活動都著重演藝或演講活動，以減輕人力負擔，至於動態活動，如「家庭日」和其他許多活動，我們也積極在做，另外，我們也向文建會爭取設立南北管音樂戲劇館和文藝之家，希望能在其間規畫出一些集會、交誼、演講的場所，讓文藝界有個地方可以互相切磋、研究。也希望各位給予我們指導，讓文化中心眞正成爲彰化縣的文化中心，謝謝。

歷史和現實的雙重問題

李瑞騰：

各位的高見，大體上來說，所有的問題到最後都可歸結到兩個部分，即歷史和現實的問題，在歷史問題方面，剛才呂興忠先生提到過去曾經存在過的神話傳說、民間歌謠的採集，以及歷史文化傳統的建立，一直是我們從事文化工作者責無旁貸的事情。我們重視現實也許遠超過歷史，所以在今天的談話中，我們觸及了很多具體而迫切的現實問題，而其中最根本的可能是文化行政體系的問題，文化行政體系若無法健全，許多文化事務都沒法落實，舉個例子，剛才徐主任也談到文化中心歸屬的問題，如果中央的文化部成立，地方的文化局也應成立，這樣就可以將文化事務從教育局、社會局、民政局抽離出來，再結合文化中心和各縣市的文獻委員會，將之歸入一個强而有力的行政體系去運作，才能眞正推動起來。

此外，各位談到的問題，有些也不是我們所能處理的，例如經費問題。剛才徐主任提到文建會有意在彰化成立「文藝之家」，這是郭主任委員一個很大的計劃，如果此地眞的能成立「文藝之家」的話，我們今天所談的很多問題可能都會解決掉，不過我們也希望它的歸屬能夠眞正的確立下來。今天與會有許多從事教育工作，所以特別著重往下紮根的問題，我們也聽到許多實際的做法和建議，譬如林武憲先生所提的作家返鄉的活動，就是很好的建議。

我想更重要的是康原先生剛才非常激動地提出來的一個問題，就是如何擺脫意識掛帥的心理糾葛，在今天這個時代，如果我們還保留過去那種封建保守的心態的話，我想我們的文化事務是無法徹底推廣的。我非常同意丁國富先生剛剛所提的一點，就是我們除了欣賞自然山水之美外，還要去欣賞人的美，有一些作家，他們所展現出來的文字之美，一直是我們所欣賞的對象，而他們對於文化理念的執著，更是我們所尊重的。一個眞正民主開放的社會就是容忍異端，更何況他們並不是異端。

民國初年，劉師培先生曾經編了鄉土地理教科書、鄉土歷史教科書，而我們今天這樣的東西卻幾乎沒有。以前黃石城先生在彰化縣長任內，「以道德文化治縣」做爲標榜，今天周清玉先生在主導縣政，也很重視鄉土文化問題。我們期待大家都能沒有私心和偏見，從大處著眼，從根本入手，做好文化建設的所有工作。

總而言之，發自本鄉本土的聲音通常是非常熱情、素樸、具有正義感，同時也充滿了牢騷、怨懟，我想如何張揚熱情和正義，消除牢騷和怨懟，共同爲本鄉本土奮鬥，將是我們以後所要共同面對的目標，非常謝謝各位今天的參與。

南投

竹影茶香

台灣地理的中心

南投簡史

⊙胡坤仲 國中教師・作家

一、建縣簡史

南投縣是全省唯一不臨海的縣。面積遼闊，高居全省第二，僅次於花蓮縣。極東點是東經一二一度二五分之丹大山，極西點是東經一二〇度三七分之粗坑，極南點是北緯二三度二八分之玉山，極北點是北緯二四度二〇分之碧綠山。全縣南北長約九五公里，東西寬約七二公里，總面積四千一百零六平方公里。

本縣東以中央山脈與花蓮縣爲界，西以八卦丘陵和彰化雲林兩縣接境，南以清水溪及玉山支脈和雲林嘉義高雄三縣接壤，北以北港、大甲二溪之分水嶺（白狗大山、八仙山）及烏溪與台中縣爲界。

鄭成功在永曆十五年登陸台灣，次年將荷蘭人驅逐出境，改稱台灣爲東都，設一府二縣一安撫司，赤崁城爲承天府，新港溪以北爲天興縣，新港溪以南爲萬年縣，澎湖設安撫司。本縣隸屬天興縣管轄。

清康熙二十二年，派兵攻台，鄭克塽投降。次年將台灣收入版圖，以全台灣爲台灣府，隸福建省，改天興爲諸羅縣，本縣歸諸羅縣管。

雍正元年，接受藍鼎元建議，在半線（彰化）以北，距東邊之南北投（今南投市和草屯鎮）大山二十里，距西側之大海二十里，距南面諸羅縣界之虎尾溪五十里，距北方之大甲溪四十里，另設一縣，稱彰化縣，本縣多屬之。

此後歷經乾隆、嘉慶、道光、咸豐，行政區域雖略有變動，但本縣仍一直隸屬彰化縣。

光緒十三年，劉銘傳爲首任台灣巡撫後，重新調整行政區域，將台灣分爲三府、一直隸州、十一縣、三廳，本縣的隸屬就有所更改了：南投堡、北投堡、沙連下堡屬於台灣縣；武東堡屬彰化縣；沙連堡、鯉魚頭堡屬雲林縣；埔里社廳則包括埔里社堡、北港溪堡、五城堡、集集堡。至於山地，仍屬中路撫民理番同知管轄。

光緒二十一年，滿清因甲午戰敗，將台澎割讓日本，本縣改屬台灣民政支部之彰化及埔里社出張所。

光緒二十二年，本縣一部分屬台中縣直轄區外，其餘分屬於埔里社支廳、鹿港支廳及雲林支廳。光緒二十七年十月一日，依據日皇敕令「台灣總督府地方官官制」第一條之規定，將台灣地方行政區域實行大改革，本縣首度成爲一個獨立的行政區——南投廳，轄區含蓋了現今南投縣大部分，即管轄南投堡、北投堡、集集、沙連下堡、埔里社堡、北港溪堡及武東堡內之二十九庄，竹山鹿谷尙歸斗六廳。到宣統元年才劃入。

民國九年起，本縣改隸台中州之南投、新高、能高、竹山四郡。一直到民國三十九年十月，本省實施地方自治，政府調整行政區域，十月二十一日，設立南投縣政府，本縣才正式誕生。縣政府設南投鎮，民國七十年十二月二十五日，改制爲南投市。

二、地理景觀

本縣行政區，分爲一市四鎮八鄉，即南投市；竹山、草屯、集集、埔里四鎮；鹿谷、名間、中寮、水里、魚池、國姓、信義、仁愛等八鄉。

全縣位在台灣紡錘形地塊的中心部，包括太魯閣帶大南溪亞帶之極小部分，與合歡亞帶、玉山帶、西台灣帶之大豹複向斜亞帶和出礦坑樞紐亞帶等部分。全縣翠巒疊嶂，山岳佔百分之七十五，平地（包括盆地和河谷平原）佔百分之二十五。

各種地形的分布如下：

山地：指中央板岩山地和西部衝上斷層的大橫屏山、集集山、鳳凰山脈。中央板岩山地，約佔全縣面積的四分之三，其間高峯峻嶺滿布，依地勢，可以分爲脊梁山脈、埔里板岩山地和玉山山塊三區。

這一部分，包括了不少台灣有名的山峯，由北而南，有白狗山、合歡山、奇萊山、能高山、巒大山、東郡大山以及玉山。尤以合歡山、奇萊山和玉山，都是山協會員以及一般人士最爲嚮往的好去處。

這一部分，有不少的風景名勝。在仁愛鄉，有紅香溫泉、盧山溫泉和春陽溫泉，有清境農場，有碧湖，有山胞抗日的名地霧社，也有古文化遺址的曲冰，奧萬大賞楓更是一大享受。

埔里板岩山地，中間有一陷落區，造成埔里盆地。

這一部分的風景區，包括蕙蓀林場、台灣地理中心碑、醒靈寺、鯉魚潭，以及能高、觀音、南山等瀑布。

日月潭及九族文化村中外馳名。屬集集山的，有集集大山、牛埤瀑布、水里山城，小火車從二水到車埕，已成有名的「觀光火車」。鳳凰山脈，美景更多，在鹿谷，至少分成杉林溪森林遊樂區，包含了留龍頭、掬露谷、竹溪神木、溪谷走廊、石井磯、青龍瀑布、石楠泉、松瀧岩、天地眼、千古紅檜。鳳凰谷風景面，包含麒麟潭、凍頂山、開山廟、鳳凰山寺、萬年亭衢，鳳凰鳥園等處。溪頭遊樂區，則以竹林、大學池、神木爲最著名。溪阿縱走，是救國團所辦相當吸引人的一項活動，就是由溪頭開始的。

在信義鄉方面，有東埔溫泉，令人提心吊膽的父子斷崖，還有彩虹瀑布、雲龍瀑布。著名的八通關古道，亦在此地。接著就是清朝時候，被列爲「台灣八景」之一的玉山啦！

丘陵：包括火炎山的一部分和南投及竹山丘陵。

在草屯方面的名勝，有九九峯、九九峯營地、雙冬吊橋、雙冬花園以及碧山岩。名間則以松柏嶺受天宮最爲有名。竹山，即古時的水沙連，是鄭經部將林圯最先墾殖的地方，所以古蹟很多，林圯祀廟、李勇廟、德山寺等都是。

平原：包括烏溪下游之河牀沖積平原，南投平原和濁水溪中游之河牀沖積平原。其中以南投平原最大。除目前的南投市外，草屯及新庄、內轆、林子頭，都可算在內。

省府所在地的中興新村，則自成一景，假日，在中興會堂前，兒童樂園及農林廳前廣場，常是人山人海，平常則是恬靜安寧的好地方。

三、人文景觀

本縣現在國民小學一四七所，國中三十一所，高中職校九所，其中竹山高中附設的美術科，聞名全省。最高學府是南開工專，成立於民國六十年。最近，水里可望增設一所高中，草屯九九峯則是很多大專院校爭取設校的好地點，一兩年內應該會有好消息。

本縣的書院，著名的有草屯的登瀛書院，南投的藍田書院及集集的明新書院。

本縣的宗教，道教與佛教大多混合，道士並不在寺廟住宿生活，所謂道教寺廟，其供奉之神已與民間通俗信仰相結合，集儒、釋、道於一堂。目前登記有案的，最少有二百一十七座。最有名的是松柏嶺的受天宮，祀奉玄天上帝，每年元宵過後，到農曆三月三日，進香客絡繹不絕，乩童、神轎、遊覽車，使得該道路水洩不通。平常亦是香火鼎盛，遊客不斷。草屯惠德宮，祀奉關聖帝君及孔子，也是香煙不斷，每次選舉，都是候選人膜拜、祝禱、「起跑」的最佳地方。

凍頂烏龍茶、竹山紅蕃薯、雙冬檳榔、埔里甘蔗和米粉，都在人文景觀中別樹一幟。

凍頂山的得名，是因該山四季氣溫較低，且常被雲霧籠罩而得名。烏龍茶傳說來自福建武夷山。是一百多年前，初鄉人林鳳池，受凍頂山林三顧支助，在福建考上舉人，衣錦還鄉，帶回卅六株武夷山軟枝凍頂茶作報答，經過繁衍而成。

竹山紅蕃薯，則相傳是嘉慶君當太子時遊經竹山，因貪玩而借住江西林一農家，農夫煮甘薯請他吃，他吃後大為讚賞，因而馳名的。事實上，紅蕃薯是因照鏡山上的「紅壤」種植而來，橢圓形。若換到其他地方，形狀、品質就都不同啦！

雙冬檳榔，也是和土壤品質有關，該地不但產檳榔，又產荖花，許多小姐紛紛在路旁擺攤販賣，蔚爲一景，也因此而馳名全省。

埔里出美人，產紹興，也和水質有關。

四、結語

「玉山高，濁水長，寶島屹立太平洋，南投位置在中央；物產富，民力强，社會淳樸學風良，以和建縣成樂鄉。文明日進步，家家都安康，南投好地方，南投好地方。

盧山青，霧社壯、日月潭中波蕩漾，合歡山上現朝陽；東埔美，溪頭涼、萬民歡樂花果香，共慶豐年迎春光。中興新氣象，省治日輝煌，南投好地方，南投好地方。」

南投，正像這首縣歌所說，風景美，民俗淳，學風良，又是污染最少的地方。

本文參考資料：

南投開拓史／台灣最佳去處全集／南投文獻／台灣的寺廟／台灣各姓祠堂巡禮

山林與溪水的對答

⊙岩 上 詩人

南投縣藝文團體及刊物簡介

前言

玉山高，濁水長，
寶島屹立太平洋，
南投位置在中央。
廬山青，霧社壯，
日月潭中波盪漾，
合歡山上現朝陽。

這是名作詞家何志浩先生爲南投縣縣歌作詞的前兩段，的確，南投縣是一個山壯巍峨，水秀潺湲的縣份。位於本島中央，峯巒疊層蒼翠，林木攀拔華蔚，民情俗淸淳樸，也是唯一沒有憑臨海岸的縣份。自然景觀雖美，但山地多，只有分散的鄉鎮，無大型集中的城市，因此開發遲慢，藝文活動與發展更不能與大都會相提並論，故過去有「文化沙漠」之譏。近一、二十年來，由於交通便捷、經濟繁榮，農村生活的改善，閉塞的門戶打開，加上縣內藝術工作者努力經營，雖未臻於花團錦簇，也有其可觀。

藝文團體和刊物，本爲一個地區藝文活動的據點和發表的園地，茲依筆者所知簡介如下：

藝文團體簡介

‧中國青年寫作協會南投縣分會　它是本縣早期文風未盛時，唯一的藝文團體。早期傅湧擔任理事長數屆，以後何與朋、寧克文、岩上等人接任。它因隸屬於救國團，所以活動都和青年學生較有密切關係，如舉辦文藝研習、演講、座談或參觀旅行，縣內作家都成爲指導教師。

民國六十五年至七十年期間，每年寒暑假分別在溪頭、霧社舉辦文藝營，參加的學員人多又熱烈，不只縣市作家參與，又邀請附近縣內作家授課，一時文風頗爲熱絡。可惜近數年來，寫作風氣日漸頹萎，青協已多年沒舉辦活動，該會形同虛設。

‧南投縣文藝寫作協會　該會成立於民國六十四年三月，是縣內第一個向政府申請立案合法的文藝團體。創會重要成員有：寧可、岩上、李崇科、郁化清、胡坤仲、柴扉、林源隆、鍾義明。理事長寧可任職迄今。

該會除每年定期大會、理監事會之外，先後於霧社舉辦文藝研習營，訪問高雄縣文藝團體，參觀縣內基層建設，配合「五四」舉辦徵文比賽，創作及活動資料展出。曾邀請洛夫、李殿魁、莊奴等專題演講。出版南投文選一、二集。

・**南投縣清溪新文藝協會**　於民國七十三年成立。目前會員約一百人，它是隸屬於後備軍人團管區的團體。活動與文藝寫作協會同步學行，理事長同一人，連任迄今。七十六年出版青溪南投文藝季刊三期，七十七年元月開始發行「青溪通訊」月刊。

・**南投縣美術學會**　該會可說是目前縣內最活躍、最被重視及成績最輝煌的藝術團體。於六十五年由名畫家李國謨發起創辦以來，培育造就了不少新秀。目前會員一百五十多人。成名畫家如李國謨、柯耀東、程錫牙、王輝煌、黃義永、梁坤明等，都已是名山高人，王灝近年也棄詩文而從書畫，頗有成績。

的確，南投縣這幾年美術風氣之興盛是有目共睹的，這除了畫家個人努力外，地方首長的特愛鼓勵及文化中心成立之後的大力支援，更是促成完美的主因。該會可說是目前南投縣藝文叢林中最有成績的類羣。

由美術學會爲主流，分注的支流形成以鄉鎮爲主體的美術團體，尚有埔里的眉之溪畫會及草屯的九九畫會等，都各具成爲重鎮。

其他屬於美術學會會員，而從事木藝、陶藝、竹藝者，雖未單獨組成社團，在縣內也有四、五十家，而不完全以營利爲目的且追求藝術性表現的估計也有十幾家，如木藝白滄沂，陶藝林清河、曾明男、謝以裕等都有優良作品。

・**書法學會南投縣支會**　該會成立才兩年多，目前會員六十四人。常務理事：臧家儒、簡銘山、陳輔弼都是書法名家，尤以理事長簡銘山書藝馳名遐邇。

該會成立時間雖短，但承辦文化杯書法比賽，春節揮毫活動，中小學敎師書法研習會都有成效，也是藝林中具有潛力的一支勁旅。

•南投縣攝影學會 該會於十年前成立，目前會員五百七十多人，經常參加活動的有一百五十人左右，是縣內成員最龐大的一支藝術隊伍。目前理事長王雲騰，理事江富儀、陳三旺、劉憲仁、梁正育等人表現最有成績，經常作品獲獎。該會每月都有排定專題月賽，如山岳風光、少女人像、花卉、兒童天地、農忙即景等，還遠征大陸黃山做專題攝影。去年舉辦杉林溪、溪頭、鳳凰縣內風景區攝影比賽，第一名獎金十萬元，引來大批全省各地攝影愛好者奔馳而來，參賽一千多件。可見經費支援對活動的重要。南投縣林木溪水秀麗，山岳峻拔，是攝影家最愛的園地。近日觀賞江富儀於春節期間在合歡山的攝影作品，驚嘆南投縣內竟有如此美麗的雪景。攝影捕捉美的對象，既直接又快速，難怪喜愛者衆多。

•音樂協進會南投縣分會 成立至今第十三年，會員六十多人，多數是中小學音樂教師。現任會長白時雄。該會主要活動是舉辦中小學教師音樂研習及參觀。

另南投縣教師合唱團及以省府員工爲主組成的中興合唱團，則是縣內兩支音樂的隊伍，經常也有演唱。

•南投縣立文化中心 本縣文化中心於七十一年十二月廿五日落成啓用以來，先後舉辦四千場次以上的展演文教活動。節目包括演藝、展覽、研習、講座、假日廣場、影片欣賞、親職教育諮詢、兒童天地、圖書館服務等。所以自其成立以後縣內所有的藝文活動或主辦或協辦都與文化中心有關聯。它可說是縣內藝文活動的動力核心。

文化中心所擔負的推廣活動範圍很繁多，現僅以藝文較有關者舉三項說明：

一、結合觀光資源，辦理快樂之旅：「美哉南投——快樂之旅」訂有活動主題，如古蹟、古道、陶藝、茶藝、石藝、酒香、果香、奇景、溫香之旅，自推出後即受到熱烈的迴響。

二、建立文物特色、籌設竹藝博物館：南投縣內盛產竹林，過去農業時代以竹器爲生產工具和日常用品器具甚多，後來轉爲竹藝製造小玩意兒也盛行一時，近來生活水準提高，藝術品味提昇，以竹材爲藝術品也頗爲流行。南投縣竹藝博物館於七十七年五月落成，已成爲本縣觀光據點之一，同時也成爲該中心向民衆推廣文物特色的橋頭堡。

三、保存傳統文化，編印系列叢書：目前已出版文化資產叢書計有竹與文化、台灣竹藝博物誌、美術家聯展、南投文選、藝術家小傳……等九冊。

刊物簡介

•南投青年月刊

「投青」是南投縣內唯一的一份以發表文藝作品爲主的定期刊物，雖隸屬於救國團南投縣團委會，且以中學生及青年爲發行對象，版本小頁數薄，但對縣內鼓勵寫作及提供發表園地影響是深而遠的。老一輩作家：傅湧、何與朋、寧可、郁化淸、李敦、余伯牙、柴扉、李崇科；中年一代：岩上、王灝、鄭仰貴、林源隆、白慈飄；年輕一代：胡坤仲、曾西霸、向陽、曾淑美等，都曾經是該刊的耕耘者。

「投青」於民國四十三年二月一日創刊，當時以報紙型不定期出刊。主編是傅湧，是「投青」草創時期的功勞人物。何與朋接編時改爲三十二開本。於六十年出版南投青年選集第一輯，從第一期至六十六期各選代表作，網羅了一百二十人的作品，由何與朋和岩上編選。六十五年至七十年「投青」

由岩上主編，期間配合救國團的活動每年舉辦文藝營、郊遊寫作比賽，每期有專題寫作，報導縣內傑出藝人，刊登名家作品，期間曾三次獲全國期刊比賽名次，堪稱「投青」顚峯時期。以後接編者有：寧可、陳豐沛、曾仕艮、李玉屏。

在曾仕艮主編時，曾由長佑醫院贊助，辦過長佑文學獎，並出版得獎作品「校園文選」第一輯，僅出一輯。

• **詩脈季刊**　詩脈季刊於六十五年七月以二十開大型版本創刊於草屯，由岩上召集創辦並任主編。其他重要成員有：王灝、向陽、李瑞鄺、李瑞騰、賴義雄、張萍珍、鍾義明、李默默、胡國忠等，多數是南投縣人。「詩脈」雖僅發行九期，但它在七十年代的詩壇所崛起的詩社羣中，卻是代表性的詩刊之一：在貧瘠的南投文壇它的意義性也是重大的。中華現代文學大系詩卷序文（張默撰）、葉石濤編著的台灣文學史綱及一些詩史論述，均有定位性的介紹。可惜它因缺乏有力的資助及應有的掌聲，不久就夭折了。

「桐花萬里丹山路，雛鳳清於老鳳聲」，向陽、李瑞騰現已卓然成家爲當今文壇佼佼者；原有成員只有岩上仍潛居草屯默默寫詩不輟；王灝早已另闢蹊徑，其他同仁都因詩刊中輟而停筆，可見刊物對培養新秀作家非常重要。

• **埔里鄉情**　是埔里鎮內一些熱心人士及愛好藝術文學的作者共同經營的刊物。六十七年創刊以不定期方式發行，現已出刊二十六期。它以介紹埔里鄉情民俗風物爲主，也有文藝作品，是一份鄉土性濃厚而可愛的地方性刊物。

後記

以上所述，似乎南投縣的藝文團體不少，但有些團體不見成效，尤以寫作因刊物萎約可憐，有心創作的只好孤軍奮鬥，向外發展，主要原因是有關單位未能配合，更缺乏社會的關懷。

南投縣境山林秀美，藝術資源豐富，但它須要開採更須要有效的關懷。希望南投自然的美與藝術文學創作的美，能水乳交融，如山林與溪水的對答，互射交輝。

從沙漠性格的擺脫到墾植角色的呈現

南投縣藝文活動概況分析

⊙王　灝　國中教師．作家

前言

蕭新煌先生在「台灣民間文化的發展」一文中曾經如此敍述：「七〇年代末期的台灣已走上資本主義成熟化的不歸路，資本主義的文化支配力量也更趨普遍化與深化。」由於這種資本主義的支配，使我們的文化呈現了三種發展面向：其一是趨向媒體文化與拜物文化；其二是橫向移植的西方文化與日本文化的雙重支配，其三是階級差異的文化塑形日趨明顯，由於這些發展面向，使得我們的文化產生了危機，依據蕭新煌先生的分析，七〇年代後期我們的民間文化呈現了幾個可憂的現象，它們分別是：

一、消費文化過於强勢的主導與扭曲。

二、休閒文化快速的興起。

三、暴力文化的氾濫與升高。

四、股市文化的蔓延。

五、邁向演秀奇觀的文化。

由於這些現象的出現，所以有識之士也就一直在期待著另一種新生現象的出現，但是十分遺憾的，上述這些現象，在邁入八〇年代之後，不但未曾消失，反而變本加厲，面對走向危機的文化，一場找尋文化生命力的運動，在八〇年代已成爲歷史。九〇年代初臨的這個時刻，實有必要做一次熱烈的展開，而期求另一次的新生，要不然的話，很有可能在我們過完這一個年代之後，而我們的文化卻只剩下奄奄一息，苟延殘喘了。

是的，找尋台灣文化的生命力，實在是一件嚴肅而刻不容緩的課題，過去我們的文化資源，過度集中在資本主義深化的都會區，因而趨向於消費化、休閒化、暴力化、演秀化，當都會文化已經如此的糾結纏繞時，回到鄉村重新出發，可能是找尋文化生命力的另一種途徑吧！過去很多人相信都市與鄉村存在著文化位差，而主要是前者在救濟後者，因此在早年就出現過類似「藝術歸鄉」、「文化下鄉」的活動，時至今日這種互動的關係，實在有需要重新做一番考量。前不久文建會余玉照先生曾有「鄉村劇場」及「田園藝廊」的構想提出來，我們不知道他原始觀點上是一種救濟性的文化發展策略，或是一種回到文化原點重新探勘、重新出發的做法。不過基本上我們深信，他的這一份構想的提出，似乎顯示出他已經注意到鄉村文化的墾植，可能是重新找尋文化生命力的一個方法吧！

基於上述這些觀點，我們十分高興的看到文訊雜誌社今年度所展開的各縣市藝文環境調查的專案作業，這是一種區域性的考察及評估工作，透過它重新尋找各縣市過去呈現的文化性格、藝文資源之後，再做全面的分析，我們期待其後能針對各縣市不同的環境，展開一場再一場的藝文資源的分配及開發作業。

沙漠性格的擺脫

南投縣過去曾經是文化的沙漠區，早年由於交通不便，以農業爲主體的農村經濟發展緩慢，縣府財政不足，縣民忙於謀取生活資源，因此使得整個文化發展面，顯得十分遲緩，政府單位縣政的經營，根本無暇也無力顧及文化層面的建設及推展，人民生活以物質生活爲主，對於精神生活，也是無暇無力而且無心去顧及，因此文化的需求低，藝文活動少之又少，外來藝文活動接觸機會不足，因此使得早年的南投縣被譏爲是一個文化的沙漠區。

大概從六〇年代中期起，始陸續的、零星的有一些藝文活動出現，到了七〇年代之後的十年之間，美術性活動漸多，藝文團體也初步集結，文化沙漠的標記，遂逐漸的擺脫，到了八〇年代之後，交通及經濟的開發，社會風氣的轉移，人們對精神生活的需求日高，再加上文化中心的設立，部份美術人才的表現被青定，連續兩任縣政主持者吳敦義縣長、林源朗縣長的重視，於是藝文活動日趨頻繁，藝文團體越來越多，有一部份藝文人才，甚至把經營面延伸到附近的其他縣市。至此南投縣原來的文化沙漠性格，已經完全擺除，在整個八〇年代，南投縣所呈現的文化特性，應該是墾拓時代的一種色彩，因此當我們回顧從六〇年代中期以降的這一大段時期中，南投縣的文化演進，所呈現的應該是「從沙漠性格的擺脫到墾植角色的呈現」的一種進程。

而墾植角色的呈現，也還只是處在一種開發階段，以目前的現況來說，我們是處在沙漠到綠洲的中途站上罷了，可諱言的，南投縣還是一個藝文發展相當不足而且不均衡的縣市，所謂的不足不均衡，一方面是指鄉鎮藝文活動頻率的不均衡、不夠頻繁，一方面是指藝文發展類別的不均衡，這些都是有待再開發、再探討的工作。

縣內區域性的分析

首先我們從鄉鎮藝文活動頻率的不均衡來探討，依據近幾年來的活動狀況考察，我們可以發現近幾年中南投縣的藝文活動，大都集中在南投市、埔里鎮、草屯鎮、竹山鎮等等幾個少數鄉鎮之中，這其中又首推南投市的頻率最高，埔里鎮次之，草屯鎮、竹山鎮又次之，推究其原因不外乎如下：

南投市藝文活動的頻率之所以會高於其他鄉鎮，主要原因在於它是南投縣立文化中心的所在地，因此南投縣立文化中心所策劃，或是私人、民間藝術團體，以及省政機構所推出的藝文活動，不管是美術、音樂、舞蹈、民間藝術、演講等活動，十之八、九都是以文化中心所在的南投市做爲活動據點，雖然文化中心本身也考慮到南投縣區遼闊而分散，爲顧及文化活動均衡，乃積極推展文化義工制度，積極把文化活動分散到各個轄區鄉鎮，但是無可諱言的是由於各種客觀條件的限制，使得它的藝文活動還是不得不以它的所在地南投市做爲主體活動點，因而也使得南投市的藝文活動與其他鄉鎮，產生極其懸殊的差距。

埔里鎮之所以能在藝文活動上，緊追在南投市之後，主要原因是它具有很强的自生活動力，這份活動力是經過很長時間的發展之後，才累積起來的。從民國六十七年就開始發行的「埔里鄉情」雜誌是主要的集結力之一，它是一份由地方熱心人士集資創辦，免費提供給鎮民鄉親閱讀，草根性色彩十分豐富的刊物，多年來透過這份雜誌，整理地方文化資料，提出文化觀念之餘，同時也把地方文化參與力提昇了不少。這其中如素人石雕藝術家林淵的挖掘、鄧相揚之對埔里展開史料整理，都是和「埔里鄉情」雜誌有著密切的關係：「雲門舞集」在埔里的演出，首開一流舞團在南投縣演出的記錄，促成的主力也是埔里鄉情。

另一個力量來自一羣熱心於推展地方藝文工作的朋友，他們自覺於埔里獨具的優良地理環境，必須有文化素養的配合，才能尋求到比較正確的鄉鎮發展方向，因此積極的推展美術性的活動，把發展的方向定位在「鄉村美術運動」、「鄉村文化體質改造」的方向上，而這一股力量，也成爲埔里藝文活動比較多的一個因素。

草屯鎮的藝文活動，主要展現在美術層面上，由地方成長出來的藝術人才如李轂摩、柯耀東等在藝術上的閃耀成就，成了焦點性的角色，同時也具有一種典範性的作用，提供給鄉鎮居民，對藝術活動有一份基本的認同與肯定，同時也使得藝文價值在一般人心目中的地位，由於有一兩位傑出人士的前導作用，而提昇了，更促使地方藝文活動的熱絡化。

南投市、埔里鎮、草屯鎮由於個別不同的因素，因此使藝文活動還能夠接續著，或是零星的進行著，至於其他的鄉鎮，則因缺乏了這一些條件，藝文活動很少，活動力也十分薄弱，使得南投縣的藝文環境，呈現了一種區域性不均衡的現象。

類別發展的不均衡

至於藝文類別發展上的不均衡，所呈現的現象是不同藝文的活動頻率的不同、創作人數的差距大，相關單位重視的程度不均、民衆參與力的懸殊。以過去一年來考察，它們的比重分別呈現如下的一種順序：美術、音樂、戲劇、舞蹈、文學創作。從本文所附的「民國七十九年南投縣境內的藝文活動資料」可以得到一個統計數字，那就是去年一年中，在南投縣美術活動計達六十二個場次，音樂性活動計達三十三個場次，舞蹈性活動計達七個場次，戲劇性活動計達十四個場次，總計起來共計有一一六個場次的藝文活動，由資料顯示美術性活動最頻繁也最密集，音樂性活動次之，戲劇性活動再次之，舞蹈性活動又次之，十分遺憾的是文學性活動卻是很少，從這份資料來看，我們也可以看出南投縣藝文活動的一個大概，同時也可以看出南投縣文化性格，而這份性格的顯現，其背景因素又是什麼呢？這是一件值得探討分析的課題。

從活動資料中顯示，美術活動成爲主體活動。事實告訴我們，不只是去年，長久以來南投縣就一直呈現這樣的活動特性，爲什麼呢？是不是它的藝文環境本身，先天上就具有這樣的體質性向呢？這也是很值得探討的一個課題。

從去年那六十二場的美術活動來分析，有一部份是外來的藝術單位或個人的展出，但縣內所佔的比重很大，這其中所出現的繪畫團體計有南投縣美術學會、懷孕畫會、耕藝畫會、篁山畫會、日月畫會、水沙連藝術羣、山雅畫會、九九美術會、山之城畫會等。就活動現況來看，這些藝文團體的活動力很强，成爲南投縣藝文活動的主要資源，使得南投縣的藝文呈現一種美術性格獨强的文化性格來。

而美術活動人力資源充沛的主因又是在那裡呢？根據觀察，大概有下列幾項因素：

一、前行代美術工作者的啓導：放眼當代藝壇，南投縣有不少能與當代大師級藝術人物相提並論的人物出現，他們的風範，給予繼行者一些啓發，同時產生一些誘因，因爲前行代畫家所創造的不但是藝術的價值，同時在商業價值上也受到肯定，成爲繼行者踵事效仿的强烈誘因；另一方面，前行代畫家長時間的努力經營，讓藝術人物的社會地位大幅度提昇，對地方人士在觀念的轉化上具有很大的功能，誘使更多的人，投向藝術創作的志業，從事藝術創作的人一增多，活動的資源也就多，活動的頻率自然就突出於其他類型的藝術活動之上。

二、由於環境的不停改造，使得參與者擁有更多的接觸機會，更容易得到一種立即的回應，因此中途退出的人也就比較少，而且不斷的有人參與了進來，匯整而成為一股強大的文化羣體，散發出比其他藝文類型更大的勢力，同時也更具有發言權，因此乃構成强勢的藝文活動項目。

三、外流藝術資源的回流：南投縣有很多成名的藝術家長年在都會區或接近都會的外圍區域活動，因為故鄉藝術環境的逐漸開發，對他們產生一種鄉土的呼喚，而產生一種回歸的需求，進而在心情上、精神上，或實際活動上做一部份的回移，這一股回移的力量，更加大了南投縣美術活動的力度，例如民間鄉籍的名木雕家吳榮賜先生、竹山鎮籍的名國畫家鄭正慶先生，鹿谷鄉籍的名陶藝家林振龍先生，埔里鎮籍的名水墨畫家陳慶榮先生等，都是典型的代表，他們長年在外地經營，在藝壇佔有一席之地之後，精神上還是歸依在自己生於斯長於斯的鄉園土地，有的還經常回鄉舉辦或參加畫展，成為了南投縣藝術活動的另一股力量。

而去年南投縣的音樂、舞蹈及戲劇的活動又顯示什麼樣的訊息呢？依資料觀察，去年的音樂、舞蹈、戲劇等活動共有五十四個場次，其中大部份都是由外來團體所提供，或是由教育廳等單位所策劃，眞正縣內團體的活動，眞是微乎其微，這顯示了本縣在這方面的資源還是十分薄弱，其中獨缺戲劇團體，原因在於一個戲劇團體組成的條件十分的龐大，比較複雜，絕非南投縣這樣一個山鄉農村所能養護的，因此它的付之闕如，仍是理所當然的。

至於文學性的活動，去年中並無任何資料顯示它有所成長，嚴格說來，近期中本縣僅有的文學性活動，只有救國團南投縣團委會的青年刊物「南投青年」繼續出刊著，南投縣立文化中心編印了一本「南投文選」，此外就是個人性的創作零星的進行著，作品零星的在國內的一些報章雜誌發表著，而縣籍作家出版的文學專書，就所知也只有草屯鎮籍的詩人岩上於七十九年出版了一本詩集「台灣瓦」，以及埔里鎮籍的筆者在七十八年出版了「大埔城記事」、「一葉心情」兩本散文集而已，如果文學專集的出版，可以做爲一個地區藝文力度檢驗媒體的話，那麼這項檢驗一定是不及格的。

而文學團體又呈現出什麼樣的活動現狀呢？早在民國六十五年就成立，最被當代文壇看好，最有可能成爲從地方出發的模式團體——詩脈詩社，可惜在出版過九期詩刊之後（民國六十八年）停止了活動，雖然停止活動之後的這段時間，也曾醞釀過重新集結、再度出發的提議，但諸多因素使得這項提議，也只是停留在提議的階段。

由寧可先生所領導的「青溪文藝學會南投縣分會」及「南投縣寫作學會」兩個文學性社團，近幾年來除了例行性的會員大會、理監事會議，似乎也沒辦什麼大型活動。而隸屬於救國團南投縣團委會的中國青年寫作協會南投縣分會，似乎也呈現了活動停擺、組織瓦解的現況。反而以南投市女青商會爲主力成員的「開卷社」，在七十八年八月五日成立之後，由於會長張佩珠女士的熱心帶動，舉辦了幾場「與作家談心」的活動，分別邀請過鄭羽書、李展平、王灝、井迎瑞、陳薇等幾位作家做有關於「海之戀」專書的研讀，報導文學的介紹，鄉土文學的探討以及卓別林電影的賞析，電影回顧與前瞻等。

本縣的文學發展之所以萎縮，原因是：一、文學創作行爲是比較個人化，所以不容易羣集化而成爲一種活動性的展現。二、文學性團體活動力的不足，組成人員集結力、凝固力不足、活動的推展不易。三、觀衆羣的開發不易，來自區域性的回應欠缺，導致創作者創作熱情的低落。四、官方文化推動單位的疏忽，推動技術的認知不夠，使得文學創作者在地方的地位不能提昇。由於諸多因素，使得長期以來，本縣的文學活動呈現弱勢現象。

對於未來的展望

綜合過去一年及近期中本縣的藝文活動狀況，很明顯的可以看出，它是以美術爲主導的一種藝文性格，也許這正是它的特色，所以展望未來的發展，我想我們可以做出這樣的預估：

一、南投縣未來一年的藝文活動，還是以美術活動做爲主導，短期內還不可能達到各種藝文類型均勢的局面。

二、南投縣未來一年的藝文活動，其活動區域還是會呈現集中在少數幾個鄉鎮市的現象，短期內無法達到區域均衡。

三、南投縣未來一年的藝文活動，還是會維持著美術活動資源獨强的狀況，而音樂、舞蹈等活動依舊要靠外來團體的提供，縣內有限的資源依舊只寄存於一兩個合唱團體及舞蹈社之中。戲劇活動資源，依然要全部仰賴外來團體的輸入，本縣資源的開發，還是等於零。

四、南投縣未來一年藝文團體的活動狀況，將會呈現下述的情況：美術團體的多元化、分支化、小團體會有成長，活動力會越趨熱絡，音樂性團體的活動力將成爲點式現象，舞蹈性團體還是以個人爲主題的商業性社團形態存在。至於文學性團體的活動性，則比較缺乏確定性，很可能每況愈下，也可能重新改造，再匯整活動力，也可能再重新集結，展現比較熱絡的活動力。

五、未來一年南投縣藝文活動的策動力還是來自於文化中心，以它爲主體，民間藝文社團還是會維持著資源性的屬性。

六、未來一年南投縣的藝文活動，還是會絕大部份依靠於官方單位的規劃體系之中，所以官方規劃的活動取向，將主控著本縣藝文活動的大方向。

⊙高惠琳

從個人出發，締造地方文化美景

「南投藝文環境的發展」座談會

時間：八十年三月二日下午三時～五時
地點：南投縣立文化中心
主席：李瑞騰（本刊總編輯）
與會：黃宗輝（南投縣立文化中心主任）
岩　上（詩人）
柴　扉（國中教師．作家）
寧　可（青溪新文藝學會理事長）
李國謨（畫家）
曾仕良（工專教師．作家）
林清河（陶藝家）
鄭仰貴（國小校長．作家）

王　灝（國中教師．作家．畫家）
林源隆（記者．作家）
白時雄（南投縣音樂協進會會長）
郁化清（作家）
李玉屏（高中教師．作家）
王輝煌（畫家）
胡坤仲（國中教師．作家）

（以上按發言序）

討論題綱：

一、本地的藝文傳統
二、現階段的藝文活動之檢討
三、如何開創一個寬廣活潑的藝文環境
四、如何形成具有特色的南投文化

李瑞騰：

非常高興能回到家鄉舉辦座談會，此行的心情和到其它地方有很大的差別，內心充滿了喜悅和惶恐。算一算，離開家鄉到外地「打拚」已經二十多年了，而長年來一直在文學、文化的範疇中追尋自己的理想，反倒很少有機會和家鄉的父老、文藝先進共聚一堂。今天藉此機會，希望能透過各位的反省與批判，對本地的藝文現況有進一步的了解，更期盼能與在座的文藝先進們，共同爲南投未來的藝文發展架構一張美好的藍圖。

此次承蒙文化中心協助，不僅使得這個活動的層次提昇，更讓文藝界的先進們對活動的舉辦更具信心，非常感謝，現在先請黃宗輝主任爲我們先講幾句話。

文藝發展有賴大家齊力推動

黃宗輝：

文訊的同仁，以及各位文藝界前輩，非常歡迎大家能蒞臨本中心，參與這場座談。大家都知道，文訊是份十分優異的雜誌，尤其對於文學、文化的推展工作有極大的貢獻。我們更高興該刊總編輯李瑞騰先生也是南投人，今天他抱持一份特殊的情感回到故鄉辦活動，實在令人感動。

現在，我針對本中心近年來在文藝推展上的成果及計畫，向大家報告一下：一、過去幾年來，南投地區文藝的推展工作在各位先進的倡導下紮根、落實，去年，我們並且出版了「南投文選」第一、二輯。此外，我們也著手從事縣籍作家作品的蒐集、整理。二、爲推動文藝發展，我們也陸續舉辦了一些活動，並於三月十六、十七日，舉辦周末文藝營，邀集作家及藝文愛好者暢遊日月潭，並做文藝交流。三、爲了提昇本縣藝文人口，我們計畫從演講出發，由寧可先生企劃系列講座，藉講座的學辦，讓大家逐漸培養文藝的氣息。

最後，希望在大家的全力配合、支持下，能帶動南投縣的文藝環境蓬勃發展。

寫作環境缺乏照顧

岩上：

對於文訊此次舉辦這項活動，我個人感到十分敬佩，因爲以往的許多座談活動絕少有像這樣深入各縣市，探訪在各地默默耕耘的文藝人士的心聲。而我們也期盼，文訊在完成系列活動後，能將完整的資料提交政府單位，讓他們也能正視這些問題。

我僅先綜合四個討論題綱，表示一點意見。除了山水優美，溫柔敦厚、合作團結應是本地最大的特色和傳統，因此不論是文學或美術作品，都蘊含草根性和鄉土性。

在藝文團體方面，南投地區爲數頗多，但在發展上卻受到不少限制。目前縣內規模最大的團體是攝影學會，人數多達五百七十餘人，但是其中不少會員是爲拍攝裸體照而入會。至於寫作團體部分，最先成立的救國團青年寫作協會，如今早已停辦，而由寧克文、我及縣內一羣作家合力創辦的南投青年寫作協會也只有會員三十名，因爲得不到民間和官方的充分支持，在創作上難造佳績。唯一可喜的是，美術方面的表現十分卓著，這都歸功於李國謨、王輝煌、王灝、黃義永等人的努力。

剛剛我所提，有關寫作缺乏照料的困境，相信這也是台灣整個寫作環境的一大危機，所以，我們眞心期待有關單位能在這方面付予更多的關懷和投注。

善用自然資源，積極推展藝文工作

柴扉：

南投縣四面環山，是本省唯一不濱海縣份。近二十多年來，由於境內藝文人士的帶動，使得藝文環境日漸彰顯，現有的文藝團體曾多次舉辦各類活動，成果斐然。

但是，近幾年來，由於藝文人口外移，加上推動工作不夠積極，致使縣內至今出版的作家選集僅只「駝鈴」、「南投文選」一、二輯。現在縣內文化基金早已籌募了四千二百多萬元，假使能善用這筆基金，仿效台中縣出版縣內文藝作家文集十本以上，並且加强督導各中小學校刊編輯，充實文藝內容，定能開創一個寬廣活潑的藝文環境。

南投縣自然資源豐富，諸如廬山溫泉、日月潭、合歡山等風景名勝皆馳名遠近，而農產也十分富庶，如果能善用這些人文、自然等資源，並加以拓展，則南投縣的整體發展將是不可限量的。

參與感的提昇是文藝推展工作的礎石

寧可：

從早期的救國團寫作協會，而後的南投寫作協會、青溪新文藝學會，以及美術學會，南投縣內的藝文團體正逐漸在增加、成長中。從表面來看，這些團體的成果並不顯著，但是對於整南投縣的藝文發展確有提振之功，尤其文化中心的成立，更加速工作的進行。因此，今後我們所要考慮、著手的重點應在於加强團體內部的組織功能、彼此間的連繫、合作，以及政府、民間經費上的資助和參與。

以下我提出幾點意見供大家參考。

一、設演講爲常態活動。南投境內的演講活動甚多，但大多依各地需要不定期召開，倘能將講座做系列規劃，定期舉辦，當能使文藝深入民間，成爲生活的一部分。

二、提振寫作風氣。近年來，南投縣內積極倡導藝文活動，尤其前任縣長吳敦義、現任縣長林源朗更大力支持，加上縣內藝文團體沒有門戶之見。團體性强，對文藝的推展工作裨益良多。但在各項文藝蓬勃發展中，唯獨寫作方面的成效不彰。究其因，主要是寫作人口太少，並且欠缺發表園地。因此，如何培養寫作人口便成爲當務之急。而在這方面，我有五點建議：㈠以傳統倫理精神爲創作主體；㈡從國小高年級培養起寫作興趣，並加强指導，奠定基礎；㈢由地方團體、文化中心和各地社區聯合舉辦寫作活動；㈣學辦地區性寫作比賽，藉以挖掘、培養人才；㈤多出版地區作家作品選集，一來鼓舞寫作士氣，再者也可以建立後進學習的榜樣。

三、在經費方面，主管機關應寬列預算，支援藝文活動，並且設立獎助金，提昇寫作素質。

四、編製地方性刊物，提供寫作發表的園地，同時也促進文藝的交流。

我個人並不是南投縣人，但卻在這裡整整居住了三十三年，並且一直從事文藝工作，參與文藝活動的推展，而多年來的經驗，自己最直接的感受是，文藝環境的拓展，首在「參與感」的提昇，唯有民衆有心參與、樂意參與，文藝才能行之久遠，普及各地。

從個人出發，締造文化美景

李國謨：

我一直覺得中央對於地方文藝很少關心，而這次文訊能舉辦這樣的活動，相信是中央關懷地方的一個好的開始。

談到南投縣的文藝發展，我個人認爲，是有很大的進步。以美術方面爲例，在日據時代到光復之間，南投根本沒有幾位畫家，但是光復之後，直到今天，短短四十年，卻出現了許多名畫家。而六十五年成立的美術學會，也從三十五名會員增加到兩百多人，發展實在驚人。因此，以南投的地緣和人才，確實能在文藝上有所作爲，所以，我們應該擺脫「文化沙漠」的包袱，以積極、樂觀的態度看待南投的藝文發展。

凡事應從自己做起，尤其個人天賦不同，但是至少應該在能力範圍內盡量發揮自己的潛能。綜觀南投的藝文人士，其創作量確實嫌少，如果能多寫一點，多畫一些，定能給予藝文發展極大的幫助。此外，也期盼出外打拚的南投子弟，能時常回到鄉里，和鄉親們連繫、溝通，同時也以自己在外發展的經驗、成果做交流，幫助此地的年輕人有更好的學習榜樣和成長。

建立完整的本地作家資料檔案

曾仕良：

我一直在學校服務，所以今天也就針對學校的文藝教育工作，以及文化中心應如何與學校配合、引導等事項提出報告。

去年我應國立雲林工專之邀，擔任該校文藝社的指導老師。當時，我計畫邀請雲林當地的藝文作家來演講，並希望透過救國團雲林分部的協助，能尋找合適人選，但是卻發現雲林有關當地藝文人士的資料十分欠缺，這便使我聯想到，南投是否也有相同的情形？

回想我擔任「南投青年」主編時，每天必做的事即是翻閱各類報刊，並且將看到的本縣作家的佳作設法轉載在「南投青年」上，使本地學子、文藝愛好者掌握這些好作品。因此，我十分希望南投縣立文化中心能夠擔任文藝訊息的傳播站，以更大的人力、財力，發揮更好的功效。

其次，是有關寫作人才的培養問題，前幾年，我曾經獲得長佑醫院的經費支援，設置了「長佑文學獎」，並且出版第一屆文學獎作品集，但由於經費有限，無法作長久性的維持。所以，也期盼文化中心能在這方面與企業溝通，使文藝與企業結合，設置各類獎助金，發現並獎掖文藝人才。

最後，我想建議文訊雜誌社，增闢地方性文藝報導，讓各地讀者除了掌握全國的文藝發展，更能熟悉自己鄉鎮的文藝現況。

從固有傳統中開創文藝新園地

林清河：

我是個從事陶藝工作者，而今天在座的全都是藝文界的前輩，令我感到十分惶恐。我僅提出幾點微薄的意見，還請大家指教。

以前，我總認爲南投是文化沙漠，但是自從我從事陶藝創作以後卻發現，其實南投境內有許多「綠洲」存在，只是不被人察覺，同時也有許多人默默地在耕耘。因此，如何將這些人、事開發、呈現，應該是我們所要探討和努力的目標。

對於如何建立寬廣、活潑的藝文環境，我有四點建議：一、政府應該在地方的文化建設上寬列經費，使許多計畫可以順利、快速地進行。二、企劃人才的培育，南投的藝文人士頗多，但會創作卻未必懂得企劃和管理，因此要使南投的藝文環境能蓬勃發展，需先尋求企劃專才，爲南投藝文的發展，做整體而系列的規劃。三、地方人士理應自己尋求經費資助管道，而不是一味依賴政府單位。四、提昇民衆的文化水準，多舉辦藝文聯誼活動，使他們能喜愛文藝、重視文藝。

至於如何形成具有特色的南投文化？一、不要刻意創新、模仿西方，而應先從自己固有的藝文傳統出發，在已有的文化中創造屬於自己的新文化。二、善用本地的素材，從事寫作或創作，這樣的作品才具有地方特色。三、對於舊有傳統，不宜墨守成規、食古不化，而阻礙了文藝的發展。

增進藝文人士間彼此的連繫和交流

鄭仰貴：

南投的藝文人才相當多，我深信南投文藝環境的拓展是指日可待的。

我個人從事寫作工作已有二十多年的歷史，並且也出過六本文集，在此我想向文化中心提出兩項建議，希望今後在推展文藝工作上能納入考量：一是能多籌措經費，出版作家文集，同時也可以提昇地方的寫作風氣；二是多舉辦文友聯誼活動，增進彼此的認識和創作上的交流。

此外，我也希望文訊在辦完這系列活動之後，能將參與過這活動的藝文人士資料編册，並寄給大家，讓全省熱心藝文發展的人士能多加連繫，共同爲建設美好的藝文環境而努力。

徹底解決文學推展上的盲點

王灝：

文訊這次學辦各縣市藝文環境調查座談會，不禁令我聯想到兩件事：一、是否政府單位有意在從事文化建設上，對地方的藝文現況重新予以思考和評估；二、這種重視地方文藝發展的活動，是否意味著都會文化已漸趨沒落？

爲了撰稿介紹南投縣的藝文活動，我在蒐集資料時發現，縣內有關美術、音樂等活動的資料頗多，唯獨欠缺文學方面的資料。而造成這種近乎美術性活動獨存的文化特色，其主要原因在於以往我們在推動文學性活動上有某些盲點存在，而盲點爲何？我歸納有三點：一、欠缺文學性刊物，現有的刊物，如「南投青年」之類，都屬校園刊物，而沒有眞正屬於全縣縣民的刊物。二、文學團體活動力太弱，不能發揮足夠的影響力。三、缺乏支持的羣衆，造成社會地位低落，難以穩定成長。

而人才外流也是阻礙地方文藝發展的原因之一。所以如何號召人才回流，爲地方的文化建設貢獻心力，也是我們在商討各項問題時所應重視的。

讓學生提早接受文藝的洗禮

林源隆：

剛才大家都談了很多，有些一樣的觀點，我就不再重複，而僅就一些未論及到的，跟大家提一下。

大家都知道，南投縣內現有的文藝刊物只有「南投青年」，但是由於在縣議會上遭杯葛，因而改由學生自由訂閱，於是在銷售上遭受很大影響，同時更難以深入民間。因此，我們希望能將訂閱範圍擴展到國小高年級，也藉以讓學生們提早感受到文藝的洗禮。

從文化中心所舉辦的活動反應熱烈的現象，可以看出南投的藝文環境是不斷地在成長。所以，如果能以文化中心爲主體，並和縣內各類藝文團體多聯繫，策劃一些罕見而具意義的活動，定能加速文藝人口的成長。

在文藝研究方面，不應只偏重小說、散文等新文藝，也應對於古典文學有所研究，使文藝的發展能兼備古今。

此外，文藝人才的培養，應從國中出發，促請國中教師能主動鼓勵學生從事文藝創作，而不是局限於聯考制度下的塡鴨式教育。

由觀摩、比賽，提昇大家對音樂的興趣

白時雄：

近年來，南投縣的藝文活動比以往熱絡許多，主要歸功於大家的共同努力，尤其文化中心的致力推展，更是功不可沒。

今天，我以音樂協進會人員的身份，向大家報告南投縣內音樂方面有待加强的地方。

第一，音樂欣賞人口太少，由於南投地處山區，人才大多外流，致使一些音樂活動乏人問津，相形之下，音樂表演團體也都不願意來掌聲稀落的南投演出。

二是音樂團體太少。前不久文建會舉辦了國際合唱節，由各縣市推派各階層的合唱團做觀摩、比較，而許多縣市都有很多合唱團參加，唯獨南投縣幾乎推派不出代表來。

有鑑於以上兩項弊端，我提出幾點建議：一、以文化中心做號召，多開闢音樂欣賞講座，使民衆能了解音樂之美，進而熱愛音樂。二、多學辦觀摩比賽，常言道「考試帶動教學」，而我認爲競爭帶動活動，藉由觀摩、比賽，激勵各界重視音樂。

改善藝文環境從作法上著手

郁化淸：

剛剛大家都檢討了南投藝文發展的缺點。檢討缺失固然需要，但是策畫未來更爲重要。以往我很少參加座談活動，而今天特意趕來，主要是岩上先生的殷切邀約，以及主辦單位的頻頻提醒，所以，在備受重視的感受下來參與此次座談。也因此，我不禁想到，南投舉辦的活動常乏人參與，是否應從方式上做改變，學習文訊的作業態度，讓受邀者有被重視的感覺而樂意參加。

剛剛柴扉先生提到，台中縣出版當地作家作品選集十本，南投也算是個大縣，理應積極從事優良作品的蒐輯出版工作。此外，更應協助那些有才華卻無資金的作家出書，讓南投的寫作風氣日漸鼎盛，能不斷展現好作品。

身爲南投人，應知南投事

李玉屛：

我在編「南投青年」時，一直抱持著「身爲南投人，應知南投藝文工作者」的理念，因此雜誌的封面和封底都介紹了南投的藝文人士和作品，使年輕人對南投有那些藝文人士能更加熟悉。

此外，我們也辦了每月一書的演講活動，但往往面對經費和人源等問題，因此，十分盼望政府或民間有承辦演講活動的單位，使我們在從事推展文藝工作上能更順利圓滿。

輔助弱小團體，落實紮根工作

王輝煌：

大家對於南投美術學會的快速發展十分讚揚，而這都是有賴於會員們共同努力的成果。

我擔任美術學會總幹事達十多年，在此向大家報告學會從草創至今的一些行政措施：一、到全省各地發表作品，帶動美術工作者的參與感，激勵進步。二、舉辦各項演講、研習活動，提昇創作水準。三、舉行旅遊活動，促進彼此溝通、切磋。四、獎勵新進人員，對創作好作品或作品獲獎者亦予以相當的獎賞。五、輔導各地方成立諸如「眉之溪」、「水沙連」等小團體，落實紮根的工作。

對於未來南投藝文的發展，我也有三點建議：一、多興建展覽場地，激勵藝文人士多創作，也使縣民能欣賞更多的作品。二、開發縣內的陶、竹、棉紙藝術，使成爲地方的藝術特色。三、建議學校旅遊活動能參觀藝文工作現場，培養學生從小吸收精緻文化的習慣。

藉書香建設更美好的環境

胡坤仲：

我以一名國中老師的身分，談談文藝紮根方面的問題。

一、希望各級學校都能出版校刊：充分的發表園地，必能激勵學生的寫作興趣。尤其目前報紙鮮少有供給國中生發表文章的園地，因此，校刊這塊專屬各級學生創作的沃土是不容忽視的。甚至縣府可以於每學期舉辦一次校刊考核比賽，以提昇校刊的水準。

二、舉辦書展：許多學生因爲課業繁重，很少到書店看書，也不知如何選購好書，因此，定期學辦書展，不僅可以提供優良讀物，同時也能培養學生閱讀的興趣。我擔任三光國中訓育組長時，曾辦過這類活動，反應熱烈。但舉辦書展，頗費人力，若能由有關單位負責此事，相信收效更大。

三、舉辦研習活動：區分爲老師與學生二部分，聘請作家、學者講授，提昇其文學素養。

四、出版刊物：「南投青年」已定型爲國、高中生的刊物，希望能增加內容篇幅，並且能成爲一月一期的月刊，供學生有更多的閱讀空間。此外，也希望能由文化中心出資發行屬於地方大衆的刊物，並且融合文學、美術、音樂等藝文，讓文化傳播工作能更遠更廣。

落實民間文藝基礎，發展本縣文化特色

黃宗輝：

剛才聆聽大家的發言，內心感受很深，對於大家在南投藝文發展的期許和努力，更是令人佩服。而我歸納各位的意見，應有下列幾項：

一、希望文化中心能成爲南投藝文發展的核心，結合各個社團，舉辦各項活動，並帶動整體的建設。

二、在推動南投的文藝發展上，大家有許多建議，我希望各位能具體擬訂詳細計畫，本中心一定將這些計畫提報上級單位，力求實行。

二、希望本中心能負責各類推展活動。在此，我想建議大家多方面尋求資助管道，雖然文化中心非常願意爲文化建設盡心盡力，但是以文化經費僅佔縣府預算的零點一六，而文化基金一年的利息不

到三百萬，這樣的微薄經費要完全負責各項活動，實有困難。因此，希望在人力全面配合、經費盡量補助的基礎下，大家能思考其他的資助管道，共同爲建設南投而努力。

四、欠缺作品發表園地。關於此點，本中心正計畫能成立館藏室，將本地藝文人士的作品納入館藏，不僅平日可供縣民觀賞，更可以作爲本縣藝文發展的見證。

落實民間文藝基礎、發展本縣文化特色，是我和文化中心今後所要致力的兩大目標。期盼在大家的支持、協助下，能爲南投的藝文環境締造佳績。

結合文化中心與地方藝文人士，共同建設地方文化

李瑞騰：

謝謝黃主任對大家所提的問題做精簡的說明。接下來，我也提出幾點報告：

文訊此系列活動，主要是希望和各地的藝文朋友一起討論文藝的發展問題。而和各地文化中心或社教館合作，也是希望藉此機會讓實際主管地方文化的負責人能夠和藝文界人士直接接觸，共同面對具體而迫切需要解決的文化問題。

剛剛大家聽了黃主任的解說，心裡一定會比較踏實些。事實上，各地都存在著不同的文化問題，而這些蟄伏在各縣市普遍性或特殊性的問題，也只有像各位這樣長年投注於文化工作者才能感受得到。所以，結合從事推展工作的文化中心和地方藝文人士，共同建設地方文化，正是我們舉辦這項活動的主要目的。同時，我們也將會議上的意見化爲書面記錄，刊登在雜誌上，讓更多的人一起來正視這些問題。

其次，剛才大家都提到南投縣內文學方面的發展不夠，事實上，這現象是屬於全國性的問題。由於物質富裕，人們偏重於聲光享受，造成了對文字冷感。因此有關這方面的問題須從政策上著手，對社會風氣做全面性的調整。

最後，我針對一些朋友所提「人才外流」現象做些解釋。由於個人的理想與需要，每個人都得尋求合適的環境落地生根，基本上，人們對於故鄉土地的認同是必然存在的，但是要要求人們回來和大家一起在這塊土地上「打拚」，確有實際上的困難。所以，與其冀望人才回流，不如寄望多舉辦活動，讓這些人將在外地的經驗與本地人士溝通、交流，必能加速地方文化的建設和發展。

再次感謝大家抽空來參加這項活動，並且提供了許多寶貴的意見，相信以各位的熱心和誠意，南投定能成爲文化之都。

雲林

稻花千里

走過歲月長廊

雲林縣藝文發展簡史

⊙沈文台 民眾日報記者・作家

在國內尖端科技不斷日新月異，社會結構漸趨工商業化的今天，過去曾經以「靈氣獨秀，人文薈萃」而馳名全省的雲林縣，迄今仍舊保存著相當完整的昔日農業社會純樸風貌。

雲林——這個曾是渡海來台先民們，最早落腳墾殖的重鎮，不僅遺留著許多當年拓荒的史實和珍貴的古蹟，同時也是遍地綠野平疇，稻花千里飄香的重要農作物產地，幾十年來一直享有「嘉南穀倉」的美譽。

可是，隨著時代潮流的急遽變遷，這個長年散發著農村特有恬靜與勤奮氣息的農業縣份，近年來卻面臨了社會善良風俗低落淪喪，以及文化藝術式微斷層的雙重危機。

撫今追昔，又怎能不教人感慨萬端呢？

「雲林」的誕生

雲林縣位於台灣最大的平原——嘉南平原的北端，北接彰化縣，南連嘉義縣，東界南投縣，西隔台灣海峽與澎湖縣爲鄰。全縣東西長五十公里，南北寬三十八公里，總面積一千二百九十平方公里，人口約七十六萬人左右，絕大多數均以務農爲主，是個典型的農業縣份。

雲林縣的地形，以東部古坑鄉境內的草嶺山區爲最高，海拔在五百至一千七百五十公尺之間。全縣地勢由東向西逐漸傾斜，形成一塊狹長平原，主要的河川有濁水溪和北港溪，其中濁水溪全長達一百七十餘公里，是台灣第一大河流。雲林縣的興衰起落，與濁水溪有密不可分的關係。

根據文獻記載，雲林縣是台灣全島開發最早的地方。

遠在明朝天啓二年（西元一六二二年），福建漳州顏思齊率衆登陸笨港（今北港一帶），開始從事開墾工作，歷經明清兩代移民不斷胼手胝足努力後，從笨港沿著北港溪支流的內河交通，陸續向內地移屯開墾，先後建立了柴里社（今斗六市郊附近）、他里霧社（今斗南鎮）、林圯埔社（今南投縣竹山鎮）等村莊。

不過這種聚衆結社的散居型態，直到清朝光緒十二年（西元一八八六年）二月，廣東督府陳世烈渡海來台執事後，才產生重大變化。

陳世烈初謁台灣巡撫劉銘傳，旋即受託設縣分治，致力於撫番召墾的工作，並且駐紮於斗六門。同年十月間，陳世烈在南路撫民理番司同知歐陽駿，以及劉姓都司等人的鼎力協助下，從斗六門移駐「雲林坪」，並且相繼成立「雲林撫墾局」與「雲林城工總局」，開始興築雲林縣城。

這是「雲林」二字，首度出現於歷史文獻資料上。

「雲林事件」

早期由縣丞陳世烈倡領地方士紳捐修的雲林縣城，築土垣環植竹三重，周圍共一千三百丈，城高六尺，城外並建有一座旌義亭，亭內勒石題稱「前山第一城」。

不過，由於縣城南北同時有濁水、清水二溪橫隔，每年夏季往往氾濫成災，導致對外交通斷絕。因此，繼任知縣李火全在光緒十九年（西元一八九三年），決定將縣城遷往西南方的斗六街，築土牆爲城垣，高爲八尺，厚達五尺，周圍一千六百丈。四周除植竹環護外，並開鑿濠溝，城垣開四門，同樣也沿用「雲林城」爲縣名。

斗六街原爲洪雅平埔族斗六門柴里社聚落，在乾隆初葉由泉州移民楊仲熹來此建街，由於地處北路要衝，清代除設有縣丞治理外，並置有斗六門都司來加以防守，可見其發展與軍事設施有著相當密切的關係。

日據初期——光緒二十一年（西元一八九五年）八月，日人將「雲林城」改爲台灣民政支部雲林出張所，翌年又設置台中縣雲林支廳。不料雲林支廳成立不到三個月，大平頂抗日義軍將其攻陷，日本軍警張皇失措逃離。日人爲湔雪「雲林事件」大敗的恥辱，一氣之下在第二年將「雲林」稱呼廢除，恢復斗六舊名，設立斗六辦務署，隸屬於嘉義縣。

直到台灣光復後，民國三十九年十月間，行政院召開第一百四十五次院會，全盤討論台灣省各縣市行政區域調整方案，將全省劃分爲十六縣五省轄市時，決定新增設雲林縣，並設縣治所在地於斗六鎭，至此才又恢復舊地名「雲林」爲縣名。

家族聯防

雲林縣的屯墾開發，雖然早已在明代天啓年間就開始了，不過由於當時整個台灣全島全然是個獉狉未啓的蠻荒僻疆，不僅原先居住在山中的高山族「生番」，存有「馘首」鄙習，經常襲擊拓墾的移民；即使遠渡重洋來台墾殖的移民，同樣也良莠不齊，盜賊梟衆據地爲寇，打家劫舍之類紛擾事端，一再層出不窮。

然而，這兩個駭人聽聞的鄙規陋習，對雲林縣先民的早期社會型態和生活環境，卻也產生了不少影響深遠的「習俗」。

以番人的「馘首」鄙行爲例，許多慘遭毒手的移民，遇害時仍是孑然一身的單身漢，先民們礙於迷信作祟，認爲迎靈家祀，可能會累禍於家人，因而在早期多半「視而不見」，以致枯骨橫陳山野，遍地可見。不幸被馘首的移民，則成爲孤魂野鬼，在陽間四處遊蕩，無法「善終」。

後來，據說是由「有應公」指示倖未罹難的先民們，必須設法結草爲蘆，搭建簡單的寺廟，將枯骨妥爲收殮，加以祭祀好讓他們早日超生轉世。目前本省各地郊野或路旁，有許多「萬善寺」、「萬衆寺」或祠眉上懸掛一塊寫著「有求必應」長方型紅布條的簡陋小廟，便是由此而來。

此外，渡海來台屯墾定居的移民，爲了防範抵禦梟賊盜匪侵害，不但壯丁個個勤練武藝以求自保，部份聚落甚至還團結合作，彼此以犄角之勢互相守望相助，共同實施「家族聯防」，形成敦親睦鄰、和平共處的善良習俗。

西螺七崁

以雲林縣開發較早的「西螺堡」爲例，這兩種影響深遠的「習俗」，在經過二、三百年來的世代流傳後，目前依然源遠流長，幾乎處處可見。

自古以來，西螺一直是郵傳和軍事上的要地，南來北往的行商客旅，多半都以西螺爲歇腳的地方。從荷蘭、明鄭乃至淸初，所有公事文件，無不在此設立驛站傳遞，並且派兵輪防戍守。

到了淸朝乾隆、嘉慶年間，福建官陂一帶的張廖兩姓家族，隨著閩粵地區移民渡海來台，定居在西螺堡從事拓墾，他們爲了自保，族人便共同以村落爲單位，分成「七崁」，也就是七個聚集的部落，以家族聯防的自保制度，共同來保衞西螺地區的安寧。

這種家族聯防共同守望相助的自保方式，即是國人津津樂道的「西螺七崁」由來典故。七崁居民爲保護鄉里，抵禦外侮，人人勤練武藝，使得西螺地區成爲國內武術發祥地之一。目前西螺習武的風氣依舊頗爲熾盛，大街小巷中仍到處可見大大小小的國術館，優良傳統武風並未失去昔日光彩。

事實上，西螺不但武風熾盛，文風也十分昌盛。七崁部落的張廖族人，昔日利用祠堂來作爲學堂，教育宗親子弟。在目前廣興里與農西路還有一座創建於嘉慶十九年（西元一八一四年）的振文書院，殿上掛有「千秋書祖」古匾。這座目前爲雲林縣境內唯一碩果僅存的淸代古老書院，過去分別設有詩社、學堂，倡導學術，嘉惠士林，盛極一時，對振興西螺文風，確實功不可沒。

里謠俗曲

中國文化的薪火相傳，雖於明鄭時代開始輸入台灣，但在文化的移植過程中，除了兼負地方文運與普通教育雙重任務，「導進人才，廣學校所不及」的書院居功厥偉外，具有濃厚台灣地方色彩的音樂和戲曲技藝，在民間潛移默化的功能，也具有舉足輕重的重要地位。

儘管這些音樂和戲曲技藝——也就是所謂的俚謠俗曲，早年在一般知識階層人士心目中，似乎難登大雅之堂，尤其在正統科班出身的音樂家眼中，它們更是粗鄙簡陋不堪。不過，中國傳統音樂和戲曲技藝的發展，爲民間信仰祭儀有著極爲密切的關係，透過信仰活動在台灣生根茁壯，卻是盡人皆知的不爭事實。

以歌仔戲爲例，這種相傳由閩南地區移民把漳州一帶錦歌傳入台灣的民歌小調，原先僅是以月琴和手鼓兩種簡單樂器伴奏，來演唱日常生活情景的七字句或五字句歌謠，受到台灣民間流行的一些劇種如亂彈、南管戲曲、潮州白字戲、車鼓弄及採茶的影響，不斷在樂器中加入三絃、琵琶、夾板、鑼鼓，並且吸收南北管的一些唱作身段，在演出形式及動作上大幅改變，終於跟其他大型劇種一樣走上草台表演，成爲本省民間廣受歡迎的流行戲曲。

據估計，在民國二十六年中日戰爭爆發前，全省各地的大小歌仔戲班至少超過三百團。但中日戰爭後，日本當局在台灣實行皇民化運動，强迫歌仔戲演員表演帶有濃厚「武士道精神」的新戲，企圖藉戲劇來消滅漢人的民族思想。不少戲班不願仰人鼻息，紛紛以暫時歇業來做爲無言的抗議。

台灣光復後，各歌仔戲班又爭相復業，民國四十五年至四十八年間，全省歌仔戲班估計超過五百團以上，其中大部份在戲院內演出，少部份則在外台露天表演。

雲林縣由於土地拓墾開發時間較早，歌仔戲班爲數衆多，其中規模龐大，演員人數超過三、五十人以上的，包括麥寮拱樂社、斗六台春、二崙拱興社、西螺正聖樂、北港台光、斗南麗華等十餘班，當時的確堪稱爲「猗歟盛哉」，聞名遐邇。

布袋戲班

在雲林縣戲曲技藝發展史上，唯一能夠與歌仔戲分庭對抗，並且平分秋色的，當非掌中（布袋）戲莫屬了。

提起布袋戲，一般人多半都會聯想到在電視上賦予布袋戲木偶新生命的黃俊雄。事實上，黃俊雄的父親黃海岱一手創辦的「五洲園」，不僅精心改革布袋戲的戲碼，在掌中戲業界獨領風騷數十年；同時也由於桃李滿天下，枝繁葉茂薪火相傳，使得這項在台灣民間廣受歡迎的傳統戲曲，綿延不絕。

目前年逾九旬的黃海岱，早在日據時代便開始銳意革新布袋戲，不斷在戲偶身段技藝、機關布景、服飾製作等各方面，投注相當可觀的時間和心血。尤其以忠孝節義爲題材的戲碼，每一齣都因劇情高潮迭起、扣人心弦，使得不少戲團紛紛起而效尤。他所獨創的「戲偶射箭」動作，更是獨步全省，成爲一項絕活。

在黃海岱五洲派麾下的「五虎將」中，煞費一番苦心將布袋戲由戲院草台搬上電視螢幕的黃俊雄，十幾年前曾經以一齣「雲州大儒俠」風靡一時。每當節目播出時，電視機前萬頭鑽動，人人爭相一睹爲快。

這齣「轟動武林，驚動萬教」的布袋戲播出後，不但使得黃俊雄個人一夜之間聲名大噪，頓時成爲全省家喻戶曉的知名人物，就連戲中的一些木偶「主角」，譬如史豔文、藏鏡人、秘雕、劉三、二齒、老和尚、大節女……，也一個個成爲大家耳熟能詳的「紅星」。

傳統的失落

最近一、二十年來，受到國內經濟突飛猛進的影響，台灣逐漸由農業社會走入工商社會，傳統戲曲技藝表演活動也受到激烈的沖擊，它們在農業社會的功能，多半已被其他藝術活動所取代，特別是不少新一代的年輕人，對傳統戲曲更具有强烈的排斥感。

根據一項統計資料顯示，民國七十一年間，雲林縣境內登記有案的地方職業劇團尚有八十七團之多，其中歌劇（歌仔戲）有七團，掌中（布袋）戲有八十團。但事隔十年後的今天，歌仔戲班幾乎已經全部拆夥解散，布袋戲團也只剩下不到十團。

面對著地方傳統戲曲技藝在短短十年時間內，以如此迅速的速度消失不見，而極盡耳目聲色之能事，專門表演傷風敗俗節目的電子琴花車，卻在城鄉市鎮大行其道。社會道德良知及善良風氣淪落至此地步，又豈能不教人感慨系之？

人才外流

與地方傳統戲曲技藝式微凋零一樣，令人喟嘆不已的，則是雲林縣藝文人才未來可能面臨後繼無人的「斷層」危機。

一、二十年前，雲林縣境內具有音樂、美術、書法、工藝乃至文學創作等藝文方面才華的人才，雖不能用「車載斗量」、「過江之鯽」這些詞句來形容，但表現傑出備受各界矚目的，卻也不乏其人。

以文學創作爲例，先後在國內文壇揚名立萬的作家如季季、古蒙仁、林雙不、鄭寶娟、傅孟麗、羊牧、彭竹予、江楓、朱自修、廖素芳、李展平、詹瑞琪、詹琪麟、葉純艮、李謀審、沈花末……等人，目前除了少數幾位仍在地方上默默耕耘外，其餘大多數幾乎都因工作關係「流落」外地，形成「楚材晋用」現象。

不僅文學創作的作家如此，音樂、美術、書法、工藝等各方面的人才，亦復如此。

造成雲林縣藝文工作者不得不離鄉背井外出謀生，原因固然有很多，不過最主要的是雲林縣缺乏適當就業環境，加上縣內各界對藝文人才欠缺積極培育輔導的計劃，使得「人才外流」的現象，比起其他縣市都來得嚴重。

尤其令人引以爲憂的是，在當前升學主義掛帥情況下，不少莘莘學子除了應付考試終日埋頭苦讀外，幾乎難得有機會接觸到書本以外的事物，更遑論與音樂、美術或文學爲伍。雲林縣的藝文氣息，可能將會愈來愈爲淡薄了。

結語

昔日以「靈氣獨秀，人文薈萃」見稱的雲林縣，是否會因藝文環境的欠缺失調，而淪爲「利慾薰心，市儈銅臭」的物慾所在，甚至變成「文化沙漠」？

這一連串問題，有誰能告訴八十萬雲林縣民答案呢？

不信東風喚不回

雲林的藝文團體及刊物

⊙羊　牧　西螺農工教師．作家

民國六十七年八月我服完預官役退伍，九月回到我的母校「西螺綜合高中」（七十一年高中部停辦，易名爲農工職校）任教，迄今一直在基層教育崗位上默默耕耘，不曾再遠離家鄉雲林。

這十多年來，以一個中等學校教師兼業餘寫作的文人，我始終不放棄的有二件事：

一是「期待綠洲」——我利用週末或週日，幾乎是來者不拒地，到縣內各高中（職）甚至國中的文藝社、校刊社演講或授課，和年輕朋友們無所不談。我的用意，是希望把自己寫作一、二十年的心得和經驗，移交給家鄉的子弟，我在他們身上撒下種籽，期待他們來日成長、茁壯、開花、結果，蔚成一片「文風如雲，文人如林」的景象，在長期被形容爲「文化沙漠」的這片瘠地裡，闢出幾方的綠洲。在我服務的學校裡，我更盡可能發掘有寫作天分的學生，只要他們有興趣，我便利用課餘義務指導，心情就像找「衣缽傳人」一般地殷勤。

二是「文學返鄉」——有道是「狗不嫌家貧，兒不嫌母醜」，聽人說家鄉是個「文化沙漠」，無論如何是不舒服的，也是不服氣的。殊不知，雲林縣土生土長的文人作家，目前在文壇上揚名立萬的豈在少數？他們有的作客他鄉，有的則已落籍外地，然而他們可都是這片磽薄的土地孕育出來的呀！如今，他們的人也許回不來了，但是他們膾炙人口的作品，足以喚醒家鄉子弟羣起學習的名氣，在自己家鄉卻鮮為人知，寧不令人扼腕？因此，我在「雲林雜誌」開專欄，在我主編的「新紀元」月刊闢園地，請他們寄回作品，由我來介紹他們，經由我這個橋樑，請他們「文學返鄉」。

然而，歲月匆匆，十幾個年頭過去，問我的感受，雖不至「一把辛酸淚」，卻恐怕也只能說出「滿紙荒唐言」了。為什麼？

一

先從我主編的「新紀元」月刊說起吧！這份刊物是由一位中央級民代和一位省級民代合辦的，他們一個任發行人，一個任社長，而包括二、三十位成員「社務委員會」，組成份子都是各鄉鎮有頭有臉的士紳。我是第五期才接編的，在此之前，已換過四任的主編，記得當時是編輯部的一位小姐打電話向我約稿，由於她是我任教國中時的學生，於是向我大吐苦水；聽完她的敍述，我當下做了決定。雲林縣有史以來不曾有過一份像樣的刊物，而人微言輕如我輩，沒錢也沒人的，要申請一份刊物談何容易？既然有這個機會，能為縣內的文化事業盡一分心力，我為什麼不做？就這樣，我自告奮勇，成為「新紀元」的主編。

這份七十三年九月創刊的雜誌，到我離開為止，共出刊了二十期。除了固定刊登老闆們的「質詢資料」以外，每月擇一鄉鎮辦理「地方建設座談」，以聽取地方需要和民衆疾苦，方便老闆們向上反映，也是每期的重點。由於我是文人，總覺得一份刊物不能沒有文藝作品，所以堅持三分之一的篇幅由我做主，刊登介紹雲林風物人情的「吾土吾民」系列，刊登各校師生的優秀作品，刊登前面說過的「文學返鄉」專欄。

我白天教書，晚上編雜誌，一個月至少要十個晚上通宵，好忙，但忙得充實；好累，也累得甘願。然而，我終於還是不得不離開。理由是：雜誌社的成員，分屬不同派系，組織不健全，更嚴重的是對於文化沒有認識，欠缺文化理想。

再舉一個例子。雲林縣農會先後發行的「雲農」、「新雲農」雜誌，是一份報紙型八開的刊物，主編陳君，熱衷文藝，編雜誌也很用心，曾獲得社區雜誌優良主編獎，並安排出國考察。這一份刊物，除了政令宣導、農業新知的介紹等「橋樑功能」，也刊登一些清新雋永的散文、小品，提供農村青年一些精神食糧。然而，在改版爲「新雲農」不久，卻因爲刊登一篇「報導」，在理事會被活活封殺，勒令停刊。

二

因此，要談雲林的藝文環境，政治背景是絕對不可忽視的因素。在「政治掛帥」高唱入雲的今日，攸關「百年大計」的教育尚且得不到重視，更遑論藝文的推動了。

在這個政治主導一切的時代，地方的藝文想要發達，既不能仰仗位高權重的政治人物，尤其不能奢望富可敵國的財團捐輸，看來只有靠藝文界的朋友自求多福了。但是藝文界本身也存在不少問題。本縣的藝文人士，如果不是各自爲政，既少連繫又無組織；就是雖有組織而名存實亡，追求「頭銜」的人多，肯參與願做事的人少，大家知道有那麼一個團體存在，卻不曾看到他們有什麼表現。雲林縣有「中國青年寫作協會雲林分會」、有「台灣省文藝作家協會雲林分會」、有「書法學會」、有「攝影學會」、有「中華民國青溪新文藝學會雲林分會」這些藝文團體，但是除了極少數團體定期召開理、監事會，舉辦一些活動，大多數是連會也不召開的，藝文活動要如何推展呢？

還有一個滿嚴重的問題，也許其他縣市也有，但可能不如雲林厲害，那就是人才外流。雲林縣是個貧窮的農業縣，早期就存在著鄉親大量外出謀生的現象；近年來，民衆的所得提高了，這種現象不但沒有改善，反而變本加厲。絕大多數地方人士把資質稍好的子弟送到外縣市，不肯留在本縣的學校就學，就是最好的證明。這些本縣的優秀子弟，到外縣市就學，學業完成後就在外地謀職，甚至結婚生子、安家落戶，再也沒有回到故鄉來的，比比皆是。就以文人作家來說吧，我不必查資料，就可以寫下一長串的名字，如季季、鄭寶娟、沈花末、鍾麗慧、張雪映、林文欽、沈萌華、履彊、陳篤弘、宋澤萊、林雙不、古蒙仁、江兒……

三

救國團在各縣市都辦有供青年學生閱讀的刊物，在雲林縣就叫「雲林青年」；在雲林縣這個刊物寥寥無幾的環境裡，「雲林青年」算是歷史最悠久、發行量最龐大的刊物了。然而，這份刊物的影響力並未和她的發行量成正比，刊物的素質始終不見提昇。主要的原因是不能專款專用，做到「取之於學生，用之於學生」。長久以來，改稿、編輯的老師大多是義務職，而稿費的給付又低得離譜，加上大量刊登一些專論、訓詞和特定主題徵文的入選作品，把一份屬於青年的刊物編得索然無味、暮氣沉沉，學生連看都不愛看，她又如何能發揮培養文藝氣息、提昇寫作興趣的功能呢？

至於校刊，雲林工專是縣內最高學府，學生素質高，人才濟濟，自然是以該校的「雲聲」最出色；高中、高職的部分，私立正心中學、斗六高中、北港高中、虎尾高中等都出版校刊。國中的部分，有書刊型、有報紙型，形式不一，素質各異。

年輕的生命，總是活力充沛、熱情洋溢，校刊的最大功能，在於提供青年學生抒發豐富的情感，展現多方面的才華。然而，就我接觸所及，各校一個學期出一本的校刊，若不是結合慶典節日，就是歡送畢業生特輯，再不就是校內作文比賽的優勝作品，連篇累牘，令人反胃。

學生刊物內容的乏善可陳，除了上述的原因，還有兩個問題也必須正視。其一是政治上解嚴，但不少師長的心態上並未解嚴，他們往往顧忌太多，而束縛了學生活活潑潑的創造力；其二是到目前為止，我們的教育內容只有語文訓練，而沒有文學訓練，以致有不少學生有「新詩最好寫」、「寫小說就是說故事」的錯誤觀念，校刊裡出現一大堆其實不是詩的「詩」、其實不是小說的「小說」。

四

地方文教事業要發展，一定要地方人士有充分的自覺，肯出錢出力，自求多福；想依賴省或中央的補助，都是緩不濟急，甚至是無濟於事的。

我這裡就介紹一個「自求多福」、「自助人助」的典型例證。民國七十八年九月，「笨港媽祖文教基金會」成立，同時發行每月一期的「笨港雜誌」。這個成立不到二年的民間團體，從要人沒人、要錢沒錢，要經驗也沒經驗，經過一年多的歷鍊，竟奇蹟似地舉辦了大、小活動八十餘場，即以邀請前來演講的人士來說，都是全國知名的政經名流、專家學者，每場聽講的鄉親人數至少都在一、二千人。

他們默默耕耘，犧牲奉獻，以具體的成果，來引起上級的注意；於是漸漸地，地方政府補助他們，省教育廳補助他們，中央的文建會也提供經費給他們。那一羣高中、國中老師爲主體的義工，他們願意做「快樂的傻瓜」，爲他們的桑梓、爲他們的鄉親，提供豐碩的精神食糧，提昇地方的文教水準。

「笨港雜誌」是一份報紙型八開的社區性刊物，每月一期，除了固定的活動報導、風雲人物誌、焦點新聞，及地方特產的介紹，還長期推出「大北港地區調查」的系列，對笨港的文學、藝術乃至政治、環保等問題，進行尋根溯源的調查。最近，該基金會推出圖說笨港史的「我來講古給您聽」一書，以圖畫配合文字的說明，喚醒下一代對地方歷史的認知，以增强他們對家鄉的認同和熱愛，眞是「有心人」向下紮根的一項極具意義的壯舉。

另外，附帶提一件事。向來特別關心雲林政情，出版「太陽雜誌」來鍼砭時政、宣揚民主理念的侯惠仙女士（現任雲林縣議員），即將創辦的「台灣公論報」，目前已開始試刊，擇定三月三十日正式發行，這是本縣有史以來的第一份報紙的問世，不能不記上一筆。

從鄉鎮文教基金會談文化重建

花雖美，無根隨謝

◎楊子澗　北港高中教師・作家

文化的涵義與當前文化的頹弊

廣義的文化略近於「文明」，它是一個族羣或社會在一個延續時空中所集體表現、創造出來的思想、活動等成果，包括了民情風俗、宗教、語言、法律、藝文、科學、經濟乃至於政治……等層面；狹義的文化觀似乎界定於文學、藝術、宗教、風土民情……等領域。然就其基本面而言，狹義的文化正是廣義文化的根本；一個社會族羣的文學、藝術、宗教、民風習俗等思想活動，能依循自然自由的原則，秉持自尊自發的精神以及根據合理正義的道路去發展，如此這個族羣所呈顯出來的文化素質自然捨棄仇恨、僞詐與鬥爭；這個社會也自然生機蓬勃、安詳和樂。

台灣之被美國時代週刊譏諷爲「貪婪之島」，正顯示了台灣文化崩頹的現象。今日台灣文化之惡質化，固然受制於因島嶼生態環境而產生狹隘、淺薄的民族性；而四十年來因政治分裂、經濟快速發展，卻忽略人文、生活涵養的教育與文化政策，更加速了台灣當前文化的腐敗。因此，粗糙的聲色表象，取代了原本安和自然的本質；投機急功的行爲取代了原本勤儉樸實的精神；人們忙遑奔走、競相追逐名利而不自知；縱情聲色、猥瑣鄙陋而不自覺，整個族羣千瘡百孔，整個社會沒有了明天！

當前縣市鄉鎮文化建設概述

雲林縣當前的文化活動現況，與全省其他縣市大致相似。在縣治所在地——斗六市，縣政府每年編列二千二百多萬的預算專供縣立文化中心籌辦各項活動，其中半數爲人事行政費用，半數中之半數則用於硬體建設之管理、雜支，眞正使用於文化活動上的經費僅剩三百八十五萬多元（雲林縣立文化中心八十年度預算），而縣立文化中心所舉辦的各項活動中，絕大多數都在文化中心演出，文化下鄉（鎭）的次數極少，再加上鄉鎭地方政府又沒有編列文化建設預算經費的「習慣」（雖然民間各社團偶有區域性、特定性的演出活動，但既無組織又缺少整體的規劃，效果自然不彰，如此活動也就杯水車薪，無濟於事了！）在這整個情況下，文化建設極度不均衡；因而鄉鎭文化建設之日益「沙漠化」也就「理所當然」了！

筆者於去年十二月初，曾應台南市立文化中心之邀，代表笨港媽祖文教基金會參加「全國文教基金會座談會」，由該會所發佈參與單位之活動簡介中不難發現，各縣市文化中心之設立，並不能充分發揮紮根的任務，其中，甚至尚有不少縣市立文化中心空有亮麗雄偉的硬體設備，動輒數千萬的縣立文化基金會的孳息和縣市政府數千萬的預算經費，而其活動成果，竟然比不上一些地方性的文教團體！如此文化建設，全集中於縣治所在地，甚至不能發揮其活動能力，「文化立縣」之被譏爲「櫥窗」、「樣版」也就不是沒有原因的了！決策當局（文建會）當思改弦易轍，將文化建設落實紮根於鄉鎮之上；而縣市政府更應勇於突破窠臼，在增加編列文化建設預算（或目前有限的經費中），加强與鄉鎮地方政府的密切配合，如何均衡發展縣內各鄉鎮的文化建設，落實文化紮根，恐是縣政當局、主管單位所宜深思了！

鄉土文化意識的覺醒帶來了契機

六〇年代中期的「鄉土論戰」，爲台灣文化的本土化種下了意識覺醒的種子；而七〇年代的政治改革浪潮與開放政策，直接促使「鄉土文化意識」的覺醒。鄉土文化意識並非是狹隘的、地域性的、排他性的意識型態；而是透過反觀、省思，去瞭解鄉土文化本質中的優劣所在，進而建立對鄉土文化的自信與自尊；基於自信和自尊，我們才能透過理性、自覺，去篩選、接受外來移植的文化，如此，才能兼融本土、外來文化的優點，爲文化命脈的延續注入一股生生不息的「台灣生命力」！因此，一個健康的鄉土文化觀，絕非是狹隘、地域山頭主義的復辟；也非只是邊陲文化、次文化的自憐與自傷；而是涵育整個族羣、社會、國家甚至與世界共通時空的寬容性的文化意識！以如此觀點來正視「鄉土文化意識」，推展「文化紮根於鄉土」的運動，他、我之間，即可摒除不必要的疑慮和猜忌；進一步能形成「生命共同體」同舟共濟的意識，羣策羣力，爲文化的明天而努力！

而當前「鄉土文化」的重建工程，在中央、省、縣各級政府均未能充分重視之前，生於斯、長於斯的地方熱心人士、文化工作者，則當高擧此一大纛，釐清文化的陰霾，勇往踏出第一步；因此，地方性之文教基金會或團體也就因應而產生起來了！當前地方性文教組織所要負起的責任，不僅在籌辦、執行各類不同型態的文化活動來豐富鄉親的精神生活，從各類活動中去了解自身鄉土文化的特質，建立鄉土文化的自信與自尊；也要接納不同表現方法，甚至意識型態迥異的文化活動，藉以拓展鄉親寬容的世界觀，進而互諒、互信與相互欣賞！更重要的，地方性文教基金會團體在籌辦活動的過程中，不但希望參與者能自奉獻中獲得喜悅；更希望透過執行過程的自我成長訓練，重新熟稔民主理念、制度之實踐，凝聚地方菁英，以期在十年、二十年後創造文化風潮，領導文化潮流，藉以打破地方數十年來盤根錯結、利益勾結之山頭主義，眞正爲鄉土建設而共同努力；也就是說，地方性文化活動的推展只是一個近程的目標、手段和方法，其最終目的在廓清鄉土逐漸物化的盲點，重新建立一套人與人、人與大自然和諧共存，族羣與族羣、物質與精神能並重不悖的生存空間！

笨港媽祖文教基金會的特色與危機

笨港媽祖文教基金會正式成立於七十八年十二月，董事長是地方長老、人格者陳家湖先生。基金會成立伊始，董事會中除地方五大古蹟廟宇之主事者外，並邀請年輕的專家學者參與董事會。如：師大音樂系所陳茂萱所長、史學博士蔡相煇教授、台大植研所碩士、東海生研所博士班，也是森林環保健將的陳玉峯先生、台大農工研究所碩士黃慶祥先生、馳名國際水彩畫家陳陽春先生、法學士陳信村律師、勞工學士蔡維晶先生及建築科系畢業之李勇君先生（以上皆爲北港子弟），濟濟人才，爲基金會打下宏闊紮實的基礎；加上百餘位來自社會各階層的菁英義工，全力投入，因此，自七十八年九月二十一日胡因夢小姐「新人類」第一場演講活動以來，共舉辦了近五十種八十餘場各類大小型活動，吸引了二萬三千人次以上的鄉親來參加（兩次元宵花燈文物展來自全省參觀人數各數十萬人無法估計，故不計於內），足見本會活動內容之豐盛與義工動員能力之强大。茲將笨港媽祖文教基金會之特色簡報於下：

一、**發行「笨港雜誌」**：「笨港雜誌」爲本會直屬董事會之機關報，具有社區報的內容與雜誌的多樣化。對地方沿革、鄉土風采、地方政事之鍼砭、重建鄉土文化之自覺自信自尊，均能以客觀、充實的角度做輿論的先趨。目前已發行十八期，深獲文化界人士及鄉親之讚許。每月出版一次，發行量約二～七千份，現任總編輯爲蔡哲仁老師。

二、**義工組織之前瞻性**：本會義工組織打破一般社團「義工，只是請他們來『義務做工』」的觀念；而是本於凝聚地方菁英，培養地方未來建設核心的理念，以期做爲日後導引鄉土文化潮流、落實地方建設爲目標。因此：

㈠學辦義工自我成長訓練：本會每半年活動計劃中，均編列義工自我成長訓練之經費，聘請專家學者做計劃性培訓，自人際關係至企業管理，自美容講座至統御領導訓練，藉以充實義工能力，儲備地方建設人才。

㈡義工組織含括廣泛：本會義工組織，共分笨港史學文物、圖書資訊、公關、藝文文宣、生活品質及工程公務六大委員會，建制儘量含括日後地方建設大項，設主任委員一名、副主任委員二名，由各委員會義工自行相互選出；每半年並提報該委員會常設性工作計劃予董事會，審核後預撥經費、充分授權，由該委員會按計劃執行。

㈢積極培養義工策劃、執行活動之能力：義工可自行策劃活動節目，交由所屬委員會轉祕書處呈董事會裁決；董事會召開期間，各委員主任得列席報告該節目企劃案；通過後亦依決算經費撥付該委員會全權執行辦理。因此，本會所辦之各項活動，每次均由不同的委員會或義工策劃執行；目前本會同仁中已具備獨立作業能力者當在三十人以上；我們希望在十年內培養如此人才三百人以上。

㈣提倡民主制度凝聚地方人士菁英：爲凝聚地方人才、結合地方菁英，因此本會祕書處定位屬行政連繫單位，執行祕書與助理祕書爲支薪專職人員，另由義工大會選出義工擔任不支薪祕書長與祕書獲董事會認可後主掌祕書處，負起對外行政與義工委員會和董事會之間之連繫工作，任期一年；而重大議案、計劃及決策，則由祕書長召開副主委以上幹部會議，共同研商，討論表決後呈報董事會核定實行，日後我們計劃推派董事總額五分之一或四分之一的義工幹部進入董事會，加强董事會與義工委員會之密切配合。董事會與義工委員會具有立法院與董事會之雛型。

三、文化活動的紮根與延伸：本會活動內容之設計取向，除設定本土化基礎（如笨港歷史、宗教文化的探討與編修，笨港地區各傳統民俗技藝之保存與倡導）之外，亦著眼於整個文化視野、地球村觀念之延伸；因此，凡裨益人生的講座、醫藥健康常識、倡導環保理念的戲曲表演，以至於充裕鄉親精神生活的傳統、西洋音樂節目均含括其中。文化活動的多樣化，不但可以紮實愛鄉愛土的情懷，亦可培養世界觀的文化胸襟！日前本會亦開辦了各項藝文班級及即將設立的視聽室、圖書室，更可藉由這些常設性活動走入鄉親的生活領域之中。

笨港媽祖文教基金會過去一年多來，在董事會的領導、義工同仁的全力打拚下，雖然憑强大的活動力，已建立初期厚實的根柢；然而亦不能避免若干重大的危機。其一是經費之短絀，由於文化活動純屬消費性的支出，「巧婦難爲無米之炊」，經費之不足，不但影響義工伙伴的士氣，甚至危及基金會的存亡。各級政府若眞有心從事文化建設，對鄉鎮自發性之文化團體，應有責任提出一套經費支援的辦法，藉以鼓勵地方菁英投入文化建設。其二是地方人才與民主理念之不足，由於文教活動需要大量人力投入不爲功，而社會價值觀之驟變，「個人自掃門前雪，莫管他人瓦上霜。」觀念之作祟，在人才凝聚上稍有力未逮焉之感；而義工組織中民主方式之實行，又因民主理念之不足，未能通暢制度，也形成若干不便。還好，投入文化建設之義工伙伴，皆能秉持服務公衆之熱心，我們在錯誤中修訂方式，在學習中確立制度，雖然艱困，但已逐漸形成共識與制度，其實總歸而言，各級政府一再以「經費不足」做爲搪塞的理由，才是文化不能落實，鄉鎮文教團體不能生存的主因！

文化重建落實鄉鎮之芻議

在當前「文化立縣」致使文化建設流於橱窗樣版而不知紮根鄉土的情形下，要文化建設落地生根、開花結果無異是緣木求魚；再加上中央、省縣至鄉鎮各級政府對文化建設預算之編列不足，甚至有意忽略文化建設經費編列之觀念下，「文化復興」更是遙不可及！因此，行政院、文建會（文化部）實有必要調整對文化建設的政策；省縣政府也應認眞思考一個能眞正推動、落實文化建設的方針；尤其是鄉鎮政府更應摒除「沒有錢」的藉口，積極尋求地方文化工作者及社會菁英，相互配合全力來推動文化鄉土紮根的工作。茲將文化建設如何落實地方之芻議，概述如下：

一、行政院於未來「六年國建計劃」中，應體認文化建設爲一切建設之本的重要性，提高經費預算。吾人以爲，八兆二千億的國建經費中，至少應編列2至3％作爲文化建設之預算。

二、文建會（文化部）應秉持自發原則，均衡鄉鎮的理念，不過份作政治性之規劃，於各項文化活動之設計開發，應有自鄉土出發、懷抱中華、放眼世界文化的眼光；並著手規劃六年內陸續成立一鄉鎮一文教基金會、一鄉鎮一多用途文化表演館的方案。以一鄉鎮每年約二百萬的活動經費，全省三百餘鄉鎮年需約六億餘元；每鄉鎮由地方政府自行提供土地，建設中型多用途文化表演館，每座以五千萬元概算，全省共約一五〇～一六〇億，每年約二十五億元。六年總計經費共需一八六～二〇〇億，於六年國建計劃中，比例可算相當低微（約佔千分之二・三～二・五％）。日後鄉鎮地方政府能自行提供土地開發該地文化園區者，文建會亦應予以輔導，規劃並提供全額經費。

三、省府方面已有意著手編修有關台灣省志的計劃，我們以為當局亦應計劃著手整理地方戲曲、民俗技藝團體之資料，並成立延續、推廣、改創等相關的教育機構，藉以延續台灣本土傳統文化、重建本土文化的自尊與自信，擴展台灣新文化的視界與潮流。

四、縣市政府方面應徹底突破目前樣版櫥窗式文化活動的現狀，認眞如何將文化建設眞正落實於縣內各鄉鎮，在行政院、文建會未大刀闊斧重擬政策之前，或可依下列方針進行改造：

㈠每人每年二〇元文化建設經費預算：縣政府在新一年度預算編列之前，除原文化中心之行政、管理等必要支出外，依鄉鎮人口數，每人每年二十元之文化活動經費，增納原有預算之中（鄉鎮公所亦提撥編列相對數額之預算）；縣鄉鎮級民意代表亦應全力支持，切莫任意刪減。以雲林縣為例，一般中小型鄉鎮約三萬餘人，每年可增加六～七十萬元（合計一百二十～三十萬）、大型鎮市每年可獲一百至一百六十萬（合計二百至三百二十萬）文化活動經費（此經費在鄉鎮地方政府預算比例輕微），縣府全年大約只需增列一千餘萬元預算，於雲林縣政府全年有壹百餘億之預算中可算微不足道。

㈡現有縣立中心行政人員下鄉輔導成立鄉鎮文教團體，配合鄉鎮圖書館原有工作人員成立文教基金會籌備祕書處；並著手透過各藝文、社會服務社團（如美術學會、青商會等）及個人著手組織董事會與義工委員會，建立鄉鎮文教基金會之雛型。

㈢在鄉鎮文教基金會未正式成立之前，依每人每年合計四十元之文化建設經費，參考地方意見籌辦文化活動；執行活動任務則由鄉鎮人士接辦、文化中心員工輔導。

㈣鄉鎮文教基金會成立期間，縣市鄉鎮地方首長及民意代表應運用政治影響力、匯集社會資源使之儘快成立；鄉鎮文教基金會成立後，除接辦縣府輔導之文化活動外，並馬上進行義工訓練，期以最短時間內納入運作正軌。爾後，縣、市鄉鎮政府單位可依自發原則，讓鄉鎮文教基金會能自行依循地方需要開發、籌劃、執行各種文化活動，並隨時適時予以行政上之支援、配合！

文化重建是台灣明天唯一的希望

古語說：「衣食足然後知榮辱」；反觀現在台灣之種種怪現象，我們不禁懷疑：何以台灣有經濟奇蹟，卻加速人的惡質化與畸形？難道是台灣住民遺傳自海盜莠民的不良因子？不可諱言的，經濟的快速成長造成了社會價值觀和社會正義公德的淪亡；而四十年來文化、教育政策的偏頗才是其主要的原因！台灣先民源自中原大陸，在蠻荒野僻的島上篳路藍縷、開疆拓土；然而同源的台灣文化卻有意、無意地被邊陲化、矮化、次化，因此台灣歷史被煙沒、傳統文化被忽略；最後導致台灣住民文化的地位與自尊全面崩潰！尤其是西方物質文化的快速撞擊，缺少文化自主自尊的島民，要他們如何去選擇？「物化」的意識自然取代了中華民族傳統的倫理精神；島民貪婪的賭性、投機心理造成住民不再勤儉樸實；而政治意識更因缺少文化涵養而日益仇視、對立！七年之病需七年之艾，文化重建雖然藥效緩慢，卻是一帖治本的良方；我們要根治台灣目前的種種病症，「文化重建」似乎成為明天唯一的希望了！

◎高惠琳

從地方出發，重建鄉土文化

「雲林藝文環境的發展」座談會

時間：八十年三月二十五日上午十時～十二時

地點：雲林縣立文化中心

主席：李瑞騰（本刊總編輯）

與會：吳憲藩（雲林縣立文化中心主任）

彭竹予（青溪學會雲林分會理事長）

羊　牧（西螺農工教師・作家）

李亞南（土庫工商教師・作家）

楊子澗（北港高中教師・作家）

王麗萍（雲林縣縣議員）

林永村（笨港文教基金會秘書）

廖世冠（元長國中教師）

陳　誠（斗六高中美術老師．畫家）
許士能（北港建國國中教師）
張清海（東勢國中訓育組長．作家）
沈文台（民眾日報記者．作家）
劉國本（救國團學工組組長）
紅連明（攝影工作者）

（以上按發言序）

討論題綱：

一、本地的藝文傳統
二、現階段的藝文活動之檢討
三、如何開創一個寬廣活潑的藝文環境
四、如何形成具有特色的雲林文化

李瑞騰：

非常高興有機會到雲林，並能當面向大家請教有關藝文發展的問題。

文訊雜誌從民國七十二年創辦到現在，中間歷經許多的轉變，包括從月刊改爲雙月刊、從二十五開本變爲十六開本、由每期二、三百頁改成一百多頁；而在內容方面，也從以文學史料、評論爲主，而逐漸發展成爲綜合性的藝文刊物。整體上，是希望能落實台灣本土的文學基礎，並發展出更龐大的當代文化體系。

今年，我們企劃了較大的方向，進行對台灣各縣市藝文環境的調查，希望透過雜誌的傳播功能，彰顯出各地方的藝文現況。這樣規劃，主要的目的有二：

一是中央對於地方的文化事務無法做精詳、準確的了解，因此在政策的制訂及執行上往往不能和地方的需求相契合，因此文訊站在傳播媒體的立場，有責任將地方上的實際狀況彰顯出來。

再者，爲求對本土文化的發展能有較深入的認識，文訊希望能藉由探討各地藝文發展的過程中，能發掘問題，並在調查結束後，將各方面的意見作具體的整理，以供有關單位參考。

在會議正式開始前，我們請文化中心主任吳憲藩先生講幾句話。

雲林縣的文化提昇指日可待

吳憲藩：

首先，對於文訊雜誌社能到雲林縣立文化中心舉辦藝文發展的座談，我謹代表本中心表示感謝。

雲林縣境內的藝文作家很多，以往，青溪學會雲林分會對本地藝文環境的培養有很大的貢獻，但是功能只局限在社會層面，至於校園內青年學子的文藝發展卻十分遲緩。

其次，談到文化中心，由於經費有限，成立以來，我們多偏重於藝文活動的展演，而對於藝文環境的拓展方面確實做得很少。不過，最近由於文建會的策動，我們開始積極從事縣內藝文人士檔案資料的蒐輯工作，短期內會邀集縣內藝文人士聚會，一起來商討有關事宜。

再此，我也提出了一些可喜的現象，就是雲林縣參與藝文活動的人口與日俱增。文化中心成立之初，每次舉辦活動，參加的人數不超過三十人，而近年來，我們致力於活動的策劃，並與各單位配合之下，活動參與人數已激增至三、四百人，甚至也曾達到九百人的熱烈場面，所以，我相信，雲林縣文化的提昇是指日可待的，最主要還是仰仗大家的支持和幫助，希望各位能踴躍提供意見，大家共同爲建設雲林的文化環境而努力。

同心協力，共創雲林的文化美景

彭竹予：

我就針對文訊擬訂的四個題綱，提出個人的看法。

第一點，有關本地的藝文傳統。我是民國五十六年二月底來到斗六定居，至今已有二十四年的時間了，而從當初替救國團編「雲林青年」，到任職青溪分會，一直都與藝文活動有著極密切的關連，因此對雲林地方狀況也有一些認識。基本上，各地的藝文傳統與當地的風土民情有著極大的關連，雲林縣在全省二十一縣市中是一個農業縣，民風較爲勤儉、樸實、保守，對於藝文活動多採保留的態度。在以自然環境及區域性的主導因素下，雲林縣的文藝內涵呈現出三種特質：田園風光、漁港生活、宗教氣氛。

第二點，現階段藝文活動的檢討。藝文團體方面，就先後成立順序，有五個：一、雲林縣美術學會；二、中華民國青溪新文藝學會雲林分會；三、台灣省作家協會雲林分會；四、雲林縣攝影學會；五、雲林縣書法學會。由於在座者各有所司，我就不再贅述。

在刊物方面，最早創辦的，即是隸屬救國團的「雲林青年」，是專屬中學生的刊物；再者，是新創辦的政論性刊物「草嶺」；其餘便是分屬各學校、機關的刊物。整體看來，雲林縣的刊物實在是少得可憐。

活動概況上，在團委會策動下，曾舉辦過幾次小說、散文徵文，青溪學會也於七十三年舉辦過「我愛雲林」徵文、徵畫活動。此外，便是稅捐處、衞生局、教育局等單位學辦的活動，但是往往受限於政策性的主題，一般人缺乏眞正的創作意願，因此作品風格不易凸顯。

有人說，雲林縣是座文化沙漠，其實不然，從上述的例證中，足見雲林在文藝上曾經擁有輝煌的歷史，如今沉寂，是有其內在原因，而原因爲何？正是我們所要探究的。

最後，談到今後雲林藝文的發展，有兩點是亟需解決的。一是經費問題。以青溪分會出版的雲林地區作家作品集爲例，當初我們耗資出版第一集六百本，到今仍有一部分屯積在我家中，而以文化中心每年提供五萬元的經費，我們如何敢大膽嘗試印製第二集？

其次是觀念的建立。假使地方上的機關、團體能建立藝文對社會風氣深具影響力的觀念，而在意願支持的基礎下，定能積極倡導。剛剛吳主任提出要召開全縣作家會議，這是很好的方法。借重文化中心的場地、工作人員的熱忱，加上地方人士的協助，一定能再創雲林的文化美景。

從地方出發推展藝文工作

羊牧：

大家都知道，雲林縣是典型的農業縣份，但是仔細觀察，卻可以發現，許多在農業社會時代扮演舉足輕重角色的傳統，如今在工商氣息進攻下，早已被拋棄得蕩然無存，今天的雲林縣不僅無法保存農村景觀和農村文化，甚至可以說是低俗的「電子琴花車王國」。

農業社會較保守，而保守亦即封閉，由於人們對於活動的冷漠，使得文化的推展工作無法進行，加上主事者熱衷政治，在文藝上無作爲，因此，雲林縣藝文環境不佳，或許歸因於窮，但是，有心與否，也是值得思考的因素。

除了行政長官的心態，藝文人士的責任感也攸關文化發展。當別人說雲林縣是文化沙漠，大家一定都會不服氣，因爲將文壇上揚名立萬的雲林縣籍作家列出來，絕對不輸別人。但是，由於地方上的藝文人士平日總默默耕耘、各自爲政，少有連繫，無法凝聚力量。事實上，文藝創作和文藝活動是兩件事，會創作未必會辦活動，無活動又如何帶動創作風氣。

另外一件令人感慨的事，從七十六年解嚴以來，人們在心態上卻未能解嚴，尤其是校園中的刊物，受制於訓導單位，學生們無法活潑地展現創作才華。

我曾經在刊物上策畫了「期待綠洲」、「文學返鄉」等專欄，最主要的目的，是想告訴大衆，地方文藝的發展，不能完全仰賴中央，而應從地方上做起。以笨港文教基金會爲例，由於當地人士的熱烈支持，在成立的短短兩年間卻已舉辦了八十多場活動。由此可見，從地方出發，是開展藝文環境可行且必行的方式。

最後，我呼籲大人們對下一代應擔負起責任，以恢弘的胸襟，提供下一代參與藝文的機會，唯有如此，文藝才能持續而穩定的成長。

寫作人口呈現斷層現象

李亞南：

這十幾年來，我能一直從事著藝文工作，最主要的原因，是我一直抱持著「無欲無求」的心態。編輯「雲林青年」這份刊物，是希望爲年輕孩子們開闢發表的園地。人文教育是需要從小紮根起，如果等到人文低落，再求挽救，恐怕太遲。

縱觀雲林縣內寫作人口，已呈現斷層現象，二十歲上下的藝文作家很少。如何聚合羣體的力量，彌補這個斷層，是我們這一羣以藝文工作者自許的人士所要努力的目標。

談到縣內的刊物，大家可以發現兩種現象：一是刊物內容上，囿於教育政策，往往只刊登僵硬、教條式的文章，而少有來自心靈的創作。二是刊物封面，一般學校都由國文老師來負責，缺乏整體的設計及美工技巧。

在此我對文化中心提出兩點建議：一是聚集縣內藝文人士定期集會，培養出版、創作上的共識，對於有意出版作品者，能予以協助。二是多舉辦活動，邀集社會人士、學校教師，適時給予編輯理念的指導，使大家都有編輯的能力，裨益縣內各機關、團體刊物的水準。

花雖美，無根隨謝

楊子澗：

有人說雲林縣是文化沙莫，而實際上，整個台灣的文化現象根本就是空的、虛構的，是無法眞正落實文化的大沙漠。以六年國建為例，八萬兩千億的經費中，屬於文化建設的項目有一百九十多項，而獲得的經費是全部預算的五百分之一，比較法國文建預算佔全國預算的百分之六，美、日佔百分之三，可以看出，台灣上自中央政府，下至地方鄉鎮，對於文化建設的漠視態度。那麼，在這種情形下，又如何談人民的意識覺醒？企求文化進步？

今天，我們雖然是在探討藝文環境，而事實上，藝文是文化中的一環。中央研究院民族研究所副所長蕭新煌先生曾指出：文化在廣義上包含了經濟、政治、社會及藝術等，在狹義方面，則指藝術文化。台灣的文化環境，在經歷七〇年代的鄉土文學運動、八〇年代的解嚴，目前呈現出鄉土文化開始發芽的階段。但鄉土文化，並不是替代性，或以自我為重心的文化，而是為了提振台灣四十年來在教育模式、政策體制下喪失的自尊、自信和自重。因此，也唯有鄉土文化能覺醒，才能立足台灣、胸懷大陸、放眼天下。

談到文化危機，在此我列舉兩個現象：一是民國七十八年台南市舉辦了一次文教基金的座談會，從會中的資料顯示，全省二十一縣市的文化中心在現今的文化環境中大都已成為櫥窗化、樣版化，而絕大部分的文化活動都是在縣市政府所在地的文化中心舉辦，在這種情況下，怎能落實地方上的文化？

其二，文訊雜誌三月號曾經報導彰化縣的藝文環境，文章中提到，彰化縣文化中心一年編列了二千三百多萬的預算，其中一半用在人事上，一半是管理、庶務費，而辦活動的費用只佔了四分之一，並集中在縣市政府所在地，至於鄉鎮地方，只能由該地社團或地方組織舉辦較具區域性、特殊性的活動。由於無組織、無重心目標，自然無法串聯成有建設、有關連的文化活動。此外，北港地區四十年來未曾獲得任何文化預算。所以，文化危機的嚴重性絕對是日積月累而來。

要落實文化建設，需要大家共同努力。至於落實的方法，我有下列幾點建議：

一、希望縣政府能增加編列文化建設預算。

二、文化中心要能策劃新的計劃，徹底發揮功能。例如，第一，文化中心的工作人員不應完全待在中心工作，應該實際下鄉服務、指導，並組織地方文化工作者，一起造就地方文藝人才；第二，將文化中心的年度預算，依照各鄉鎮的人口數額平均分配，並透過下鄉服務的工作人員，徹底推動文化建設工作；第三，期盼文藝界先進能夠站出來，和文化中心的人員結合，共同進行文化建設，不僅收效更快，並能節省一筆可觀的人事費用；第四，行政人員不要干涉地方文化的發展方向，應讓地方文藝人士及工作人員自由發揮。唯有政府以提供經費的原則、行政協助的方式，地方文藝才能在充沛而寬廣的環境下落實、紮根。

「花雖美，無根隨謝」，要提振四十年來的文化弱態，唯有從根本做起。紮好根，才能落實、開花結果。

從封閉中覺醒，讓教育重新紮根

王麗萍：

本土文化是一種本土藝文的展現，因此應由民間出發，而絕對不是由官方去設計、主導。所以，現階段藝文發展的最好辦法，便是由官方出錢，讓民間團體自己來推動。我試舉兩個例子作爲佐證。

一是去年文化中心和笨港文教基金會聘請台北優劇場前來演出「七彩溪水落地掃」舞台劇，由於經費有限，只好向文建會申請補助。原先文建會只同意提供三十萬元的經費，但是首演當天，藉由文教基金會和地方人士的協助，造成了熱烈的場面，三台電視公司都做了報導，更促使文建會的補助從三十萬提高到二百萬。

第二個是昨天虎尾青商會爲慶祝二十週年慶而舉辦活動，其中的表演節目也是透過笨港文教基金會代向政府申請補助，加上事前的遊街活動，在中部五縣市廣爲宣傳，使得效果卓著。由此可知，活動的反應並非取決於經費的多寡，最主要仍是發起活動的方式，而民間的菁英份子更具有主導性的地位。

再來，談到如何形成有特色的雲林文化？記得今年三月十七日，天下雜誌結合了七個民間企業，籌措一千七百多萬元的資金，重建松江公園，自始至終未曾假政府之手。而宜蘭縣的「仰山基金會」爲提振當地文化，設置了獎學金，鼓勵宜蘭出身的子弟能提出有關宜蘭風土民情、歷史傳紀等相關論文。

以上例證說明了民間團體是推動文化發展的基礎。目前，雲林縣有笨港文教基金會在做開路的工作，但是，如何去延續、擴大，卻是亟需思考的問題。

最後，我想談談有關目前的教育問題。由於數十年封閉式的教育體制，使我們的文化教育呈現弱勢。因此，我們要講求「叛逆文化」，一種從封閉中覺醒的方式，讓教育重新紮根，擁有思考性、自主性的空間，而要達到此一目標，仍有待民間力量的激發。期盼大家共同勉勵。

結合地方力量推動文藝

林永村：

我本人對於民俗藝術十分感興趣，和地方上的民俗藝術團體也有所接觸。今天，我就針對北港地區民俗藝術的發展狀況，向大家報告一下。

北港是雲林地區中開發較早的鄉鎮，由於媽祖廟香火鼎盛，透過迎神賽會的活動，於是成爲地方傳統藝術團體聚集之處。根據史料記載，北港地區最早成立的團體是「集品社」，即是南管社。主要是農餘閒暇，大家在一起吹奏娛樂。而如今，這些舊有的傳統藝術卻日漸沒落了。所以，正如剛才大家所說的，要發展地方文藝，必須從基層開始。笨港媽祖文教基金會的成員很多，並且來自各鄉里，由於結合地方的基礎，所以做起事來也較爲容易，因此，結合地方力量來推動文藝，相信能獲得比政府行政更大的成績。

彌補文學創作的斷層，要從學校青年著手

廖世冠：

文藝包含了文學藝術兩個部分，而台灣的社會由於走向多元化，在娛樂方式多樣性、讀書偏重實用性的情形下，文學日漸沒落是必然的趨勢，同時也造成了文學創作上的斷層。而要彌補這個斷層，最重要仍需從學校青年著手，並且由校刊這塊創作園地出發。但是，縱觀目前的校刊，在教忠教孝及宣揚校威的兩項目的下，不僅乏人投稿，而且內容充滿教條式的文章，完全抹煞了其眞正的功能。甚

至，很多人將聯考中的八股文章視爲藝文創作，更是目前藝文無法充分發展的一大因素。

其次，談到藝術方面，以前的農業社會中，藝術是和生活結合在一起，並且有子弟團在學習、承襲衣缽，而如今，在電子琴花車和育樂多樣化的走向下，這些傳統技藝逐漸沒落。雖然一些戲劇可以藉國家劇院這「文化廟會」演出，但是演出數量畢竟有限，只能喚起人們對藝術的注意，卻未必能提振這些技藝。因此，倒不如透過廟會的方式，邀請各種藝術團體來演出，所以，「廟場文化」應是當前亟需提倡的。

前幾天，洪敏麟教授來北港演講時曾經指出，台灣的宗教是祈福性的宗教，只有祭典，沒有經典，除了人神間的相酬外，根本缺乏內涵。因此，當我們在談到文化建設時，也該考慮到如何在宗教中注入人文關懷，讓電子琴花車文化不再依附著宗教成長。

此外，我想强調一點，地方的文化不應爲求特色而劃地自限。由於當前社會變遷快速，農業與工商業社會已無明顯分界，因此，活動的舉辦應求面面俱到。我們可以看到一些高水準的演出，每每從北部出發，逐次南下表演，但往往跳過了雲、嘉二縣不作演出。嘉義因爲無文化中心，但是雲林縣立文化中心擁有絕佳的場面，卻無法看到演出，實在令人納悶。

最後，我認爲，文教基金會是社會的公器，有責任和義務爲人民傳送不同的資訊，而不是流於某種勢力的傳聲筒，而在一個文化成熟的環境中，人民自然能以成熟的智識對傳來的訊息做分辨、取捨。造就成熟的文化環境，便有待各文教基金會和地方人士的共識和努力。

讓文藝能進入生活中

陳誠：

我針對雲林縣的美術環境，提出一些看法。

雲林縣是由台南縣分立出來的，重要的鄉鎮包括了斗六、虎尾、北港等，而由於各地相隔很遠，少有連繫，因此各自形成獨立的風格。基本上，雲林縣無美術傳統可言，以往，都是由外來人口傳授美術，如黃淑美、白景瑞、郭天錫、吳文瑤等人。但他們只是過渡一下便又離去，而一些播種下來的種籽，在缺乏美術環境下又負笈他鄉。所以，雲林縣的美術環境可以說是十分貧瘠的。

目前，縣內現有的藝術家大都於學校任教，雖然工作繁重，但仍能不斷督促自己，並且也曾舉辦個展，然而展出的效果並不佳，反應很少。

因此，我對文化中心有兩點建議：一、大家都稱讚文化中心環境優美、設計完善，但是卻未能充分發揮功能，因此，希望文化中心能多舉辦活動，除了促進人民間的連繫，也讓文藝能進入生活中。二、爲改善雲林的美術環境，文化中心應多訪問縣內畫家，並介紹其作品，同時蒐集美術作品懸掛於中心，培養人們欣賞美術的風氣。此外，爲了拓展文藝，文化中心應多引用藝術人才，讓本縣的藝文發展，在專業人才的策劃下，有更深廣的進步。

缺乏核心，無法形成凝聚力

許士能：

雲林縣人才外流的現象是由來已久的事，其主要原因有三：一窮，人民只好到他鄉謀生；二是傳統的科學制度，人人都想往仕途發展；三、縣內五個鎮散佈各個角落，因而缺乏核心，無法形成凝聚力。

那麼，要如何改善雲林縣的藝文風氣？一、減輕學生的升學壓力。由於擔心學生的功課，許多活動學生們都無法參加，也造成了觀賞人口的斷層現象。二、地方人士應主動參與活動，爲文化的開展活動推波助瀾。三、廠商、企業組織及民間團體應能提供人力、財力，支持活動，促進文藝在地方上早日開花結果。

主事者能認清藝文的重要性，並身體力行

張清海：

我從事教育工作已三十多年，並以肩負文化傳承的責任自許。但是回溯這數十年來雲林地區的藝文活動，幾乎是乏善可陳。以往，藉由鄉人的口述及地方戲劇的演出，對於文化傳統多少仍能保留一些，而如今，在工商社會，功利主義盛行下，人人只追求經濟滿足而忽略了精神層面，這種唯利是圖的現象，較諸日本以文化爲生活的重心，實在是天壤之別。

因此，要喚起大衆對文化的重視，至少應從兩方面著手：一是往下紮根，培養下一代注重藝文的觀念，尤其是在講求五育並重的學校教育中，美育卻是一直未能眞正落實的一項，實在需要加强。二、執政者能摒棄成見，掌握地方政、經、教的走向，並且將藝文活動與其他硬體設備等同視之。唯有主事者能認清藝文的重要性，並身體力行，才能促進地方上的發展，收風行草偃之效。

將縣內藝文工作者資料彙整

沈文台：

我針對自己多年從事藝文工作所遭遇到的問題向大家報告。

民國七十四年我回到雲林，並且擬訂了兩項計畫：一是系列介紹縣內的民俗技藝工作者；二是系列報導本縣二十個鄉鎮的風土民情、活動及歷史演變。當時，我到文化中心蒐輯有關資料，結果文化中心卻告訴我，他們並未整理這方面的資料。於是，經過自己不斷的摸索，逐漸在報章上介紹一些民俗技藝人才，隨後才有一些媒體跟進。

我衷心期盼地方上的基金會或民間團體，能夠花心血將縣內從事藝文工作者的資料彙整，除了供人們對本土文化有更進一步的掌握，並且能將之視爲地方資源妥善保存。

至於我自己，這二份計畫雖已暫時停止，但是不論時隔多久，一定會再度將它完成。

培養文藝風氣不是口號

劉國本：

雲林縣的文化斷層達十年之久。剛才大家都說到，希望地方上的文藝發展能由民間來做。但是，實際上，在推動過程中，政府所扮演的前導角色是必要的，有行政單位的舖路工作，才能策動地方順利發展。

我認爲，地方的文藝活動應分成兩方面進行：一是需要有推動人才；二是需要專事創作的人才。

藉由兩類專業人才的分工合作，才能使文化環境穩定地成長。

「默默耕耘」是從事文化工作應有的根本態度，而藝文界的人士也應有所共識，不要各自爲政，分爭派系。至於善意的批評仍是社會進步不可或缺的動力。

近幾年來，救國團陸續舉辦了全縣老師的文藝營、編輯營，並計畫在今年暑假舉辦高中學生文藝營。培養文藝不是口號，而是從一點一滴做起，救國團所秉持的信念即是如此。

希望藉由攝影專欄帶動攝影風氣

紅連明：

很榮幸今天能代表雲林縣攝影學會來參加這次會議。

雲林縣攝影學會成立於民國七十四年，歷年來並陸續舉辦了多項活動，成果斐然。而在照相器材日漸普及、功能增加，縣內攝影人口激增，同時攝影作品的發表園地擴大，例如「雲林青年」封底也專門刊載縣內師生的攝影作品等等，都顯示縣內的攝影環境正蓬勃發展。

最後，我提供三點建議：一是希望文化中心能多邀請好的攝影作品展出，尤其是每年由中廣公司與金車文教基金會合辦的「全國親子攝影比賽」作品尤富生活性，都值得觀賞。二、希望藉由「雲林青年」的攝影專欄帶動師生們的攝影風氣，並能擴及社會層面。三、期望各機關團體能多和攝影學會配合，舉辦攝影觀摩或比賽，讓全縣的攝影水準能更提昇。

文藝的推展工作需要犧牲、奉獻

吳憲藩：

剛剛大家提到了雲林縣立文化中心很少蒐集、展出藝文作品，實際上，文化中心在成立之初曾經去函藝文人士，希望大家能提供作品於本中心陳列，但是卻沒有任何回應，令人感到遺憾。

文藝的推展工作需要人們的犧牲、奉獻，假使縣內其他的鄉鎮能夠效法北港的「笨港文教基金會」，共同爲地方上的藝文環境努力，相信一定能爲雲林縣的文化環境拓展出更美好的遠景。

希望由民間組成的團體不斷出現

李瑞騰：

文化的問題是千頭萬緒，若想徹底解決，不論是政策、法令、制度、觀念等方面，都需費盡心思加以探討。

今天來雲林開會，我本人最大的感觸有兩項：一是會議上出現了民意代表，這是前幾次座談會未有的現象；其次，是看到雲林能出現一個以地方出發，愛鄉愛土，具有典範性的文教基金會，並且在短短幾年間能獲致台灣各地的掌聲和尊敬，足以看出，其蘊孕發展的過程中是投注了多少人、心力、智慧和知識。

我們衷心期盼，像這樣純粹的民間組織能夠不斷出現，更希望有能實際運作的機構來主導地方上的文化發展。

再次謝謝在座的各位提供許多寶貴的意見。

澎湖

天人合歡

◎洪瑞全 國小教師、人文地理專家

海峽的十字路口

澎湖

神祕美麗的「漁翁之島」

澎湖縣是臺灣省唯一的海島縣份。她位於臺灣海峽中央稍偏東南隅，大約在臺灣嘉義和福建金門之間，是我國東海和南海的天然分界線，大陸與臺灣的中繼站，是東亞海上交通的要衝，也是古時兵家必爭之地。曾經有「島夷」、「西瀛」、「亶州」、「彭湖」以及「平湖」等神祕而美麗的稱呼。在十六世紀西歐葡萄牙人路過時取名為「Pescadores」，意謂「漁翁之島」。

澎湖羣島由大小約一百個島嶼所組成，其中有人居住的島嶼有二十個，其餘為荒瘠或狹小的無人島或岩礁，總面積約一百二十七平方公里，散佈於南北長約六十餘公里、東西寬約四十餘公里的海域中，其極東為東經一一九度四十二分之查母嶼，極西為東經一一九度一十八分之花嶼，極南為七美島南端北緯二十三度九分，極北為白沙鄉的目斗嶼北緯二十三度四十五分，北回歸線北緯二十三度二十七分穿過羣島中央的虎井島南側海面。

澎湖羣島是一大規模的火山島，除花嶼外，是由多層玄武岩流和所夾的沉積岩層形成。火山熔岩是由許許多多的裂隙流出，造成平緩的火山熔岩台地，再經過地塊的運動、地磐的升降、海浪的侵蝕，最後分裂成將近一百個島嶼。各島地勢低平，平均海拔不過二十餘公尺，由遠方海面眺望，頂面十分平坦宛如覆蓋於海面上的木盤，由於各島嶼頂部有節理發達的堅硬玄武岩覆蓋，島嶼周圍多呈欄杆狀地貌，是爲地形的一大特徵。

澎湖大小島嶼岩礁甚多，面積雖然只有一百二十餘平方公里，但海岸線複雜，半島形凸出及內灣狀凹入甚多，因此而形成的艮港也多。海岸線總長達三百二十公里，單位面積的海岸線長度約爲臺灣本島的一百二十倍。另一個特色是海蝕平台普遍發達。滿潮與落潮時的陸地面積變化特大，滿潮時的面積是一百二十餘平方公里，落潮時廣增爲二百餘平方公里，幾達滿潮時的加倍，因此，各地海岸富海蝕地形變化，也形成澎湖海域完整的海洋生態系統。

和風、草木、野菊花

澎湖各島面積狹小，地勢平坦，既無高山，更無河川。地表天然植物只有矮草及灌木，到冬天一片枯黃景色，與臺灣本島樹木蒼鬱、碧禾油然的景色正好相反。雖然北回歸線經過本縣中央，因受海洋之調節，氣候既不炎熱亦無嚴寒。惟獨每年秋末初冬，東北季風通過管狀地形的臺灣海峽時，風力加速，使得澎湖的冬季經常籠罩在凜烈的季風之下，飛砂走石，海面上波濤洶湧，激起水沫升空飄揚，降到地面就形成鹹雨，損害農作，樹木矮草枯萎，造成遍地枯黃景色。而每當清明過後西南季風來臨時，和風徐徐，草木復甦，遍地翠綠點綴點點野菊紅花，有如散落於海峽中的翡翠般美麗。雨量方面：因地平坦，面積不大，不能產生地形雨，亦少雷雨，又受臺灣本島高山之阻擋，亦只有少量的颱風雨，年雨量僅一千公釐左右，不及臺灣本島平均雨量之半，又因季風强勁，年蒸發量約一千八百餘公釐，幾達降雨量三倍，因此，耕作不易，缺水嚴重。

澎湖羣島屹立於臺灣海峽，她不但是臺灣的門戶，也是大陸沿海的外府。然而我們的祖先拓殖海外，大多自大陸經由澎湖，然後向臺灣、南洋或其他地方發展，同時也將其文化傳播開來。在中國的歷史文獻中，有關漢人拓殖臺灣澎湖的最早而且可信的記錄是出現在宋代。南宋樓鑰（「攻媿集」卷八十八「敷文閣學士宣奉大夫致贈仕特汪公行狀」）中有一段漢人居住澎湖的記載：

> （乾道七年）四月起知泉州，到郡……，郡實瀕海，中有大沙洲數萬畝，號平湖。忽爲島夷號毗舍耶者掩至，晝刈所種。

此後，屢有記載「毗舍耶」入侵「平湖」之事。「平湖」可能即現在的澎湖。南宋理宗寶慶元年（一二二五）趙汝適所撰的「諸番志」，即已明指「澎湖」屬福建泉州晉江縣。到澎湖的人，除了戍兵及其眷屬外，大部分可能都是漁民。澎湖距福建近，又是個豐富的漁場，有的人就在當地搭寮居住，就有了定居的居民。此外，可能有少數的商人。由最近出土的陶瓷片顯示，這是宋、元時代的貿易瓷，爲泉州的外府澎湖，或許已扮演貿易中繼站的角色。

元朝元世祖入主中原後，曾數次出兵日本，但都因風潮不順鎩羽而歸。此時，可能有些飄散的船隻曾在澎湖避風，或可能是澎湖的貿易地位促使世祖注意，因此，在至元十八年（一二八一）便在澎湖設立巡檢司以治理島民。有關元朝澎湖的情形，以汪大淵的「島夷志略」記載最爲詳細：

自泉州，順風二晝夜可至澎湖，有草無木，土瘠不宜禾稻，泉人結茅爲屋居之。氣候常暖，風俗朴野，人多眉壽，男女穿長布衫，繫以土布；煮海爲鹽，釀秫爲酒，採魚蝦螺拾以佐食，爇牛糞以爨，魚膏爲油。地產胡蔴、菉豆。山羊之孳生，數萬爲羣，家以烙毛刻角爲記，晝夜不收，名遂生育。工商興販，以樂其利。

汪大淵字煥章，江西人，曾隨商船來往各地，歷經數十國，此處所記載是其親身經歷的實情。

從清治到日據

明取代元，循例在澎湖設巡檢司，後因澎湖成爲餘孽的逋逃藪；居民不法，且抗于縣官；並與倭寇互通聲氣，乃在洪武二十年（一三八七年）放棄于澎湖的主權，將該地居民遷回福建安置。墟澎湖期間，有居民潛回者，或仍有漁民前往捕魚，也有海盜結窟澎湖，愈大猷乃爲了往捕海盜林道乾，於嘉靖四十二年（一五六三）揮師澎湖。後因軍事上、貿易上及漁業上的需要，於萬曆二十年（一五九二）設遊兵加以防守。遊兵不比寨兵，它是輪防性質的兵種，每年三、四、五及九、十月防守，海盜及荷蘭人看準這個防戍上的漏洞曾經佔據澎湖。弘光元年（一六四四年）以後，明廷已無力再關注澎湖。又再度成爲海盜的巢穴。後來荷蘭人爲了海峽航道的暢通，攻擊海盜，將澎湖附近台海納入勢力範圍。一直到永曆十四年（一六六〇）鄭成功攻取澎湖，荷蘭勢力才退出臺灣海峽。由明萬曆二十年（一五九二）至康熙二十二年（一六八三）鄭克塽降清這九十年間，閩粵沿海居民遷居來澎者衆多。據明鄭末期的估計約有五、六千人，這對澎湖的開發有重大的貢獻。

滿清取得台澎後，對澎湖的治理，依元、明慣例設巡檢司，隸屬於臺灣府。雍正五年（一七二七）巡檢司已不足以維護地方乃改設廳，由糧捕通判主之，迄光緒二十一年（一八九五）割讓日本止。通判的主要工作是稽察海口與徵收錢糧。清代對澎湖的經略，前期是消極性的。牡丹社事件後，外患日亟，在軍事措施上才採取比較積極的作法。大致而言，在清廷治理下的澎湖，民風淳樸、社會安定、人口陸續增加，乾隆二十七年（一七六二）時，已有二萬四千零五十五人，到光緒十九年（一八九三）已增加到六萬七千五百零四人，除了南部幾個島嶼，如大嶼（今七美）、東吉、西吉、東、西嶼坪等，因爲遼遠又荒僻，不准人民前往農牧外，其餘島嶼大多已經開發。但是，澎湖先天上土壤貧瘠，旱災、颱風、鹹雨等時有發生，雖然有漁利，卻無法養活不斷成長的人口，故居民的生活水準遠不及當時臺灣，人口開始向臺灣南部外流。

甲午之戰，澎湖首先淪入日本軍閥手中，起初澎湖設廳，直隸於臺灣總督府。後改屬高雄州，並易爲澎湖郡，後來，欲使澎湖成爲重要軍事基地，復取消郡，仍設廳，一直到日本投降臺灣光復爲止。日本佔據澎湖初期採懷柔政策，沒有把居民賴以傳習文藝的私塾禁絕，但爲達到統一政令及宣導，仍積極推行日語、建設道路、電化澎湖、建自來水等現代公共設施。七七事變後，澎湖成爲支援日人作戰的後方，開始推行皇民化運動，實施毒化教育，嚴禁漢文的傳授與使用。直到抗戰勝利，澎湖回歸祖國手中。

東亞海運的要衝

從以上歷史上軌迹，我們可以看出初期的澎湖是先民拓殖時期，一切尚在初創階段，並無所謂建設可言。後因海盜、倭寇的盤據，戰事頻仍，明朝廢墟澎湖，是澎湖的黑暗時期。滿清收台澎初期，閩浙總督及福建巡撫等，因台澎海外，叛服不馴，主張將台澎廢爲荒墟，後經施琅力陳台澎的重要性，主張臺灣的治理，這對台澎政治史上是一大貢獻。其次，在文化傳承方面，澎湖在清廷治理下，治安良好，居民生活安定，因此生齒遽增，居民有感於文化傳承之重要，紛紛自唐山聘請師資傳授詩經、應用文等，或私自開設私塾傳授。至乾隆三十一年（一七六六），時澎湖通判胡建偉，應貢生許應元之請，募資建設書院，名爲文石書院，因澎湖產「文石」，五色繽紛，文章炳蔚來表示澎湖文士的道德文章，如文石一般的完美，此在歷史和文化上深具意義。再者，清廷領台澎後，班兵換防臺灣，都以澎湖爲中繼站，澎湖才有實質的建設，也帶給澎湖馬公的繁榮與交通的便捷。亦成爲大陸各地文化的交會點。另一方面，人口的不斷成長、生活壓力的增加，居民開始外流也是這一時期的特徵。因此，澎湖不但沒有繼續建設繁榮，反而衰退。澎民爲出外謀生，必備謀生技能，習文學藝，將其傳播到臺灣南部各地，這算是澎民對漢文化的一點點小貢獻吧！

澎湖是東亞海運的要衝，是兵家必爭之地，宋、元時代是貿易與移民的中繼站，明朝是海寇的巢穴，清朝是班兵與漢文化的轉運站。亦因爲海島散落海峽中，有它的封閉性，文化性格的保留較易，也容易轉化成特殊的性格，這也可稱之爲澎湖海洋文化的——澎湖性格吧！

西瀛風島的茁壯

澎湖藝文社團及刊物素描

◎薛國忠 馬公高中校長

婆娑之洋，浮萍之島，孤懸台灣海峽的澎湖島羣，素有「海濱鄒魯」之雅譽。集島成治，人文薈萃，民風淳樸。先民胼手胝足，篳路襤褸；煮海爲田，釀秫爲酒；開物成務，以啓山林；設帳授學，開教化之功。因而文風之盛、雖偏遠海陬；也不讓予通都大邑，誠屬難能可貴。

文章乃經國之大業，不朽之盛事，影響之大，至深且遠。世謂通儒之學，文以載道，其術足以匡時，可以弘道，乃能正人心勵士氣，振聾啓瞶，有暮鼓晨鐘，發人深省之效；而俗儒之學；或以辭章抒情，贊嘆人文之美，山川之秀。二者似均能以敏銳的筆觸、灑脫的胸襟、豐沛的情懷，草之於書，歌之詠之，緜延不絕。我澎湖海陬，既有「海濱鄒魯」之稱，當必有通儒俗儒絕世之作，乃能究天人之際挽狂瀾於既倒之勢，尤其在昔日日人異族統制之下，仍能振大漢之天聲，傳承漢民族文化道統之墜緒，證諸史書，其來有自。

考早期漢民族文化拓展台澎之時，澎湖似爲必經之地。從出土的宋元陶器，甚至仍有人以爲開拓南洋羣島時，轉輾必經之路。於是澎湖成爲海疆重鎮，是不爲過。自元朝至元十八年設治以來，雖爲化外之地，但先民之經之營之，披荊斬棘，終有所成，文風之盛，直逼全台。如書院或私塾講學之風，頗爲盛行。幾乎每一閭里均有一、二處之多，猗歟盛哉，里仁爲美，蔚爲風氣。對古文學、漢學之倡導傳承不遺餘力，且卓然有成。如西瀛吟社、漢學研究會、小吟社、文峯吟社等等對古文漢學之鼓吹倡導，詩教衣缽傳承，民族氣節之弘揚、濟世弘道、厥功甚偉。影響之大之深，眞不可言喩。

以下試就澎湖碩果尙存或正待發展的藝文社團及其重要刊物或貢獻，略以述之以知其梗概之所在：

●西瀛詩社（又稱澎湖縣西瀛吟詩會）

創立於民國前七年，已有八十七年之久。

曾出刊「西瀛詩叢」三集及創立八十年特刊。影響深遠，有詩爲證：「西賓教化遍三年，丕振文風欣日盛；瀛海滄桑八秩，宏揚聖教濟時艱」。

本詩社之創，係因地方宿儒蔡汝璧、林介仁、陳梅峯、陳錫如諸君子，鑒於異族所據，懍於民族大義，嘆漢學之式微，以堅忍剛毅、百折不撓之精神，遂興起詩社之舉，藉詩以言志，尋墜緒之茫茫，作中流砥柱。四方景從，詩社遂立。初名「澎湖詩社」，旋易名爲「西瀛吟社」，後又易名爲「澎湖縣西瀛吟詩社」。歷經數十寒暑，雖有滄桑之感，但每於時節慶會，擊缽聯吟，故調復彈，唱和揚風，雅頌賦比，既有捋鬚之樂，又發匡世濟時之籟，其樂無窮，其勢磅礴，貢獻卓著。

這雖創立於遜清，且爲異族蹂躪之時，爲一碩果僅存的古藝文社團，但歷久彌新、經得起時空的考驗，也是文藝者擇善執著的個性使然，頗引人自豪。

●澎湖縣救國團

創立「澎湖青年」文藝刊物，歷時十年有餘。

本刊創立於民國六十八年十二月，時任主任委員謝公仁先生鑒於澎湖乃一孤懸海隅之區，文藝活動殊少、不堪文化沙漠之譏。基於為青年服務之使命感及開拓文藝活動的新領域，遂研擬出刊青年新文藝之議。荷蒙教育界之支持與響應，迭經研究之後定名為「澎湖青年」之綜合性刊物，卅二開版面，每學期出刊二期，圖文並茂，可讀性極高，頗為青年及一般民衆喜愛，希望再接再勵，更創佳績。

除此之外，並於六十九年起，利用暑假期間學辦文藝研習營，延聘國內文藝界知名之士，講解「人性與文學」、「小說創作與欣賞」、「詩與散文」、「名歌教唱」，以及其他書法、寫生、戲劇、舞蹈、攝影等藝文活動，對於培養青年踔厲奮發之精神、導正社會不良風氣、弘揚民族文化，著有貢獻。

●台澎雜誌社

發行刊物：台澎雜誌，時為民國五十六年。

本縣青年作家呂振東先生鑒於澎湖文藝經營園丁寥若晨星，基於青年酷愛文藝及發揚民族文化的使命感，乃糾集志同道合之士發起之。在當時，頗引起地方文化界之重視與讚美，有詩讚云：「自古文風昌盛地，報章寂寞感西瀛；疑聾疑啞我家子，開口欣聞第一章」（許成章詩）。「時事鄉情報一週，豈惟聲價重瀛洲；世風趨下如今日，砥柱憑君挽急流」（黃光品詩）。由此可見當地人士期望之殷。本刊雖迭經改組，但對本縣文化文藝界之貢獻是有目共睹的。

●建國日報社

發行建國日報，創立於民國卅八年。

本報爲本縣絕無僅有的唯一報紙。在內容上，除宣揚國策政令、傳承文化道統、鼓舞民心士氣，是以綜合報導社會資訊外，並於副刊專設「海風版」及「詩歌版」，定期出刊，對於文藝創造的鼓勵倡導功不可沒。輔導青年文藝寫作不遺餘力。文藝風尚的影響，對於澎湖全島而言，幾乎無遠弗屆，其獨樹一格的風範，洵不可多得。

該社草創當時，正是國事蜩螗、危急存亡之秋，幾十年來篳路襤褸、慘澹經營。從無到有，踵事增華不斷茁壯中，正是如日中天，燦爛輝煌。

●台灣省立馬公高級中學

發行刊物：馬高青年，每學期二次，已發行九十四期

本刊物爲該校師生集體智慧精心之作，除教師教學心得感想或新發現等等文章外，純爲學生文學之創造，文詞並茂、字字璣珠，可讀性極高。在澎湖當地，堪爲一時之選，爲年青學子所喜愛，對當地文藝寫作有相當程度的主導性與啓發性的功能，且影響面之廣，遍及澎湖每個家庭，每一個角落。

●青溪新文藝學會澎湖縣支會

發行刊物爲澎湖青溪文藝、青溪通訊。

本會創立於民國七十二年八月十三日。爲新興的文藝社團。其宗旨與使命，即在於結合當地文藝作家針對當前社會積弊，透過文藝筆觸或時、空藝術，以弘揚傳統文化、闡述倫理道德，用以振民心勵士氣，發揮撥亂反正，振聾啓聵的作用，挽狂瀾於既倒，尋墜緒之茫茫，樹立中華文化道統，建立富有文化氣息的書香社會；使從「立足台灣，胸懷大陸，放眼全中國」的理念，企求建立「自由、民

主、均富、統一」的國家。因此本會文藝工作有至為嚴肅的歷史使命感，文章報國殷切具有崇高的價值與意義。

本會自成立以來，每年出刊「澎湖青溪文藝」一至二期，唯因經費所限，乃改以文藝通訊，每月發行全開一至二張具有綜合性文藝性質，老少咸宜；頗獲民衆的喜愛。

●澎湖攝影學會

作品：澎湖羣島之美、我愛澎湖畫集。

本會創立於民國六十三年三月廿二日，乃一羣熱愛攝影藝術的志同道合的青年作家所組成，足跡遍及澎湖各島，獵取山川、候鳥、海濤、奇石、珍禽、奇魚、古厝、民俗之美景，自然景觀及人文景觀之奇景異象，盡收眼底，佳作纍纍，每年配合文藝季做作家聯展，頗獲各界佳評。

●中國美術協會澎湖分會

作品：「畫我故鄉」、「故鄉畫家作品彙集」

本會創立民國六十八年八月十五日，為具有繪畫藝術之青年畫家所組成，作品取材大致以澎湖自然景觀、人文景觀素材為主，有創作、有寫生、有油畫、有素描……佳構特多，為外賓所喜愛、經常舉辦作品聯展或個展，佳評頻傳，驚為絕品，洵不誣也。

●中國書法學會澎湖分會

作品：吳莊素貞書法集、作家個人專集。

本會創立於民國七十年十一月十二日，乃一羣書法同好所組成，每年舉辦書法展一次、正草隸篆、碑體、柳體、顏體、自創均有，經多年揣摩、觀摩、研習，佳作迭傳，有漸入佳境之勢，希望在弘揚中華書法藝術，能在風島地區略盡棉薄之力，更期望綻放美麗的奇葩出來。假以時日，必然碩果豐收、多彩多姿。

以上犖犖大端，涵蓋面雖廣，但也屬一鱗半爪。在浩瀚的文藝領域裡，雖寥若晨星，也難登大雅，但在偏遠的海島也彌足珍貴。難免有敝帚千金之嫌，但也不敢有掠人之美。今後在這幾近荒寂的文藝園地，仍企望文藝界同好本文章報國淑世之情懷，透過內心的明覺性，以敏銳的觀察力，洞察禪悟的理解力、豐富的人生體驗精華以及對世界人類萬物之靈、物我並存的嚴肅使命感，以最生動的筆觸，寫出最美麗、不朽、富有動感的詩篇文章；同樣也畫出多彩多姿瑰麗的畫出來。好爲天地立心，爲生民立命，爲萬世致太平、奉獻棉薄之力或蒭蕘之見，在人生的旅程綻放出絢麗的色彩來。「問渠那得清如洗，爲有源頭活水來」，只要好的開始，就有成功的期望；只要我們能對這樸拙原始風貌的海陬澎湖，在文藝的領域，多給予關懷，她必會在舒適的溫床中，不斷地茁壯成長，而我們也可分享到成長中的喜悅，願拭目以待之。

爲文化執炬薪傳，爲菊島締造風采

澎湖縣藝文活動簡介

⊙漢　卿　國中教師

前言

澎湖羣島孤懸海隅，星羅棋佈在台灣海峽之中，就自然景觀而言，大海環抱，地處樞紐，外則煙波浩淼，成爲海上交通孔道。內則港灣曲折，波平如鏡，成爲人間世外桃源；就人文景觀而言，溯自元朝即納入版圖，比台灣早開發四百年之久，時代遞嬗，滄海桑田，澎湖由一樸實貧瘠之漁村，逐漸邁進現代化。從蒼老的古榕，不但看到先民努力的拓展，也伴著澎湖世代居民走過漫長的歲月；那香火鼎盛的廟宇、古色古香的書院、斑剝的古城牆、雄偉的古堡，都是來自唐山先民開墾的痕跡，中原文化的再度重現。

時至今日，社會變遷急遽，我們的社會陷於精神與物質失調的現象，這不但是社會之亂源，也是貪婪之起端。而其癥結在於缺乏生活藝術與修養，將使世人在富裕之餘，步入虛無主義的迷津。如何消除社會暴戾之氣與奢靡之風，應以充實文化素養，提倡藝文活動、增進生活情趣，藉以提升生活品質，重新找回文化的生命力。

有鑑於此，我們樂見文訊雜誌社所展開之各縣市環境調查之創舉，堪稱是一具有突破性的作法，透過區域性的調查與研究，以進行全面性之分析探討，才能針對各縣市之不同環境條件，作一適切有效的資源分配，以達到文化發展的均衡性。

澎湖縣藝文團體及刊物

澎湖縣地處離島地區，地理、人文條件較爲缺乏，在先天不足的情況下，亦有幾許成效。諸如西瀛吟社之成立，擊缽吟會，藉收切磋觀摩之效；地方性的建國日報，在不斷求進中，發揮其社會教育的潛在功能，促進文化發展；雜誌刊物有台澎雜誌、西瀛畫刊、路與橋、澎聲、澎湖青年、青溪通訊等，對於文化水準之提升，貢獻良多。

政府十二項建設中各縣市文化中心的興建，澎湖縣文化中心自民國七十年啓用，才使澎湖眞正能夠推展藝文活動，鄉村離島則透過學校各項社教活動，彌補文化中心之不足，亦身負重任。各鄉市圖書館，提供閱讀環境、資訊與指導，成爲民衆獲取知識的中心。

民間藝文性社團則由於人才難留，沒有大師級藝術人物，僅有趙二呆先生。他潛心藝術，並於去年在文化中心擧辦八次有關陶藝展，並有人生講座，可惜聆聽參與者卻微乎其微。目前僅有書法學會、攝影學會、美術學會、音樂協進會等。

澎湖縣藝文活動主體

一、**澎湖縣立文化中心**：文化中心頗具規模，場地適合、人員專業化，是全縣文化、社教、藝文活動的樞紐，自民國六十九年起每年舉辦的各項藝文展覽、藝文技藝及演藝活動的相繼展開，至七十九年爲八十二場次，每年均在成長，對於縣民生活內容的充實，頗收成效。

二、**各級學校**：由於澎湖離島甚多，文化中心之各項藝文活動，無法普遍嘉惠，故學校所扮演的角色更顯得重要，在單調乏味無聊的生活環境，學校配合社區舉辦各項社教活動，是島民精神所托，不但熱烈參與，且持續辦理，達成藝文下鄉，奠植文化根基。

三、**藝文性社團**：爲期能有組織、有計畫的推動藝文活動，縣府結合社會及學校文藝人才之力量，共同推展各社團配合時令節慶舉辦藝文競賽與活動，並輔導鼓勵成立如古箏研習班、國畫研習班、教師合唱團、西瀛吟社、書法學會、攝影學會、美術學會，藉以積極培養及訓練「藝文人才」及「欣賞人口」，提高縣民生活與欣賞素質，並輔助藝文活動之推廣。

綜觀澎湖的藝文環境，實存在著不少問題，下面提供幾個觀察結果以供各界參考。

藝文活動區域不均衡性

澎湖縣之藝文活動以馬公市做爲據點：由於馬公市是澎湖縣立文化中心之所在，因此無論是私人或民間藝術團體，或者是由文化中心本身策劃，各級政府機關所推出的各種藝文活動，均以馬公市爲中心，造成區域的懸殊差距，屬於澎湖縣的本島（湖西鄉、白沙鄉、西嶼鄉），要參與活動則必須親往文化中心，至於望安鄉、七美鄉則距離馬公二、三十浬，來往不易，更何況藝文活動之愛好者及倡導者，皆居住馬公市爲多，「文化服務」、「巡迴展覽」應推廣至其他各鄉，否則造成區域的不均衡性。

藝文活動類別發展不均衡

從不同類別的藝文活動所呈現之活動頻率，亦有所不同，不但倡導者少、民衆參與也懸殊，相關單位重視程度也有所差別，以民國七十九年的藝文活動來說，美術活動計五十三場次，音樂性活動計廿場次，戲劇性活動計六場次，舞蹈性活動三個場次。總共計八十二個場次的藝文活動。至於文學性之活動卻很少；我們從資料中可知其梗概。

以美術活動來分析：有大部份是外來的藝術團體或是個展，但縣內所佔之比例，美術較其他類別爲多，因爲澎湖縣除有美術學會及王旭松、葉龍輝、黃重賢、郭自重等人之耕耘倡導，書法學會有莊吳素貞、陳兆昆、楊文樟、謝聰明等之培育，攝影學會有高齊繁、呂英輝等人，較有熱心愛好者之推動、展出、並印專輯，如攝影學會之澎湖羣島之美，這些團體的活動力較强，也是澎湖縣藝文活動的主導力量。

音樂性活動絕大多數由外來團體提供，僅有許勝文南胡獨奏、全縣音樂比賽民俗歌唱大賽，由音樂協進會承辦，可見本縣在此方面活動非常薄弱；戲劇性活動由外來團體提供，舞蹈性活動也如此，可見戲劇、舞蹈性活動在本縣人才實在太少。

文學性活動，本縣除有澎湖縣團委會出刊的「澎湖青年」，尚有縣政府出刊的「路與橋」，及青溪文藝學會澎湖縣分會之「青溪通訊」。社團中只有西瀛吟社較有組織，歷史較悠久，更有相互觀摩進步機會，也值得深思研究。

配合宗教禮俗活動、辦理藝文活動

澎湖大部份居民以海爲田，爲了獲致心靈上的滿足，與精神上的安定，常冀求神明的庇佑，因此澎湖寺廟比率之高全省之冠，計一五〇座，每年均辦理廟會等活動，如媽祖海上出巡，元宵節大粉龜遊行、祭王送五行事、謝神建醮等，熱衷參與，若能全力輔導，激勵與辦公益慈善事業和推行文化建設工作。由於參與層面廣、人員多，又不必宣傳，則其效果更佳。

未來的期望

一、重視文化發展的區域均衡：

台灣地區幅員雖然小，但區域間的文教品質差距懸殊，此亦導致人口集中都會區之主因；如何確保國人有均等的機會，享受較精緻的藝文活動及發揮才華，使民衆更能享有較高品質的公共生活空間，並公平分配文化設施資源，對發展條件較低劣地區給予較優厚的待遇，促進整體的均衡發展。

二、精緻文化應與民俗文化並進融通：

精緻文化貴在其高深，民俗文化則在於廣闊，推動藝文活動，必須一方面鼓勵精緻文化之創作與發展，另一方面，對於本縣特殊地理及有關風俗民情的民俗文化，亦應妥善的保存流傳，進而與精緻文化相互融通，藉以提升民俗文化的素質，並透過民俗文化的傳遞。促使精緻文化的紮根。

澎湖縣以風大，海產馳名，因地理特殊，自與他縣有所差異，我們期盼它能夠因藝文活動頻繁，處處洋溢著藝文的氣息。

◎高惠琳

落實文化傳統，創造海上樂園

「澎湖藝文環境的發展」座談會

時間：八十年四月廿七日下午三時～六時
地點：澎湖縣立文化中心
主席：李瑞騰（本刊總編輯）
與會：王乾同（澎湖縣長）
蔣　震（本刊社長）
陳癸淼（立法委員）
楊詩言（澎湖建國日報社長）
萬可經（澎湖縣政府計劃室主任）
趙子鵬（中華日報記者・澎湖新聞黨部理事長）
林丙寅（音樂協會理事長）
黃東永（省立澎湖水產職業學校教師）

謝聰明（書法協會澎湖支會總幹事．馬公高中教師）
葉龍輝（美術協會理事長）
洪瑞全（人文地理專家．中正國小教師）
曾文明（將澳國中教師）
吳克文（西瀛吟詩社社長）
陳明宗（澎湖縣攝影學會總幹事）
嚴式裕（路與橋發行人．中國晨報記者）
宋瑞榮（台澎雜誌發行人）
賴潤輝（詩人）
許蕙芬（澎湖縣婦女會祕書．建國日報編輯）
林桂彬（澎湖縣立文化中心職員．詩人）

（以上按發言序）

討論題綱：

一、本地的藝文傳統
二、現階段的藝文活動之檢討
三、如何開創一個寬廣活潑的藝文環境
四、如何形成具有特色的澎湖文化

李瑞騰：

文訊雜誌今天能到澎湖，和澎湖縣立文化中心一起舉辦有關澎湖藝文發展的座談會，實在是個難得的機會。此次座談是文訊六月號專題「澎湖的藝文環境」中的一個重要部分，希望能對澎湖的歷史根源、藝文現況及未來發展等問題做探討，並藉由媒體的編輯，呈現給國人，讓大家了解在澎湖默默耕耘的藝文工作者的心聲和期許。

很高興王縣長乾同先生、立法委員陳癸淼先生能蒞臨參與座談。我們就先請縣長王乾同先生跟大家說幾句話。

結合人才、資源，發展觀光事業

王乾同：

非常高興文訊雜誌社到澎湖舉辦這項十分具有意義的活動。尤其澎湖正逐步朝向觀光事業推動之際，一切的藝文活動及藝文環境都是和觀光事業的發展息息相關。

澎湖縣的資源很多，但是卻很少有人去開發，於是往往被忽略、浪費掉，因此，作爲歷史的見證人，我們應該對這些悠久的歷史、古蹟、自然資源多加珍惜，在我到縣政府任職以來，總希望透過各種不同的管道，結合澎湖的藝文先進們，共同爲澎湖的過去、現在和未來而努力。

澎湖縣開發已有七百多年，從中可以窺見前人的活動足跡及傳承，雖然我們現在無法對這些遺迹做完整的匯整和定論，但是卻可以當成未來澎湖發展的重要依據。

藝文活動可以說是一切活動的基礎，從藝文出發，更能帶動其他的施政及活動。目前澎湖縣內的藝文活動種類廣泛，包括音樂、美術、攝影、書法、藏石等，其中石頭部分，由於近來遭人嚴重盜採，縣政府已經著手防禁工作。

運用天然資源、結合專業人士，發展觀光事業，是形成具有特色的澎湖文化的最佳途徑。目前，我們在教育部的支持下，正進行澎湖岩石種類的彙整工作，將來可望納入小學教科書中。此外，運用了澎湖的特色之一——寺廟，於今年元宵節策劃了民俗遊行活動，成果輝煌。因此，縣府觀光開發處正積極將澎湖的特色，諸如岩石文化、寺廟文化等編列爲觀光節的內容，期待爲澎湖的觀光事業和藝文環境研擬出具體而完備的拓展方案。

蔣震：

非常感謝大家在這美麗的週末特地來參加這個座談。

文訊舉辦系列「藝文環境的發展」座談會，主要目的是希望地方上的藝文人士對各地未來藝文環境的特色發展和努力方向等方面提出意見，以供政府在施政上作考量。當此六年國建正值起步階段，座談會的召開更具特殊意義。

謝謝文化中心的大力協助。期望集大家的智慧和努力下，澎湖的藝文環境將呈現更美好的遠景。

使澎湖成爲具有人文色彩的海上樂園

李瑞騰：

文訊所以舉辦系列「藝文環境的發展」座談會，主要是希望傾聽來自鄉土的聲音。由於有感於過去中央對於地方事物無法做精闢的了解，因此我們期望經由雜誌的力量，深入鄉土現場，將蒐集的資料具體呈現出來，予以有關單位施政時的參考。所以，我們誠摯地希望地方上的人士能夠針對當地的文化事務，踴躍提供意見。

澎湖最大的特色是具有充沛的自然資源，而如何開發這些資源，並充分運用，是值得大家共同探討。剛才王縣長曾提到，澎湖開發遠比台灣早三百多年，因此在歷史上保有更多的文化遺產。我們不禁想到，假使結合這些豐富的天然資源以及久遠的歷史文化傳統，定能開發成爲高級且具有人文色彩的海上樂園，我們期待這一天的來臨。現在我們請澎湖籍的立委陳癸淼先生發言。

以傳統出發，培養文藝風氣

陳癸淼：

大家都說，要害一個人就叫他去辦雜誌。事實上，在臺灣辦雜誌並不完全沒賺錢，包括文學性雜誌，只要找些名星級的作家撰稿，也都能有好的銷路。唯獨文訊最傻，跑到偏遠的離島辦活動。不過，我卻覺得這是件很有意義的事情，以往，人們對於美麗的花朵，只是去欣賞它或摘它，卻很少有人肯去播種、耕耘。文訊辦這活動，一方面是對地方上的文化事務進行記錄、調查，同時更鼓舞、灌溉了地方文藝的發展，他們的努力和用心實在令人欽佩。

澎湖原名方湖，列子書中並記載爲神仙島，元朝設治至今已有七百多年，由於地理位置臨近大陸。因此也是大陸文化移轉臺灣的第一站，具有豐厚的文化遺產。但是，由於澎湖面積小，就業機會相形減少，促使人口大量外流，至今居民只有九萬多人，因此也導致藝文發展遲緩。其次，地方的政府、社團也因缺乏充裕的經費，所以無法對地方的藝文發展有所鼓舞。不過，可喜的是，地方上仍有些人不辭艱苦地默默耕耘，例如楊詩言先生、嚴式裕先生等，四十年來爲新聞傳播工作一直堅持奮鬥。

澎湖的古蹟很多，但是卻沒有妥善保護，而自然生態也遭到破壞。所以，雖然近年來縣內已陸續推動藝術、文學、文化等工作，但是我認爲，要推展文藝，應先從保存古蹟、發揚傳統出發，藉傳統培養文化氣質、靠文藝陶冶人性，唯有循序漸進，紮穩根柢，才能有枝繁葉茂的成果。

孔子曾指出，治國之道是「庶、富、教」，臺灣在四十年的建設下，目前所呈現的是「富而無教」的現象。我們應當了解，有錢是令人羨慕的，但是如果缺乏文化氣息則無法被人尊重。所以，當前我們所亟需加强的，便是接受文藝的薰陶，重整文化大邦的雄風。當然，除了希望地方上默默耕耘的文藝先進能繼續爲理想、爲鄉土努力，同時，也應該培養下一代對藝文的興趣。

文藝的發展是不能完全仰賴政府，最重要仍是要透過民間組織，集全民的力量共同塑造美好、寬廣的藝文環境。

結合人才，組成文藝大軍

楊詩言：

談到澎湖的藝文環境，我認爲今天的情形和四十年前沒什麼差別。由於軍中文藝是從澎湖出發，所以，澎湖的文藝曾經一度呈現蓬勃的氣象，但是，在人才大量外流下，四十年過去了，澎湖的藝文狀況卻一直停滯未前。我們這些留在家鄉的人堅守在自己的崗位上，默默耕耘了三十多年，但乏人問津。以我們這些辦雜誌、辦報紙的人爲例，我們對文章總是字句推敲，去害存益，對自己所發行的刊物負責。支持我們苦撐下去的，是對自己的期許，少有來自外界的關懷。因此，今天文訊能來澎湖學辦活動，實在令人欣慰。

事實上，澎湖的文藝人才很多，但是總是散佈在各個角落，所以，如何結合這些人才，組成文藝大軍，應是大家所要探討的。此外，縱觀文藝現況，有所作爲的仍是四十年前的那些人，也就是說，文藝崗位上，缺少新生，造成了傳承上的斷層，而培育新生代也就成爲另一個重要的課題。

人、錢、場地十分缺乏

萬可經：

澎湖的開拓比臺灣早，正式設治也已有七百多年。以往，由於地緣因素，在藝文方面少有開展。臺澎光復以後，政府對藝文極爲重視，並設專責機構職掌此事，唯獨澎湖因爲地瘠民貧、工商不振，人口嚴重外流。幸賴有心人士的努力，仍有一些刊物存在，如：建國日報、澎湖青年、台澎雜誌、澎湖建設、路與橋、西瀛畫刊等，不過大都是綜合性刊物，缺少純文學性雜誌。

談到現階段的藝文活動，主辦者除了文化中心，就是地方上的藝文團體。目前地方上的藝文團體有澎湖縣西瀛詩社、澎湖縣音樂協進會、中國書法學會澎湖支會、美術協會澎湖支會、澎湖縣攝影協會、舞蹈協會澎湖支會、澎湖縣燈謎研究會，都有很不錯的表現。

至於如何開創一個寬廣活潑的藝文環境？要建設良好的藝文環境，基本上需具備三項條件：人、錢、場地。而文化中心的場地已初具規模，但人才和經費方面仍十分欠缺。藝文社團則不僅欠缺輔導人才，經費也非常匱乏，甚至連集會的固定場地也很少。

最後，談到如何形成具有特色的澎湖文化？我認爲需要從四方面著手：一、承續固有的傳統文化和古蹟；二、繼承前人拓荒、冒險的大無畏精神；三、建立尋根的使命感，追源溯流，以表達慎終追遠的情懷；四、提振忠義精神，愛家、愛國，爲鄉土的發展共同努力。

斷層現象亟待解決

王乾同：

有些問題，我就藉此座談提出看法。地方藝文的發展受到阻礙，其最重要的原因在於斷層問題：一是古蹟傳統的斷層，古厝的重建速度太慢、古物未受到完整的保存；二是人才上的斷層，舊有的南管、八音，如今乏人傳承而日趨沒落。此外，澎湖沒有孔廟，只好借「文石書院」權充暫代。目前有三名企業人士，致力蒐藏古人銅像、器物，及大陸遷台文物等，並且計畫建館存放，在此也籲請大家能鼎力協助。

另外，還有一項頗嚴重的問題，就是喪葬欠缺完整的儀式。澎湖雖小，但是單單喪葬方面就有好幾種不同的儀式。今天，既然我們談到文化建設的事宜，也應該把此項列入考慮。

扮演兩岸文化的跳板

趙子鵬：

文藝可以反映生活、社會、時代的狀況，也是文化的一環。我是民國四十一年來到澎湖任職建國日報，當時嚴式裕先生、宋瑞榮先生也都在報社服務。由於大家的齊心努力，締造出頗豐碩的成果，所以，建國日報可以說是澎湖藝文的播種者，不僅培養了許多藝文人才，同時更帶動澎湖藝文環境蓬勃發展。

而澎湖縣立文化中心則是推動澎湖藝文發展的首要功臣。從民國七十年成立至今，幾乎天天都有活動，舉凡演講、座談、展覽、展示等活動都陸續推出。尤其文化中心在經費短缺的情況下，能夠充分運用社會資源，實在令人佩服。

記得當年大陸文化移轉來臺灣，是藉由澎湖作爲跳板，如今，在兩岸關係日漸密切之際，或許可以將臺灣經驗，再度透過澎湖傳遞到大陸。那麼，澎湖這塊跳板勢必扮演舉足輕重的角色。

從保存地方傳統著手

林丙寅：

我想，要提振澎湖的藝文環境，有三項應該列入考量：一、澎湖的漢學基礎相當濃厚，而由於海島因素，島上居民多以捕魚爲主，每到冬季幾乎全都休息在家，如果能善用這段餘暇推廣漢學，定能有助於文化風氣的提昇。

二、澎湖的方言有許多系統，實在有深入研究的必要，此外，對於這些地方方言也應保留，讓年輕人除了現行的國語外，對自己家鄉的母語也能暢言無阻。

三、澎湖擁有的地方音樂，如八音、南管、鑼鼓等，在臺澎金馬地區獨樹一幟，但是如今卻無人承續。爲了發揚這些傳統，希望縣府能提撥預算，在各社區、學校培養對這方面有興趣的人才。

增加文藝的發表園地

黃東永：

澎湖一直缺少一份可以陶冶及教化百姓的刊物，十幾年前，我們曾經創辦了「綠天詩刊」，可是只發行十三期就夭折了。夭折的原因在於人才外流，以及缺乏足夠的經費補助。因此，如果要建設澎湖的藝文環境，至少應從三方面出發：一是設置大專以上的學校，讓青年學子有受更高教育的機會。二、澎湖擁有許多天然的資源，像天人菊、玄武岩、古厝等，這些景觀吸引了許多觀光客，但是卻不被當地居民重視。所以，應該從家庭、學校入手，讓他們了解這些景物的可貴，珍惜自己居住的環境。三、增加藝文的發表園地，發表作品能激勵人們更多的創造力，更能培養文藝氣息，可是澎湖現有可供發表的園地實在太少，而提供更多園地以鼓勵人們從事藝文活動，便值得有關單位仔細考量。

培養人才不應有配額限制

謝聰明：

澎湖縣書法協會成立至今快十年了，這些年來也陸續舉辦了許多活動，比如會員展、中日韓書法交流展，以及配合文藝季等活動，但是影響所及並不是十分廣泛。其主要原因是書法未能納入學校教材中，同時經費的欠缺也是一大阻礙。

此外，文學人才也亟待培育。最近教育局實施保送國文優異的高中生，這是個很好的措施，但是配額的限制，致使許多優秀的學生無法全部得到培育的機會。所以，我希望教育局能取消名額限制，透過嚴格的考核過程，讓有興趣、有潛力的學生能夠獲得更好的發展空間。

剛才大家也都談到有關方言的問題。原本澎湖馬公高中計畫延請一位方言專家，爲該校的教師開設漢學研究班，但是受限於課務和經費的問題，遲遲未能開課，這一點還希望有關單位能多幫忙。

保存傳統勝過開發

葉龍輝：

在我的心目中，澎湖是最美麗的故鄉，當許多人批評澎湖的落後時，我卻覺得，它是個無汚染、保有傳統的好地方。

今天，我們在討論如何開發澎湖，我認爲，應該先去發掘文化遺產，肯定且保有它。開發或許能促進繁榮，但是，反面來看，卻也是一種破壞，這也是爲什麼臺灣在進步發展至一個階段後，開始講求回歸本土文化的原因。

好的生活環境、好的發展空間是留住人才的基本條件，也是推動藝文活動的根本。澎湖原本擁有豐富的自然資源，但是近年來在海盜事件、觀光客盜採石頭、珊瑚等，澎湖不僅變得較窮，民衆們也不再歡迎觀光客了。所以，要談如何推動藝文活動，必須先提供澎湖一個好的生活空間。

目前澎湖的藝文活動推動以文化中心爲主，而文化中心也爲此付出很大的心力，但是除了縣民的熱心參與，更需要政府適度的批評、鼓勵和贊助。尤其在金錢利益尚未入侵澎湖，政府更應以理性而適度的補助方式，讓澎湖的藝文環境能穩定而持續的成長。

尊重地方的特有文化

洪瑞全：

剛才陳委員說過，澎湖曾經有過一段文風鼎盛的歷史。記得我小時候，每逢有人家裡辦喜事，或者舉辦廟會，就會有唱南管、演戲等活動，這些人才並不是從外地請來的，而全都是本地人，甚至連偏僻的島嶼也都擁有自己的戲班子，由此可見當時藝文活躍的狀況。近年來，澎湖的傳統藝文的確沒落了許多，其主要的原因有二：一是外來的强勢文化影響了原有的文化；二是由於社會形態的改變，致使人們對於本地文化不再認同。

另外，王縣長也提到喪葬不統一的問題。澎湖的開發比臺灣本島早上數百年，而以它獨特的地形因素自成特有的文化傳統，因此應該對於儀式統一化的構想做細密的考量，不宜用强制的法令作限定，反而損害了它固有的特殊文化。

舉辦返鄉座談，凝聚藝文力量

曾文明：

人才外流是我們在探討澎湖藝文環境時，應先考慮的問題。

民國五十七年，我從馬公中學（今馬公高中）初中部畢業後，舉家遷到高雄，而澎湖人口外移現象也大約開始於這時候，那麼，外移的原因是什麼？到目前爲止，還沒有很具體的定論。

所謂文學反映社會，多年來我從事小說的研究，也希望能從有關澎湖的文學作品中找到澎湖歷史發展的脈絡。但是，截至目前爲止，只有三篇文章是以澎湖爲背景：一是呂則之的「荒地」，敍述二十年前的澎湖；二是王湘琦的「沒卵頭家」，描寫四十年前的澎湖；三是鍾玲的「望安」。然而，這三位作家年紀尚輕，對於眞正的舊日澎湖無法作深入的探討。

那麼，如何使澎湖的人才回流？在這裡，我想建議文化中心，邀集全省澎湖出身的藝文人士返鄉座談，如此不僅能凝聚散佈各地的人才，同時也能刺激、帶動澎湖藝文的發展。

許多事情起頭總是比較難，但是有開始才有成功的可能，希望文化中心能夠爲了澎湖的藝文環境，跨出好的第一步。

寫古詩應從漢學出發

吳克文：

西瀛吟詩社創辦至今已有八十多年的歷史，也是當前歷史最久的詩班，尤其回溯當年在日本人統治下，先人苦心創辦此詩社，力挽漢學遭禁制的危機，其用心艮苦令人敬佩。

本社社員有四十多位，作品時常刊登在建國日報等刊物上，並且也屢次舉辦全國詩人大會，希望能增加古詩的人口。不過，要寫好古詩須先具備漢學的基礎，因此，我謹代表詩社，期望文化中心能夠推動縣內民衆學習漢學，讓艮好的文化傳統得以承續下去。

尊重原有的自然景觀

陳明宗：

澎湖可以說是全省攝影界最熱衷、重視的地區。由於它擁有絕佳的歷史、自然景觀和文化等條件，每年至少吸引上千的攝影同好來此拍照。但是，也因爲這些誘人的因素，使得澎湖的自然環境遭受破壞。例如每年四月東北海岸總有大批海鷗棲息，蔚爲特殊的景觀，但是來拍照的人們總不忘順手拿走幾個海鷗蛋，久而久之，海鷗數量減少了，美麗的景觀也消失了。文藝創作是可以生生不息，而自然景觀一旦遭破壞，卻難以再創造。

此外，在此也建議政府，施政時不要太牽就現實因素而忽略人文景觀。比如在姑婆嶼蓋碼頭、廁所，在媽祖廟架設西式路燈，在西台古堡放置石桌椅等，政府的本意是爲了方便民眾、建設地方，但是卻因未事先仔細考量，反而損壞了該處原有的特色。因此，假使政府的行政措施能先聽聽各界的意見，權衡得失，定能達到兩全其美的效果。

結合縣民力量，共同建設澎湖

嚴式裕：

剛才許多團體代表發言時都提到欠缺經費的問題，事實上澎湖眞的窮嗎？最近政府在全省各地成立基金會，直到今年爲止，以全省人口最多的台北市，共捐了一千八百萬元，而澎湖縣卻捐了二千五百萬元，佔全省捐出金額之冠，由此可見澎湖人的向心力。

澎湖縣子弟每年在臺灣本島就讀的有四、五百人，而這羣新生代菁英在異地生活，實在需要人們的照料和鼓勵。因此，以澎湖現有的財力和人力，若能成立文化基金會，由陳立委在臺北主其事，培植、照顧這些年輕人，除了給予生活上的輔導，同時也培養他們對家鄉的愛，畢業後能有好的作爲回饋鄉土，對於澎湖的未來定有良性的發展。

所以，我認爲，澎湖並不窮，與其等待政府的補助，不如結合縣民的力量，充分利用每一份資源，共同爲建設美好家園而努力！

輔助出版，再創藝文盛勢

宋瑞榮：

澎湖的藝文活動在四〇年代最爲旺盛，尤其當時有「海風」、「陸風」、「新生」等軍中報刊發行，更助長了文藝創作風氣。而目前縣內刊物以建國日報居首要地位，爲表現地方特色的代表性刊物。此外，也有一些刊物，但就整體而言，藝文發展的空間仍然太小。

澎湖最具特色的文化包括鄉土文化和廟宇文化，我針對這二項提出個人的看法。由於澎湖開發甚早，且偏居離島，因此保留了許多鄉土文化，曾經有位先生致力於這方面資料的蒐集，並且陸續在臺澎雜誌發表，但是卻因爲欠缺經費，無法結集出書。相信許多文藝人士也有相同的感慨，雖有佳作而無力出書。所以，如何輔導出版，使文化得以藉文字傳承下去，應該由有關當局深思考量。

至於廟宇文化，澎湖可以說是全省廟宇數量最多的縣，除了特有的建築外，也發展出如南管、八音等文化。可惜的是，由於社會變遷，這些舊有的傳統漸趨沒落，乏人繼承，這現象也值得大家共同探討解決。

精神鼓勵勝於金錢補助

賴潤輝：

我參加西瀛吟詩社已經十多年，由於新文學的興起，使得讀古書、寫古詩的人愈來愈少，而自己寫了不少的詩，卻一直沒有結集印行，主要是因爲一來沒有足夠的經費，二來是欣賞古詩的人口實在太少了。

不過，多年來觀察澎湖地方的藝文活動，自己有一種感想，經費的補助的確很重要，但是精神上的鼓勵更重要，尤其對於藝文人士而言，忠實的批評與精神的支持，都是促發他們創作的推動力。

踴躍投稿，激勵創作

許薫芬：

今天在座的都是澎湖地區的藝文先進，相信他們剛剛的發言提供了將來澎湖發展的許多參考。

我本人任職於建國日報，負責「海風副刊」的編輯工作，就自己的工作崗位上，期盼藝文人士能踴躍投稿，讓這塊文藝的發表園地上能時常刊登佳作，激勵人們的寫作，同時也藉以切磋文藝。

綜合文藝作品，出版專集

林桂彬：

我只提出一個比較實際的想法。文化中心每年舉辦了許多動態活動，但是節目之後卻很少留下什塑。所以，不妨考慮融合本地的藝文作品，統合藝文力量，將美術、攝影、文學、書法、雕刻、陶藝等作品，以文、圖結成合集定期出版，除了展現本地的藝文特色，同時也讓藝文人士有更多的發表機會。

文化是千秋大事，唯有靠文字、圖片的印行、出版，才能傳之久遠、影響深厚。

發展海洋歷史、文化

陳癸淼：

剛才聆聽各位的高見，對大家如此熱心於澎湖的建設，十分令人欽佩。在此，我針對討論題綱的三、四項再作補充。

如何開創寬廣活潑的藝文環境？基本上，澎湖的先天條件比臺灣本島差，因此十分需要一位統合、整合的人或是一個組織，將現有的文化中心、救國團、一報社、三刊物，以及民間社團結合起來。唯有凝聚這些力量，共同爲澎湖的發展研擬計畫性、前瞻性的措施，才能克服先天上的不足。

此外，尋求旅外同鄉的回饋。大家都知道，澎湖外流的人口很多，而如何將這些人的資料調查、建檔，並取得連繫，讓他們能關心家鄉的發展，時常回來辦活動、捐贈藝文書籍等，爲家鄉的進步貢獻心力。

基本上，我覺得學校教育是推動藝文發展的根本，作老師的尤須用一顆熱忱的心，去培養、指導青年子弟，作育新生代。

此外，我們是否可以利用一兩年的時間，籌辦一場澎湖文學研討會，甚至借重「文訊」之助，以澎湖人才或澎湖爲內容的文章爲探討方向，並出版專刊，如此，對澎湖藝文的推動定有很大幫助。

至於要形成一個地方的文化特色並不容易，不過，可以推展地方的固有特色，例如以澎湖爲素材的藝術創作，借文石、漁船、廟宇等，呈現在文學、攝影、繪畫上。尤其以往大家都講求大陸歷史，何不以澎湖爲主，發展出海洋歷史、海洋文學的研究。

剛才有人提到澎湖冬天的藝文休閒，由於文明的引進，家家戶戶都有電視等娛樂品，因此，要使人們能培養藝文的休閒活動，需先打敗電視、錄影帶的吸引力，相信這問題不僅是澎湖，也是全臺灣所仍無法解決的困擾。

至於澎湖能否作爲臺灣文化重返大陸的跳板？就地理因素、現實因素來看，都是不易達成的事。

談到方言問題，最近民主基金會舉辦了「閩南語的藝文活動」，並在臺北、臺中、臺南、高雄等地陸續展開，內容共有六場，包括我主講「閩南語語音的特點」、李安和「古詩的吟唱」、洪惟仁「閩南語語音的分佈」、李赫「閩南語俗語、諺語所表現的智慧」、方南强「閩南語教學的過去、現在與未來」、許常惠「福佬的傳統音樂」，中間並穿插歌仔戲、南管及民歌演唱等節目，同時也於會場擺放閩南語方面的書籍供民衆購買。幾場下來，反應十分熱烈，因此，也許澎湖也可以嘗試舉辦這項活動。

我總認爲，語言的歸語言、政治的歸政治，方言代表一地的文化，應該保留、鼓勵和研究，而不該被某些團體利用爲政治工具，喪失原本的文化本質。

文化發展源自個人內在的省覺

李瑞騰：

過去我個人比較少投注心力在澎湖這個島嶼所呈現的特殊文化上面，今天從前輩的談話過程中，不僅了解澎湖歷史的發展，以及面對未來發展過程中可能出現的疑慮，同時也知道了一些文化遺產的興衰、變遷等等。

此外，大家也都提到藝文發展的空間太狹小，沒有刊物可以發表作品，沒有場地舉辦活動。剛才陳委員建議統合各社團、單位的力量，應是最有效、最具體的開發方式。

大家都提出了許多建議，有些可行而有些不可行，其中也有人指出，過度依賴政府往往造成自我責任的分散，也阻礙了藝文的發展。實際上，每一個角色都是十分重要的。今年我們走過了許多縣市，發現即使在貧窮、素樸的地方，總存在著一些默默地爲自己家鄉發展投注心力的人。所以，文化人本身對於自我內在的省覺非常重要。

澎湖因爲地緣因素，呈現出非常鮮明的海洋性格，就我們現有的藝文創作中，確實欠缺這方面的作品，是不是也表示了從事藝文創作的朋友在觸及面與擴散廣度上的局限？

那麼，召開澎湖藝文研討會，甚至在澎湖舉辦國際學術研討會，其可行性都得值得大家深思、探討。

從大家談話中可以感覺到，建國日報對於澎湖藝文發展具有很大的貢獻，而對於今後澎湖的文化事務，建國日報到底能扮演什麼樣的角色？傳播媒體是文藝背後推動的一隻手，而我們更期待這隻手是强而有力，能爲地方的發展扛起重大的責任。

嘉義

諸羅風情

感懷、珍惜、期許

閒話嘉義藝文環境發展

◉江春標　北回國小校長

嘉義的開發，藝文的進展，都可以看出先民曾經走過披荊斬棘、血淚舖陳的艱辛歲月，也曾經擁有多采多姿，可歌可泣的輝煌傳承。細說嘉義的由來，無數足以繫念的感懷，古老滄桑的事蹟，教人引以傳誦；品味嘉義的藝文，多少堪可誇炫的追溯，踏實的成果，在在令人不勝唏噓。

嘉義人熱愛著大嘉義的山川綠野、海濱風情，標榜的是得天獨厚農林漁牧孕育成就的米稻豐收，菜香散播的鄉野樸質風貌。這裡有舉世知名的阿里山、台灣森林火車，多少傳奇的街道，凸顯地理環境的北回歸線標誌、布袋鹽田風光、佔地遼闊的糖業生產，東石港的漁鮮、龍舟等等，形成「林木文化」、「農村文化」、「漁鹽文化」、「古城文化」……在這種環境下，詩文書畫、音樂、美術、工藝、民俗技藝等藝文，從萌芽、茁壯、成長、盛況到沒落，期許再奮勵，著實就是大嘉義的整個史實記載，更是台灣開發史中最燦爛的一頁。

北回歸線上的古城

位於中南台灣嘉南平原的大嘉義，北接雲林縣，南連台南縣，東界與南投、高雄兩縣爲鄰，西隔台灣海峽和澎湖縣呼應。大嘉義地區包括嘉義縣三鎮——大林、朴子、布袋，十五鄉——民雄、新港、溪口、竹崎、梅山、番路、中埔、大埔、水上、鹿草、義竹、太保、東石、六腳、阿里山和嘉義市，總面積一九六一、六九八一平方公里（嘉義縣爲一九〇一、六七二五平方公里，嘉義市爲六〇、〇二五六平方公里），人口數約八十萬九千三百五十四人左右（嘉義市爲二十五萬七千五百四十人左右，嘉義縣爲五十五萬一千八百一十四人左右），因地域各爲平原、丘陵、山區、濱海、農漁林牧、工商企業經營，各有專屬，惟絕大多數是以務農爲主，是一個典型的農業縣份。

大嘉義是台灣中南部大都會，嘉義市居於嘉南平原中央，民國四十八年前，列爲台南鐵路交通網之中，因爲它既有縱貫鐵路嘉義站及阿里山森林鐵路起站，又有糖業北港線、朴子線四個車站，以一市而有四個車站，爲他縣所無，工商業發達，冠於南部諸城鎮。嘉義縣轄十八鄉鎮，水上鄉的北回歸線標，一鄉有三個火車停站——北回、水上、南靖，曾傳爲誇言，大埔鄉的曾文水庫、番路鄉的仁義潭水庫、而布袋港嘉澎通航、番路、阿里山、梅山等鄉的高山名茶，竹崎的各類竹材，阿里山的竹材、雲海、日出、神木，高山曹族傳統歌舞，都敎人嚮往。

根據文獻記載：明天啓四年（公元一六二四年），顏思齊、鄭芝龍自日本入臺，踊踞笨港（今北港），掠海而藏，築寨以居，鎮撫土著，分汎所部耕獵。翌年，顏氏入諸羅山（今嘉義）打獵，因病卒葬於諸羅東南三界埔（今嘉義縣水上鄉三界埔山），這是閩南語系漢人到嘉義的始端。同年，荷蘭人據台，在嘉義城南蘭井街開鑿飲水井——紅毛井，在嘉義市東郊鹿寮里（今蘭潭），用爲水師練習水戰之地。永曆十五年（公元一六六一年），鄭成功復台，歷鄭經、鄭克塽祖孫三代，北路置天興縣（即諸羅山、嘉義），屯田於嘉義縣中埔鄉公館莊（公館）。清康熙二十三年（公元一六八四年）四月，清廷規劃台灣爲一府，隸屬福建，置諸羅、台灣、鳳山三縣。康熙四十三年，署知縣宋永清，於諸羅建木柵爲城，自是日就繁榮。乾隆五十一年，林爽文事變，諸羅義民同心協助防禦，圍困遂解，五十三年蕩平叛亂，高宗深嘉邑民忠義，改諸羅爲「嘉義」以褒之。光緒二十一年（民前十七年）十月八日中日甲午戰事爆發，日軍來攻嘉義，軍民奮力禦侮，遭大敵來攻，軍民死難衆多，婦女不甘受辱，亦投井殉國，男效忠貞，女懷節烈，嘉義承自血脈忠貞豪氣，對往後爲人處事，藝文創作表達甚鉅。

詩學發祥之地，吟詠不絕

考據史實，諸羅縣與台灣、鳳山二縣，設諸版圖歸清當初，文化最早，康熙二十三年設縣，二十五年即設諸羅縣儒學於嘉義西門內，二十六年，許士子赴福建省城福州考學，增解額，興書院，有學田，爲義學經費，康熙五十年，嘉義首位舉人王錫祺文才領先，乾隆二十二年王克捷中進士，同治間，應廷試者，相繼不絕，海外絃誦，媲美中原，文化涵濡，繼往開來。

諸羅爲台灣詩學發祥地，明永曆十四年（一六六〇年），鄞縣沈斯庵太僕光文遇颶風漂台，曾於康熙二十四年（公元一六八五年），與初任諸羅知縣季麒光創「東吟社」，而永曆十五年隨鄭成功入台之江蘇華亭徐闇公都御史孚遠，與張尚書煌言等六子，創設「海外幾社」，是台灣詩社之鼻祖。嘉慶十五年，嘉義優貢陳震曜，與台南張湇峯，共設「引心文社」，咸豐間，林圯埔街恩貢生張煥文設「郁郁社」，同治間，嘉義蘇攸遠設「文彥社」，是清代文獻可徵之三大文社，此外，尚有「謙謙社」、「梯瀛社」、「三益社」等，文學由城內普及山村，詩文吟詠學習，於焉開始軔發。「海外幾社」、「東吟社」後，經過二二五年，一直到宣統三年，嘉義市有自笏臣、周掄魁、陳家駒等，組織「羅山吟社」，社員中有遜清之名列膠庠者，有日據中俊髦者六十餘名參加，月課、小集，極一時之韻事。日據時期，皇室採奴化壓制，嘉義有漢學素養者，不無黃鐘毀棄，瓦缶雷鳴之感，藉音律以發其牢騷抑鬱，民謠「一隻鳥仔哮啾啾」，就是反映時代的民族心聲。「玉峯吟社」是嘉義名儒賴惠川、許藜堂輩所組設，持續十數年，各地詩社在各處賢儒學人用心召集，如雨後春筍簇出，各地輪開聯吟會，嘉義市、布袋鎮、義竹鄉、東石鄉、溪口鎮、中埔鄉，無處不設詩社吟唱詩文，無時不激昂豪放風雅，其中，値得一提的是民國十九年嘉義國華街張李德和女士，與蘇孝德、陳景初等十數名創設「連玉詩鐘社」，閒暇聚首作詩吟唱，又增設書道會、畫會、圍棋會、音樂會，諸凡正當娛樂，總是竭力提倡，畫壇耆老林玉山、陳澄波、張李德和諸氏在指導方面，爲嘉義藝文孕育最璀璨之基石，萌發最具潛力的藝文界俊彥。民國二十六年中日戰事爆發，嘉義當轟炸之衝，詩會銷聲匿迹，迨光復後缽聲繼響，不意年年頻有物價波動，急景凋年，文士多爲衣食奔碌，無餘暇爲詩文盡心力推動，藝文暫告息偃。民國四十六年，義竹鄉周文俊、蔡清福、蔡錦帆三名「竹音吟社」舊侶，再邀黃庭芳、蔡江河外十數同好，共組「同聲吟社」，曾是當時傳播詩文學習的息事，四十五年詩人節全國聯吟大會，由嘉義縣聯吟會主辦，地點在嘉義中山堂（今中正公園內），全國詩人到有四百名，盛況空前，于右任、賈景德二老各有致詞，副會長張李德和女士主持會務，詩文吟誦，爲嘉義文學風氣締造最佳示範。

時代變遷，藝文轉型

台灣的藝文活動，大體是詩文早於書畫。道光初，嘉義籍進士郭望安的書法，在當時的中南部居有領導地位，徐德欽（進士）、林啓東（進士）篆體書，黃鴻翔（舉人）行書、林維朝（秀才）行草、蘇孝德、莊伯容、蘇朗晨（草書）、羅俊明（葫蘆篆）、余塘左（書聯）、徐杰夫、林臥雲等的書法是嘉義早期藝文的奇葩。民國後，嘉義文士對書藝精研，風氣沿習，傑出者如陳丁奇、郭龍壽等。近期則青年書法家輩出，但留嘉義者寥寥無幾，唯能傳書道，延續藝文之美，何究其離鄉背井之遙遠！

畫作方面，請進士林啓東夫人林周氏茶畫、張李德和、朱芾亭、林玉山、劉新祿、陳澄波、翁崑德、翁崑輝、林英杰、張義雄、吳梅嶺、蔡茂松、黃水文、黃永川、蕭進發、蕭進興、曹根、陳哲、張權等的畫品，各有特色，呈現嘉義人傳統的「豪情忠義」，可惜，畫展知音少，場地亦無著，畫家又分散各處，藝文活動是該負起串連關懷的責任！

雕塑方面，嘉義的發展是近期的事，六腳鄉籍的侯金水，一系列的農村描述，感懷時局的難民塑像，是嘉義的「藝術之光」；朴子鎮籍楊元太的陶塑作品，無一不沾濃郁鄉野自然、崇尚天道理念，是嘉義的「藝術之眞」；承繼葉王的交趾陶藝，新港鄉籍的林洸沂，唯他巧手能塑回古代人物，亦活現生動表情，是嘉義的「藝術之美」；新港鄉籍吳卿的寫實木刻，作品件件回歸生命的泉源，是嘉義的「藝術之善」。近年來，每年美展，是有很多雕塑的創作者努力延續這一股眞善美的光源。

舞蹈上，新港鄉籍林懷民的雲門舞集，早已聞名國內外，它確實能珍攝鄉土散發至愛震撼至性，遺憾的是嘉義沒有文化中心，而在沒有適合他的演出場地，又亟需培植觀賞領會的態度、心思，如何請他對嘉義地區的鄉親加以回饋？

音樂、歌謠，據文獻記載，明清先民移來台灣，在嘉義開墾生活，哼唱的漳泉、客粵家鄉小曲小調，有平劇、南管、北管、民謠、西樂諸音樂社，先後創設多年，亦曾譜出盛世之音，鼓勵民情、習俗、趣味、藝術之向上進步，平劇部有嘉義雲樂社、肅雝社；南管部有共樂社、鳳聲閣、新港清華閣；北管有碧雲軒、義興閣、義和軒、舞鳳社，早期它們都是某些職業團體（類似工會），暇時演練，一作休閒逸趣，培養情誼，一作特定節慶表演，博獲激賞，娛人娛己，後來，亦作專門性演奏彈唱。歌仔戲有北嶽殿西樂園，嘉義音樂協會；聖樂部有崇聖國樂會、聖廟樂局、新港鳳儀社；粵樂部有鏘玉社、嘉義安樂社、羅山協義社，嘉義新合社音樂團；西樂部有共仁社西樂團；職業性歌仔戲班首推新南光歌仔戲；布袋戲的發展都在大林、溪口。如今，這些曾有過盛況的表演，已因日新月異的時代變遷，由光怪陸離的聲光產物——電影、電視、錄放影機、碟影機、音樂帶、影帶所取代，被現代生活的休假方式所排斥。當然，沒有人想學，沒有人會教，學了沒啥用，跟不上時代腳步，沒有專屬機構輔導，沒有特定經費維持開銷，補助演出，一樣樣讓它們在只能回味的空間逗留。戲劇、電影院，原本是藝文活動的主流之一，嘉義最早的戲院是南座（國民戲院），嘉義座（嘉義戲院），慶昇戲院，隨後，才有華南、新都、中央、遠東、國際、文化等，如今，除非有特別吸引力，不然，任它鑼鼓喧天，誰會光顧？這是時代變了！

感懷過去，珍惜現在，期許未來

童謠、兒歌、棋奕等遊戲，是諸羅先民隨身傳遞的簡易實用的民間藝文活動，諸如佔柱仔、煽白魚、掩啯雞、苦情歌、新娘歌、放風吹。清朝末到民國後（台灣光復初期），很是盛行於大嘉義各角落，如今，挨了電視、遊樂器、各種誘人的漫畫書、零嘴兒的悶棍，早已逃回古老，與先人同葬於荒丘！民俗技藝表演，有舞踊、車鼓、獅陣、宋江陣、八家將、弄龍、踩高蹺、龍鳳獅、扯鈴、跳繩、踢毽等，阿里山原住民曹族的山地舞蹈、歌唱，這是嘉義藝文活動常可再欣賞的節目、項目，但內涵已失去原有風格、趣味，招式早已失去眞髓、精采，傳人忽略了過程？抑或是傳人擅改它們的樸質？還眞怕又是時代變遷惹了是非。

我們相信，天地萬物循著生生不息在營造生命的眞善美，感懷嘉義過去擁有的榮耀與盛名，珍惜嘉義現在尙有的信心與能耐，期許嘉義未來必然的把握、成果，目標是促使嘉義的藝文活動，重現歷史既有的蓬勃，塑造現代應有的創新。

嘉義藝文活動概況

⊙李清子
嘉義市教育局第四課課長

在全省、在整個台灣地區，各地文化中心一番生氣蓬勃的背景中，提筆來寫「嘉義的藝文活動」，心中實在是惶恐。有如一介寒士拎著布包，走往趕考的京城，既沒有文房皆全的行囊，更沒有略具品味的書僮——卻仍有一份應考的決心與誠意。

嘉義文化中心自七十一年六月嘉義縣政府發包興建第一期基礎工程至八十年一月嘉義市政府的整理動工後續工程，其間九年的歲月歷程，對政府——不論中央、省或嘉義縣市地方政府、對百姓、對藝文界人士，它都存在著一份歷史的情結。而今而後，不是追究，不是責備，而是如何攜手努力把它完成，讓它如精神堡壘般屹立在諸羅山城中，讓它神彩飛揚地帶動整個嘉義地區的文化氣氛。可喜的，這不只是夢，一年後，它將呈現在大家眼前。

縱然沒有富麗堂皇的文化中心，縱然缺乏設備理想的活動場地，但九年來，自民國七十一年七月升格爲省轄市以來，嘉義市仍持續性的、全面性的利用學校簡陋的禮堂、公園寬敞的廣場……來辦理各項藝文活動，如火花般地在各個地區、各個角落裡點燃。所謂「星星之火可以燎原」，期藉著點的推動而至面的擴展。更可貴的，嘉義地區一直有著無數的人，在默默的播種、耕耘，因著他們的執著與毅力，火花未曾黯淡，沙粒不斷凝結，綠洲逐漸盎然。

一、從春秋文藝季看文化的成果：七十一年七月嘉義市改制之初，百事待舉、經費短絀、人員不足。許故市長世賢女士高瞻遠矚，在藝文活動於全省各地尚未成氣候時，便排除萬難，首開嘉雲南平原之風氣，於當年十一月二十日在火車站前廣場，敲響了嘉義市第一屆文藝季的鑼聲，自此而後，薪火相傳，綿延不已。自許故市長而張博雅市長而今日的張文英市長，鑼聲響遍了嘉義市的每一寸土地，敲動了每一位市民的心田。每年春秋兩季，九年來共推出了十八季三百六十幾場的文藝季活動，內容涵蓋各類的藝術，舉凡文學、美術、音樂、舞蹈、戲劇、技藝……等都有。有精緻的、有傳統的、有高品質的、有大衆化的；有靜態的展覽、動態的表演、也有生活的講座；其意義兼顧藝術性、教學性、娛樂性、休閒性。眼見觀衆欣賞的水準，一場比一場進步，一年比一年提高，眞是應了一句話「流汗播種、歡笑收割」，是肯定、是安慰。

二、從圖書展覽看藝文的滋長：藝術的本質是文學、音樂、美術、舞蹈等。若離棄了文學的精髓，便會淪爲膚淺、粗俗。嘉義市這幾年來，每年均辦理兩場的兒童讀物展、兩場的全國優良圖書大展。其中尤以七十四年七月在體育館辦理的全國優良書展場面最大，內容最豐富，影響的層面也最廣又深。五天裡的參觀人數達五萬人次（統計數字四萬九千一百），竟日裡男女老少流連忘返，購書金額二十餘萬元，爲鄰近縣市的三～五倍。兒童讀物展，有好幾次在中華書城工作人員的刻意統計之下，發現嘉義市的參觀人數與購書量，都居於全省第一或第二。從這實據，使我們深深覺得，嘉義淳樸的市民對「書」確有一份深厚的喜愛，書香處處飄，文風日日長。

三、從地方美展看美術的傳承：美術在嘉義，曾有著輝煌的過去，展望未來，也必有一番璀璨的遠景，而居於現在的我們，豈能任他空白？在本市最早成立也最完整的資賦優異特殊才能實驗班，即爲美術班。升格後的第二年，民國七十二年七月大同國小便成立了美術實驗班，四年後蘭潭國中接著也成立了國中美術實驗班，去年省立嘉義高中在各界殷望下，也有了美術班，於是國小、國中而高中便成一完整而系統的培育美術人才之場所。在全市性方面，較有規劃也較全面性的美術活動，即爲在文建會輔導之下辦理的一年一度的嘉義市地方美展——美術家聯展。

這是嘉義美術的傳承，也是發揚，作品包括國畫、油畫、水彩、膠彩、版畫、雕塑、陶藝、工藝、書法、金石……等，每年作品均在三百件左右。參加的人涵蓋老中青三代，也有部分是遠離嘉義的名家，此所以提攜晚輩後進者，實爲地方美展具有特色，具有意義之處。每年地方美展，展出之前舉行揭幕，由市長親臨主持，並以簡單茶會招待各界來賓及所有參展者，藉以溝通、交誼，展出後，出刊專輯，致贈每位參展者及各級學校各一本，是美的成果，也是史的見證。

四、從音樂舞蹈比賽看藝術的飛揚：在學校藝術教育方面，每年的台灣區音樂比賽、舞蹈比賽以及學生美展是評價最高，各界最重視的一項活動，各校的老師與學生莫不全力以赴。本市每年在區賽均有優異突出的表現，而其實在市賽的時候，就已經很令人賞心悅目。如小型學校精忠國小的合唱有三年在市賽蟬聯冠軍，其音色之美，令人訝異；而垂楊國小的唱遊在台灣區賽連續幾年都獲優等：省立嘉義女中的合唱、管樂隊、嘉義高中、嘉義高工和嘉義農專的國樂與管樂，嘉義師院的合唱、國樂等都名震南台灣，與他們飛揚的青春一樣令人喜愛、讚賞。而王淑美舞蹈補習班每年在區賽更有令人激賞的成績。王淑美舞蹈補習班於七十二年四月立案，王老師熱愛舞蹈，肯用心，具有創意，她所編的舞碼，總令人耳目一新，表達的意境深遠，舞姿優美活潑，所以每年都能獲得雙料冠軍或多重優等，今年並第三度獲得全國最佳編舞獎，是本市舞蹈界的奇葩，爲本市的舞蹈界開創一片新天地。

五、從校園刊物看綠苗的植根：嘉義市政府教育局本著百年樹人的長遠意義，於升格後的第二年七十二年六月便開闢「嘉市文教」的園地，提供教師寫作的機會並溝通教育訊息。「嘉市文教」每年出刊四期，是屬於季刊，本月出版的已經是第三十三期。同時爲提倡兒童文學、鼓勵兒童寫作、激發創造能力，於七十三年四月的兒童節「嘉市兒童」創刊號便誕生了。「嘉市兒童」圖文並茂、字體適中、有短詩、有小品。並加注音，讓低年級的小朋友也能閱讀，從此每年出刊兩期，如今已發行至第十五期。爲普遍發展，讓所有的學生都有所發抒，教育局輔導各校出版自己的刊物，這幾年來，本市各國中小都已陸續辦有自己的刊物。而高中學校部分更有較充實較豐富的種種「青年」。校園裡各色各樣刊物所培育的幼苗，正是本市明日的文藝人才。

前人種樹，後人乘涼，今日的榮耀，是因於過去的辛勤；而明日的成果，也必基於現在的灌溉。開創本市更寬廣更活潑的藝文環境，我們期望積極地再朝幾個方向共同努力，一起開發。

首先在政府方面，應促文化中心的早日完成，規劃其功能的發揮。編列充裕的文化經費，辦理各項完整性的與生活結合的藝文活動，建立嘉義的文化特色、輔導藝術團體、獎勵藝術人才。同時要全面培養藝術欣賞人口，只有在欣賞人口增長的時候，藝術才能發揮得更淋漓盡致，登峯造極。

其次大企業家、公司廠商，有權利也有義務栽培藝術團體，如保力達公司之保力達藝術家合唱團，以企業界雄厚的資本，培育高水準的藝術才華，眞正是相得益彰，也是廿一世紀先進國家必有的模式。凡事起頭難，期盼嘉義地區的企業界人士，有遠見，有作爲，帶動起優秀的藝術團體，取之社會，用之社會，使嘉義的文藝更蓬勃，更興盛。

同時也要寄語嘉義的藝術家們，秉著包容的心態、仁者的風度，開創一個多元並存的藝術環境。造物者之被歌頌，是因它滋生「萬」物，自然之絕美，是因它不執著於「一」相。因此，藝術之溶於生活，也可不拘泥派別與門戶了。提高生活品質，人人有責，而藝文界的大家們，更是義不容辭了。

唯有越艱辛的過程，成果也越甜美，環境越困難，我們越要誠實的奉獻。文化之薰陶、藝術之修養，有如涓滴泉水，日久而成大河，原非一時之功、速成之事。請大家給予大家肯定多於責備，感謝先於埋怨。若要說「這裡是文化的沙漠」，那麼請先想一下，「我又爲這裡的文化做了什麼樣的奉獻」？

嘉義地區藝文環境之展望

◉李國俊
嘉義師院語文系副教授

嘉義是台灣早期開發的城鎮之一，由於近臨商業興盛的北港，早年也曾有輝煌的一段繁華勝景，生氣活絡，人文薈萃，出了許多知名文士。北管子弟團「義和軒」、「碧雲軒」兩大團體經常競演，瞑日笙歌不斷。然而由於歲月遷替，社會結構的改變，今日的嘉義，藝文活動貧乏，地方人士參與興致不高，加上文化中心硬體設備閒置甚久，未能完工，至引來「文化沙漠」之譏，可不悲乎？現階段的少數藝文活動，也只是些官辦或校園活動聊做點綴，如縣市政府每年例行的幾項藝文競賽，以及文藝季活動等。

然以嘉義地區古的文化傳統老文化，加上充滿活力的新生契機，以及有心人士的大力推動，嘉義藝文環境的好轉，當是可以預期的，以下從民間藝術、社會團體、學校活動、政府機關等分別說明：

一、民間藝術的再出發

嘉義地區民間的活動多數屬於宗教與民俗的層面，雖然沒有具規模的南北管樂團，但布袋戲團之多卻是全省有名的。難能可貴的，是嘉義地區的布袋戲團相當團結，組織有南北王爺會，互相扶持砥礪，且成員多數具有良好的北管根柢，願意爲民間藝術奉獻。筆者即曾經邀請多位南北王爺會的師傅，義務指導嘉義師院學生演練北管布袋戲，成效頗佳。再者嘉義地區的歌仔戲團、南管師傅，也都非常願意無條件傳承技藝。可見結合地方藝術團體，規劃藝術傳承工作，當是不難施行的。

二、地方性基金會之推動

隨著社會經濟的發達進步，以及對鄉土的熱愛關懷，最近幾年嘉義縣新港鄉有了「新港文教基金會」的成立，雲林縣北港也成立了「笨港媽祖文教基金會」，這兩個地方性民間團體雖以服務鄉里爲主要目的，但推動文化活動遍及嘉雲地區。

新港文教基金會近幾年來與學術單位合作，對嘉義地區民俗文化的探討有相當的成績。笨港文教基金會積極籌劃藝文展演、辦理研習活動，如今年四月份在民雄鄉荒圃山莊的一場詩鐘聯吟，頗能帶動地方的文藝風氣。類似的團體與活動將會越來越多，地方藝文的推展也將愈趨樂觀。

三、校園活動之延伸

校園原本是藝文活動的最佳地點，可惜校園內的藝文活動有其侷限性，加上學生社團的成員流動性相當大，不易維持一定的水準，然而學生社團的衝勁與活力卻是最不可忽視的。

從現階段來看，嘉義地區已有兩所大學了，國立中正大學的大學部將在八十一學年度開始招生，嘉義師範學院也將在今年年底開始遷到民雄校區，屆時如何妥善利用校園環境，以及充分應用民間資源，支援學校教學，推動地方藝文發展，當是可以預期的。

四、對政府機關之期許

政府機關近幾年來都在極力推動文化建設工作，以嘉義地區來說，至少應在以下幾項努力：

1. 有效應用地方之軟硬體設備。文化中心終將有完成的一天，而如何妥善規畫應用，似宜及早綢繆。
2. 建立地方藝文團體人才檔案，全面性調查整理嘉義地區之藝文團體、人才分佈等狀況。
3. 協助優良及具地方特色之團體，如歌仔、布袋劇團中較具特色者。
4. 拯救即將消失之藝術文化，如月眉鄉的交趾陶藝，阿里山原住民文化等。

◎高惠琳

說一尺不如做一寸

「嘉義藝文環境的發展」座談會

時間：八十年五月二十五日下午三時～六時
地點：救國團嘉義學苑
主席：蔣　震（本刊社長）
與會：劉桂�（龍旗雜誌社嘉義辦事處主任）
何沛雲（青溪新文藝學會嘉義市分會理事長）
蕭家惠（嘉義農專教師）
江春標（嘉義北回國小校長）
蔡梅香（嘉義垂楊國小輔導室主任）
陳信茂（嘉義新港國中教師）
陳　哲（嘉義高中教師）
臧汀生（逢甲大學副教授）

張麗昀（嘉義農專音樂教師）
李國俊（嘉義師院語文系教師）
蕭啓專（嘉義師院音樂系教師）
蔡尚志（嘉義師院語文系教師）
林水茂（作家）
劉豐榮（嘉義師院美術系教師）
李清子（嘉義市教育局第四課課長）
潘江東（救國團嘉義團委會總幹事）

（以上按發言序）

討論題綱：

一、本地的藝文傳統
二、現階段的藝文活動之檢討
三、如何開創一個寬廣活潑的藝文環境
四、如何形成具有特色的嘉義文化

蔣震：

今天承蒙救國團嘉義團委會協助舉辦座談，在此表示感謝。

此次活動是文訊今年企劃的系列座談的第七場。文訊所以策劃了「各縣市藝文環境調查」，主要是有感於當前社會在經濟掛帥下，民衆缺乏文化素養，雖然擁有八千美金的國民所得，但是卻無法獲得國際人士的尊重，因此，政府在最近的六年國建計畫中特別重視文化建設，希望藉由文化的投注，能扼止許多因經濟發展衍生的弊端。同時，我們也計畫在辦完一年十二場的座談會後，匯集每場次的意見，出版專刊，呈送給有關單位作爲參考之用。

這次我們在籌辦嘉義的座談會時，發現了一個很特殊的現象：嘉義沒有文化中心，也沒有社教館。使人十分感慨，嘉義是台灣較早開發的城市，人文薈萃，而如今卻欠缺文化方面的硬體設備，其原因何在？值得我們深思。此外，嘉義地區藝文刊物的生存空間似乎十分狹小，希望待會兒大家也都能夠踴躍發表看法。

要落實文化建設，最主要是能契合地方環境的需要，並且考量歷史發展淵源，唯有結合各種條件，才能發展出具有特色，活潑有生機的藝文環境。

培植文藝新血輪

劉桂枏：

許多人都認爲嘉義是個文化沙漠，實際上，在四、五十年代時，嘉義是個文風鼎盛的地區，也出現過郭良蕙、羊令野、姚姮、畢珍等知名的作家，只可惜他們陸續離開之後，寫作人口便逐漸減少了。此外，商工日報可以說是以前主導嘉義文化資訊的刊物，尤其是副刊，時常刊登一些很好的作品，不過在改組之後，也隨著沒落了。

談到目前嘉義地區現有的文藝社團，共有寫作學書、書法學會、美術學會、台灣省作家協會嘉義分會、青溪新文藝學會嘉義分會等，而常見的藝文活動大都是書畫展覽，反倒是寫作方面的成果較少。記得前年文藝協會舉辦一場文藝座談，座談當天借用了可容納二、三百人的場地，事前也和各學校單位做過聯繫，但是來聽演講的人數只有六、七人。不禁令人感慨，學校對於藝文活動的漠視。此外，雖然嘉義有不少藝文團體，但是會員多有重複，也就是說，參加藝文團體的只局限在某些人，新血則十分欠缺。

所以，要推動嘉義的藝文發展，首先應從學校著手，由校方主動鼓勵學生參加藝文團體，參與藝文活動，使新一代的年輕人也都能投入文化建設，共同為嘉義的藝文環境而努力。

政府應寬列預算，補助民間團體

何沛雲：

雖然我不是作家，但是青溪新文藝學會嘉義分會於七十三年創辦，至今七年，我一直對文藝工作投注很多心力。基本上，我覺得嘉義的文藝刊物很少，一來是因為經費不夠，再者，是地方人士對文化工作不重視。今年，為了慶祝建國八十周年，我們特別舉辦五天的慶祝活動，但是四處奔走，不論官方或民間都無人肯幫忙。這十幾年來，大家都努力在經貿上面求發展，但是卻疏忽了固有的中華文化，造成現在社會秩序混亂，人們缺乏倫理道德觀念。所以，在先天不足，後天失調的情況下，嘉義藝文環境之惡劣可想而知。

目前，李總統、郝院長都大力推展文化建設，因此，政府應做全盤性計畫，配合民間的需求，編列各項預算，甚至硬性規定各縣市政府，對於各民間團體應有一定的補助。唯有徹底實行，才能帶動地方的繁榮。

文化建設須具備人和錢

蕭家惠：

我雖然不是本地人，不過在嘉義也已經居住了二十多年，應該可以算是嘉義人，談到嘉義是文化沙漠，最主要是缺少建設。其實建設必須具備兩項條件：一是人，一是錢。人又須包括兩種人，推動的人和創作的人。嘉義並不是沒有對藝文感興趣的人。但是如何擬定活動內容和進度。拓展藝文人口，都亟需研討。另外，雖然我們已經解嚴，但是必須是從政治到心靈上的全面解嚴，才能創作出活潑、有生氣、有內容的好作品。

目前嘉義地區的攝影、書法、音樂等方面都有傑出的表現，活動也十分頻繁，唯獨欠缺的便是文藝創作。縣內除了救國團發行的「嘉義青年」，其次就是各校校刊，至於純文學性的刊物十分缺乏。不過嘉義農專除了校刊「嘉農青年」外，並發行一年三期純學術性的刊物「嘉農學報」，此外，也設立了「阿波羅文學獎」，分小說、新詩、散文三方面選拔優秀作品。因此，如果能有專責機構，主掌各類文藝獎，並發表優秀作品，對於文學創作風氣定有莫大的提昇作用。

其次，談到錢方面，我有兩點建議：一是由中央寬列預算，提供發展文藝的經費；二是希望廠商、企業界能對文藝活動多作捐助，使藝文的發展能與政經齊頭並進。

嘉義以往擁有許多好的傳統，如八家將、踩高蹺、南北管等，不過目前除了廟會外，難得看到這些傳統技藝，因此政府實在有必要提撥經費，使這些技藝有人傳承下去。此外，昔日鄉土文藝一直有著四種特質：㈠是氣度上較狹小，㈡是具有怨恨色彩，㈢以台灣地方小人物爲主角，層面窄小，㈣作品呈現民族被壓迫、欺凌的內心掙扎。雖然有人說「文學是苦悶的象徵」，但是在時代潮流下，文學更應該是生活的表現，呈現社會、民族精神，如此，鄉土文學才更能有新生命、新面貌。

宣揚傳統、傳播藝文風氣

江春標：

我是土生土長的嘉義人，從小便看著嘉義變化，從諸羅城到嘉義縣，從野台戲到電影院，不論在經濟上或藝文方面，嘉義的確變化很大。尤其我曾經參與嘉義縣志的編纂工作，透過資料的蒐輯、史蹟的考核，可以明顯看出，嘉義人才濟濟，從事藝文工作的人士也很多。但是要如何宣揚這些傳統、傳播藝文風氣？則是每一個身爲嘉義人所需思索、考量的。

因此，在面對嘉義未來藝文的發展，我的看法是：用懷舊的心情，追溯嘉義的過去，以珍惜的態度，整理嘉義的光輝；憑拓展的壯志，期許嘉義的發展。

由政府與民間合作，共創藝文遠景

蔡梅香：

在現階段藝文活動檢討方面，以我多年工作的經驗，在此提出四點看法：一、宣傳管道有限。最近魔奇兒童劇團將在嘉義演出，但是到目前爲止，知道這個訊息的人相當少。不禁令人感慨，教育局斥資十三萬舉辦這活動，結果卻乏人問津，由此可見宣傳工作實在有待加强。二、家長不重視休閒生活。前不久我們舉辦了親子捏麵專題演講，剛開始報名十分踴躍，幾乎有二百人，但是，後來因為隔週學校舉行考試，眞正來參加的不過幾十人。因此可以得知，藝文活動在聯考制度下很難有發展的空間。三、缺乏有錢、有心的人持續性的舉辦藝文活動。四、民衆停留在只參加有利可圖的活動。一般民衆參加活動大都因為有摸彩節目，而活動內容的好壞反倒不會眞正重視。而如何剷除這些觀念、加強宣傳功能，也是我們在探討嘉義藝文環境所需思考的問題。

其次，談到如何開創寬廣活潑的藝文環境，基本上，若能由政府與民間合辦，透過村里鄰或學校的協助，定能獲得良好的成效。以本校垂楊國小為例，由義工媽媽組成了教育服務團，輪番開放圖書館，供高年級學生閱覽。此外，我們也向獅子會、青商會、家長會等請求捐助，目前獲得的捐款有十五萬元，而捐書達兩萬多册，足見學校是個推展藝文的良好管道。

再者，我建議多設立成長團體，如婦女讀書會、插花班、韻律班、書法班等。結合地方上的有心人士，讓想學習的人有地方可以學習，願意出錢出力的人可以適切的提供資源，並藉由良好的規劃，定能為嘉義的藝文環境開創美好的遠景。

建立開放、多元價值的藝文觀念

陳信茂：

有許多人認為嘉義是個文化沙漠，事實上，我認為我們的社會本來就是個文化沙漠，如果我們今天所探討的是嘉義縣市的藝文「現況」，那麼嘉義確實是個文化沙漠，沒有文化中心、缺少藝文活動。但是，我們將今天的座談定位在「放眼未來」，一起來討論如何在這塊土地上培養文藝氣息、從事文化建設，那麼今天在座的各位一定能提供許多建議，從學校、社會等方面共同爲嘉義的藝文遠景草繪藍圖。

此外，我們也感覺到，整個社會環境並沒有尊重文藝工作者的創作熱忱和尊嚴。我本身是學戲劇，並且擔任嘉義師院等學校戲劇社的指導老師，但是，在許多演出中，學生們賣力的表演，卻很少有學校、機關的長官蒞臨參觀。由於各階層主管在心態上對於藝文並不重視，又如何要求一般民衆熱衷文藝？因此，我們不禁要考慮到，如何讓文藝修養的需要性遍及各階層。

對於從事藝文工作者來說，也應建立開放、多元價值的藝文觀念。文藝的路是十分寬廣的，在同種類中仍能細分出許多流派，不應有異同之分或我執之見，而是以建立良好的藝文環境爲共識，一起開創多元、寬廣的藝文空間。

我曾經擔任過嘉義地區地方戲曲比賽的評審，因此頗能體察地方戲曲工作者的痛苦與無奈。以往，人們學南北管、歌仔戲等，是爲了把它當成一份職業，但是如今在社會變遷下，靠傳統技藝是很難生存下去，於是正職變爲副業，素質也隨著低落了。因此，假如政府眞的有心去維護這些傳統，是有很多管道可行，例如在校園設立研究社、在許多活動中撥款提供表演機會，並且透過提供經費、遴選淘汰的方式來要求素質及演出水準。相信經由細密的管理、經營方式，不僅能保存固有的傳統，也能使之更精良、發揚光大。

建立民衆的藝術價值觀

陳哲：

談到嘉義的美術環境，我認為不止有輝煌的歷史，同時也擁有燦爛的未來。因為現今有許多畫家是嘉義出身，而許多繪畫比賽中嘉義民眾也都有很傑出的表現。至於如何推展嘉義的藝文環境，我則有兩點建議：一、為文化中心催生。以美術為例，由於欠缺展覽場地，使得許多畫作無法在嘉義展出，對畫家或民眾都是一大損失。二、為民眾的美術教育催生。傳播媒體肩負著宣導教化的功能，但是，目前有許多媒體記者抱持著扯後腿的心態，批評多於鼓勵、貶抑勝過支持，在這種情形下局限了藝文的發展。因此，在此也希望傳播媒體能以良善、正面的報導，促使美育的觀念在民眾心中紮根。

此外，民眾也應培養欣賞畫、懂畫的涵養。我有一些朋友，他們家中懸掛的畫都是路旁買來的幾千塊作品，而對眞正從事繪畫的人來說，一幅作品的完成是需要耗去許多時間與心力。所以，如何建立民眾的藝術價值觀，提昇民眾欣賞畫、買畫的水準，也都是美術教育中極重要的課題。

因勢利導，成立文教基金會

臧汀生：

我一直很信奉一句話「山不來就我，我就去就山」，所以，當社會環境走向功利、多元的時候，我認為藝文環境是可以利用社會的潮流而開展出更寬廣的空間。以我自己為例，我在逢甲任教，時常鼓勵學生多創作，但是督促再三，總是沒人理會，後來我自己掏腰包，出錢作為獎勵，結果獲得很熱烈的反應。因此，我認為因勢利導是個很好的方式，既然要發展藝文環境，自然應用人們最樂意、容易接受的方法，才能獲得很好的效果。

綜合以上的觀點，在此我想建議嘉義人士成立財團法人文教基金會，唯有擁有充足的經費，不仰賴政府，才能建立開放、多元的藝文環境。

運用宣傳管道，裨益推展成效

張麗昀：

許多話剛才大家都已經說過了，所以我也就不再多做重複，在此我想强調兩點建議：一、嘉義實在缺乏硬體設備。例如欠缺場地，如何辦活動？此外，當我們在推動活動時，同時也應顧慮到一些諸如電視、電動玩具等因素的誘惑。二、有關推行方式。我曾經擔任過嘉義地區合唱比賽的評審，其中「阿里山鄉小學」的歌聲宛如天籟，令人心動不已，但是這麼好的歌聲卻僅止於我們這些評審聽衆，比賽之後不了了之。因此，好東西如何保存、推廣，甚至如何補助、鼓勵，都是我們在探討藝文發展時所不容忽視的問題。

宣傳管道、媒體和方式也是促進文藝發展的重要因素，基本上，我認爲應先設立文化走廊，讓藝文訊息融入生活中，成爲生活的一部分，如此，不僅能讓文藝在民衆心中紮根，同時在耳濡目染下，更能收到效果。

推廣藝文需用「心」付出

李國俊：

我曾經從事傳統戲劇、傳統音樂的調查、整理工作，從中發現，嘉義原本是個人文薈萃、文風鼎盛的地區，但是近十幾年來，人才卻逐漸外移，而一些舊有的民俗也都消失殆盡。目前嘉義的傳統技藝中，如南管、歌仔戲等都已經沒落了，唯一碩果僅存，甚至發揚光大的，便是布袋戲。

嘉義地區共有六、七十個布袋戲團，爲了結合力量，他們組成了「南北王爺會」，並且時常連繫、聚會，同時也不計酬勞的到校園指導學生，以推展這個悠久的民俗技藝。所以，我覺得，嘉義的藝文環境並不是全然沒落，它也有正在改善的一面，至於會被稱作文化沙漠，主要在於推動的人太少。以「南北王爺會」爲例，相信只要願意付出，推廣藝文不會是條艱難的路，所以，我們不應抱怨沒有文化中心、沒有經費，重要的是我們有沒有「心」，有心去做，許多困難必定能夠解決。

另外，我想提出一點建議：推廣藝文應從社會出發，一般人都認爲學生較能接受文藝洗禮，但是學校教育只有三、五年的時間，好不容易造就人才，卻因學業結束也流失了人才，因此，不如在社會上培養人才，有較長久、持續的效果。

設立音樂班，拓展音樂領域

蕭啓專：

我針對嘉義地區的音樂環境向大家報告一下。

嘉義的音樂活動很多，除了教育局社教課文藝季活動外，「新港文教基金會」、「嘉義市愛樂合唱團」等也都有許多演出活動，而在民間方面，廟會中常舉辦一些歌唱比賽，學校活動中心也有私人音樂發表會，大體看來，嘉義的音樂環境是開放、多樣的。不過，目前最大的缺憾是學校沒有音樂班的設立。以鄰近的雲林縣爲例，從小學到高中早已有音樂班，而以嘉義的合唱團、樂團在南部傑出的表現，實在有必要設置音樂班。據說大林鎭同濟中學最近將成立音樂班，這是個好的開始，希望能繼續廣為推展。

在此，我提出七點建議：一、在活動推展上，應該多張貼活動海報，讓訊息能更遍及。二、設立良好的表演場地，使演出能有更好的發揮空間。三、改進表演內容，使之更具活潑性。四、對於學校合唱團、樂團應多鼓勵、支持。五、多舉辦有計畫、系統性的音樂欣賞會，把藝術帶入生活。六、成立有聲資料中心，讓民衆擁有更多更好的音樂常識。七、促成音樂班的設立，以培養更多的人才。

藉社會的支持力量，提振藝文風氣

蔡尚志：

我是民國五十二年從鄉下來嘉義讀書。當時我積極參加校園的文學活動，並且經由朋友的推介，進入了救國團，由於文學資訊大都來自救國團，於是藉由文藝這條路，結識了許多志同道合的朋友。回溯當時的藝文環境，年輕人對藝文的熱忱並不是很濃厚，主要原因在於社會支持的力量不夠。所謂社會的支持力量有兩種：一是像救國團這樣有組織、有計畫的文化單位；二是個別的力量，例如家長的鼓勵、贊助等。在這樣微薄的支持力量下，藝文又怎可能有顯著的發展。

此外，學校的支持力量也不夠，目前學生發表的園地局限在救國團「嘉義青年」和各校校刊上，而前者收取了費用，後者的內容大多著重在施政報告，眞正供學生發表作品的空間實在微乎其微。學生是社會的命脈，因此，在拓展文藝，尤應先喚醒學生的熱忱，讓他們感受到從事藝文創作是件值得鼓勵、重視的事，甚至設立大學城，使文藝的氣息不受外界工商利益的汚染而能獨立茁壯，並且能進而影響社會，造就藝文的新風貌。

及早設立硬體設備

林水茂：

當我們在探討一件事情時，外在因素是需要納入考慮的。剛剛大家也都提到了，社會形態的改變，導致現在藝文的地位與重要性隨著動搖。所以，當我們在討論如何推展藝文時，也應考慮如何改善社會風氣。

在此，我只提出一點建議：及早完成硬體設施，唯有擁有一個良好、固定的活動場所，凝聚喜好藝文的人士，一起切磋、聊天，才能帶開風氣，讓文藝普及各個角落。

從社會、學校教育上從新出發

劉豐榮：

要解決文化問題須先了解文化特性。文化的特質有三：一、內在精神性。文化應是社會觀念、價值體系的表現方式，而不是超然於外的純藝術空間。二、生活性。是民眾生活的依據，並且反映在社會中。三、存活與發展性。除了舊有的傳統外，也能隨著社會的脈動前進。所以，我們可以了解，文化是經過不斷的思索、形成、經驗，甚至是可以設計、安排的。

就目前的社會現況來看，整個社會缺乏文化內涵，甚至文化價值也遭否定，其主要的原因是民眾的文化知識不夠、學生的文化教育不足。因此，無論在社會教育或學校教育上都需要重新計畫，並予以嚴格、縝密的課程安排。基本上，有二件事情應該實行：一是成立文化基金會，讓文藝工作有主導的源頭；二是建全文藝機構和制度。除了文化中心，像資料館、圖書館、研究發展推廣中心等都需及早設立，以提供更完足、充實的場地和資料。

要提昇文化水準，最重要的是須有整體性、系統性、計畫性的規劃，並且透過立即而徹底的實行，才能獲得良好的結果。

以愛心、耐心、恆心締造藝文美景

李清子：

剛才聽到大家的寶貴意見，都可以做爲今後我的工作方向和改進目標。在此，我也想提出自己在工作上的困難，希望仰賴各位的高見能順利解決。許多人都提到宣傳不夠的問題，其實第四課的工作人員只有三、四人，我們爲了推廣活動，總是利用假日印製書卡，並且親自送到各個學校，這樣積極、辛勤，主要是爲了讓藝文的資訊傳達到老師手中，並藉以轉知學生，但是，傳遞訊息的任務完成了，爲何學生仍無法獲得正確的資訊，實在令人納悶。

我曾經策劃編印「嘉義市美術家發展史」，並且四處打聽，終於掌握到一位資深的美術家，但是兩度登門造訪尋求協助，卻都遭拒絕，因此，這件頗具意義的編書工作也只好打停。

談到現階段藝文活動檢討，目前我們每年定期舉辦兩次文藝季，活動內容包括音樂、繪畫、戲劇等方面，囊括了精緻與通俗。不過，正如大家所說的，場地的缺乏使得我們在舉辦活動時常常遇到許多困擾，此外，我們也經常舉辦地方美展。而且每次展出，市長都親自主持開幕，足見這方面我們的確做出了一些成績。

有關文化中心的問題一直是大家矚目的焦點，在此我也想說明一下。文化中心至今遲遲未能露臉，主要是由於經費缺乏，以國立嘉義農專爲例，他們一年的經費遠比嘉義市政府多出許多，原因在於農專是「國立」的，市府是地方的，而在有限的經費下又須分配給各個單位，平均下來便所得無多了。又例如即將成立的中正大學圖書館，政府提撥了八億元的經費，而文化中心音樂廳、圖書館的設立經費只有三億五千萬元，在這種懸殊差距下，不禁令人感慨政府補助經費的不均。不過，我們也盡量排除萬難，文化中心的圖書館部分已發包動工，預計明年完成，到時有了固定的展覽場所，對於藝文活動的帶動定能產生良好的效果。

至於嘉義地區現有的文教基金會有三：幼獅童軍文教基金會、嘉義市文化基金會、安慧文教基金會，他們都陸續開展活動項目及內容，對於嘉義的文藝活動深具推廣之功。

最後，我想提出幾點個人的期許：一、希望廠商能多贊助藝文團體，以保力達合唱團爲例，在充足的經費支援、妥善的規畫下，才能有良好的演出水準和持久的生存。二、全面提昇藝文水準，除了藝文人士的創作水準外，培養藝術欣賞人口、傳授藝文教育也都是十分必要的。三、抱持多元並存的心態，自古文人相輕，尤其藝文的領域那麼寬廣，各類都有不同的風格、派別，但是，藝術的本質是眞、善、美，藝文工作者理應以包容的心態，爲創造美好的藝文環境共同努力。四、樂觀，凡事起頭難，但是過程愈艱辛，成果就更甜美。我們應該抱持樂觀的態度，一起營造美好的未來。五、做，說一尺不如做一寸，嘉義目前的藝文狀況的確有許多缺失存在，但是只要大家願意深入、願意做，定會有良好的成績。

要造就一個美好的藝文環境，無論政府、民間、藝文人士之間應該有所共識，要能肯定多於責備、感謝甚於責難，只有在愛心、耐心、恆心的灌溉下，才能培育出豐碩的果實。

匯合羣力，共同面對問題

潘江東：

我針對救國團所從事的藝文工作概況向大家報告一下。

救國團目前每年寒暑假都舉辦了文藝營和期刊編輯營，希望能提供文藝愛好者學習的機會。至於救國團所發行的刊物「嘉義青年」，多年來一直在文藝的推展上面扮演重要的角色。不過，這些年來，由於環境變遷，社會形態趨於多元化，救國團眞正成爲人民團體，然而我們仍本著敎化藝文的理念，甚至更拓展經費的運用，除了舊有的稿費、印刷費等支出外，更設立了獎助金、助學貸款，充分達到取之於青年、用之於青年的宗旨。

以往，有許多活動都是由救國團扮演主導地位，但是當發展日趨成熟時，我們也願意使之獨立、擴大，例如土風舞的推廣便是一個例子。我們相信，社會的力量是最具影響、感召力的，如果能充分運用社會資源，匯集成一股動力，定能裨益藝文的推展速度和效果。

最後，我想再度强調李課長的話，不能因爲困難就不做。今天，嘉義的藝文環境的確有許多待解決的問題，如果不去面對，事情就將永遠存在，因此，也唯有大家一起正視問題，結合羣力，才能爲嘉義的藝文環境開拓出新的里程。

只要付出，定有收穫

蔣震：

從以上大家的談話，可以明顯感覺到每個人那份愛鄉愛土的精神，以及樂意奉獻的熱忱，但是，也感受到一份濃重的無力感。不過，相信只要大家願意付出，願意面對問題，相信定能突破難關、再現生機。

今天很高興李課長能參與座談，除了可以了解民間存在的一些問題，同時也提出自己工作上的構想，讓大家清楚市府的施政方針，爲政府與民間之間搭架良好的溝通管道。

綜合大家的意見，目前最欠缺的是人力、經費和民間關懷。文化是經國大業，在推動上是有許多困難，但是「說一尺不如做一寸」，只要大家能齊心努力，不爭一時的成效，相信只要做了，定將會有開花結果的一天。

台南府城春秋

永生的鳳凰
台南市藝文團體及活動簡介

◉楊文雄 成功大學中文系副教授

前言

台南素有「文化古都」的雅號，居「一府二鹿三艋舺」之首，是台灣開發初期政治、經濟與文化的重心。古蹟林立，孔廟號稱「全臺首學」，人文薈萃，詩社擊鉢風氣盛極一時，台南府城深具歷史文化淵源。書畫名家輩出，而民間收藏之風亦盛，文風日熾，流風餘韻，百年不衰。甚至在日據時代，遠在北門郡的「鹽份地帶」也有一羣文學愛好者，爲萌芽的台灣新文學運動盡力，其中以郭水潭、林芳年、吳新榮、楊熾昌等先生較有名。影響所及，地方耆宿吳三連先生特爲設立「鹽份地帶文藝營」培育藝文人才，台南文風依然鼎盛，其來有自。

時代在變，台南雖已不復當年盛況，但是在藝文活動的發展上，仍具有不可忽視的地位。台南地區藝文團體繁多，限於篇幅，謹依所知簡介如下：

本地藝文團體

・**財團法人台南市文化基金會**：民國七十四年由代理市長陳癸淼先生發起，以財團法人方式成立基金會，利用基金孳息，配合文化界和民間社團舉辦各類高水準文化活動。在首任執行長潘元石先生的精心策劃下，採取以教育爲基點的活動方式，辦了很多師生音樂營、舞蹈研習營與美術研習會，使影響範圍自校園擴大到一般民衆。成立五年以來，已辦理大型活動、展覽多達百次以上，並出版畫冊書刊十八種。另外並提撥經費獎助藝術優秀人才與團體，每年也表揚藝術有功人員，對激勵社會公益人士、民間團體踴躍投入府城文化建設，值得肯定。現任執行長由市立文化中心陳永源主任兼任，當能配合文化中心硬體設備，爲全體市民提供一個更豐富的文化環境。

・**財團法人台南市奇美文化基金會**：係由奇美企業董事長許文龍先生獨資捐獻成立。計畫籌設「雕塑公園」、「台灣開拓史料蠟像館」、「奇美藝術資料館」等，對提昇台南藝文環境影響非常深遠。自六十六年成立以來，每年提供獎助學金並購書捐贈各級學校，也捐助台南縣市文化單位及團體經費，以充實設備推展活動。尤其策劃「藝術人才培訓」及「名琴出借」辦法，以期培育更多人才晋升國際水準的作法，獨具慧眼。該會新聘潘元石先生負責籌備「藝術資料館」的工作，積極籌設一處典藏豐富以教育性爲主導的藝術場所，對台南藝文水準的提昇，值得期待。

・**台南市立文化中心**：縣市文化中心可說是藝文活動的中樞，台南市立文化中心自七十三年十月六日啓用以來，已先後舉辦二千場以上的文教活動。內容包括學術講座、演藝、研習、藝術廣場、家庭教育、民俗節目、影片欣賞與音樂圖書館服務等。暑期、週末額外辦理棋藝與文藝研習班，如「暑期文藝研習班」「週末文藝營」等，領導府城的藝文活動卓有貢獻。台南另有「台南社會教育館」，出版「藝訊」報導活動消息，並舉辦各種藝文研習活動，也有成效。

• **華燈藝術中心**：由天主教瑪利諾會於一九八〇年設立，現由紀寒竹神父負責。組有華燈劇團，曾多次在文化中心、國家劇院演出。目前中心即透過不同的藝術媒體與分享討論來傳遞藝術經驗，對推動府城藝文活動頗有助益。

• **台灣省音樂協進會台南市分會**：六十一年十二月成立，王子妙先生擔任理事長，組有「混聲合唱團」，參加七十五、七十六年台灣區音樂決賽榮獲優等，頗有風評。

• **愛樂藝術中心**：六十七年成立，由黃南海博士負責，組有兒童、婦女、成人三級「愛樂合唱團」，每年選一主題巡迴全省文化中心演出。該中心活動有文藝專題、音樂欣賞會、沙龍音樂會等，並發刊「愛樂樂訊」，以號召同好。

台南音樂性團體尚有歷史悠久的「台南兒童合唱團」、「台南合唱團」，全省首創的「台南市教師合唱團」，全省社區佼佼者的「台南市中西大學社區合唱團」以及「台南市教師國樂團」等。至於舞蹈方面，有「台南市舞蹈學會」，成立於六十九年六月，每年有發表會。一般舞蹈社林立，其中以「丹青舞蹈社」較有名。另外舞蹈名家廖末喜老師在古都耕耘了二十幾年，設立「怡君舞蹈中心」，作育舞蹈人才無數，去年「飛躍90」舞蹈劇場，融合視聽美感，具有多項創新的突破，也展示了府城舞蹈界的成就。

• **台南美術研究會**：成立於四十一年六月，由藝壇耆宿郭柏川、謝國鏞氏創立。「南美會」（簡稱）今年已第卅九屆，每年除了在台南舉行綜合性的美展外，也巡迴全省展出。並爲鼓勵年輕畫家，每年舉辦「公募獎」選拔，同時經常辦寫生大會、美術收藏品欣賞會、藝術討論會、觀摩會等，對推動台南社會美育功不可沒。

其實台南美術方面的團體還有很多，諸如「南聯畫會」、「世代畫會」、「億載畫會」、「新象畫會」、「無間雕塑會」，以及由名畫家曾培堯先生創設的「南部現代美術會」、「世代畫會」、「南陽畫會」等，對台南美術創作欣賞風氣都有貢獻。其中卓有名聲的畫家有：林智信的版畫、沈哲哉的油畫、潘元石推行兒童繪畫教育、曾培堯的抽象畫以及陳錦芳博士的「新意象派」等，對台南畫壇地位的提昇極具意義。

至於書法方面團體有「中國書法協會台南市支會」，每年舉辦書法輔導人員研習會，培育書法教育人才。另外有「台南市國畫研究會」，每年舉辦「國風畫展」，並試著改用膠彩爲傳統國畫找尋出路。最近甫成立的「學而書會」，由年輕一輩黃宗義、蘇友泉、吳榮富等人創立，在古都書法名家玖公（朱玖瑩先生）的指導下，切琢書藝，也有一番氣象。

•台南延平詩社：明鄭開台以來，府城詩社林立，其中以東西南北中五社最有名，後來碩果僅存台南南社，尚可與台中笠社、台北瀛社鼎足而三。到了民國四十年八月，舊詩人又整合創立「台南延平詩社」。現任理事長陳進雄先生，也兼任「南瀛詩社」（台南縣）社長。每兩個月在台南圖書館辦擊鉢會，每年詩人節辦全國聯吟大會。另外南縣南鯤鯓廟有一熱心倡導舊詩人物吳中先生，獨力維持「鯤瀛詩社」多年，精神令人欽佩。

在傳統藝文方面團體尚有「台南謎學研究會」、「關帝聖堂國學研習班」以及台南市立圖書館辦的「國學研習班」，市立文化中心的「四書晨讀會」，或多或少對發揚傳統文化有些幫助。

• **中國青年寫作協會南市及成大分會**：這是本地早期文藝性團體，隸屬救國團，負責推動台南文藝風氣，並有在校園散播文學種子的職責。南市分會由接編過「野風」的詩人綠蒂領頭，在方良、余我、吳哲朗、高照雄、楊文雄等人協助下，經常舉辦文藝研習、名家演講、座談與書畫展覽等活動。後來接編「青年天地」（「南市青年」前身），並舉辦夏冬令文藝研習營，參加學員多又熱烈，民國五十四年到六十二年可說是全盛期。

成大分會在當時成大校園內也辦得有聲有色，像余光中詩的朗誦會，鍾梅音的海天遊踪演講會，都造成熱潮。所主編的「成大青年」，也連續榮獲大專期刊比賽第一名的殊榮。兩個分會合辦活動，也互相支援。例如現任教興大土木系的陳秋楊教授就擔任過台南分會的理事；我個人除了編「成大青年」校刊，也負責「青年天地」的編務，腳踏兩個分會，也足見當時年輕人投身文藝的熱忱。可惜近年來，南市分會只不定期辦文藝講座，而成大分會已少辦大型活動，寫作風氣日漸頹萎，值得正視。

• **台灣省文藝作家協會台南市分會**：該會成立於七十年四月，理事長李楓林先生連任迄今。每年學辦藝文展覽，出版「府城藝苑」，並設有詩歌、散文、書法、戲劇等組，由學員分頭研習。

• **中華民國青溪新文藝學會台南市分會**：民國七十二年二月成立。現任理事長潘家韋先生，由於隸屬後備軍人輔導中心，多辦聯誼性座談，出版有「青溪通訊」、「青溪特刊」、「青溪畫冊」等刊物。

• **蕃薯詩社**：該社甫於今年五月廿五日成立，由李勤岸、黃勁連、林宗源等人發起，主張以台灣母語創作本土的台灣文學。由林宗源擔任社長，黃勁連任總編輯，準備出刊「蕃薯詩刊」。

本地藝文刊物

•**南市青年**：係隸屬救國團台南市團委會的刊物，發行對象針對中學生及社會青年，頁數雖單薄，但對鼓勵學生寫作及提供發表園地的影響是深遠的。該刊早期叫「青年天地」，台南師範學校教授姚孟涵掛名總編輯，而由作協台南分會負責編務。約發行一百二十期以後，改名並由學工組組長掛名，請中學國文老師審稿，編輯完稿由參加過「編輯實務研習營」同學負責，他們利用寒暑假辦研習會切磋編輯實務，並發行「南瀛編研」、「府城編研」、「編研鑒賞」等刊物，年輕有幹勁，但版面設計失之零亂，作品選輯水準似可更嚴格些。已發行一三二期，但受民進黨議員杯葛，發行量掉落不少，今後如何突破困局，值得有關單位檢討改進。

•**台南文化**：台南市政府發行的刊物，四十年創刊，已出版六十二期，係針對台南的文物典藏及古蹟歷史作系統介紹，以「專輯」、「特輯」展示，史料繁富，頗具參考價值。

•**府城藝苑**：係作家協會台南分會會內刊物，由潘家翬先生任總編輯，已出刊六期。內容包括藝文、書畫、金石、攝影、剪紙等方面，印刷精美，但可能限於經費，發行量小，市面不易見到。

•**漢家季刊**：七十二年元旦創刊，由台南家專李福登校長任發行人。首任總編輯由詩人李勤岸擔任，現已出版三十一期。內容多樣，包括有鄉土民俗、青少年心理、愛情與婚姻、法律常識以及文學藝術等，是一本地方性色彩濃厚的刊物。

•**鳳凰集刊**：由青年寫作協會成大分會於六十八年十月刊行，迄今已出版十一期，內容以詩、散文、小說、評論為主。雖是校內刊物，水準滿整齊，且也造就一些人才，如：邱一新、戴春芳、黃進昌（管設）、汪仁玠（沙笛）、文謙益、陳維信等，看來校內刊物也值得投資。

•各校校刊：台南學校多，部分國中有校刊，水準雖不高，但值得鼓勵。高中幾乎都有校刊，其中以南一中校刊水準較高，其餘也不差。至於七所大專院校都有校刊：「成大青年」「南台青年」「華醫青年」「崑專青年」「台南家專青年」「南師青年」「嘉南青年」，水準雖參差，對提昇學生寫作風氣應有幫助。

結語

由以上所述，台南藝術團體多，活動也頻繁，但文學性社團卻逐漸走下坡，寫作刊物萎縮得可憐，似有損古都鳳凰花城的令譽。幸好，有心人士已未雨綢繆，七所大專院校竟有五所設有全校文學獎，尤以成大中文系創設的「鳳凰樹文學獎」是全國最早創立的獎，已有十九年的歷史，每年五月學辦評審是古都文壇的盛事。最近府城文宿林貞羊老先生鼓吹設立「鄭成功文學獎」，由校園活動擴大到全市，對提振全台南文風必有幫助。

「永生的鳳凰」是台南藝文界一貫持守的理想，使得這片土地上的藝文活動自貧瘠而豐碩。希望關懷府城藝文人士仍能秉承延平拓土初期的理想，讓火浴中的「鳳凰」，再創高峯，得到新生。

台南縣民間藝文團體

◎涂順從　篆刻家

台南縣在地理環境及人文背景上，呈現「農村」與「鹽鄉」二種迥然不同的景觀，但它們散發著同一氣息：淳樸、憨直、勤儉、韌性。

海島型土地的另一特徵：廟宇多。一方面它是人們心靈的憑藉；一方面結合文學與藝術創作，保存延續藝文生命不斷。廟宇的建築、剪黏、陶瓷、木雕、石刻、彩繪、壁飾、柱聯、碑記等，著實表現生活化的藝文內涵。代表人物有：嘉慶年間葉王的「交趾陶」、光緒年的曾長青壁畫，以及日據時代的「剪黏」高手何金龍。

至於純屬美術創作，寄情於水墨之間的本縣早期美術家有：馬琬、林朝英、林覺。日據時代至光復前則有：顏水龍、劉啓祥、李秋禾、柳德裕。年輕一代頗負盛名的有黃顯東、沈哲哉、許坤成、陳錦芳、劉文三、李義弘、涂瓈琳、李春祈、黃明賢、黃才松……等。

在文學領域上，本縣亦不落人之後。人傑地靈，人文薈萃，孕育不少俊傑之士，有案可稽者，如新化廩生王則修、鹽人生員蔡哲人、七股秀才陳望乾等，皆睥睨一世之才。及至台灣割讓給日本，士人求取功名無路，乃相率結社，互通聲氣，發抒鬱悶，本縣詩詞吟社就在此狀況之下，如雨後春筍，爭相成立：如北門的嶼江吟社、鹽水的月津詩社、麻豆的綠社、學甲的學甲詩社、七股的竹橋吟社、佳里興的澄雲詩社、新化的虎溪吟社、善化的光文詩社、白河的角力吟社、六甲的龍湖詩社、關廟的敦源詩社、將軍的將軍吟社、西港的竹林詩學研究會，皆活躍一時，對當時的社教文化推動有舉足輕重的影響。目前本縣倡導傳統詩文最力者，首推北門吳登神先生。

新文學的崛起，是時代的傾向潮流，它自由、浪漫、不受束縛，隨心所欲，開闢文人雅士寬敞的天空，任其翱翔盤遊。日據時代，本縣出現所謂的「北門七子」：吳新榮、郭水潭、徐淸吉、王登山、莊培初、林芳年、林淸文，他們才華橫溢的用筆顯現內在自我，超越外在現實的拘絆，邁入理想標的，透過文字的組合，表現作家個人的意志、思想與人格。年輕的一代如黃勁連、林佛兒、羊子喬、楊靑矗、黃武忠、黃崇雄、陳艷秋、吳鈞……等，追尋前輩的足迹，攜手共創鹽分地帶的第二度春天。

本縣文風鼎盛，藝文團體衆多，現將民間較重要、活動力較强的列舉如後：

一、**台南縣攝影學會**：民國五十八年十二月，由林再金先生與一羣提倡現代攝影的愛好者組織而成。成立宗旨以推廣攝影風氣，提倡創作興趣，富裕藝術人生爲主。其活動除季賽、專題攝影賽、年度大賽、旅遊活動外，亦承辦許多大型攝影活動。目前會員一百多名，理事長爲林茂森先生。

二、**救國團台南縣攝影協會**：民國七十二年十二月成立，帶動本縣縣民對攝影的興趣，培植不少藝術人才。今年度先後承辦：生達杯攝影賽、省立新營醫院新樓啓用攝影賽。目前會員有七、八十名，會長爲林輝山先生。

三、**南瀛攝影俱樂部**：是本縣第三個以攝影活動爲訴求的團體，每二個月有一次活動及比賽。成立於七十六年元月由吳淵源與吳夏雄發起組織，會員計十六名，活動力強，純以觀摩、研習爲主。

四、新營美術學會：民國七十三年三月二十五日，由一羣依游於藝術的愛好者共同成立。每年定期展出個人創作，對本縣書畫風氣的推廣，實有莫大的貢獻。

五、台南縣美術協會：民國七十四年十月六日成立，會員近百人，以推動台南縣美術活動爲主。

六、中國書法學會台南縣支會：民國六十七年八月二十九日成立，由本縣書法愛好者組成。以提昇本縣書法水準爲主旨，會員人數約七十名，現任會長爲洪文漲先生。曾出版「當代名家書畫選輯」。

七、六合畫會：由陳泰光、劉文三、林智信、曾培堯、王再添、陳輝東等六位台南縣市籍畫家，在民國六十九年成立。以推展南部美術風氣，發展藝術水準爲宗旨，每年定期舉辦聯展。

八、台南縣青溪新文藝學會：爲團結後備軍人與地區文藝作家以普及文藝教育、復興中華文化、導正社會風氣爲宗旨。每月發行「青溪藝林」，裡含小說、散文、新詩、傳統詩、國畫、西畫、篆刻、攝影等。會員人數約九十名，現任理事長爲洪鑾聲先生。

九、鹽風小集：民國七十三年八月，由鹽分地帶十二位志同道合愛好文藝的人士組成。取名「鹽風」乃效法卑微的鹽，卻能發出光芒爲目標。他們希望透過你我心靈的契合，在詩畫、金石、雕塑等多層面的映現上，組織一個雅的、藝術性的小團體。

十、南瀛印集：台南縣立文化中心鑑於縣內篆刻風氣貧瘠，乃從民國七十七年七月起，陸續開設「篆刻研習班」，聘請涂順從先生爲教席，到目前爲止，結業學員已達一百多人，對南縣篆刻風氣的提昇，實有不可磨滅的貢獻。「南瀛印集」的成員爲文化中心篆刻班結業的學員，在民國八十年元月二十日假南鯤鯓廟籌組成立。第一任社長爲涂順從先生。每月訂有題課，並發行「南瀛篆刻通訊」。

十一、台灣省文藝作家協會台南縣分會：民國七十年六月十三日成立，成立時會員有四十餘人，現任理事長爲林建亨先生。

十二、鹽分地帶文藝營：民國六十九年六月，一羣對文藝熱衷的年輕人，在諸前輩林芳年、郭水潭、林清文等的提攜引導下奉獻自己。他們在「自立晚報」及「南鯤鯓廟」的財力支援下，已陸續辦理了十二屆「鹽分地帶文藝營」，對台南地區的藝文風氣，頗有提昇之功。

十三，南鯤鯓文藝協會：以提倡純正的文藝活動與研究、鼓勵創造力、增進鑑賞力，淨化人心之功能爲宗旨。由黃勁連、黃文博、吳明雄、李國殿、涂順從等五人籌備發起，並取得南鯤鯓廟的共識，舉行文藝刊物，替愛好文藝的朋友廣闢園地。

十四，鯤瀛詩社：創立於民國元年中秋，社名幾經更易，先爲嶼江吟社，後改爲蘆溪吟社、白鷗詩社、琅環詩社、佳里詩社，民國五十一年定爲鯤瀛詩社，沿用至今。歷年來舉辦大小詩會及課題徵詩、徵聯、徵文……從不間斷，迄今已舉辦過十次全國詩人大會。現有社員一五〇人左右，社長爲吳登神先生。

十五，月津詩社：民國十一年成立，社址於鹽水鎮，現任社長爲林闊嘴先生，社員約二十名左右。

十六，慶安詩社：民國七十六年十二月二十五日在西港鄉成立，社長爲吳應民先生，現有社員約二十名。

十七，學甲國學研究會：民國七十五年十月十五日由學甲慈濟宮斥資成立，會長爲莊秋情先生，並聘請吳中先生擔任講師。曾和縣文化中心、鯤瀛詩社辦理二期「中小學教師詩詞研習會」，頗獲好評。

十八，學甲法源寺附設國學研習班：民國八十年七月二日成立，現開設基礎班與中級班各一，學員計有六十名上下，活動狀況與學甲國學研究會相仿。

十九，台南縣國學會：鑑於傳統詩文式微，爲挽頹風，延中華文化於一線，乃由吳中與蔡清海二位先生於民國七十二年十月二日成立「台灣省中國國學研究會台南縣分會」。民國八十年元月更改名稱爲「台南縣國學會」，現有會員六十名，會長爲吳中先生。

豐美大地，豐美民俗

台南地區的廟會景觀

◎黃文博　民俗工作者

前言

廣義的台南，指的是從八掌溪以南到二仁溪以北的廣大區域，涵蓋台南兩個縣市，遼闊的平原，務農的性格，展現出來的是，一塊豐美的大地。

這塊台灣最早開發的瑰玉——台南，有過燦爛的歷史，有過輝煌的歲月，雖然今天她已遠離台灣的政經舞台，雖然今天她已褪下濃艷的胭脂戲袍，但毫無疑問的，她的人文素養、建築美學、藝術氣度、民俗樣貌，依然多采多姿，生動迷人，只因她有著多樣多變的廟會景觀。

廟會景觀

台南地區的廟會景觀，大致可以從「平埔祭典」和「閩漢廟會」兩個大方向來作觀察。

•平埔祭典

台南一帶是平埔族西拉雅系四大社（新港、麻豆、蕭壠、目加溜灣）的主要地盤，荷據時期便被開發與接受教化，雖然今天皆已全部漢化，但部份社羣仍然保留傳統的平埔祭典，相當珍貴，大大小小的祭典，至少還有六個。

一、台南縣佳里鎮北頭洋立長宮（蕭壠社），農曆三月廿九日上午，尚以檳榔、米酒和粽子作祭品。

二、台南縣東山鄉東河村大公廨（蕭壠社），農曆九月初四傍晚至初五中午，主要特色是初四晚的豬隻過火、牽曲，和初五中午的「嚎海」慰靈；此地是目前蕭壠社的最大族羣，也是該社平埔祭典保留最完整者。

三、台南縣七股鄉大寮村公廨（蕭壠社），農曆九月初五，特色是檳榔祭品和當夜的燒「阿立祖紙船」。

四、台南縣大內鄉頭社村太上龍頭廟（目加溜灣社），農曆十月十四日下午至十五日清晨，特色是獻豬、牽曲、生飲豬血和生吃豬內臟；此地是目前目加溜灣社保存最完整的平埔祭典，不過已有「觀光化」的傾向了。

五、台南縣大內鄉埤仔腳篤加龍和廟（目加溜灣社），時間與四同，祭典尚有獻豬和牽曲。

六、台南縣官田鄉隆本村復興宮（麻豆社），農曆十月十五日上午，特色是牽曲和跳山地舞，跳山地舞恐怕是一項非常嚴重的文化誤解。

基本上，三月平埔祭典可視作西拉雅人的祈年祭，九月和十月則爲豐年祭。

所謂「閩漢」是指閩南漢人，由於台南地區幾乎是閩漢所開墾，所以此地所見，不管人文、社會抑或生活、語言，幾乎都是閩南色彩，而最能映現這種色彩的，便是民俗廟會。撇開常態性的民俗活動不說，此地至少有三類廟會極具區域性格和趣味。

其一，進香廟會：子廟（分靈廟）定期前往母廟（元廟）朝謁者，謂之「進香」。台南地區的寺廟，頗多具有母廟性格，如觀音佛祖的台南縣六甲鄉赤山龍湖巖和白河鎮關仔嶺碧雲寺（農曆二月中旬）、玄天上帝的台南縣下營鄉上帝廟（三月上旬）、媽祖的台南市大天后宮和土城聖母廟（三月中下旬）、王爺的台南縣北門鄉南鯤鯓廟和麻豆代天府（一年有四季香期，分別是四月下旬、六月中旬、八月中旬和九月中旬）、關帝的台南市祀典武廟和台南縣關廟鄉山西宮（五月中旬、六月中旬）、以及太子爺的台南縣新營市太子宮（九月上旬）等等。

進香廟會反映的是，陣頭表演、過爐刈火和童乩大會串的進香文化，其間也呈現出神與神、廟與廟、人與人的互動關係；有聯誼也有交際，有神情也有人情，當然，還有溫情！

其二，作醮廟會：台灣民間的建醮法會，可概括分爲祈安的清醮和送瘟的王醮兩類，台南地區不但有祈安清醮，還有傲冠全台的送瘟王醮，最大的特色是醮後的「王船祭」，這是古代「儺祭」之遺意，反映出此地古老民俗的文化歷史。

就王船祭的分佈情形來看，大抵以曾文溪南北兩岸沿海村莊爲主，如台南市安南區喜樹萬皇宮、灣裡同安宮，台南縣安定鄉蘇厝眞護宮、長興宮、西港鄉慶安宮、佳里鎭金唐殿，以及柳營鄉代天院等等，多係三年一科的定期醮，最長也只不過十二年，每屆場面都相當龐大，且皆已自成一種區域性的「王船文化」了；奇特的是，此種信仰文化都融合了地方的政、經、人、事於一爐！

其三，遶境廟會：遶境是一般神明遊行之統稱，小型的叫「云莊」，大型的稱「刈香」，台南地區計有五個「刈香」實體，號稱「台南地區五大香」，分別是：

一、「蕭壠香」，台南縣佳里鎮金唐殿主辦，逢子卯午酉三年一科，每科之元月中旬舉行三天。

二、「學甲香」，台南縣學甲鎮慈濟宮主辦，不定期，每屆之農曆三月初九至十一日舉行三天，唯每年三月十一日必舉行「上白礁」謁祖遶境。

三、「土城仔香」，台南市安南區土城聖母廟主辦，逢丑辰未戌三年一科，每科之三月廿三日前舉行三天。

四、「麻豆香」，台南縣麻豆鎮代天府主辦，時間與三同，每科之三月下旬舉行三天。

五、「西港仔香」，台南縣西港鄉慶安宮主辦，時間亦與三同，每科之四月中旬舉行四天。

「五大香」的共同特色是：①龐大香陣，藝陣和神轎各在六十團間；②藝陣中必有「蜈蚣陣」；③香路遼闊，幾乎都在一百公里上下；④襯托主辦廟的龍頭角色；⑤整合轄域村莊的人與事。

此外，台南市大天后宮每年三月的「迎媽祖」，和台南市區不定期的醮後「送天師」遶境活動，也都有壯觀的香陣組織，亦皆極具地方色彩。

「台南味道」

台南地區何以能夠蘊涵如此豐美的民俗文化？吾人至少可由五個角度來作審視。

㈠、台南地區是平埔族西拉雅系的大本營，雖然漢化極早，但遷徙或避居山區者，依然保留著平埔祭典文化。

㈡、台南地區是台灣最早開發之地，渡海移墾，必先戰勝瘟疫，所以多崇祀王爺，以致「王船祭」特別發達。

㈢、台南地區遠離台灣的政經中心，所受外來的各種干擾較少，所以尚能維繫較多的傳統文化。

㈣、台南地區的農村色彩依然濃厚，因此較易傳承或形成具有區域性格的廟會景觀和常民文化。

㈤、由於台南地區的神明廟會繁多，經常舉行且場面浩大，因此造就了藝陣的蓬勃發展與民俗文化的多樣性。

就整個台南地區的廟會景觀而言，縣與市之間，濱海與山區之間，不管形態或樣式，或多或少都有些差異，只是這種差異並不特別突出，細加品味，還是有「台南味道」的。

許多民俗工作者都有這樣的同感：台南地區有用不完的寫作素材，有畫不盡的自然風光，有報導不完的廟會活動，有採擷不盡的民俗文化，有……

是的，台南地區確實有取之不竭用之不盡的人文景觀，只因她擁有一塊豐美的民俗大地，這是先民的足迹，先民的智慧，其實，也是咱們這一代責無旁貸，必須擔負起的文化責任。

◎杜文靖 自立早報副總編輯

鹽分地帶文藝營

十三年來大事記略

民國六十八年

•一月廿一日，鹽分地帶文友黃勁連、羊子喬聯袂造訪「主流」詩社同仁，時任自立晚報副刊編輯的杜文靖，商議舉辦一次文藝營，以承續曾在鹽分地帶舉辦過二次的「南瀛文藝營」的香火，經杜文靖提議定名爲「鹽分地帶文藝營」。

•一月廿二日，杜文靖以副刊編輯身分，向當時晚報總編輯吳豐山報告「鹽分地帶文藝營」構想，獲得首肯，並獲准向社長李雅樵報告。

•二月一日，黃勁連、羊子喬以「鹽分地帶文藝營」的構想，利用春節返鄉之便，和鹽分地帶文友黃崇雄、吳明雄等人商議，獲得一致贊同。

•二月十五日，黃勁連、羊子喬北返，再會杜文靖商議籌辦事宜，並爲籌措經費進行磋商，最後議決將向鹽分地帶老、中、青三代寫作人口募集稿件，而後交由杜文靖在副刊刊載，稿費全數捐出，做爲文藝營的經費。

• **二月十六日**，募稿工作正式展開，刊載作業方向亦獲總編輯吳豐山全力支持。

• **五月四日**，文藝節當日，在自立晚報副刊開始連載「鹽分地帶文學展」，一連刊登四十五天，創下單一主題在副刊連載的最長紀錄。展出作品包括老前輩吳新榮、郭水潭、林芳年、徐清吉、王登山等人作品。中生代則有楊青矗、林佛兒、黃勁連、蕭郎、羊子喬、黃武忠、謝武彰等多家作品及新生代林明美、林美慧、張白伶等人的作品。其中以蕭郎（黃崇雄）的三萬字小說「上白礁」最受文學界矚目。

• **八月三日**，第一屆鹽分地帶文藝營揭幕，由自立晚報社長李雅樵主持，前輩作家楊逵、王詩琅皆遠道前來參加。台南縣北門鄉南鯤鯓廟一時文友薈萃，盛況空前。日本天理大學教授塚本照和亦由日本前來參加。林二率簡上仁、、南蘇洛主持台灣歌謠演唱會。

• **八月五日**，自立晚報發行人，本省耆宿吳三連親自到場，以營主任的身分主持閉幕式，勗勉全體與會學員寫出劃時代的作品。

民國六十九年

• **六月十二日**，鹽分地帶文藝營主要幹部在南鯤鯓廟集會，籌辦第二屆文藝營，第一屆總幹事黃勁連建議總幹事由同仁輪流擔任。推舉時任北門鄉鄉代會主席的洪鑾聲擔任第二屆總幹事。

洪鑾聲建議向南鯤鯓廟請求經費補助，乃透過吳三連先生和地方的因緣，向當時南鯤鯓廟管理委員會主任委員侯吉定先生提出請求，經其大力贊助，獲得十二萬元補助。此後南鯤鯓即年年補助金錢，對文藝工作的熱誠，令文學界人士深爲感佩。

・八月廿八日，第二屆文藝營開幕，除文藝營講座課程外，並舉辦「全國書法家聯展」，「陳北野、王英雄、李賜端書法聯展」、「黃明賢、李春祈、涂燦琳國畫聯展」等多項藝術展。

開幕式由吳三連親臨主持。老作家楊逵首度攜孫女楊翠參加，簡上仁、林二、黃國隆主持民謠演唱。

・八月三十一日，南鯤鯓廟管理委員會主委侯吉定，以營副主任身分主持閉幕式。

民國七十年

・八月廿一日，第三屆鹽分地帶文藝營揭幕，同時舉辦「張炳煌書法展」。本屆開幕式由李雅樵主持，總幹事爲黃昭敏。

・八月廿三日，張炳煌赴文藝營當場揮毫，贈送墨寶給前輩作家林芳年等。

・八月廿四日，第三屆閉幕。

民國七十一年

・八月十九日，第四屆揭幕，洪鑾聲再任總幹事。開幕式由吳三連主持，這是吳三老最後一次親臨文藝營。

開幕式同時舉辦「全國現代名家書畫展」、「朱銘陶作展」、「王北岳篆刻書法展」、「黃明賢國畫個展」。

・八月廿二日，第四屆文藝營閉幕。

民國七十二年

・八月廿一日，第五屆文藝營揭幕，黃憲清擔任總幹事，實驗性地將文藝營分成文學、音樂、攝影三組，文學組則依傳統分爲詩、散文、小說三組。

本屆文藝營開始以營的名義，對台灣前輩作家贈發「台灣新文學特別推崇獎」，由王詩琅、郭水潭二人獲得。

・八月廿四日，文藝營閉幕，首次立即召開檢討會，由自立晚報社社長吳豐山主持，會中決議成立常設籌備單位，由自立晚報同仁和鹽分地帶文友十五人組成，決定每年清明節召開當年文藝營籌備會。並決定自次年起文藝營由自立晚報承辦，負責籌措全部經費，不敷之數由自立晚報墊付。

民國七十三年

・八月九日，第六屆文藝營開幕，羊子喬任總幹事，恢復詩、散文、小說三組分組。

贈特別推崇獎予楊逵、林芳年。

・八月十三日，第六屆文藝營閉幕。

民國七十四年

・八月廿二日，第七屆文藝營開幕，羊子喬蟬聯總幹事。

贈特別推崇獎予巫永福、林淸文。

•八月廿六日，第七屆文藝營閉幕。

民國七十五年

•八月九日，第八屆鹽分地帶文藝營開幕，由杜文靖擔任總幹事。

贈「台灣新文學特別推崇獎」予劉捷、楊熾昌。

•八月十日，日本推理小說作家協會會員島崎博演講「推理小說在台灣」，對本地推理作家杜文靖、林佛兒、林崇漢的作品提出評析。

台灣地方戲「亂彈」的前輩藝人潘玉嬌演講「亂彈戲入門」，晚間並與前輩藝人王金鳳演出「亂彈」戲。

•八月十一日，首度邀布袋戲藝人王藝民演出布袋戲「三國演義」。

•八月十三日，第八屆文藝營閉幕。

民國七十六年

•八月廿七日，第九屆鹽分地帶文藝營開幕，由黃勁連再任總幹事。

贈發「台灣新文學特別推崇獎」予龍瑛宗（劉榮宗）、吳坤煌。

吳豐山在開幕式發表講演專題「那隻顫抖的手」，勖勉學員審愼落筆，寫出傑作。

•八月三十一日，第九屆鹽分地帶文藝營閉幕。

民國七十七年

• 八月十三日，第十屆鹽分地帶文藝營開幕，黃崇雄擔任總幹事。贈發特別推崇獎予王昶雄、陳千武。吳豐山在開幕式發表「尋回安祥的心靈世界」專題演講。舉辦「鹽分小集同仁特展」，展出李賜端、朱益三、李漢卿、吳明雄、洪鑾聲、何瑞林、陳啓宸、李國殿、涂順從、陳文章、林高材、曾遜祥等十二名志同道合藝術家的作品。鹽分地帶音樂工作室同仁林財印、黃達人等首度參加文藝營工作。

• 八月十七日，第十屆鹽分地帶文藝營閉幕。

民國七十八年

• 八月十二日，第十一屆鹽分地帶文藝營揭幕。贈「台灣新文學特別推崇獎」予葉石濤。過去每年贈發對象爲二名，從本屆起將名額減爲一名。自立報系發行人吳樹民首度參加文藝營，並發表「寫我們的土地」專題演講。黃崇雄連任文藝營總幹事。

• 八月十六日，第十一屆文藝營閉幕。

民國七十九年

• 八月十八日，第十二屆鹽分地帶文藝營開幕，第五屆的總幹事黃憲淸再度膺重任。

‧八月十八日，贈特別獎予鍾肇政。

吳豐山發表「無奈的指望」專題演講。

‧八月十九日，國寶級布袋戲大師李天祿赴營演講，在風雨中赴會，熱情感人，晚間並演出布袋戲。

‧八月廿日，攝影家、導演黃明川，攜電影「西部來的人」赴營放映。

‧八月廿二日，第十二屆文藝營閉幕。

民國八十年

‧三月廿九日，第十三屆文藝營籌備會在佳里舉行，推林財印爲本屆總幹事。

‧八月十七日，第十三屆鹽分地帶文藝營，定本日揭幕。

校園文化與社區文化的結合

「台南藝文環境的發展」座談會

⊙高惠琳

時間：八十年七月七日上午十時～十二時半

地點：台南市立文化中心

主席：蔣　震（本刊社長）

與會：葉佳雄（台南縣立文化中心主任）

陳永源（台南市立文化中心主任）

謝一民（成大中文系系主任）

王家誠（作家）

閻振瀛（成大文學院院長）

陳豔秋（作家）

龔顯宗（台南師院語文系主任）

馬　森（成大中文系教授）

陳瑞文（藝術評論家）
高實珩（藝術評論家）
潘家羣（青溪台南分會理事長）
顏頂生（畫家）
謝米亮（攝影家）
林貞羊（作家）
丁孟秋（志開國小訓導主任）
涂順從（篆刻家）
廖末喜（「怡君舞蹈中心」負責人）
王玲（中華日報採訪副主任）
楊文雄（成大中文系副教授）
莊松旺（中華日報總經理）
黃武忠（文建會二處第一科科長）
李瑞騰（本刊總編輯）
（以上按發言序）

討論題綱：

一、本地的藝文傳統
二、現階段的藝文活動之檢討

三、如何開創一個寬廣活潑的藝文環境
四、如何形成具有特色的台南文化

蔣震：

「台南藝文環境的發展」是文訊進行的各縣市藝文環境系列座談會的第八場次。由於以往政府在施政上，多偏重經濟建設而忽略了文化建設，所以，如今正值六年國建起步，而文化建設也佔有相當重要的一環，假使能利用這個機會，讓地方人士提供寶貴的意見，送呈各有關部門，作爲施政上的依據，將有助於文化建設的推動。

今天很榮幸，台南縣立文化中心、市立文化中心的主任都蒞臨會場，我們誠心期望，今天能藉此機會促成民間與官方的雙向溝通，讓我們的文化建設能更有效、確切的落實。

現在我們先請台南縣立文化中心主任和大家說話。

文化建設雖不能立竿見影，但成效日增

葉佳雄：

有許多人認爲文化建設是無形的精神建設，無法立竿見影，而我在縣立文化中心服務的五年間明顯看見，由於以往軟、硬體設備的不健全，體制、經費、人力等條件欠缺下，使得文化中心被視爲櫥窗，營運上也多所詬病。不過，近幾年來，在政府單位的重視、藝文界的積極參與，以及民間的配合，無論在質與量上都有顯著的進步。前些日子，曾經有位民意代表在議會中質疑文化中心的功效，

我就舉出兩項重點說明其績效：一是文化人口的增加；二是民衆欣賞水準的提昇，尤其從前人們穿背心、拖鞋、嚼檳榔的現象已逐漸消失，這些都證明了文化中心的成效。

爲了使文化中心的品質提昇，並且充分發揮功能，在此，我代表縣立文化中心的同仁，期盼各位藝文界的先進能對文化中心的未來和所扮演的角色多所建言，使我們在推動文化工作上獲得更好的成果。

陳永源：

首先，我要感謝文訊雜誌對台南的藝文發展付出極大的關懷。今天，本人僅以一名從事文化教育行政工作者的身分參與座談，希望不但能聆聽各位藝文界的先進發表對台南未來藝文發展的高見，同時更希望對於文化中心的工作方針、努力目標等也都有所指教、啓發。

爲國劇的發展催生

謝一民：

我以一個在此地生活三十多年的台南市民，以及任教成大的兩種身分來談談對於台南藝文環境的看法。

藝文的範圍廣泛，在座的學者專家很多，我針對自己多年所喜愛的國劇來談。中國的國劇是很精緻的藝術，而站在文化的大前提下，不但要保存，更應該發揚。目前各縣市有許多國劇社成立，但是就我多年的觀察，發現國劇雖然普遍，但少有成就。縱觀台南各地，無論是學校或是私人團體大都擁有自己的國劇票房，但都屬於個別性質，在得不到政府的資助下只能自生自滅，相較之下，大陸在國劇的發揚上反而較有作爲、貢獻。因此，是否可以在各縣市的文化中心設立國劇研究社，由政府提供資助，充分利用各大專院校的國劇人才專任其事，一方面指導，一方面推廣，定能達到相當良好的績效。

最近教育部委託國立藝專將成立國家國劇團，我有幸擔任籌備委員，因此藉這個機會提醒大家重視這個組織的設立，唯有上下呼應，才能使台灣的國劇發展媲美大陸。此外，剛剛主席蔣震先生也提到，台灣的經濟正呈蓬勃發展，而如何促成企業界支援藝文發展，給予足夠、完善的活動空間，這些都有待大家的努力。

開創眞正自由、寬廣的創作空間

王家誠：

我本身從事文學、美術兩類的創作，因此也就針對這兩方面提出幾點看法：

一是媒體的支援分配不均。不論是文學或美術方面，時常有些活動無論在電視上或報章雜誌上都有大篇幅的報導，但是有些活動卻乏人問津，不見刊載。所以，二十多年前，我早已建議在各地設置「藝文櫥窗」，舉凡各類藝文活動、訊息都能被刊載、報導，而不會喪失媒體傳播的機會。

二是繪畫方面。最近藝術界最常爭議的是有關地域區隔與創作風格的問題，例如西洋學派批評本土畫派畫地自限，局限於竹林茅舍的小視野，而本土派則抨擊西方學派只會一味模仿外人，失去本土風格。以最近兩個畫展爲例，高縣美展的內容不外乎悲情歲月、懷舊、政治活動及鄉土民情，而「紐約台北」畫展則呈現出紐約生活下的人文景觀，兩者畫風迥異，意識分明。相信除了繪畫界，其他藝文方面也有相同的問題存在。而實際上我們所在乎的，並不是流派的問題，而是杜絕粗俗、色情的作品，展現純淨的創作天地。

三是有關市場競爭問題。在當前開放的社會，人人講求自由競爭，但是這樣的規範放入文藝市場反倒顯得畸形，由於書本一上市若不暢銷，就很快遭到書店退書，而這批退書往往只能以低於三折的價格求售。因此，在當今社會中，讓文藝作品和其他消費品一起競爭，確實是相當不公平的事。所以，當我們在要求創作品質的提昇時，同時也應考慮到不要讓文藝工作者在努力耕耘之際還要擔心市場的問題。

文藝須和文化相連

閻振瀛：

我個人在台南居住的時間並不長，因此，也僅能以學院派的理論見解表達個人的期許。

成大是以理工建校，文學院一直處在學術的死角中，因此成大過去對於文學發展並不重視。不過近兩年來，由於人們普遍感受到文學、藝術發展對於社會生態、學術生態的重要性，成大對於文學院也就逐漸重視起來。不過，國內的大學與國外大學有一項差異性，就是國內的大學生一直生活在圍牆之內，對於圍牆以外的事物無法產生親密的結合和溝通。因此，我希望未來成大在這方面能有所改變，不僅學生們能夠和台南縣、市這個大社區溝通，也期盼台南的父老們能夠接受校園文化。

下半年，成大文學院將成立室內、室外兩個專業小劇場，此外，也將設置小型畫廊，除了帶動校園文化的勃興，同時更期望地方人士能共同參與這實驗性、創作性的發表園地，使大學文化和社區文化雙向溝通，並有和諧、良好的發展。

再談到地方文學藝術的發展。文學藝術發展必須和文化相連，因此，所謂地方，並非指地區或地域，而是本土之意。所以本土文化即是根據地方傳統，建立、推廣特有的文學藝術價值觀，也唯有以此出發，才能成就文化生態體系中地區文化的角色意義。世界各地中，以愛爾蘭都柏林的地區文化成就最大，由於當地的藝文人士的結合，喚醒了該區民衆對當地文化與價值的重視，並帶動了整個的「愛爾蘭文藝復興」；此外，他們並由社區劇場出發，發展成了著名的國家劇場——僧侶劇場，同時也成爲文人雅集的地方，諸如葉慈（William B. Yeats）、辛格（Jhon M. Synge）、西恩奥卡錫（Sean O'Casey）、蕭伯納（G. B. Shaw）、喬治摩爾（Georege Moore）等名家皆出於此，並由於名家輩出，更促成了文學、藝術等各方面的蓬勃發展。

今天我們擁有好的條件，擁有設備完善的文化中心，就如同有了廟就容易有和尚，但是要求高僧大德及不朽的經典，則有待大家共同努力。

擴充藝文發表的園地

陳豔秋：

我一直以出生在鹽分地帶爲榮，尤其早在日據時期，這裡便已經有許多前輩爲文學耕耘。並且有位醫生將花園闢成「小雅園」，供南北文友在此談文論藝。據說當時的文人大都是有錢有閒的人，他們並有個口號「放膽文章拚命酒」，大家時常羣聚一堂批評時政，蔚成一股鼎盛的文風。不過到了後來便逐漸沒落了，直到十三年前，有些文友想要提振當年的文風，於是掏出自己的稿費，成立了「鹽分地帶文藝營」。如此辛苦支撐了十三年，才由自立晚報扛下擔子。從這件事，我不禁感覺到，文化藝術的發揚，除了有心的提倡外，還需要許多財力、物力的支持。

大家都很高興台南擁有縣立、市立兩座設備完善的文化中心，而且經常舉辦各種藝文活動。但是，唯一的缺憾卻是在衆多活動中，包括了繪畫、攝影、書法、雕刻、心理講座等，而絕少文學性的活動，這到底是文藝作家的努力不夠，還是作品沒價值？一些曾到大陸旅遊的作家朋友說，大陸頗重視文學，在各縣市都成立文協，並提供作家交談、溝通的場地。所以，針對拓展藝文環境，我提出兩點看法：一是整理本地的歷史、地理，讓本地兒童能多了解自己生長地的一切，同時也認識一些名人及作家；二是擴充藝文園地，除了作品的發表園地，還包括座談、講習的場所，而不要因爲過少的場地，致使藝文活動的推展受到限制。

重整昔日優良的歷史文化

龔顯宗：

大家都知道，從明鄭到清朝，台南曾經是整個台灣的政治、經濟、文化中心，而如今卻已沒落了。

談到台南的文化，可以分成幾方面來看：一是歷史性，台閩地區共有兩百四十二個古蹟，台南就佔了五十二個，由此可以了解，台南歷史之悠久。二、宗教性，從鄭經大力興建廟宇，至今台南廟宇的總數已居全國之冠。而其中以道教的廟居大多數，因此，我們不禁考慮到，能否促使台南成爲全台灣，甚至全世界研究道教發展的重地。三、民俗性，台南市的邱永漢文物館應是保存昔日台南文物的地方，但是如今卻乏人管理，保有的文物也很少。此外，詩社曾經是台南頗爲傲人的成就，然而現在的詩社只求平仄押韻，而無內容之美。假使，能將民間詩社和大學中文系結合，或許能提振昔日雄風。

讓校園藝術走出圍牆

馬森：

首先對文訊雜誌社表示敬意，以一個雜誌社獨立舉辦全省性的座談會，其在時間、人力的花費可想而知。

在世界每一個國家都有個共同的現象：文化活動集中。台灣目前的文化活動便大都集中在台北市及其近郊。而這種文化與政經中心一致的現象在許多國家都可以看到，現今已經引起許多國家的重視，並且設法改善。台南在台灣的歷史上是最早的城市，雖然日後被台北取而代之，但是畢竟擁有許多古蹟、人才及地方資源，其在藝文發展的潛力不能說不大，再加上台南擁有許多實力雄厚的企業家，所以，無論從古城文化基礎，或是現代經濟的發展，台南都可能在未來發展成藝文活動的重心。

我和謝一民教授一樣，都熱中於戲劇，唯一不同的是他喜愛國劇，而我的興趣在現代戲劇。基本上，國劇是古典的，難免曲高和寡，而現代戲劇則不同，是屬於民衆、青少年的，用的語言是現今的，探討的問題是當前的，所以民衆參與的層面可能比國劇大。目前，台南有個「華燈」劇團，表現甚佳，而在校園劇團方面，成大也有個「成大劇社」，時常推出演出。不過，大學的社團最大的缺點便在於對內而不對外，當然層面也就窄小了。因此，我們期盼將來能夠往外擴展，不過，要達到這目標，必須獲得兩方面的共識：一是校方的鼓勵和支持；二是政府、民間單位的接納和推動，尤其是文化中心，除了邀請一些外地的演出團體表演外，也能偶爾讓本地的劇團有到文化中心演出的機會。此外，我也聽說，文化中心開辦有「戲劇研習營」，並且計劃成立附屬劇團，相信對台南劇運的推動有莫大的幫助。

最後，我想呼應剛剛陳豔秋女士所說的話，就是目前時下有重藝輕文的現象，即是大家都認爲文學創作是個人活動，於是也就忽略了。其實，文學創作也可以成爲集體活動，例如寫詩便可成立詩歌朗誦會，假使能詳細規劃，其成就不亞於音樂演奏會。此外，也可以舉行作品發表會，由文化中心掌握縣內作家的動態，收集尚未出版的新作予以發表，讓大家欣賞、討論。

確立文化、教育兩部的職掌

陳瑞文：

我在法國居住了六年，所以就針對法國巴黎的文化部、教育部職掌問題，以及剛才馬教授所提，有關都市文化集中的問題來談。

在國內，一些文化庶務仍歸屬教育部職掌，而法國則在這方面具體的分權，其中文化部主要的職掌有二：一是國家造形藝術教育的工作；二是全國美術館、藝文文化中心所有活動的規劃、管理。在藝術教育方面，除了於巴黎設立美術、裝飾、工業創作等三所國立高等藝術學院，同時並在全國各地普設藝術學院，依照各地的特色，如印染、工藝等，設立以其爲主幹的學院。此外，文化部並設有造形藝術評議團，負責全國藝術種類、藝術活動的規劃、審核。評議團的成員是由行政主管聘請，因此隨著四年一期的行政任期異動，更能不斷有新的理念和方針。除了中央的評議團，各個文化中心、美術館也都設有小的造形藝術評議團，負責實際的行政工作，並且聘任當地的藝文人士、學者專家，共同從事未來幾年文化中心的規劃工作。

國內近幾年來在藝文活動推廣有很大的進步，但是卻因爲沒有完善的規畫而顯得零亂，原因是，一來文化中心並沒有足夠的權力來從事行政工作；二來是國內的演出沒有明顯的分隔，許多活動都由演出團體自己來規劃安排，如此，文化中心自然無法所有活動做全面的考量。所以，期盼未來文化部成立之後，能在分權行政上做周詳的處理。

延長展期，邁向精緻路線

高實珩：

在此我想補充兩點意見，一、文化中心在藝文的推廣上已經有了顯著的進步，如今應當可以朝精緻路線前進。我們常常可以發現，許多展出花了很多的時間去籌備，但是眞正展出的時間卻不到十天便下檔了，致使有些觀衆無法及時前去觀賞，實在失去其展覽的意義。以巴黎著名的龐畢度藝術中心爲例，每個展出的展期至少是三個月，而市立美術館的展期也有兩個月。所以，國內文化中心是否可以考慮減少檔數，增加檔期，以達到充分欣賞展覽的目的，也朝向重質不重量的精緻走向。

再者，是有關基本美藝教育的問題。國內從小學到高中都設有音樂、美勞課，但是都止於靜態教學。但在外國，每個禮拜都安排參觀美術館、音樂廳，並由老師從旁解說，藉著直接與音樂、美術接觸的機會，更容易提昇其文藝水準。因此，國內的教育應考慮這種方式，讓美育從小紮根。

多在台南舉辦大型活動

潘家羣：

我本身是學物理、教物理的，從事寫作純粹是基於興趣。由於我現在擔任省作協會台南分會總幹事，以及青溪新文藝學會台南分會理事長，所以，我先針對這兩個團體所從事的活動向大家報告一下。

省作協會台南分會每年都舉辦大型的書畫展覽，並且發行刊物「府城藝苑」，內容包括詩文、書畫、金石篆刻等，至今已出版了六期。而青溪新文藝學會每年也都有特展，並且出版畫集。兩個團體最大的困難都在於缺少經費，多年來，在毫無官方的資助下全靠成員掏腰包維持。以作協今年打算出版第七期「府城藝苑」，所需的二十萬經費至今仍湊不出來。此外，每個月文友們都會聚會發表新作。但是這些費心成就的作品也往往面臨無發表園地的問題。

就文化、經濟資源來看，台南是可能成爲南部的藝文重鎭，所以，是不是有些全國性或大型的藝文活動可以在台南舉辦，而不一定都在高雄召開，此外，是否建立良好的管道或機構，培養年輕人的寫作興趣，並且增闢年輕人的發表園地，提高、鼓勵其創作意願。

有關台南地區作家的出版品問題，能不能由文化中心或其他單位特立一個藝文櫥窗加以陳列，使民衆有比較深入的了解，並且也安排當地作家舉行演講，與市民溝通。唯有透過民衆的了解和支持，才能促動藝文作家有更好的創作動力。

從教育出發，培育全民文化

顏頂生：

台灣在東、西文化衝擊下，加上工商社會的急劇變化，使得文化的生態環境受到了嚴重的破壞，如今想要將雜亂失序的現象重新整理，勢必從教育著手，讓人們了解自身的文化傳統，進而愛惜本土的生態環境，並發展出屬於這塊土地的眞正文化體系。

要促進地方文化中心的發展，我認爲應先釐淸地方的文化特質，從實際培養藝術欣賞人口出發，讓人們了解藝文的重要性，並且引導進入家庭。文藝的推展，絕不是靠一個人或一個單位就可以成就的，唯有結合全民的共識，從中央到地方，共同爲造就文化生活而努力。

藉文字、圖片，記錄、保存古蹟

謝米亮：

台南從明朝永曆十五年（西元一六六一年）開發至今整整三百三十年，因此遺留的文化資產也特別多，但是多年來歷經大自然的風化，以及人爲的破壞，致使許多古蹟已不復存在。所以，如何將倖存的古蹟予以維護、保存，都是刻不容緩的事。我曾經與文建會黃武忠科長討論到這件事，都認爲可以藉拍攝方式，對於古蹟，甚至現今社會狀況，以逐年記錄的方式將之保存。

我曾經考察過台灣的歷史演進，發現台灣曾經有過十次的民族大遷徙，足見台灣開發甚早，並且融合了許多不同文化。由於熱中於文獻的整理、出版，今年我在文建會的資助下出版了「台灣一九九

○年舞台演出攝影記錄」，此外，也在「鳳凰城」雜誌開闢「台南市攝影名家欣賞」，並計畫三年後結集出版「府城攝影家人物誌」，希望藉由文字、圖片，將台南的藝文記錄、保存下來。

創設鄭成功文藝獎

林貞羊：

我有幾點建議，在此向大家提一下。以前台南市長蘇南成任職的時候，我曾向他提出設立「鄭成功文藝獎」的建議，他欣然表示同意，不久，卻因爲他匆促卸任，這個計畫便無法完成，所以，我籲請在座的各位，大家共同爲這個獎掖後進的重大計畫催生。

其次，剛才王家誠先生提到國內輕文重藝的現象，我深有同感。以台南地區來看，雖然擁有很好的硬體設備，但是文學性活動卻很少，偶爾有些文學講座，也難得邀請到北部著名的作家南下演講，實在令人感到遺憾。

以往，一些大型的活動都是在高雄召開，於是也都由高雄發函邀請藝文人士，在這種情形下，台南地區的受邀者所佔比例便相當少。因此，如果我們能在自己的地方上辦活動，自然地方的藝文人士都能參加，而不會時常遭到忽略。

培育國劇幼苗

丁孟秋：

我在志開國小推動國劇已有七年的時間。因爲我自己對國劇很感興趣，所以，七年前當我進入志開國小擔任訓導工作，就有個想法，國劇可以提倡優良傳統文化、發揚民族精神，不妨從小學生倡導起。我就是在無心插柳的情況下，成立了國劇社，並且成果豐碩，屢次在比賽中得獎。能有這樣的成績，除了天時、地利，最重要的是學校的鼓勵、家長的支持，以及指導老師犧牲奉獻的精神。

我認爲，從事藝術工作必須抱持傻子的精神，不問收穫只求耕耘。不過，目前我們有兩個困難亟待解決：一是缺少人手；二是欠缺經費。雖然市政府允諾給予經費上的資助，但是由於會計年度的限制，必須由我們自行先墊一年的費用，所以，只好由老師掏腰包苦撐。

最後，我想提出個人的期許。我們花費很多精力培育學生，但是他們到了國中、高中之後卻因爲學校沒有設立社團而斷了繼續研習的機會。所以，我們希望國中、高中、大專等學校都能設有國劇社，尤其是師範學院，他們肩負教育幼苗的責任，假使也擁有國劇方面的知識，勢必對於國劇的推廣有很大的幫助。

提振山地的藝文環境

涂順從：

民間社團的多寡，以及活動力熱絡與否都直接影響整個藝文環境的發展。最近我在撰寫有關台南的民間藝文社團，在蒐集資料時便發現許多問題。所以，在此我提出幾點意見，供大家參考。

一、加强山地藝文人才的培植：本縣目前活動力較强的藝文社團有一、二十個，並且幾乎都集結在縣政府所在地的新營和鹽分地帶。至於山地偏遠地區，則少有藝文社團，所以，文化中心是否可以在山地辦藝文活動，讓藝文風氣也能瀰漫山地。

二、發掘默默耕耘的藝文創作者：藝文工作者可分兩種，一是自吹自擂，愛表現型；一是默默耕耘，沉默內向型。缺少前者，則社會將呈現一片死寂，但是對於那些默默為藝文奉獻的人，我們仍應將他們發掘出來，使其付出得以獲得肯定。

三、重實際勝於形式：縱觀目前結團組社者，其心態不外乎三種，一是切磋觀摩，帶動社會對藝文活動的認同；二是組社以求更多的頭銜；三、獨樂樂不願衆樂樂的小衆心態。從整個藝文社團來看，一般表現力、活動力較强的都是沒有向政府申請立案的團體，那麼，這種現象是否有另一層意義？

四、旅外有成就的藝文人士不應抱持衣錦還鄉，鄙視故里的心態，而應當存有回饋社會、為家鄉奉獻的一份心力。

增闢年輕人發表園地

王玲：

我提出兩點意見：一、要開創寬廣、活潑的藝文環境，須先從學生著手，尤其是培養他們對藝文的興趣。目前台南地區擁有的青年發表園地僅有救國團的「南市青年」，以及本報的「中華兒童」、「青年天地」，但是就廣大的青年而言，區區三個園地仍然不夠。二、多舉辦文藝營、研習營，讓孩子們多和藝文接觸，並且培養他們寫作的能力和興趣。

缺乏培育舞蹈人才的學府

廖末喜：

許多人都以爲舞蹈是個很容易、簡單的藝術，實際不然，當畫家或作家放下筆桿，便代表他們的創作完成，而舞蹈卻必須經過不斷的演練，並且搬上了舞台後仍須成員的全體默契才能完成。

以我多年教舞的經驗，最大的感慨有二：一是人才外流，許多人在歷經多年努力，考上了好學校，但好學校多在北部，他們便負笈求學，甚至在外地定居下來；二是國內學舞的人最後大都走上舞蹈教學，很少有從事舞蹈創作的，這也是爲什麼國內在舞蹈演出上沒有很大成就的原因。

在此，我想順便談談媒體宣傳的問題。我們時常可以發現，在大台北地區所舉辦的活動，很容易刊登上全國性的傳播媒體，而在以外地區辦活動便容易被忽略掉，這一點還期盼媒體能有所改進。

社團間欠缺統合力量

楊文雄：

我本身偏重於文學，對於藝術團體並不熟，但此次由於受文訊之託，負責整理台南地區的藝文團體和刊物，於是和他們有了深一層的接觸，在此順便表達一下自己和他們的看法。

展演場地太少，是大家一致的意見，尤其在藝文社團日漸增多的情況下，展演場地實在不敷衆多活動的使用。再者，有些藝文團體時有互相攻訐的現象，在我尋訪資料時，也常發現許多單位心存戒心。如此欠缺統合力量，又如何促進地方上的藝文發展？

記得以前的台南曾是文風鼎盛，人們總是主動出擊，四處邀約地方上的藝文人士參與活動，如今情形卻大爲改變，不僅社團間互相排斥，而文學性活動也比以往減少許多，不復當年的盛況。

最後，是有關「南市青年」發行的問題。「南市青年」是現今台南地區唯一屬於年輕人的刊物，但是近來卻因爲有人指斥政府强迫學生購買刊物，於是發行量銳減，甚至由於經費不足，致使內容也變得粗糙。文藝應避免意識形態介入，況且在青年刊物匱乏的情形下，大家應致力提振刊物的內容、品質，讓年輕學子擁有淨潔的發表園地。

經費欠缺是一大問題

莊松旺：

以藝文推展的角度來看，我感到悲哀，因爲只要到鄉下看看，便可發覺，人們所熱中的是大家樂、六合彩。但是，就台南現前的藝文狀況，我並不悲觀，因爲單就文化中心所舉辦的講座場場爆滿的情形就可發現，要推展文藝須在方式上下功夫，若是單就純文學的方法推動，是很難有所斬獲的。

剛才林貞羊先生談到鄭成功文藝獎的事，由於中華日報是在這塊土地成長的刊物，實在有必要在這方面盡心力，促進這項偉大計畫的完成。

多年來，中華日報無論在廣告的贊助上，或是活動的舉辦、協辦上都盡了許多心力，但是，我們也感覺到，單單人力、物力的支持仍是不夠，經費的欠缺仍是至今無法完全解決的問題，因此，誠摯期盼社會大衆、企業單位，也能和中華日報一樣，秉持愛鄉愛土的心態，共同爲建設台南而努力。

造就多元化的藝文空間

黃武忠：

我以台南縣縣民的立場，針對藝文活動提出幾項觀念性的看法。

一、藝文活動的推展靠社團的推動較具生命力，而政府則應扮演創造藝文活動發展的環境的角色。有良好的藝文環境，藝文自然可以成爲生活的一部分。

二、由於資訊發達，傳播媒體快速，促進了創作理念的互相學習，而使得文化產生一元化的危機。所以，我們應思考如何保存地方上的文化傳統，並予以發揚，才能使文化多元化，藝文發展多彩多姿。

三、許多藝文人士都認爲藝文活動的場所太少。我們不妨建議將學校成爲藝文推展的橋樑，以及社區活動的中心。

四、藝文界應互相捧場、團結，較之商界的一些社團，國內藝文社團較個人化，如此又怎能形成大的藝文風氣？假使藝文人士有共識，對每一個畫展、每一部作品都能合力支持，才能促進藝文蓬勃發展。

善用藝文資源，造就藝文中心

李瑞騰：

文訊所以進行這系列縣市藝文環境調查，其主要的目的有三：一、「發現」，藉著座談，發現地方及其歷史與現實的諸多現象和問題；二、「對話」，讓藝文先進和地方人士對話，民間與政府溝通，甚至在會議記錄發表後，也正代表是整體與讀者的交流；三、「整合」，當我們對問題有所了解後，便可以在人力和資源上進行整合、運用，以期重新出發，尋找未來的方向。

剛才聆聽各位的意見，令人十分感動，尤其其中許多意見都值得我們予以再開發，例如閻院長所提，大台南社區的觀念；馬教授談到有關藝文發展隨著經濟變遷而轉移的概念等，此外，我自己也萌生一個想法：過去城鄉與都市對抗，核心及邊陲抗衡，而造成這現象主要的原因在於制度的不健全。文化必須均衡，尤其在所謂的「中心」不斷建立、轉移的情況下，每個地方都有可能成爲中心，而這也正是社會民主、多元化的具體表現。

其次，針對大家剛才所提，有關台南的藝文現象，我的看法是，謝主任、閻院長是研究戲劇，馬教授從事戲劇創作，另外，丁老師也在國小不遺餘力地推廣國劇，除此，台南在民俗曲藝的資源十分雄厚。而成大在作爲大學校園、大台南社區之間的橋樑，是可以透過細密而整體的規劃，使台南成爲台灣的戲劇中心。

在民間方面，無論是中華日報、奇美文教基金會，多年來對於回饋文化都有很大的貢獻，此外昨天我也聽到「老友」小吃店對成大文學院的贊助。這一切都說明了台南的藝文資源雄厚，而如何統合這些力量，促使台南成爲文化的中心，則有待大家集思廣益，規劃出具體而有效的方案。

蔣震：

謝謝各位提供各種寶貴的意見，希望在大家的努力和期待下，府城的藝文能再度展現美好的遠景。

花蓮

璀璨蓮花

花蓮簡史

◉林炬璧　作家

引言

花蓮縣位於台灣東部，地形狀似臥蠶，東臨太平洋，西有中央山脈，面積四千六百二十八點五七一三平方公里，是台灣最大的縣分。近年來人口外流嚴重，年年呈負成長，現有人口僅三十八萬左右。

花蓮境內山岳，西為中央山脈，東為海岸山脈，山區佔全縣面積百分之八十七。兩山脈岡巒蟠曲，峯嶺迢遞，河流錯綜，斷崖巉巘。雖然，廣狹低昂有差，而岐屹嶒峻略同。顧疊巘幽邃，萬壑千巖。昔日除原住民外，人煙稀少，俗稱後山。

昔日台灣清人為政，民心思明，戰事時起，花蓮、台東，遂為敗戰者逋逃藪。日據台灣時期，亦因後山漢人裹足，為了墾荒人力，對於犯罪刑犯，常有放縱不逮的策略，所以，後山是西部落難的落腳地。當然，也有不少是離鄉背井，到後山開創事業的，不能一概而論。到了台灣光復，遷到花蓮的為數更多矣！

洪荒時期

花蓮古稱「奇萊」，最先出現在沈葆楨奏疏。根據故老云：花蓮溪東注太平洋，溪水與海濤激盪，紆迴澎湃。形狀以其容，故又稱「洄瀾」，後人以諧音才稱爲「花蓮」。但是，知道「洄瀾」而有花蓮的人並不多也。據說，日據台灣時，所以取花蓮捨奇萊，是因奇萊音爲（キライ）討厭的意思。不過，花蓮建港之後，又稱「花蓮港」（花蓮市即花蓮港街）。花蓮居民古早以阿美族爲多數，其次是平埔族，泰雅族又次之，布農族最少。

由於無文字以紀政令，又無城廓市廛以備守禦，因此，治亂興衰不可考，亦不可得知。阿美族系出自馬來西亞，相傳唐朝貞觀年間，馬來西亞火山爆發，廬舍盡燬，有一位女人阿吧士瑪支拉與其弟同乘小臼浮於海中，隨海浪浮沉，不知經過多少時日，所幸不死而達大港口（今豐濱鄉），於是同居結爲夫婦育子女，其後子孫漸多，移居到奇美一帶，隨後分散各地，有大港口、烏鴉立、巫老僧、謝德武、掃叭頂、加蚋蚋等番社。

花蓮近郊有薄薄、荳蘭兩個阿美族社，社民自稱就是阿吧士子孫遷徙到此有數百年。日據時期，日人剷平花崗山得石器，考古學家鑑定是七百年前，此時兩社已存在，可見先住民至今約有八百年定居花蓮了。

平埔族初居台南，荷蘭據台乃退出台南。鄭成功時代，又退下淡水溪，乾隆年間平埔族三十多家，遷至台東，北上到卑南向卑南族求得墾荒耕作。到了道光年間從卑南遷到花蓮秀姑巒溪上游，經常與當地的阿美族人械鬥而不敵，只好東遷。道光二十六年得到卑南族的援助，急攻阿美族，阿美族不支，棄耕地遠走，平埔族反攻勝利，勢力强盛。光緒七年，山洪暴發，田舍淹沒，流離失所，有些散居璞石閣（今玉里）、觀音山、迪佳、麻汝等地，繁衍子孫至今猶存。

泰雅族，傳說昔日有姊弟同居深山，姊以煤塗黑其臉，誘騙其弟在洞中「成親」。這也是泰雅古俗女子出嫁，必先塗黑臉頰，說是從祖訓。不過另一說是：泰雅族在明末時自南投東遷而來，自大濁水至萬榮鄉之中央山脈一帶，到了民國五年日本人驅逐他們到平地居住。

布農族也是從南投來花蓮，有三系，自丹大溪來的稱丹番，自巒大溪來的稱巒番，郡大溪來的稱郡番。丹番最早，乾隆年間就到花蓮。巒番、郡番皆在嘉慶到花蓮，性情兇悍，所居的地方是鄰近卑南族。

至於漢人到後山，嘉慶十七年宜蘭人李享、莊找以布値五千餘大元，與荳蘭、薄薄、美樓、拔便、七腳川等番社頭目，購地墾拓爲濫觴。道光五年，李享、莊找分給土地給吳全等人，吳全獨自開墾今之志學一帶，才有現今吳全村地名紀念也。咸豐元年，台北黃阿鳳招募墾民到花蓮的十六股、三仙洞、武暖、沙崙、十八鬮等村墾荒。咸豐三年，宜蘭漁民到花蓮，卜居花蓮溪畔（今南濱一帶）的有三十多家，出入各以槍刀自衞，防禦阿美族人襲擊。

日據時期

日據台灣之前，後山花蓮經過一段「筆路時期」，由於篇幅所限，僅能概略述說：

㈠沈葆楨受命防務台灣，奏請六事，其中開築後山道路，分南、中、北三路，中路吳光亮領兵三營跨中央山脈至璞石閣（今玉里鎮）；北路羅大春領兵十三營至奇萊（今花蓮）；南路以海防同知袁聞枋領兵三營至台東卑南。

㈡清兵撫化蕃人，授產諸蕃，並開墾鼓勵漢人移民。

日本因甲午中日戰爭，清廷割讓台灣。光緒二十一年六月進軍花蓮港。太魯閣山胞抗拒，曾動用兵力討伐。日本總督佐久間左馬太自任太魯閣討伐軍司令，動員兵力，每次均在萬人左右，至民國三年始結束軍事討蕃。之後，經常以飛機在山地示威。

日人自民前三年以後，由於討蕃軍事結束，著手整治建設。民前三年九月一日設立鐵道部花蓮港出張所，籌建東線鐵路。次年二月，日人第一批移民九戶，住七腳川（今吉安），十月第二批日本移民五十二戶，住七腳川，十一月又第三批移民一百七十六戶，亦住吉野（今吉安）。隨後陸續有日本移民到花蓮。一共設置吉野、林田、豐田等三個移民村。據說，移民有免稅的優待，但是，由於水土不服，移民政策功敗垂成。

日據初期，日人討蕃戰事十分艱困，所以，後來也採取撫蕃政策，多次選了各部落的頭目到日本觀光遊覽，但是——對於山胞基本上是隔離政策。

宣統元年日人改地方官制，改花蓮港支廳爲花蓮港廳，與台東廳分疆而治。次年十二月花蓮港至壽豐間鐵路通車。一直到民國十五年三月二十五日東線鐵路全線通車。東線鐵路當時是窄軌，有一特殊的回龍道，在溪口、檳榔、稻葉三站。日據時期，原有機車二十四輛、汽油車十輛、客車四百五十九輛。當時行車速度緩慢，爬坡時，可以「下車小解」的笑談。

蘇花公路全線通車是民國二十一年五月，稱爲臨海公路，全長一百十九公里八百七十公尺，從花蓮至蘇澳，行車時間五小時以上。這條公路形勢險惡，每遇風雨已告中斷，有「柔腸寸斷」的諷評。

花東公路爲東部平原交通要道。日據時代稱爲紀念道路，（紀念裕仁（昭和）登極也），民國十九年開工，廿二年竣工。全長一百七十五多公里，路面幅寬四至七公尺，北接蘇花公路，南至台東。

東西橫貫公路東段昔稱合歡道，日本總督佐久間左馬太稱兵討伐太魯閣之後開闢，至民國六年二月完工。（民國四十五年七月七日破土興工，歷時三年十個月於民國四十九年四月十七日竣工，五月九日通車）。

花蓮港，位於花蓮市東北四公里之美崙海岸。日人於民國二十五年開始築港，工費不濟。到民國二十八年十月二日竣工通航。花蓮昔時以港爲名，通常稱爲「花蓮港」。那時大阪商船株式會社，派二千五百噸級之貴州丸、武昌丸兩輪船，航行基隆、花蓮港間，每日對開一次。

光復後現況

花蓮縣位於太平洋之浩淼山奔海立，景觀壯偉。邈爾台灣，一隔於中央山脈，再隔於海岸山脈。花蓮擁有太魯閣、玉山兩座國家公園的大半的「絕美」的範圍。近年秀姑巒溪泛舟風行，皆拜山水壯麗之賜。但是區位不佳，交通不便，使工商業沉疴。雖然，光復至今四十多年，交通建設如東西橫貫公路、蘇花公路拓寬雙線道，北迴鐵路通車，花蓮港第四期擴港……等等先後完成。產業東移的招手，仍然無法得到西部工商業者青睞，原因是產銷線太長，也就是「區位不佳」的致命傷。何況，環保意識高漲的今天，後山成爲台灣的「後花園」也是理所當然的命運。

所以，花蓮的藝文活動，也受到地理環境的影響很大。雖然，花蓮也有如駱香林的宿儒，在文風不盛的地方，他受尊崇的程度，令人感慨。近幾年來，花蓮的文化活動逐漸興盛。可惜，花蓮許多人才，早年負笈他鄉，絕多數在外縣市成家立業。他們偶爾「蜻蜓式」的回饋故鄉，就像一陣文風吹過而已，無法生根更不可能開花。花蓮的藝文活動，有時是「過客」似的，船過無痕。到目前爲止，花蓮仍停在鄉鎮城市的階段。如說是觀光城市，那是「名」過其實。

人間的淨土，文藝的故鄉

簡介花蓮地區文藝社團和刊物

◎葉日松　國中教師．青溪新文藝學會理事長

人的有限生命，是永遠無法與無限的歲月拔河的。只有文學和藝術乃至文化的生命，才能源遠流長，才能永恆的。因此，所有的文學作家和藝術家，都是肩負這項任務的重要角色。只有他們用智慧揮灑出來的雋永作品，才能使民族的文學和藝術，開放美麗的花朵，只有他們默默的耕耘和傾心的投入，才能使民族的文藝，步入永恆的殿堂。我們誠懇的期望，所有的文藝作家們，都能踵武前賢，繼往開來，同爲神聖的使命而努力。

花蓮有靈秀的山水之美，有濃烈的人情之美，也有不朽的藝術之美。所有的文藝作家們，在如此美好的國度裡，每天和山水對話，和不朽的藝術聯誼，這些年來，由於大家的付出和努力，花蓮已經不再是文化沙漠了。

然而，各項文藝工作的推動，光靠少數人的參與是不夠的，當然也不能完全的依賴政府的輔助。因此，許多大大小小的藝文活動，我們只有仰仗所有民間的藝文社團或企業機構了。至於他們出版的各類刊物，不僅有振聾啓聵的作用，更有教化民心的社會功能。現在就讓我來簡述花蓮地區的文藝社

團和出版的刊物吧！

社團方面

(1)中國青年寫作協會花蓮縣分會

這是直屬花蓮縣救國團的一個文藝社團，它的最大特色，便是以青年學生爲主。自成立以來，會員不斷地增加，到目前爲止，已有千人以上了。但可怕的是，他們畢業後，就不再參與任何的文藝活動了。因此，這個文藝社團，只能掌握到目前仍在學校的在學青年。不過卅年來，花蓮青年寫作協會，透過各項的文藝講座、文藝座談、文藝營和文藝創作比賽，已經爲花蓮地區培養出不少的文藝人才。

(2)中華民國青溪新文藝學會花蓮縣分會

該會成立於民國七十二年九月。它是結合全縣後備軍人作家和社會作家的文藝社團。也是陣容最堅强的地區文藝社團，因爲它包含了文學、美術、音樂、雕塑和民俗等等，對地方的影響力最深最大。成立期間由施冠慨擔任首任會長，兩年後由葉日松接掌迄今。目前有會員七十餘人。其中如林道生、廖清雲、杜萱、劉世武、湯昇、邱上林、吳崇斌、蔡政達、楊崑峯、向紹林、張孟三、鍾仁順、邱碧珠、張榮海、林嵩山、李神泉等人，都是著作等身、名揚國內的。

(3)台灣省作家協會花蓮縣分會

該會成立於民國六十八年。首任會長由林世蔭擔任。第二任會長爲陳友新（也是現任），常務理事是杜淑貞和葉日松。該會在陳友新會長的領導下，各項會務的推動十分順利。該會目前的會員人數，已達六十餘人，遍在全縣各地。其中有不少的會員，是青溪學會的成員。

(4)花蓮縣木瓜溪奇石協會

據會長李春雄先生說：該會成立已經有廿二年了。會員約有七十餘人都是奇石的愛好者。這個會的最大特色，是以「木瓜溪」命名，給人帶來清新自然的感受。因爲「木瓜溪」是花蓮市郊外頗負盛名的一條河流。同時以盛產奇石而馳名。花蓮地區擁有奇石的人數，越來越多，而且有不少的作品，已經獲得中外人士一致的好評。據花蓮名書法家楊崑峯先生說：蒐集奇石奇木，不僅可以怡情養性，還可以以石（木）會友，其樂無窮。該會也經常假花蓮文化中心或國軍英雄館，展示會員精心的傑作。

(5)花蓮書法協會

花蓮書法協會成立於民國五十六年。現任會長楊崑峯先生，是著名的書法家兼畫家，也是奇石的愛好者。由於他德高望重，爲人謙和，因此，辦起活動來有聲有色、成果卓著。目前的會員已有七十餘人。他們除了定期的參加各項比賽之外，也經常不定期的舉辦會員作品觀摩，以收切磋之效。該會網羅的書法家中，如吳崇斌、蔡政達、林海深、高蘊石等人，都是具有相當功力的名家。

(6)花蓮美術協會

花蓮美術協會已經成立有十四年之久了。這十四年來，由於歷任會長以及現任會長蔡政達的努力經營，已經有相當的成果，展現在花蓮縣民之前了。花蓮美術學會的最大特色，是美術教師特別多，而其餘的會員中，也都是各行各業中的精英。陣容十分堅强。重要的畫家計有：廖清雲、吳崇斌、王康熙、向紹林、王覺、紀乃石、楊崑峯、吳展進、張性荃等人。他們除了參加每年的藝術季活動之外，也經常假文化中心舉辦會員作品聯展或個展，對提昇地方的美術教育、改善社會風氣，有很大的貢獻。

(7)花蓮攝影學會

在花蓮所有的藝文社團中，會齡最長的要算是花蓮攝影學會了。據現任的會長林清材先生告訴我，該會已經成立有五十年的歷史了。這五十年來，在歷任會長和全體會員的努力耕耘之下，不僅培養了不少傑出的人才，同時也帶動了花蓮地區所有愛好攝影的朋友，邁向一個新的里程，他們不僅有健全的社團組織，同時也有相當充實的各項活動內容。他們除了在花蓮地區經常展示精彩的作品之外，也鼓勵會員，向全國、全世界的藝壇進軍。

(8)花青攝影協會

這是直屬花蓮救國團的一個文藝社團。雖然名為「花蓮青年」，但所有的會員卻是社會青年。由於花蓮地區愛好攝影的夥伴特別多，所以在花蓮攝影學會之外，另有「花青攝影協會」的成立。該會成立廿二年來，在會長湯昇的領導之下，已有相當的成就。目前該會仍然定期辦會員攝影比賽和會員作品聯展。

(9)「蓮社」

「蓮社」是一個傳統詩的民間社團，由一羣愛好或具有傳統詩素養的人士組合而成的。它的社齡也將屆五十個年頭了。當時是由花蓮名詩人駱香林、陳香、曾文新、楊伯西等人領導該社從事各項活動的。他們定期擊缽吟詩、作詩，作品經常出現在當地的更生報。該社曾在花蓮主辦過全國詩人聯吟大會多次，對促進詩友之聯誼和詩運的推動，可謂貢獻良多。可惜後輩子弟對於傳統詩，很少有人問津，因此，不但沒有新進的會員加入，舊會員中，走的走，老的老，幾乎已經面臨到解散的命運了。我們衷心的期望，該社能及早吸收新會員，繼續培育新人才，獎勵擊缽吟詩，重整我大漢詩威，揚我大漢詩風。

出版物方面

(1)更生日報

該報創刊於民國卅六年九月三日。社長謝膺毅是一位熱心文化事業的有心人。四十多年來，他一直不斷地在充實報社的各項設施和報紙的各版內容。當時和更生日報同時在花蓮創刊的報紙——東台日報，出版了廿年之後，由於許多因素而停刊，除了令人惋惜之外，也令人懷念。因爲它們都是東部地區的文化重鎭。東台日報停刊後，更生日報所扮演的角色，更令人注目了。因爲南北兩個鄰縣均無報紙之發行，因此更生報便成了東部人唯一的精神食糧了。目前該報每天出版四大張，內容除了報導國外大事之外，重點放在東部的新聞。其他的各類專刊和副刊，也都擁有廣大的讀者。

(2)慈濟月刊

這是花蓮功德會發行的慈善刊物，這份刊物的影響力，絕對不亞於國內任何大報刊。因爲他擁有數百萬的功德會會員。這個刊物雖然是免費贈閱，但閱讀者所付出的捐贈，遠超過了該刊的刊費。不過，它的內容精彩充實，字裡行間，洋溢著人間的眞情和眞愛。對美化人生、引導社會，有著正面的深遠的影響。

(3)花蓮青年

這本廿四開厚六十四頁的青年刊物，是花蓮縣各國中高中學生的寫作園地，也是最佳的課外讀物，創刊迄今已出版了一百四十四期。由於編排新穎、內容精彩，已經連續好幾年獲得了全國期刊比賽的甲等獎。每期出版三萬本。該刊原來每學年出版六期，最近三年才改為每學年八期。該刊的最大特色是封面採用代表地方風情的攝影作品刊出。其次就是以青年學生自己創作的「花青漫畫秀」作號召，獲得了不少的掌聲。「花青」之所以有今日的成就，歷任的主編劉富雄、劉廣元、王南財、葉日松、邱上林和現任的執行主編黃鳳珠，功不可沒。

(4)**花蓮文粹（月刊）**

這是一本由個人獨資創辦的綜合性地方刊物。它創刊於民國五十九年九月。已出版了二五一期。它的最大特色是報導府會之間的種種消息，有施政方針、有問政理念、有地方風情、有人物特寫，對促進地方團結、府會之和諧，有莫大的貢獻，是一本具有補察時政、洩導人情的雜誌。創辦人侯尉萍的努力和毅力，令人敬佩。

(5)**東海岸評論（月刊）**

這是花蓮地方刊物中的後起之秀，創辦人是前任國大代表，發行人是蔡忠太先生，主編是小說家林宜澐。它是十六開本，厚六十四頁，封面及插頁均用彩色，十分高雅。內容有評論，有環保教育、有醫學講座、有地方風俗、有各行各業的報導，是生活的、是藝術的、是文藝的、也是趣味的。經常在該刊發表作品的計有楊守全、陳列、劉克襄、陳黎、葉日松、邱上林、黃郁文、陳文蘭、阮嶸，以及其他地區作家。「東海岸評論」創刊於大前年，現在已出版了卅六期，給地方帶來了一陣文化的清涼。

(6)花蓮文化中心季刊

該刊創刊於民國七十六年元月。現在已出版了廿二期。每期除了報導有關該中心的重要活動之外，還有不少的專欄，分別由花蓮地區的藝文人士執筆。內容涵蓋了所有的文化活動，可以說是圖文並茂、清心悅目。該刊是採十六開本，厚四十四頁，封面及插頁均爲彩色。每期出刊後，即由文化中心寄贈給縣內各機關學校，是縣內唯一傳送藝文消息的官方刊物。

(7)花蓮縣青溪通訊月刊

這是以後備軍人爲發行對象的社會刊物。每月出版三千份，每期寄贈各鄉鎮各後備部隊及各後備軍人中心，供後備軍人及其眷屬閱覽。它是採用一張報紙計分四版的形式出刊的，內容有政令宣導、後備軍人活動消息、好人好事的表揚、有醫藥服務、有藝文欣賞，多彩多姿。這份刊物是直屬花蓮團管區司令部輔助的，由葉日松擔任發行人，劉天順擔任社長。

(8)三本選集，令人懷念

花蓮地區在這廿年來，先後出版了三本代表地區性的文藝選集。第一本是「花蓮文藝選集」，由劉富雄主編，救國團出版。第二本是「蓮花的芬芳」，由黎芹（歸人）主編，水芙蓉出版。第三本爲「秀姑巒溪的悠情」，由葉日松主編，省立社教館出版。其中第一本和第三本均爲社會上知名的作家陣容。而第二本則是以青年學生作家爲主。由此可知地方的藝文界人士，對於文藝的傳承和人才的培育，是多麼的用心良苦了。我們期待在未來的歲月裡，能夠看到更多更具代表性的文藝叢書或選集，源源不斷地展現在廣大讀者的眼前。更期望繁花似錦，萬紫千紅的春天，早日降臨在花蓮的國度。

花蓮文藝活動概況和展望

洄瀾濤聲

⊙邱上林　花蓮高工教師・作家

壯闊的濤聲，湧動一眶藍天
好熟悉的起伏啊，卻不再是一去的鄉愁
白髮歸來的誓言仍在，頭蒼蒼而人已回
小立南濱海邊，任渾紅的旭日升起
為魂夢中揮灑不去的山城，一展紅顏
比童年更長的防波堤，且為未來緊握
那不再洶湧的青春洄瀾吧
羣巒間綻放的雲朵，不知天上人間
依然是一片欲白的華年
千山萬水萍蹤歸來
只有此心，尚與去日同

……

花蓮有描繪不完的創作素材

這是花蓮海鷗詩人陳錦標在停筆廿餘年後，重拾彩筆，回到花蓮之後的一首近作。

從自然環境來看，花蓮地區由於山海交會，溪谷縱橫，很自然的形成一種獨立、封閉的特殊地理特徵，昔日花蓮稱為「後山」，即因花蓮對外交通不便，開發較遲；因以得名。也就是因為較少受到人為破壞，故境內瑰麗的山水仍然得以保留原貌，吸引了不少文人雅士在此停留、定居，像作家孟東籬、陳列、杜萱、林蒼鬱，音樂家郭子究，雕塑家許禮憲、廖清雲，書畫家楊崑峯、吳崇斌，芒雕家樓永譽……等；另一方面，在這塊縱谷區內成長的花蓮子弟，由於身在福地，周遭有永遠描繪不完的創作素材，加上承襲先人東移開墾的刻苦上進傳統，因此也造就了不少出色的藝文大家，如作家陳錦標、楊牧、王禎和、陳雨航、劉春城、葉日松、陳黎、吳鳴、陳克華、林宜澐，詩畫家吳德亮，畫家楊維中，民俗學者明立國，髮雕家許俊達……等。在地震、颱風稍多於西部的花蓮，揉和了外來客與本地人的長處，同在這個搖籃裡化育，終於形成了獨特的山水田園風格。

花蓮藝文團體鳥瞰

花蓮地區之藝文活動起源甚晚，自民國卅九年地方耆宿駱香林先生倡導詩藝與攝影，始陸續有活躍之勢。

民國四十四年，詩人陳錦標創辦了「海鷗詩刊」，五十一年，李春生、路衛、秦嶽、巴楚諸位詩人移師花蓮與海鷗詩人羣合流，重整旗鼓成立了「海鷗詩社」，發行「海鷗詩頁」，至五十四年停刊，七十六年文藝節在南部復刊。

目前花蓮地區土產的刊物有「花蓮青年」、「東海岸評論」、「花蓮文粹」、「東台灣雜誌」等月刊，以及「更生日報」一家報社，花蓮縣立文化中心季刊等，各刊或多或少提供年輕文友磨練筆鋒的園地，培植了不少年輕作家。

其他藝文團體如：音樂學會、美術學會、書法學會、攝影學會等，每年均定期舉辦發表會或展覽會，爲悠閒寧靜的山城，平添不少勝景。

花蓮人辦藝文活動的哲學：盡力而爲

花蓮縣總人口約卅六萬人，分佈在約一五〇公里長的縱谷區上，花蓮市是這個縱谷帶的首邑，人口大約十萬人，也是此地的文化中心。由於人口分散，許多藝文活動推展起來，大都集中於城市，其他廣大的偏遠地區總是鞭長莫及。儘管如此，花蓮有著名的演藝團體演出時（如雲門舞集、明華園歌仔戲），仍然有南區如富里、玉里等地的觀衆，千里迢迢地開了一百廿公里的車子到花蓮欣賞，表演結束，又沐著夜色返回一百餘公里以外的家。

花蓮縣立文化中心爲籌辦本地藝文活動的常設機構，在地方文化發展的過程中，扮演著重要的角色。

此外民間籌辦的文藝活動，如演講、座談會、畫展……等，也有不定期的展出或舉行，大焉者如金石堂文化廣場的作家演講，小焉者如無極藝坊的秉燭夜談，維娜斯藝廊的中西畫展等，可惜無極藝坊的女主人已負笈美國，無極盛事已成絕響。

令人動容的宣言

文化的良窳興衰，可以反映一國的實力，短短的三百年花蓮開拓史，我們實難找到可以值得自豪的文化遺產。石雕家林聰惠先生就曾感嘆的說：「每次外國朋友來，除了去天祥、太魯閣之外，我就再也想不出什麼地方，可讓他們去欣賞。」他一直希望花蓮有一座別緻、有特色的石雕公園，這個心願如無法藉社會、公衆之力去完成，他願意用自己的力量，花一生的光陰去實現。這是多麼令人動容的宣言！

大多數旅居外地的花蓮籍作家，對故鄉普遍都有一種深厚的眷戀之情，這一份鄉愁與關懷是結合地方文藝工作者最佳的凝結劑。這一股力量可主導地方的進步，使地區性的文化更形多采多姿。這是每一位從政者，在肯定競選文宣奇兵之外，所要深刻體認的。

◎高惠琳

善用自然資源，創造藝文環境

「花蓮藝文環境的發展」座談會

時間：八十年七月廿九日下午三時～五時半

地點：花蓮縣立文化中心

主席：李瑞騰（本刊總編輯）

與會：周龍田（縣立文化中心主任）

葉日松（花崗國中教師、青溪新文藝學會理事長）

陳　黎（作家、花崗國中教師）

杜淑貞（花蓮師院副教授）

邱榮華（花蓮高工教師）

黃守誠（花蓮師院教授）

楊崑峯（中國書法學會花蓮支會會長）

溫淑美（國風國中教師）

林道生（玉山神學院音樂系）
陳友新（花蓮師範學院教授）
林清材（花蓮攝影協會）
林聰惠（雕刻家）
樓斐心（毫芒雕刻家）
（以上按發言序）

討論題綱：

一、本地的藝文傳統
二、現階段的藝文活動之討論
三、如何開創一個寬廣活潑的藝文環境
四、如何形成具有特色的花蓮文化

李瑞騰：

文訊當初計畫這「各縣市藝文環境調查」系列，是打算一年跑十二個地方，以了解各地文學藝術環境的發展問題，如今在教育部社教司的贊助下積極展開。目前我們已經造訪了八個縣市，發覺各地都是以文化中心作爲藝文眞正的中心，藉以凝聚藝文工作者。而在每個地方也總有一些文藝人士在默默奉獻心力，所以，文化的推動工作並不只是政府的職責，應當也是文化工作者基於對藝文的喜愛而無條件的奉獻，才能造就文化的花果。

今天邀請各位來參加座談，主要是希望能借重各位的感受和經驗，透過縝密的思考，對目前所面臨的處境，以及未來的發展方向等問題提出看法，以獲得有效的解決。

充分利用良好的創作環境

周龍田：

非常感謝文訊能來花蓮舉辦「花蓮的藝文環境」座談會。花蓮位居台灣的東路，面積佔台灣的八分之一，是全省最大的縣份，但是財政狀況卻不佳，尤其在財政劃分尚未完全釐清時，每年的年度預算有百分之八十須仰賴省府專款補助，所有的經費在扣除人事、三棟大樓的維護，及行政支出後，能用在文化活動上的費用實在寥寥無幾。不過，財政狀況雖然不盡理想，但是由於藝文人士的耕耘、奮鬥，使得花蓮地區的藝文發展能呈現出不錯績效。

花蓮雖窮，但是擁有絕佳的自然環境，所以，我們不必因爲財政不佳而感到悲傷，應該以擁有良好的創作環境而高興，相信在文化中心的配合、藝文先進的領導下，一定能爲花蓮的藝文環境開拓出美好的遠景。同時，希望大家能利用此次座談，充分表達意見，透過文訊的報導，傳達地方上的心聲。

培育藝文薪傳人才

葉日松：

謝謝文訊提供了一個讓大家能團聚在一起的機會。現在我就四個題綱，提出自己的看法。

一、有關本地的藝文傳統，在本地的藝文歷史中，東台日報和蓮社扮演著極重要的角色。東台日報於台灣光復初期創辦，直到民國五十年才停刊，這期間對於鼓勵年輕人投稿、培育作家等，都具有相當的功勞。談到蓮社，就使人想到花蓮耆老駱香林先生，他是詩人，也是攝影家，在花蓮的文壇上佔有極重要的地位，而蓮社的成立，對於社會風氣的推動也有很大的影響力。此外，我認爲有三份刊物可以作爲花蓮藝文發展的代表：一是歸人先生所編的「蓮花的芬芳」，二是花蓮救國團編的「花蓮文藝選集」，三是我編的「秀姑巒溪的悠情」，共收錄了花東地區十九位散文作家的作品，堪稱東部第一本散文集。

二、現階段的藝文活動之檢討，我提出五點意見：一是民間藝文社團的經費不夠，致使推動工作困難；二是活動層面不夠廣，應該借重各類社團，從家庭出發，擴至學校工廠、社會，由點而面，使藝文的風氣能擴及各個層面；三是藝文活動不應只是一種形式，而須予以計畫性的安排配合，才能持久；四是社團之間不該各自爲政，使力量分散，若能經常舉辦聯誼，凝聚力量，不僅可使經費充分運用，同時一定能帶動更蓬勃的藝文發展；五是政府對於民間社團或藝文活動應多予輔助，透過官方的支持、協助，才能獲得更好的效果。

第三項，如何開創一個寬廣活潑的藝文環境。一、發展藝文交流。以往花蓮地處僻遠，如今由於北迴鐵路的通車，交通便捷許多，我們可以考慮透過各類的城鄉交流，爲花蓮引進更多的藝文活動，以帶動更寬廣的發展空間。二、藝文活動的推展不是單方面的事，需要政府、民間社團，及企業機構三方面的互相配合才能有效而且快速的發展。三、發掘、培養藝文人才。人的生命是有限的，而文藝的創作是無限的，因此，唯有藉人才的培育，才能使藝文的薪傳不受制於歲月。四、從學校藝文教育著手。學校是培育藝文幼苗的園地，假使學校的老師、課程及教材都能加重藝文教育，不僅能培育更多的藝文人才，對於風氣的提倡也有很大的幫助。

最後，有關如何形成具有特色的花蓮文化？一、凝聚地方的藝文工作者，創作具有地方色彩的藝文作品。例如花蓮的山水之美居全國之冠，假使藝文工作者能從花蓮的自然景觀出發，定能創作具有花蓮特色的藝文作品。二、配合文物館及文化中心陳列館的功能，組成蒐集小組，廣泛收集花蓮各地的民俗文物，使具有地方特色的文物能得到適當的保藏和展示。三、政府應注重文藝活動，而企業也應多予資助，同時，也希望民間能主動捐贈有關地方特色的文物資料，交由專家學者整理，彙輯成一部有系統的花蓮文物史料。

多舉辦藝文活動

陳黎：

我時常建議學校或文化中心，多舉辦夏令營或文藝創作營之類的活動，讓本縣籍的學生和社會人士能夠共同學習，並且透過實地的田野採訪，使他們認識本土文物之美。因爲透過有計畫的教育，不僅可以讓人們學習，感受到美，激發他們的創作力，同時，經由比較與對照，年輕人不但能夠掌握本地藝文特色，也能促發他們以更新的角度來詮釋、創作。

當然，我所說的藝文創作，並不是只局限在本地的特色，而是一種兼融並蓄之後所創作出來的作品。例如在梅鄉有位八十多歲的法國天主教徒，他所創作的音樂作品融合了印度、爪哇、天主教，及各地素材，因此所呈現出來的，是揉合了傳統與現代，前衞與古典的風格。所以，也希望台灣的藝文創作者，除了創作具有自己本鄉本土的特色外，更應該抱持新文化的理念，以世界性的眼光來創作更具包容性的作品。

最後，我再度強調，多舉辦藝文活動，提供藝文創作者和社會人士一個共同學習、共同領受美感經驗的機會。

發展原住民的文化

杜淑貞：

如何形成具有特色的花蓮文化？基本上，應從加強、注重並發展原住民的文化著手。由於原住民的人數在花蓮總人口上佔有極可觀的數量，舉凡原住民的母語、音樂、舞蹈、木雕、編織、工藝等，都與他們的食衣住行息息相關，所以，要談形成具有特色的花蓮文化，至少應著重在原住民文化的發展上。此外，政府也應設立專責機構，或是學術團體，培育原住民的藝術人才，使得這些具傳統歷史特質的文化藝術得以薪火相傳。

其次，縣內可以定期舉辦藝術季及藝術市集的活動。也就是藉藝術市集，讓原住民和縣內的藝文人士，將它們的藝術、文學作品公開陳列、展示。並且在藝術季中，舉辦山地歌謠比賽、傳統舞蹈表演、豐年祭慶典、陶器、織布等工藝展示等，除了彰顯本地的文化特色，同時也可以藉此招徠觀光客，帶動地方的繁榮。

要開創寬廣活潑的藝文環境，應將筆尖指向人文關懷，尤其報導文學必須和社會工作結合，才能產生更强韌的生命力。報導文學和新聞報導最大的差別在於深入程度，花蓮有很多問題，如雛妓、颱風災變造成的原住民遷村等，都是值得深入探討、報導。而將這些現象作為報導文學的素材，定能助長花蓮的藝文發展。

此外，進行風土民俗的探源，民歌、俗諺，以及原住民神話、寓言、傳說、民間故事等的採集整理，都有助於建立本地的文化特色。這些神話、傳說，都是文化的遺產，若能詳細整理、彙集，也能發展成爲民俗學、兒童文學。例如十八、九世紀，德國的格林兄弟深入造訪民間，花費多年，蒐集到日耳曼民族二百一十篇的古老傳說，並且彙輯成今日家喻戶曉的「格林童話集」，帶給許多兒童充滿幻想的歡樂童年。同樣的，逐漸被遺忘的原住民神話、童話、寓言、歌謠，若能「寫」下來，不僅是保存了文化傳統，同時更可作爲文藝創作的素材。

設立藝文作家聯誼中心

邱榮華：

我針對題綱的第三項「如何開創寬廣活潑的藝文環境」來談。

文化需要人們的關懷才能逐漸成長、成熟。而文化環境的主角是人，有了人須有活動，舉辦活動則需要經費的資助。花蓮的人口有三十多萬，單單花蓮市便佔了三分之一的人數，同時，花蓮也是全國藝文創作人口密度最高的縣份，主要原因是擁有絕佳的自然環境。那麼，我們應該運用周遭的自然環境，培育更多的藝文人才。以往，人們總是把花蓮的太魯閣等地作爲臨時性的度假中心，但是活動結束了，人便解散了。事實上，自發性的活動要比外來的活動紮實，因此，我們不妨考慮在太魯閣或奇美村等地設立「藝文作家聯誼中心」，透過正式的編制、管理，使它成爲藝文人士聚會、交流、度假，甚至創作的場所，並且更可能成爲東部或全國藝文活動的重鎮，如此一定能爲花蓮帶來更大的發展和繁榮。

擁有優美的自然環境是花蓮最大的資源，但是經費的缺乏卻是花蓮開創寬廣的藝文環境最大的阻礙，如何解決這個問題，則有待大家的共識，以及有關單位的重視和資助。

善用自然環境，創作藝文作品

黃守誠：

花蓮最大的特色是擁有自然環境的美，相信這也是其他縣市所缺少的。所以，假使花蓮的文學藝術能從山水文學出發，一定能呈現花蓮的特色。

我個人曾經爲民間一家出版社編過「蓮花的芬芳」，此外，也替文建會撰寫過「東部采風錄」，這本書編列爲文化建設第一號叢書。可見無論民間，或是政府，對花蓮自然景觀、傳統歷史的重視。反觀國外，諸如「湖濱散記」、「海的禮物」、「四季隨筆」等書，作者都是沉浸在大自然的洗禮後，創作出來的巨著。由此也可以看出，自然環境對藝文創作的影響力。

所以，花蓮擁有天祥、太魯閣、秀姑巒溪等風景絕妙的環境，藝文人士更應善用這些條件，創作出更多、更好的作品。

團結是拓展地方的根本

楊崑峯：

我是民國三十九年來花蓮定居的，當時，花蓮和澎湖、台東並列爲台灣最落後的三個縣份，由於先天不足、後天失調，在藝術文化上更是缺乏發展，雖然先後成立了一些團體，但也少有表現，逐漸消失。民國五十二年，我在花蓮成立了書法學會，當時是花蓮地區第三個民間組織。之後，陸續有了藝文團體成立，但是往往受限於場地問題，無法有更大的發展。直到花蓮縣立文化中心落成，並且建造了陳列館，此後，花蓮藝文作家民間團體才有了適當固定的場所，從事演講、座談、展覽、表演等活動，加上政府、民間的推展，花蓮的藝文也有了顯著的進步。

基本上，花蓮地區的藝文作家並不算多，但是諸如詩歌、繪畫、毫芒雕刻、大理石雕刻、交趾陶等創作，卻是遠近馳名，也成爲花蓮的文化特色。

剛才大家都說花蓮具有美麗的山水自然景觀，事實上，一個地方的好壞，最主要是和當地人們的團結與否有關，也唯有大家能同心協力，才能讓花蓮的美更擴大、更持久。

提振舞蹈，重新出發

溫淑美：

我是一個舞蹈工作者，但是每次看到報紙上刊登的藝文訊息時，我總是感到難過，因爲有關舞蹈活動的訊息實在很少。事實上，花蓮目前現存的只剩下山地舞蹈，但是由於環境的改變，這些山地舞也成爲現代山地舞，已失去傳統的原味。花蓮不是沒舞蹈人才；縱觀藝術學院、藝術舞蹈科系中，有許多老師都是花蓮人，他們不論在教學方面或舞蹈創作上都有傑出的表現，而使這些人才外流，導致花蓮舞蹈沒落的原因，最主要是欠缺表演的場地，如今雖然文化中心陳列館已成立，而如何使這些人才回流的確也是值得探討的問題。

花蓮現在除了偶有舞蹈表演外，缺乏舞蹈創作發表會，而縣內的舞蹈社也僅剩兩家。面對雕刻、繪畫、音樂、陶瓷等蓬勃發展，如何培育年輕的舞蹈工作者，使人才回流，以重振花蓮昔日的舞蹈風光，應是刻不容緩的事情。因此，利用這次機會，希望文化中心能詳細說明場地租借的方法，也期盼大家能對花蓮的舞蹈發展，提供一個推廣的確切方針，以刺激花蓮地區的舞蹈工作者能凝聚力量，重新出發，再創花蓮舞蹈的美好遠景。

從歷史傳統出發，創作具時代性的作品

林道生：

花蓮昔稱「洄瀾」，從這名稱就可以感覺到花蓮充滿了濃厚的文藝氣息。花蓮的居民共分兩類：一是原住民，包括太魯閣族、阿美族、布農族等；一是漢民、有福佬人、客家人，以及台灣光復後從大陸各地遷居來的人士。就前者而言，他們的神話、傳說，歷經荷蘭、西班牙、鄭成功、清朝、日本等政府的統治，以及太魯閣、奇密村、七腳川等討伐事件，甚至現今不斷發生的許多事件，都足以作爲文藝創作的素材。而就漢民而言，他們千里跋涉，從西部到此拓荒，其過程之艱辛，也都是寫作的良好材料。加上花蓮擁有幽美的地理環境，無論空氣、河川等，都令飽受污染之苦的西部人羨慕不已。因此，昔日被稱爲「後山」花蓮，如今卻成爲人人嚮往的「後花園」。那麼，既然擁有這麼好的創作素材，花蓮地區的藝文人士理應可以從原住民的故事、漢民族的拓荒史、花蓮山水之美等方面出發，創作出有意義、具花蓮文化特色的作品。

落實政策，普遍顧及各藝文團體

陳友新：

剛才聆聽了各位的高見，總的歸納起來，要辦好文藝活動必須具備有四個條件：政策、組織、經費、方法。而我就針對這些因素，提出五點意見：一國家的文藝政策有所偏差，目前國內有種現象，即是重視台上的演出，而忽略台下的訓練、教育。就政府單位的補助來看，往往提供大筆經費在表演藝術上，但是，對於民間團體的訓練、學校的藝文教育，卻少有補助。這種重枝葉而輕根本的政策，往往也就造成國內文藝教育無法扎根、落實。二、政府的活動補助經費往往得靠關係爭取。雖然政府設有相當的經費補助藝文活動演出，但是在經費的獲得上，常常需要藝文團體積極主動，甚至靠關係才能爭取到，由此可以看出，有關單位對於藝文團體的忽略，無法主動關懷，給予輔助。此外，各縣市中，唯有台北、高雄兩縣市擁有較多的補助經費，就台灣整體而言，北、高二縣市只能算是兩小點，而其他地區卻是一個面，如果無法顧及大面，縱使擁有二點，也無法促進全國藝文發展。三、聯誼會的創辦。要凝聚花蓮的藝文力量，至少必須具備聯繫、網羅的組織，而這組織同時也須具有規劃、輔導、執行的功能。這件事我們也不斷在不同的會議上屢次提及，但是截至今天，仍然沒有得到上面的回應。所以，是否可以敦請文化中心主持其事，設立「花蓮地區文藝聯誼會」，定期邀請地方藝文人士聚會，共同爲花蓮的藝文發展構建藍圖。四、擴大藝文創作層面。剛才許多人都談到如何提振原住民文化，事實上，近年來由於原住民許多東西已經變質了，加上原住民的人口不再是花蓮人口的代表，所以，我們理應將層面擴大，讓藝文的範圍能涵蓋三大部分：原住民文化、漢人文化，以及被忽略的客家文化。

第五，是有關尋根問題。在兩岸關係日趨密切之際，兩岸的文藝交流也成爲一項頗受重視的問題。因此，文藝創作當可參考、借鏡大陸，使創作內容更具多樣化。

充分利用自然、人文資源

林清材：

要發展地方文化特色，須先重視地方資源。花蓮地區的資源有兩種：一是自然資源，二是人文資源。在自然資源方面，除了美麗的風景外，石頭更是一大財富，尤其在駱香林先生的提倡下，收藏奇石已經成爲花蓮地區普遍的愛好。此外，諸如林聰惠等雕刻家，更充分利用石頭素材，雕塑出許多傑出的藝術作品。

在人文資源方面，由於山靈水秀，花蓮地區出現了許多傑出的人才，當然這些人才並不是單靠優美的環境就能造就，仍須培育、協助，使其潛力得以發揮。所以，今天我們要談如何形成具有特色的花蓮文化，除了充分運用這些自然資源外，更應該促請政府加强培育藝文人才的教育，同時也擴大輔助藝文工作者的創作，讓他們有更好的環境、更多的經費從事創作。如此，不僅可以造就更多的藝文人才，更能夠强化花蓮的文化特色。

設立石雕公園

林聰惠：

二十年前，我和葉日松都在花崗國中任教，之後，由於醉心雕刻，我便辭去教職，朝夕和石頭相處。以往，每當有遠地來訪的客人，我總會帶領他們到太魯閣、天祥等地遊覽，但是，次數一多，也就覺得平淡了。所以，我便興起成立石雕公園的想法，加上前副總統謝東閔先生也曾說過，花蓮的大理石產量豐富，爲什麼不加以運用呢？更强化了我成立石雕公園的理想。但是，由於受限於經費，我向當時的吳水雲縣長求助，吳縣長慷慨允諾了五百萬的專款，於是便完成了三座雕像。不過，吳縣長卸任後，專款刪減爲一百萬，並且隨意找人雕塑，相形之下，新雕像的品質也低落許多。反觀鄰國日本，他們每年花費大筆經費在藝術創作上，使得日本的藝文顯著發展，由此可見國內對於藝術創作不甚重視。就目前台灣的生活水準，正是發展藝文的最佳時機，假使石雕公園不趁勢設立，等到我們這一輩的有心人老了，要期待年輕的一代能承續這個艱巨的創作工程，恐怕也是一大問題。因此，我願意提供一個構想，由花蓮地區的兩大企業：中華紙漿、亞洲水泥，提供材料，我則奉獻自己的力量，一起爲設立石雕公園而努力。

最後，我要提出一項呼籲，就是國人旅遊道德的提昇，對於自然環境、藝術作品要能把持欣賞、愛惜的心態，而不要隨便污染、破壞。唯有一顆尊重、維護的心，才能使文藝的環境擴大、持久。

照顧藝術工作者的生計問題

樓斐心：

毫芒雕刻在大陸稱作微雕，並且還成立了微雕協會，但是會員只有幾十人。而在台灣，從事這項工作的人更少，主要是創作不易，並且也很傷眼力。從事毫芒雕刻之前，我教了將近十年的古箏。轉行除了是對毫芒雕刻的興趣之外，最主要的原因，是敎古箏很難維持生計。相信很多從事藝術工作者也都有著相同的問題，當自己的藝術作品制度未打開之前，往往得面臨志趣與生計的抉擇。雖然在轉行後，很幸運地生活有了良好的改善，但是，並不是每位藝術工作者都能轉行，而且一定有好的發展。所以誠摯希望政府在推動文化建設時，能夠考慮到藝術工作者所面對的現實問題，而只有提供藝文人士衣食無慮的基本條件，才能使他們的創作維持下去。

結合民間力量，推展藝文活動

周龍田：

在此，我向大家報告一下文化中心的發展目標，並且答覆剛才大家所提的兩個問題。

文化中心的發展目標有四點：一、落實文化中心功能。文化中心自民國七十二年底成立以來，陸續開放了文物陳列館、圖書館、演藝集會堂。雖然歷經許多挫折，包括演藝集會堂屢次受命封館，致使很多活動無法舉行。但是，站在基層文化推動的立場上，我們仍會充分利用軟、硬體設備，達到推展文化活動的功能。二、擴大藝文活動參與人口。除了電腦日報的藝文通訊外，也定期舉辦了文藝活動，總計起來，音樂、舞蹈、民俗技藝等表演有四十一場，繪畫、書法、雕刻、攝影等展覽有五十一場。同時也經常舉辦家庭日活動，主動邀請各家庭前來參加活動，藉以培養他們對藝文的喜好。此外，作家聯誼會、文藝營、研習班等活動，都是希望能促進藝文的交流、提昇創作水準，並且使傳統技藝能獲得傳承。

第三是，保存縣內文化資產。維護文化資產是從事文化建設中的一大要項。而文化資產除了史蹟、古物等有形資產外，書法、繪畫等無形資產也是亟待保存。文化中心便曾經邀集過縣內書法、西畫、國畫、陶藝、雕塑、攝影等代表，舉辦了一場「花蓮美術薪傳獎」，一來除了展示他們的作品，同時也將這些作品印製成冊，作爲保藏。此外，我們也舉辦過知性之旅、尋幽訪古等活動，主要是讓縣民了解先民開拓之歷史，並且了解自己本鄉本土景物之美。四、結合民間力量，共同參與文化建設。文化中心的編制成員只有十八位，而要擔任三大樓的管理、維護，以及活動的籌辦，足見負擔之重。所以，我們時常考慮如何充分運用民間資源，協助文化的推展。如今，我們不僅擁有一百五十位義工，同時也在三個鄉鎮設立文化服務隊，協助各地的藝文活動。文化建設的目的，是希望在現代化社會中，建立講人倫、重倫理的觀念，並求增進生活品質。假使能充分運用民間資源，相互結合，一定能加速文化建設的進程。

最後，有關剛才溫女士談到，不知道如何向文化中心申請借用場地問題。事實上，文化中心時常因爲找不到演出節目而苦惱。所以，十分希望溫女士及藝術團體有好的節目能提供給文化中心。此外，陳先生談到成立聯誼中心一事，文化中心極願意定期邀請縣內藝文人士聚會，除了作爲交流外，並可藉此探討花蓮未來的發展方針。

文化人須主動站出來

李瑞騰：

文學藝術的創作是屬於個人心靈上的活動，不過這活動終究要和外在的客觀現實對話，其中包括了歷史與現實兩部分。而這種從個人出發，結合了歷史與地理、土地和人民的創作，自然也會涉及與自我無關的事物，例如文藝政策偏差、經費得靠爭取、文化發展城鄉不均等惡質化現象，當文化人參與文化建設時，都得面對這些問題。雖然有許多記者曾經報導過這些問題，但也只是蜻蜓點水，未能繼續追蹤下去。所以，最重要的，仍需靠文化人自己站出來，以文化工作者的立場，透過有效的傳播媒體報導，造成文化壓力，才能使社會、政府，能眞正重視文化問題。如果一味依賴政府、依賴羣衆、依賴媒體，最後問題依舊存在，仍然沒有得到解決。

剛才大家都說過，開過許多的會，卻沒有明顯的績效。但是，有開會，有發言，才能讓鄉土的聲音發洩出來。唯有文化人積極、主動站出來，尋找屬於自己的東西，才能使現存的文化問題能獲得解決。

此外，許多人也都提到夏令營、藝術市集、藝文作家聯誼中心等的開辦設立，山水文學的推廣等，在此也希望文化中心能將其納入思考、規劃的範圍。至於石雕公園這巨大的工程，則不妨從民間、企業界尋求資助。最後，希望這次座談能激發花蓮藝文人士爲發展鄉鎮共同努力，同時也期望文化中心、政府單位也能眞正重視這些來自鄉土的聲音。

新竹科技文化

從往昔的古樸走向嶄新的科技

新竹市簡史

◎曾文樑 輔仁大學中文系講師

一、前言

在人們的記憶裡，新竹市是古樸而鄉土的，一提起新竹，人們直接聯想到的，不外是强勁的新竹風，挺拔翠綠的萬竿修竹；香火鼎盛的新竹都城隍，聲名遠播的進士第；還有令人垂涎欲滴的米粉、貢丸……。

隨著新竹科學園區的設立，以及以新竹市為中心的發展，使得傳統的新竹市，呈現了一片嶄新蓬勃的新面貌——高科技的「臺灣矽谷」。不僅在經濟方面，因高科技的工業，促進了新竹市的繁榮，增加了民衆就業的機會，提升了市民的生活品質。今日的新竹市，結合科學園區科技發展，以及清華大學、交通大學、新竹師院、工業技術研究院、食品研究所等學術研究機構，並且配合市立文化中心、省立社教館及各文教社團，舉辦各種藝文活動，推展各項文化建設，新竹市將能建設為文化與科技並駕齊驅的文化科學城，往昔古樸的竹塹，將蛻變為科技的、文化的大都會。

二、地理位置

新竹市的地位位置，位於臺灣省西北部。介於臺北市與臺中市的地理中心。新竹市的東北方，以頭前溪和新竹縣的竹北市相鄰；東以關東橋和新竹縣的竹東鎮相接；南以香山地區和苗栗縣相接，西鄰臺灣海峽。土地的面積爲一〇四．〇九六四平方公里，約佔臺灣地區總面積的百分之〇．二九，現有人口約三十餘萬人。

本市東南方金山面、青草湖一帶，羣山連綿，十八尖山及客雅山近接市區，整個地勢，由東南向西面漸次低平。所以本市的東、南、北三面丘陵起伏，西面臨海，地形頗似畚箕狀。當季節風由海吹向陸地，新竹市首當其衝，風勢威猛，冷風凜冽，故新竹風全省聞名，號稱「竹風」，新竹市也因此而被稱爲「風城」。

三、竹市簡史

依據文獻的記載，新竹市在古時稱爲「竹塹」，當時爲北臺灣最早開發的城市，擁有「北臺文化古都」之稱，原爲淡水廳置的所在，本市山川秀美、人文薈萃。在光緒元年，淡水廳分新竹和淡水兩縣，那時新竹的命名，是在舊名「竹塹」上加上「新」字，取名「新竹」。

新竹市的開拓，可追溯到三百年前，當時此地區荒蕪不堪，附近只有竹塹社番居住，故稱「竹塹埔」，迨漢人遷入時，還沿襲著「竹塹」舊名。明永曆十五年（西元一六六一年），鄭成功入臺灣時，新竹市一帶，即爲平埔番族竹塹社番分布的地區。

康熙二十三年（西元一六八四年），臺灣歸入清廷版圖，爲諸羅縣管轄。康熙三十年，泉州同安人王世傑，率領親族百餘人，至竹塹開墾，披荊斬棘，開闢田園。雍正元年（西元一七二三年），竹塹地方脫離諸羅縣，行政改歸彰化縣所管轄。雍正十一年（西元一七三三年），同知徐治民建設竹塹城，四面環植莿竹，設置東、西、南、北四門。乾隆年間，形成竹塹市街。光緒元年（西元一八七五年）廢淡水廳，舊淡水廳署，設臺北府，置淡水、新竹、宜蘭三縣，由此始將竹塹改稱新竹。光緒二十一年（西元一八九五年）開辦臺北縣新竹支廳於新竹。光緒二十三年（西元一八九七年）建置新竹縣，隔年新竹置廳。

民國九年，新竹廳改爲新竹州，新竹市及香山均屬於新竹郡。民國三十年，將香山庄全域併入新竹市。民國三十四年臺灣光復，將新竹編爲九區。民國三十五年改爲七區，將原第八、九兩區調整爲香山區，新竹建省轄市，合併竹東、寶山兩庄，成立省轄新竹市政府。

民國三十九年十月二十五日重劃臺灣地方行政區域，將前設之省轄新竹市及新竹縣區域，劃分爲桃園、新竹、苗栗三縣，新竹市置縣轄市公所。民國七十一年七月一日，新竹縣轄新竹市及香山鄉，合併改爲省轄新竹市，設市政府。

四、未來展望

新竹市市長童勝男博士，提出市政建設的三大目標：一是滿足市民的基本需求，創造一個清新的生活環境，二是創造一個富而好禮的社會，三是强調中華文化的特質及科學特色，建設新竹市成爲一個大都會城。循此目標，勾劃建設的藍圖如下：

㈠要以「前瞻性的眼光、恢宏的胸襟、和創新的精神」考量共同生活圈的需求，對科技、人文、環境、教育、交通等作整體性規劃，以適應現代都市發展。

㈡現代化與高科技是新竹市發展的趨向。高科技要有人才，而本市擁有清大、交大、工研院、食研所、科學園區等學術研究及生產機構，科技發展，將獨步全國，要吸引這些科技人才在新竹生根，提供最適宜的居家生活環境。

㈢推展文化建設，培養愛智、愛藝、愛樂的素養，結合工商團體資源，舉辦大型文化活動、精緻文化藝術活動、音樂季、藝術季……等，這些藝文活動，配合科學城計畫，才能成爲名符其實的文化科學城。

㈣建立有山有水的遊憩、觀光線，加速開發風景區，爭取公共設施保留地，興建公園、花圃、林蔭徒步區，並連接十八尖山、青草湖、古奇峯、山區風景線，同時規畫沿南寮漁港到香山海埔新生地的濱海遊覽線，提供休閒、遊憩、觀光、育樂活動場所。

五、結語

新竹市將以嶄新的面貌，呈現在國人眼前。這種發展高度文化與科技結合，追求精緻、卓越生活品質的理念，要靠每個「竹塹人」攜手合作、共同參與，來共同實現、共同達成。

我們對這純樸的鄉土，有一份深深的依戀，我們熱愛她，我們將盡我們的心力，來建設我們的鄉土，繁榮我們的鄉土，我們以「竹塹」爲榮。

竹塹藝文團體流覽

◎林志成　新竹市立文化中心主任

一、回首

新竹市古爲淡水廳治，文風鼎盛。清咸豐年間，開台進士鄭用錫致仕歸來，營建北郭園，提倡風雅，締結斯盛社，爲本地詩社之濫觴。在此同時，竹塹巨室林占梅築潛園，建爽吟閣，廣邀名士切磋詩藝，吟詩成爲當時讀書人的主要娛樂。同治年間，竹社、梅社相繼成立，並於光緒三年合併爲竹梅吟社，騷壇名士濟濟，爲竹塹詩史之大事。

日人據台後，私塾林立、塾師與地方人士新設之詩學組織甚夥，如耕心吟社、讀我書社、來儀吟社、柏社、青蓮吟社、竹林吟社、漁寮吟社、聚星詩學研究會、竹風吟會……等。

就骨董收藏言，新竹爲台灣最早的骨董標場發源地。數屆的「全省骨董大會」，吸引了潮湧的人羣，爲竹塹文化史盛事。

就書畫言，在有清一代與日據時期，大陸流寓台灣之文人墨客，多匯集竹塹，新竹遂有「書畫巢窟」之美譽。著名的畫會有：國畫研究會、益精書畫會（麗澤書畫會）、白陽社美術研究會、新竹美術研究會、新竹書畫同好會……等。

就音樂戲劇言，光復前新竹南北管樂風鼎盛，人才輩出，玉隆團、同樂軒、新樂軒是著名的樂團。光復後，歌仔戲繼起，隆發興、秀美樂、李劍鴻、錦上花是現在尚存的劇團。

二、成立新藝文團隊，爲文化紮根

新竹市自童市長主政以來，力倡文化扎根工作，希望將新竹建設成一座有愛、有文化、有生命力的「文化科學城」，所以新興藝文團體漸增（如表一），從市立合唱團、國樂團、兒童合唱團籌備處、相聲團、直笛演奏團的成立、刊行「竹塹文化資產叢書」暨「竹塹藝文」，創辦「竹塹大學」、推動籌組「竹塹古玩同好會」……等，均顯示出市長對藝文紮根工作的重視。

沒有文化的城市是貧血蒼白的；沒有扎根的文化是虛無空洞的。在文化扎根的努力下，本市藝文欣賞人口漸增，演出的水準也日益提高，相信對於變化市民文化氣質，提高市民文化涵養，定能產生良性的互動作用。

三、重要藝文團體速寫

以下就音樂、美術、戲劇舞蹈、文學類藝文團體，速寫如後：

㈠**音樂類藝文團體**：市立合唱團爲本市音樂類藝團中最具潛力者。該團團長爲市長童勝男博士，指揮楊明慧老師，伴奏陳桂燊老師，榮譽指揮楊兆楨教授，由於團員均經嚴格甄試，所以素質高且整齊，該團成立三個月即獲得北區合唱觀摩第一名，並獲邀於台北國際合唱節中，在國家音樂廳演出。

新成立的市立音樂團隊尙有國樂團、兒童合唱團、直笛演奏團，這些團隊均具有活動力强、團員積極熱心與進步快速等特點，爲竹塹文化古城注入了一股嶄新的活力源泉。

薔薇婦女合唱團爲家庭主婦所組成，該團指揮爲何桂華老師，團長由吳淑蓮女士擔任，該團特色爲團員向心力强，樸素且熱心公益，演唱曲目常以地方民謠爲主。

新韻合唱團爲台灣省音樂協進會新竹市分會所成立。該團指揮爲理事長孫素惠老師，該團熱心參與地方音樂活動，曾獲東吳大學合唱團邀請，參加全省巡迴演唱會。

㈡**美術類藝文團體**：新竹市美術協會自傅柏村先生擔任理事長後，即積極推展會務。曾經擧辦桃竹苗四縣市美術家聯展、名家揮毫贈畫活動、北區七縣市美術家聯展、海峽兩岸和桃竹苗四縣市聯展……等活動，並刊行專輯多種，對帶動本市藝文風潮助益甚大。

新竹市書畫學會是由長青學苑雅好藝術之同好者所組成，現今會員約百餘人，理事長田玉青先生爲新竹地區有名之書法家，田理事長熱心地方藝文活動，爲使文化薪傳工作得以接續，理事長捐出其多年創作之珍品書畫一百五十餘幅義賣，所得悉數充作「金駝獎藝術基金」，理事長之義行對建立「富而好禮」的社會，甚具啓示作用。

本市美術活動蓬勃且日盛一日，除地方美術人士熱心參與推動外，國小、國中、高中、師院等均設有美術班系，亦是主因之一。

㈢**戲劇舞蹈類藝文團體**：玉米田劇團是本市剛躍昇的一顆戲劇新星。創辦人邱娟娟爲國立藝術學院戲劇系畢業生，她以一顆回饋的心，擁抱鄉土的歸人情懷，踏出了玉米田的第一步，半年來玉米田以旺盛的生命力展現絕佳的成果：寒假戲劇營、戲劇專題巡迴講座、暑假戲劇營，合演「身份獨奏」

戲碼……等。

新竹國劇研究協會：由本市熱愛國劇之人士所組成，在理事長陳許福、總幹事傅祖南的努力，該會時常舉辦公演，對於國劇藝術的發揚厥功甚偉。

本市民富國小與育賢國中設有舞蹈班，且成效卓著。今年爲配合教育廳所舉辦之全省首屆民間藝能比賽，育賢國中特南下學習跳鼓陣民間藝能，並在比賽中獲致第三名之殊榮。現在，本市許多節慶活動中，都可看到育賢國中跳鼓陣的表演，相信對於民間藝能的傳承與推廣，定能發揮潛在而深遠的影響。

另外，本市舞蹈班林立，對舞蹈風氣的提倡亦有助益，較有名的舞蹈班如欣蕾、燕伶、虹燕、華欣、奇奇等。

㈣文學類藝文團體：省文藝作家協會新竹市支會暨青溪新文藝學會新竹市支會是本市兩大文藝團體，但因囿於經費短缺、缺乏熱心奉獻人士，且功利主義迷罩社會人心，致活動力弱，組織日形鬆散。

在文藝性刊物方面：竹塹藝文、竹報、新竹青年、淨竹、新竹風、各校校刊等均可供藝文人士發表作品。

「竹塹藝文」是文化中心發行之月刊，其刊行宗旨爲「爲竹塹歷史作記錄，爲風城藝文做報導，爲新竹的遠景播種」，其特色如下：

1. 文化鐸聲：提供對文化迷思現象剖省的園地。
2. 詩詞創作：提供詩詞創作發表園地。

3.風城之旅：報導新竹名勝古蹟。

4.竹塹采風：報導新竹民俗風土人情。

5.藝術家薪傳錄：爲新竹藝術家做記錄。

6.講座菁華：摘錄名人講座之智慧語錄。

四、展望

新竹，是塊非常適合文藝創作生根開花的沃土，它不但有發展的潛能，更有豐收的可能。相信在更多文藝有心人的耕耘下，豐收的美景一定能早日到來。而能否設立供文藝作家寫作、聯誼、座談、研究之「文藝之家」；能否輔導各文藝團體健全組織、愼選幹部、寬籌經費，能否定期辦理藝文研習座談等均待文化中心義無反顧的積極推展。

目前，文化中心演藝廳正順利興建中，而設立玻璃工藝展陳館也已成爲藝文界人士之共識，相信假以時日，文化中心定能成爲兼具文化、教育、休閒、觀光之文化勝地，文化中心也定能爲本市藝文團體注入更多的源泉活水。

新竹藝文現況

⊙李青霖　聯合報記者

一

新竹位於台灣本島西北部，西臨台灣海峽，與對岸的福建泉州市相距僅一百七十公里，是台灣西部各城市，與大陸東南沿岸距離最短處，也是台灣海峽最狹窄的地方。

這樣的地理環境，讓「竹塹」古城與大陸傳統中國文化充分「握手」，造就了新竹文化古城的豐厚基礎。

從歷史上看，明朝鄭成功來台時，竹塹仍是社番居處，鴻蒙未開，清朝康熙卅六年，「旅遊家」郁永河由台南北上，曾經過竹塹，在他「禪海記遊」書中，寫過「竹塹埔」是最早的一篇記載。

康熙六十年藍鹿州爲藍廷珍幕僚時，主張設治在竹塹，他紀「竹塹埔」的文章是新竹藝文誌重要文獻；一直到淸乾隆廿年淡水廳設在竹塹，新竹自此即成爲台灣文化重鎭。

新竹文化興盛期，要屬道光之際，新竹先哲鄭用錫、林占梅等人，以「文學誘掖後進」，積極推廣詩文、書畫、民藝，流風遺韻，澤被後代。

新竹曾擁有相當多的第一，較重要如，民國十八年（昭和四年）北郭園主鄭神寶爲了對抗日本府展，獨資辦「全台書畫展」，彙集了八百多件作品，欣賞者數以萬計。民國五十三年，嗜愛中國文化的蘇秋錄曾在自家辦小型標場，拍賣骨董文物，也辦過一次全省骨董大會，受蘇秋錄影響，雅好古文物蒐藏者迄今仍收藏不斷，是竹塹文化發展最佳見證者。

二

這是一個極具發展潛力的城市：

- 台灣第一個文化科學城。
- 人口平均素質全省最高。
- 民眾消費能力排名全國第一。
- 對市長施政滿意度名列前茅。……

可以預期是一顆閃亮的鑽石；然而，相較於文化建設投資比例，與過去輝煌的歷史相映，新竹猶如待琢磨的礦石。

三

推動新竹藝文活動的兩大動脈系統是：省立新竹社教館和新竹市文化中心，另有學院支脈如清華大學藝術中心、交大應用藝術中心、新竹師院、中華工學院及民間社團、救國團等。

•動脈之一

民國四十二年社會教育法公布，省府擇定新竹設立北部社會教育館，四十四年館舍完成，正式開館，當時也是台灣最早完成的社會教育館。

早年物質文明匱乏，新竹社教館以陳列地方文獻和文物爲主，另辦圖片展，巡迴電影隊，民國四十七年改善設備，開始辦職業補習教育，開放閱覽室，並以巡迴施教車到北區各縣市協助各項社教活動。

卅多年來，新竹社教館配合政府文化政策，扮演著橋樑與傳遞的角色，從推行基層社教到全民精神建設，從職業補習教育到研習活動，由文化復興運動到基層文化活動。由表揚孝子到孝悌楷模，由童軍團到青少年休閒，由社教工作站到工廠青年活動，並發展老人才藝與長青服務。

社教館隨著社會需求成長，在文化中心設立之前，社教、藝文展演活動，都安排在社教館，形成新竹藝文重鎭。

目前社教館研習活動仍是青年男女最熱心參與的項目，而書畫、花藝展亦不斷；近兩年，新竹社教館重點工作包括七十八年主持「改進民俗禮儀計畫」，編印了「婚喪禮儀手册」發給全省各相關單位，將婚喪儀式、禮節、樂曲，詳盡羅列，不失爲改善民間祭典儀俗的規範；七十八年籌辦北區相聲比賽，七十九年台灣區學生國劇賽等，都普受歡迎。

新竹社教館未來將重建館舍，新任館長賴世烈希望擁有辦公室自動化，提昇服務品質，辦理工作人員進修，提高人員素質，並積極爭取社會資源。不過，社教館目前面臨專業人員不足困境，亟待上峯疏暢通路，羅致專業人員來提高專業水平。

•動脈之二

擁有全省硬體「倒數第一」名銜的新竹市立文化中心，軟體動力卻不輸台灣其他文化中心，在在顯示了文化藝術推動，關鍵在「人」。

新竹縣市七十一年分家，當時由竹縣興建的文化中心，因主事者不負責任，漏洞百出，從外觀設計到內館規劃一無是處，文建會每年到文化中心考評，新竹在硬體上都吃了大虧。

原來，新竹市議會堅持不接收這座建築，前市長任富勇認為，新竹已無圖書館，學子們無處溫書，接收了至少可以提供學子溫書處，遂於七十五年正式歸於新竹市。

由於任富勇和現任市長童勝男與教育界有淵源，了解文化教育的重要，既支持藝文活動，在主任人選上也作了考量，從朱森楠的草創期，到林松的穩定期，以迄現任林志成的成長期，新竹市文化中心宛似脫胎換骨，活力無限。

文化中心除了每年安排春季、秋季藝術活動外，還規劃了週三文化講座，本土藝術家作品展、家庭教育活動，都有聲有色，館舍檔期已排到年底，而每項活動參與者都相當踴躍，非常難得。

新竹市文化中心近兩年規劃的活動包括：㈠文化中心半日遊：定期邀請中小學生參觀文化中心，培養國中小學生藝術休閒能力；㈡系列名人講座：穿插在文化講座範疇，以提高市民吸取新知及文化素養；㈢研究出版：刊行竹塹藝文，傳播藝文資訊、出版文化資產叢書如畫冊、講座紀錄等；㈣典藏：已收藏新竹本土藝術家陳進、李澤藩、鄭世璠、田玉青、黃銘祝、李惠正、蔡長盛……等名家作品，另外，已規劃玻璃藝術館，發展地方特色文物；㈤文化紮根活動：成立了兒童合唱團、市立合唱團、國樂團、相聲團、直笛團，辦理相關研習。輔導民間藝能團體；㈥圖書：成立選書小組、圖書巡迴服務、借書證到校服務等。

在館舍規劃上，在有限的空間裡，規劃了藝品部、竹軒畫廊、音樂教室、習齋研習教室、地方文獻室，充分發揮空間效益。

九月一日，由民間教育團體與文化基金會籌辦的竹塹大學成立，免費提供市民進修機會，報名第一天就額滿，正說明了這樣的創舉，肆應了民衆需要。

而家庭教育活動，更是新竹市文化中心特色之一，每兩週的家庭日活動，場場爆滿，家庭成長團體、婦女成長促進研習，以及教育諮詢專線，往往吸引竹苗地區民衆參與，負責家庭教育的曾淑枝小姐爲此還獲教育部頒獎表揚。

目前，新竹市文化中心演藝廳已發包施工，由八十二年完工後，可容納一千五百人的聽堂，將爲新竹的演藝活動帶上另一境界。

• 支脈

新竹擁有清大、交大、竹師院、中華工學院等大學院校，清大禮堂更是新竹區主要的表演場地，各種戲劇、舞蹈、音樂活動，都得借助它；清大藝術中心過去兩年在推廣現代繪畫藝術方面，盡了不少力；交大應用藝術中心則以「電腦音樂」爲重點，每年辦電腦音樂研習，吸引海內外學子參與，兩校在現代藝術的推廣，具重要地位。

新竹師院有美勞和音樂系，在藝術教育上，是地方最佳資源，中華工學院儘管是新校，但新任共同科主任朱麗麗是旅西班牙現代藝術家，在國際卓有名望，返國後，也有意安排音樂、繪畫、舞蹈等活動。

民間社團方面，過去新竹國際青商會曾配合藝術季，辦過廿多場藝文活動演出，不過，會長易人，對藝文較不熱中而中斷；救國團在學校活動、研習、文藝推廣已早有定論，儘管角色尷尬，一般仍給予肯定。

分家以後的新竹縣，因沒有文化中心，也無社教館，整個藝文活動似不易推展，除客家民謠賽、新埔義民廟廟會活動及客家文化研習外，其它活動總受限制，所幸，縣立文化中心已造圖，將興建，應可彌補一些缺失。

值得關心的是新竹縣有山地尖石、五峯鄉，地處白雲的故鄉，遼敻廣遠，人煙少至，山地文化幾被遺忘，如何深入山地，有系統維護，應是刻不容緩的工作。

四

新竹地區藝文資源豐厚，不過，資訊管道不夠暢通，學院與社區未充分融入、文化建設經費不足，企業團體不夠支持，都讓這分資源無法發揮最佳效益。經過體檢，俯觀審視，應能找出缺失。

李登輝總統曾鼓勵年輕人要常作夢，會作夢，讓思想奔放，會發現新境域。新竹文化科學城的理想不是夢，要讓她成爲國際聞名的現代都會，每個新竹人都有責任，都須盡一分心力。

⊙高惠琳

政府與民間互動，促進文化快速發展

「新竹藝文環境的發展」座談會

時間：八十牛八月廿七日下午三時～五時半
地點：新竹市立文化中心
主席：李瑞騰（本刊總編輯）
與會：林志成（新竹市立文化中心主任）
邵　僴（作家）
李青霖（聯合報記者）
劉新華（救國團學工組組長）
曾文樑（輔大中文系講師）
郭　兀（作家）
李政乃（作家）
崔家蓉（交大共同科系教授）

馮菊枝（作家）
李　舫（作家）
洪惠冠（新竹師院編審）
孫素惠（音樂協進會新竹分會理事長）
田玉青（新竹市書畫學會理事長）
林柏燕（作家）
廖炳惠（清大外語系教授）
呂正惠（清大中語系主任）
（以上按發言序）

討論題綱：

一、本地的藝文傳統
二、現階段的藝文活動之檢討
三、如何開創一個寬廣活潑的藝文環境
四、如何形成具有特色的新竹文化

李瑞騰：

很高興能到新竹，和大家共同討論有關新竹藝文環境發展的問題。為了對各地文學、藝術蘊藏的潛在資源，以及所呈現的各種現象，都能有進一步的了解，我們特別進行了系列的專題報導。我們雜誌社同仁除了親自到各地與當地的文藝朋友舉行座談會外，也邀請當地藝文人士，針對幾個主題撰寫文章，其中包括對該地文化、傳統的勾勒，當地文藝性團體、刊物、活動狀況等作詳細的報導。我們最終的目的，是希望透過集體的展現，可以使其他縣市，以及中央主管文化工作者能夠了解各地所存在的文化問題。如今，我們已經走過了九個縣市，發現有許多現象和問題都值得進一步探討，這些問題有些是普遍性、共通性，有些則屬各地的特殊情況。我們計畫在活動結束後，向社會大衆提出這一年觀察結果的總檢討。

待會兒，希望大家針對本地的文學、藝術環境，提出自己的看法及建議，現在，我們先請文化中心林主任跟大家說說話。

文化是生命的事業，需全心投注

林志成：

首先我先代表童市長，感謝大家對新竹市立文化中心的愛護。

近一年多來，市民們對於文化中心的評價日漸增高，其主要原因有二：一是市長的支持，尤其對人員素質的要求，只要是專業又優秀的人才，一定予以晋用，所以，目前新竹市立文化中心人員的平均年齡都很輕，整體上充滿了活力。其次，是市民的熱心參與，無論是竹塹文藝營、各類展覽、活動，以及籌備中的竹塹大學等，都有賴許多學者專家的協助、支持，才能順利地進行。所以，由此可見，文化建設亟需大家共同參與，才能蓬勃發展。今天，利用此次座談，希望大家能針對藝文現況，踴躍提出有待改進的事項，以作爲我們未來在文化行政策施上的參考。

我個人在文化中心服務已經一年多，向來把持一個理念，文化不是工作，而是生命的事業，也就是志業。同時，我們也灌輸工作同仁，文化事業是服務業，縱使許多民衆對文化中心有所批評，我們仍應竭盡所能地滿足他們的要求，並且建立從漸進中塑造形象的正確理念。此外，文化工作更是教學工作，需要工作者的全心投入，甚至在舉手投足、談吐中，更帶有教育的意義。唯有這羣文化播種者能身先士卒，才能將好的種籽散佈出去。

藝文的傳承工作須大家的共識

邵僴：

由於我在新竹居住的時間較久，所以和文藝界人士比較熟悉。新竹的文藝創作於最近幾年開始蓬勃發展，其中，在文學部份，陸續成立了青年寫作協會、青溪新文藝學會的分會，並曾舉辦桃竹苗中小學教師文藝營、大專青年文藝營、高中文藝營等活動，對於新竹地區的文學風氣，極具提昇之功。而今天，「文訊」舉辦座談會，與會者多是新竹文藝界的生力軍，足見新竹地區未來的文藝發展將呈現嶄新的風貌。此外，文化中心林主任在藝文的推動上也十分投入，例如他曾經選派義工，從事新竹地區藝文人士資料的彙輯，就我一人來說，義工便三次登門造訪，可見其用心及審慎。

最後，我提出一個看法，文藝創作雖然是終身的事業，但是許多活動，當年紀較大的藝文人士無法籌辦時，就應該轉交給年輕的一輩負責。唯有以文藝的發展作爲考量前提，不計較名利得失，大家共同爲藝文貢獻心力，如此才能促進藝文朝良質發展。

文藝發展，亟須政府、民間、企業多方配合

李青霖：

新竹因為開發較早，所以具有相當深厚的藝文傳統，舉例來說，在明末清初，便和大陸有所接觸；民國十八年，鄭成功的後代並曾在新竹地區舉辦全台書畫展，參展作品多達八百多件，參觀人數有一萬多人，這也是台灣省第一次全國畫展。此外，於民國五十三年，也曾舉辦全省骨董拍賣展。足見新竹藝文風氣起步的很早。不過，這些盛況到目前卻已沒落了，其主要的原因有兩點：一是人才外流，例如知名畫家鄭世璠、陳進，都是新竹人，但是卻遷居台北，在這種前輩空虛，後進未出的情形下，缺乏主導人物，也造成了派系之間彼此不服、無法協調，更不用說推動藝文的發展。二是民間與學院無法結合。就新竹的現況來看，已經具備良好的發展條件，諸如新竹師院設有美勞、音樂科系，清大於五年前也成立了藝術中心，而交大也有應用藝術研究中心，卻未能與民間配合發展。就學院的觀點，他們認為民間藝術的創作水準不夠，而民間卻覺得學院的評量角度與他們有很大的差異。這些理論、觀念上的隔閡，使得藝文無法推動起來。近來，清大藝術中心有意拉近這種距離，但是該中心所展出的內容，多是現代、抽象之類的高層次作品，當然不易吸引地方參與。

其次，談到新竹地區的文藝團體，大致來說，並沒有很大的發展。例如新竹地區的畫廊因風氣未開，所以很難生存下去，地方的企業團體對於藝文活動不能給予支持，而文化中心也因經費短絀，無法邀請大型、高水準的演出團體前來表演。於是，在這種政府、民間、企業無法結合的情形下，致使新竹空有好的傳統，卻無法推展。

針對以上這些現象，我有幾點建議：一、解決文化中心的經費問題。例如，由政府訂定法令，規定企業界營業收入到一定水準時，須提撥多少的比例作爲文化投資。如此才能使文化中心擁有更多的經費舉辦大型、精緻的活動和演出。二、民間和學院能結合，各取所長，互補所短，以促進地方藝文的發展。三、加强全民美學教育。目前台灣的藝術現象呈現明顯的二分法，也就是專業的十分專精，一般民衆卻又一竅不通。以繪畫爲例，國人在技巧上已經有相當的水平，但是，在創作、欣賞上的能力卻薄弱許多。其實，鑑賞教育應從小培養起，從小學到大學，都應設有相關的課程，使人人都具有美學欣賞的能力。四、成立藝術村。相信這是絕大部分藝術工作者的心聲。尤其對年輕、具潛力的藝文人士，擁有寬廣、開放的創作、發表園地，更能激勵他們積極創作。

至於如何發展具特色的新竹文化。由於新竹是個科學文化城，所以，可以運用充分的科學資源，發展諸如雷射繪圖、電腦音樂等。透過現有資源的運用，當能發展出具特色、有風格的地方文化。

學生缺乏發表作品的園地

劉新榮：

救國團多年來除了配合其他單位舉辦藝文活動，本身對於藝文活動的推廣也不遺餘力。以往，我們辦活動主要界定的對象是青年學生，不過，現在我們考量的層面已經擴及工廠朋友和婦女。此外，我們也舉辦過純文學的活動，例如文藝營等，探討的層面從古典文學到電影藝術等。但是，也因爲內容較嚴肅，所以參與的人數有限。

在刊物方面，救國團發行的「新竹青年」至今已九十四期。縱觀年輕學生的作品，可以發現較以前生澀，而主要的原因，在於發表的空間太少，學生少有練習的機會。

就新竹現今的藝文環境來看，藝文活動的推廣、風氣的帶動等，都是十分重要。除了救國團、文化中心等單位的推動外，企業界、公司行號等也應多鼓勵員工參與。唯有政府、民間共同參與、配合，才能促使藝文風氣廣泛發展。

善用地方人力資源、開闊藝文資訊管道

曾文樑：

我生長在新竹，是個道地的新竹人，所以對於家鄉藝文的發展十分關心。目前我任職於輔仁大學，在教學工作之餘，也學習行政的工作，有了這些經驗，再回過頭反觀家鄉的藝文發展情況，確實感到有許多地方亟待加强。今年七月，新竹籌設了「竹塹大學」，而我忝爲該組織的總幹事，借此機會，向大家報告一下「竹塹大學」的一些情況。

該大學的特色有六項：一是建立民衆終身學習的管道。在課程上，我們做了系統性的規劃，開設了十二項與民衆生活有關的科目。二、免交學費。由於開辦的宗旨在於充實、提昇民衆的道德人文涵養，所以一切費用都由新竹市文化基金會支出。三、畢業後頒發研習證書，以獎勵研習者。四、爲了切合民衆教育，因此招生不限學歷，只要是年滿十八歲，設籍本地的民衆皆可報名參加。五、本大學的義工是無給職，以義務服務爲主。六、結合地方機構、藝文資源，作爲良好的教材。

其次，有關新竹地區的藝文現況之檢討。在這方面我有四點建議：一、爭取工商企業捐款。在經費短缺的情況下，工商企業的資助可說是一個龐大的社會資源。例如「竹塹大學」的設立，最主要還

是來自這些社會資源。因此，如此深入這些團體，爭取他們的認同，以獲得長遠的資助，都是我們在考量推動地方藝文發展時應多加探討的問題。二、增加義工人數，以政府有限的人員從事藝文工作，難免有捉襟見肘之憾，相形之下，義工的組成有絕對的必要性。不過，擔任義工，並不是義務服務，重要的是，須具有理念上的認同，對社會服務工作感興趣。如果能善用這些社會力量，定能促進藝文的發展。三、政府與民間相互支持、配合。許多活動的舉辦，常需要政府予以軟、硬體設施的提供，也唯有相互協助，才能使更多社團舉辦更多活動。四、充分利用地方的人力資源。從籌辦「竹塹大學」，我們明顯發現，地方上熱心文教的人士很多，只是他們往往處於被動的地位。所以，若能發掘這些人力資源，並加以連繫，對於藝文的推展工作定有莫大的幫助。

除此之外，還有一點很重要，那就是藝文訊息的管道需要整合，目前新竹現有的藝文資訊刊物，以文化中心發行的「竹塹藝文」最爲完備。不過，由於新竹幅員廣闊，藝文活動衆多，所以，在訊息報導上無法全面顧及。但是，由於訊息的傳播在藝文活動的推展上具有前導性的功能，因此，應當於民間設立一個專責統合新竹藝文資訊的組織，讓新竹的藝文組織、藝文活動能獲得完善的蒐輯、傳播管道。

開拓多元化的藝文空間

郭兀：

我今天的發言分兩方面來談：一是地方活動方面。剛才邵倜先生提到了，這幾年來，由於社會環境變遷、人們價值觀念的改變，整體看來，藝文的活動發展已大不如前。這我也有同感。新竹地區的文學活動力以前很旺盛，尤其救國團陸續舉辦了各種文藝營，參與的人數也十分踴躍。但是，到今天，除了青溪新文藝學會偶有聚會，很少看到縣內有藝文活動，就連今天這種座談會更是罕見。

其次，是有關寫作環境。就目前文化中心展出的內容來看，書法、繪畫等都是經常性的活動，而寫作的活動卻十分稀少。尤其是出版環境也有了許多轉變，以往，作者出書都交由出版商負責，如今卻時常遭遇到得自費出版的問題，如果文學創作仍須擔心現實問題，自然會扼殺許多作家的寫作意願。

針對這兩個現象，我提出兩點呼籲：一、鼓勵藝文作家多提筆寫作，讓文學創作的空間再度拓展開來；二、文化中心或是藝文團體，能多花點心思在活動策劃上，除了使活動能生動，富教育意義，吸引更多的民衆參與，同時，在類型上也能均衡發展，而不是只學辦一、兩種性質的活動。唯有普遍顧及每種活動，才能使新竹的藝文環境呈現多元、開放的發展。

培養良好的藝文風氣

李政乃：

由於社會變遷很多，人們的價值有了改變，甚至金錢主義風行下，大家對於藝文活動也逐漸忽略了。那麼，針對如何重整新竹的藝文風氣，我提出幾點個人的看法。

第一，文化中心的位置離市區有段距離，在交通不便的情況下，降低了許多參與活動的人數。第二、孩子的心靈就像塊璞玉，很容易受到環境的影響，所以，應該由文化有關單位多舉辦一些戶外活動，讓他們多與大自然接觸，豐富創作的心靈。第三、藝文社團的領導者應該擺脫名利的爭逐，純粹以建設藝文爲出發點，結合大家的力量，共同爲新竹藝文的發展而努力。第四、鼓勵民衆遠離電視等聲光誘惑，培養良好的藝文嗜好，甚至養成人手一書的閱讀習慣，以造就美好的書香社會。

藉由活動的舉辦，使民衆認識、認同本土文化

崔家蓉：

我就針對第三個題綱「如何開創寬廣、活潑的藝文環境」來談。

就這個問題，我提出的相對問題是：如何使新竹本地更多的人參與本地的藝文活動。現代人常覺得缺少落根的歸屬感，主要的原因，在於對本土傳統文化了解不夠。假使媒體，或是基金會能多舉辦認識本土文化的活動，讓民衆透過認知，進而認同，並且投入感情，自然對於建設地方懷抱一份使命感。

其次，是有關資訊流通的問題。剛才大家都提到，新竹有許多藝文社團及基金會，而近幾年來，文化中心在活動的舉辦上愈加頻繁，所以，整體看來，新竹的藝文活動並不少。至於參與人口未有顯著的增加，則在於傳播管道的未能流通，有些是逾期報導，有些是疏漏掉了。所以，加强藝文訊息的傳播已是刻不容緩的事。尤其，明年有線電視網將開放設立，我們更可以藉這個管道，傳達藝文活動、訊息，屆時定將有更多的民衆來參與。

再者，是企業界的投入、贊助。新竹是個科學城，許多企業人士都有很好的發展，但是至今在回饋地方上卻沒有明顯的表現。假如能獲得他們的贊助，藉由基金會的成立，或是鼓勵員工參與藝文活動等方式，對於新竹地區的藝文推動，將有莫大的幫助。

加强偏遠地區藝文訊息的傳播

馮菊枝：

很抱歉，我遲到了。由於這是多年來我第一次受邀參加文化中心的藝文活動，所以，對中心的地點還是很陌生。利用這個機會，我建議文化中心能多注意新竹偏遠地區藝文訊息的傳播，例如多張貼海報、發宣傳單等，讓他們也能掌握這些藝文消息。另外，多舉辦各類型活動，提供更多參與的機會，如此，民衆對於文化中心自然也會比較熟悉。

欠缺創作發表的園地

李舫：

我和馮小姐一樣，都是第一次參加這樣的藝文座談會，所以更是感到十分珍貴。因此，非常盼望藝文界能舉辦類似這樣的活動，不僅促進藝文人士更多連繫的機會，同時也可以帶動地方藝文的發展。

剛才郭兀也提到出版的問題，的確，在出版經費的難題下，往往致使許多作家卻步。假使企業界能提供經費，或由文化中心協助出版、介紹出版商，定能提高文藝作家創作出版的意願。

我曾經兩度參加各校美術老師的寫生聯誼活動，印象十分深刻。由於平日學校的課務繁重，藉著活動，一來可以緩衝長久緊繃的精神，二來也提供了老師之間溝通、連繫的機會。但是，後來活動卻不再舉辦，實在令人感到可惜。所以，是不是可以由文化中心或民間團體，多舉辦類似這方面的聯誼活動，讓新竹地區的藝文工作者都有休息、溝通、相互觀摩的機會。

另外，新竹地區創作發表的園地十分缺乏。現今發行的刊物只有建華國中的「竹市文教」，而內容卻侷限在理論方面，偏重教育而無文學性可言。至於師院的「國教世紀」，本來是提供各校老師們創作發表的空間，如今卻也淪爲該校老師發表論文的園地。再看看各校的校刊，許多只是單張報紙型，每每報導學校活動和家長捐款，在這種情況下，學生們對外既無可以發表的空間，對內亦無容身之地，又如何鼓勵他們多寫作。所以，希望教育局能硬性規定，各級學校都應有一份可供學生創作發表的刊物，藉以培養學生們藝文創作的興趣。

充實圖書設備，提供學生充裕的資料

洪惠冠：

新竹是個文化古都，有許多優良的傳統。不過，正如大家所說的，社會變遷使得許多環境有了改變。以師院的學生爲例，他們也較以往的學生功利，寧可秉家教，而不願在閒暇時間參與藝文活動。有鑑於此，校方也提出了一些對應之策，諸如充實圖書設備，提供學生更充裕的資料；此外，也和清大合辦了文藝營等，希望透過活動的舉辦，幫助學生走出象牙塔，多領受藝文風氣。

剛才李老師提到「國教世紀」一事，我會反映給學校的承辦老師，畢竟藝文水準的提昇，是需要靠大家的共識和努力。

爲學校音樂班催生

孫素惠：

我本身任教於小學，由於受到台灣省音樂協進會的囑託，於是在民國七十六年，成立了新竹分會，雖然成就並不十分顯著，但是在帶動新竹的音樂風氣，多少也有些成果。

利用這個機會，我提出幾點個人感想：第一點，由於社會價值觀的改變、功利主義抬頭，許多音樂工作者忙著教琴、教唱歌，使得我們費心舉辦的活動很少有人參與，令人感到心灰意冷。當然，我們也考慮到宣傳上的疏漏，所以建立一個很好的藝文資訊管道實在非常必要。第二點，新竹缺少一個好的演出場地。許多演出，常借重清大的禮堂，但是由於地處偏遠，交通往來不便，所以也降低了參與人口。最近，文化中心正積極籌建演藝廳，對於藝文團體而言，可說是一件好消息。希望演藝廳能早日完成，免除我們在尋找演出場地的煩惱。

第三點，有關音樂班的設立，新竹目前已有美術班、舞蹈班，由於音樂班所需經費較爲龐大，所以遲遲未能設立。在此，也籲請學校方面能爲音樂班催生，讓有音樂才華和興趣的學生擁有更好的學習環境，而不必再爲了學音樂遠赴台北。

第四點，前不久，我從電視上看到，紐約市新成立了「中華文化（資訊）中心」，也就是透過電腦資訊化，快速地提供海外華僑各類訊息。如果，文化中心的圖書館也能利用這種設施，相信不僅能更有效地掌握藝文資訊，同時也能傳道給新竹居民更周詳的訊息。

第五點，建議文化中心、各社團，透過演講、展覽的方式，以凸顯新竹的眞正風貌，讓本地居民，甚至其他縣市的人們，都能了解新竹的美麗及可愛。

結合羣體力量，共同建設新竹

田玉青：

我在民國三十七年便已經來新竹駐守，所以，和新竹的淵源可以說很深。不過，當時，看不到任何文化訊息，也沒有任何藝文活動，直到民國五十年，我從軍中退休下來，到新竹任教，才眞正定居此地。再加上自己對寫字、畫畫感興趣，於是逐漸參加藝文活動，並且陸續加入青溪新文藝寫作學會、青年寫作協會、美術協會等團體，不過由於經費不足，這些團體在活動的推行上並沒有什麼積極的作爲。此外，有感於新竹的藝文團體多偏重於創作，但在研究精神上不夠，於是我們創辦了書法學會，主要的目的在於提供喜好書法的人一個學習、研究的機會，再加上新竹師院可以說是新竹文化的培育所，我們也聘請該校的老師擔任顧問，一來藉以提高創作的水準，再者，也可以參考他們的作品，激勵自己力求進步。

此外，新竹的藝文環境也有一個現象，觀賞的多，購買的少，顯示新竹藝文的羣衆基礎不夠，藝文風氣不盛。

綜合以上幾個現象，要開拓新竹的藝文風氣，必須結合羣體力量，有錢出錢，有力出力，一起推動地方藝文的發展。

從次文化出發，爭取對本土文化的認同

林柏燕：

今天文訊能來新竹開會，足以表示大家對於新竹地方文化的重視。

事實上，新竹可以說是台灣文化沙漠的邊疆，就像崔女士所說的，住在這裡的人對本地文化沒有認同感。由於無法認同，甚至把自己視爲過客，於是，上自大學教授，下至一般百姓，每逢假日便往台北跑。基本上，新竹的居民非常複雜，包括了閩南人、客家人，及一些外省籍人士。但是，從教育到文化思考方面，卻講求以主流文化爲主，自然無法使人們對於本土文化產生認同。

其次，再談到文化中心，它的硬體設備可以說是全省文化中心最差的，幸喜在林主任的大力整頓下軟體設施已經有了顯著的進步。不過，文化中心所學辦的活動不外乎展覽、音樂會、表演等高層次文化，當然不如卡拉OK、歌仔戲等次文化，容易被民衆所接受。此外，文化中心的設立，不能有階級性，應該追求全民化。爲了促進民衆的參與和認同，文化中心應該從次文化出發，結合本土傳統，才能吸收到更多民衆的參與和支持。而一些團體或傳播媒體在學辦活動時，也應考量當地的文化背景及時代潮流，如此才能凸顯當地的特色，獲得良好的成效。

傳授有關本土文化的知識

廖炳惠：

我曾經參觀過美國的學校，他們除了一般的正常教學課程外，同時也十分注重講授種族和本土文

化。因此，我總覺得，要讓台灣的民衆對自己鄉土有份歸屬感，至少應該從學校出發，傳授他們有關本土文化的知識。

剛才大家都談到功利主義盛行，以文學界而言，倒是有一個很明顯的現象，就是副刊文化的壟斷。由於報紙副刊的知名度和影響力遠勝過各類雜誌，許多作家都往報紙副刊投稿，甚至連小學生也希望作品能刊登在國語日報等知名報紙，但是，有一些作家當他的作品屢次上報，最後往往被副刊主管吸收，從此投入編輯的工作，偶有評論文章出現，卻少有創作。這種本爲作家，之後成爲副刊附屬品的情形，在國內舉目可見。此外，文學並非菁英主義的表達，也不是以主流文化作代表，而是涵蓋廣泛，普及性的創作，上自詩詞、散文、小說，下至電影、戲劇、文化抗爭等，都是文學創作的素材。也唯有廣泛、多角化的創作，才能開創一個寬廣活潑的藝文環境。

至於如何形成具有特色的地方文化，基本上，應先尋求對本土文化的認同，例如透過公共電視有系統的介紹地方傳統，或邀請當地藝文人士於節目中談談該地的特色。經由媒體的報導，使人們了解自己的本土文化，進而認同、推廣之，一定有很大的效益，再者，縣市政府在從事地方建設時，最好能與學術、文化單位溝通協調，針對地方的建築特色，作計畫性的建設，以保留良好的傳統，也能形成自己的特色。

克服地緣障礙，發展社區文化

呂正惠：

我們都知道，新竹地區某些學院的文化人，一到了假日便往台北跑，而原因在於兩地的距離近，再加上交通便利，所以一些民生消費品的選購、活動的參加和舉辦，都考慮到台北去。在這種先天的條件下，除非改變環境，否則想發展出自己的地方文化並不容易。雖然台南、高雄的文化環境未必比新竹好，但是由於地理上離台北遠，相形之下，不受制於台北，久而久之，自然可以開創屬於自己的文化天地。以前我在高雄敎書時，很難找到具有文化氣息的場所，但是前不久我到高雄，卻感覺高雄已經在轉變中，甚至一些餐廳都佈置得具有文化氣息。當然，文化的定義並不是從佈置上看出來的，但是，當地區的文化環境逐漸進步，對該地的文化發展定將有利，所以，要謀求新竹的發展，勢必要先克服地緣上的障礙。

其次，政府單位、文化中心應善盡領導的責任，尤其在文化貧乏的情況下，由公家單位來帶起風氣，並且鼓勵企業界投資，較易收效。以往文化中心較少和學院連絡，事實上，學院是文化的培育所，而其中有許多老師也十分熱心文化工作的推展。如今，新竹文化中心在林主任的領導下已有很大的進展，如果能同時結合地方上、校園中的熱心人士，凝聚成一股力量，共同爲建設新竹文化提出確切、有效的辦法。

任何的社區都應自成一個生活體系，而文化雖求自主性的發展，但也須成爲社區的一部分，與生活密切相關，在與台北地理上相毗鄰的難題下，要自成一個社區文化的確不易，也唯有結合大家的智慧和力量，才能發展出屬於科學城的特殊文化。

以活動爲手段，達到敎化功能

林志成：

我到文化中心一年多了，向來一直有個理念，做事的人是很重要的，而如何用人卻是一門學問。剛才有些人都提到過客的問題，在此我也强調，自己是歸人，不是過客。甚至克服環境的問題，使過客成爲歸人，一直是我自己始終不變的目標。

藝術家是須要鼓勵的，有關出版的問題，教育局已設有方案協助教師出版，至於其他文藝人士，文化中心極願意負起輔導、協助之責。

其實，文化的定義不只是辦活動，活動的多寡並不意味文化進步，而場面熱烈不代表內容豐富。所以辦活動應先秉持教育的理念，以活動爲手段；適度教育，以變化國民氣質。至於文化中心所舉辦的活動，則力求多元化，並且無所謂黨派立場，主要是從吸引民衆參與出發，再進而達到教化的目標，所以，目前一些活動偏重明星導向，希望大家能諒解。

文化的紮根工作應持續下去，尤其應先投資在本地的地方團體。我們也希望能從文化中心做起，讓大家從認識進而認同，再投身其間。而中央單位，則需在制度上求改進，除了剛才孫老師提到的，音樂班、舞蹈班等作階段性的設立，從大範圍來看，也應考慮將新竹納入國建六年計畫之中，唯有通盤性的考量，才能使新竹擺脫先天上的不足，有更好的文化發展。

那麼，如何形成新竹的地方特色。新竹地名之妙應是全省之冠，「新」爲創新，「竹」代表謙恭、富而好禮。擁有這麼好的定義，再結合科技與文化，定能開創出屬於新竹的文化特色。

從鄉土出發，促進全國文化發展

李瑞騰：

我們花了近一年的時間在各地探訪，發覺在各個不同的角落，總有一些長期從事藝文工作的人，他們執著於藝文，爲鄉土文化紮根工作付出心血，這樣的態度和精神給了我們極大的啓發，而他們說的話，如果能供作政府文化建設的參考，相信是社會大衆的福祉。

文化人的積極性與主動性對於當地的文化發展具有相當大的影響力。過去從事藝文工作的人大多有份依賴性格，他們依賴羣衆的支持、政府的協助，以及媒體的宣傳等。如今，已經有許多人意識到光靠這些是不夠的，必須由文化人自己主動、積極地站出來，將這股力量凝聚、散發。事實上，我們也知道，有許多人，他們利用閒暇的時間全心投入文化造鎭的工作，埔里是個例子，相信還有更多相同的例子存在。而唯有透過政府與民間互動的關係，文化發展才能有更快速、有效的進步。

苗栗

栗質天香

苗栗簡史

◎黃鼎松　國中教師・作家

苗栗縣，地處台灣本島中北部，全境面積一千八百二十點一四九平方公里。西瀕台灣海峽；北面和東北面與新竹縣接壤；南面和東南面隔大安溪、雪山山脈主稜與台中縣爲鄰。幅員完整，呈等邊三角形，外型頗似一顆鑽石。

明永曆十五年（公元一六六一），漳泉移民入墾中港（今竹南），爲漢人開拓苗栗縣的端緒。清領台灣後，墾民陸續移入，清康熙五十年（公元一七一一），台灣北路營參將蔡文派兵駐防後龍，兩年後，拓佃漢人移墾，揭開後龍溪流域拓殖的序幕。爾後，墾民由西部沿海，東向深入山區開墾；於榛獉莽野中，披荊斬棘，歷盡艱辛，終於拓成這片物阜民豐的洞天福地。

近年來地方各項建設不論工商農牧，或文教交通，均迅速蛻變。不過蛻變後的苗栗，依舊保存著純樸、寧靜、祥和的風貌，猶如鑲在翠嶺環繞的一顆璞玉，雖然散發著璀璨的光芒，卻也秀麗自然。

山環水繞，地形多變

山多，是苗栗地形上的最大特色，故有「山城」雅稱，地勢自東南向西北傾斜，級級下降。

受到錯綜複雜的地質與地層控制，在一千八百餘平方公里轄境中，層巒疊嶂的山地，和低岡綿延的丘陵，佔百分之八十以上。連綿的山巒間，則是衆多的小大溪流，蜿蜒穿梭，交叉羅列，形成變化多端、多采多姿的山川風情。

地方拓展，歷史悠久

苗栗，古稱「貓狸」，爲平埔族山胞「巴麗」一詞轉譯而來，其意爲「平原」。清光緒十五年（公元一八八九）設縣時，始改近音之「苗栗」，沿用迄今。

苗栗在明代以前蠻荒未闢，漢人足跡罕至。明永曆十五年（公元一六六一）五月，鄭成功入台，將台灣北半部劃歸天興縣轄區。永曆二十四年，鄭經令右武衛劉國軒經略蓬山八社（今通宵、苑裡）及後龍五社，是爲苗栗正式歸明鄭統治之始。

清康熙二十二年（公元一六八三），明鄭覆亡，清兵入台，將台灣劃分一府三縣，隸屬福建省。一府爲台灣省，三縣是台灣、鳳山、諸羅，苗栗隸屬諸羅縣所轄，凡四十年。至雍正元年（公元一七二三）增設彰化縣及淡水廳，苗栗屬彰化縣轄治凡九年。雍正九年（公元一七三一），淡水廳改與一般府縣治同，苗栗屬淡水轄治，前後共一百四十五年，於光緒元年（公元一八七五）改隸新竹縣。

光緒十一年（公元一八八五）十月，清廷發表台灣脫離福建管轄，改設行省。苗栗地方父老，趁劉銘傳計畫改革台灣政制的機會，羣起要求苗栗設縣。後經清廷核准，苗栗於光緒十五年十一月正式置縣。惟好景不常，光緒二十一年（公元一八九五）日入據台，廢苗栗縣，此後五十年，苗栗隸屬忽焉台中，忽而新竹，變動頻仍。民國三十四年台灣光復，苗栗暫隸新竹縣轄治，至民國三十九年十月二十五日政府革新地方政制，苗栗才恢復設治，啓開苗栗日後地方建設蓬勃發展的契機。

民情風俗，勤樸敦厚

苗栗全縣人口五十四萬餘人，多數聚居沿海平原及山間谷地，其分布情形，大致由沿海地區向東部山區逐漸稀疏。由於地形的阻隔，依縱貫鐵路而有山、海線之分，山線居民多爲廣東移來的客家人，海線地區居民多爲漳泉移來的閩南人。

依語言來分，全縣客家人約占百分之六十二，閩南人約占百分之三十一，山胞百分之二，其他省籍約佔百分之五。

客家人本來是居住在中原的漢族，五胡亂華之後，分批南遷，由於長期流浪居住異鄉，自稱「客居」、「客家」，也因經常遷徙流離，養成勤奮保守、刻苦耐勞的民風。獨特的語言、民情和風俗習慣，使得客家人在大漢民族中，是一支極爲突出的族羣。住在苗栗的客家人，傳承了客家人獨具的優良天性，安分努力，民情風俗頗多仍保留中原古風。

客家人士的民俗活動中，最爲人津津樂道的是他們的「山歌」，客家山歌的曲調，有「九腔十八調」之稱，這是因爲廣東客語有九種不同的口音，因而有不同的唱腔。每逢廟會祭典，各鄉鎮常舉辦「山歌比賽」，參加比賽的「歌手」，男女老幼齊集一堂，比賽時台下的聽衆，往往擊掌附和，融和成一片溫馨感人的場面，使人深深覺得這項獨特的民間藝術，清純雋永，歷久彌新。

長久以來，許多學院和民間的音樂學者，對客家山歌都非常感興趣，除了山歌是客家文化的精華，能充分表現客家人勤苦、耐勞和淳樸的精神外，客家山歌的曲調豐富，歌詞比喻巧妙，又多即興之作，特別顯現客族同胞靈活的智慧。

閩南人多居住在沿海地區，開發甚早，胼手胝足，拓墾鄉邦，苗栗縣境各項建設之有今日的輝煌成就，他們是一大功臣。閩南人聚居的地方——苑裡、通宵、後龍、竹南，都是苗栗縣的大鎮，工商繁榮。苗栗縣閩、客居民，早年拓殖期間，雖然爲了爭奪生活空間，曾發生過械鬥，惟均已消弭於無形，彼此相處和睦，對地方建設不分彼此，攜手並肩，戮力以赴。

分布在苗栗縣的山胞，包括居住在以泰安鄉爲主的泰雅族，和住在南庄鄉向天湖一帶的賽夏族。兩族定期舉行的「豐年祭」和「矮靈祭」，均爲本省山胞族羣中，極爲難得的民俗祭典，具有深遠的鄉土歷史意義。

史蹟文物，幽情無限

苗栗縣歷經三百年的拓殖，遺留下不少足以紀錄先民生活演替和精神內涵的古蹟文物，雖然隨著歲月推移，這些史蹟多已失去昔時光彩，但是仍然使人深深感受到往日先人拓殖時，輝煌璀璨的軌跡和艱苦奮鬥的歷程，在斜陽冷照中，散發著無限歷史幽情。

這些史蹟文物，涵蓋範圍極爲廣泛，書院、城廓、宅第、寺廟、陵墓、亭坊……多少都有遺存。其中的英才書院、雲梯書院、象山書院、竹子閣，最能顯現先人在篳路藍縷，以啓山林中，仍不忘教育之實施及文風的提振，所以，自古苗栗文風鼎盛，才人輩出。提到山城文風的傳承，在這裡不得不介紹一下有悠久歷史的「栗社」。栗社是苗栗文人吟賦詩詞的古老社團，成立於民國十六年，現任社長爲地方耆宿賴江質先生。該社自成立以來，每年均在春秋各集會一次，邀請各地詩社詩人參加，歷六十餘年而不衰，現爲本省北部頗享盛名的擊鉢吟會。

苗栗縣古蹟的分布，大致而言，仍以首善之區的苗栗市最多，義塚、忠烈祠、貞節孝坊、羅福星及丘滄海紀念碑、縣衙故址等，先賢忠孝節義的遺風，令人尊崇與緬懷。此外，竹南多寺廟城廓、頭份西湖苑裡多宅第、南庄獅潭大湖多「蕃漢」糾葛史蹟、竹南後龍多分類械鬥遺物、沿海鄉鎮亦多寺廟古刹。細考各類史蹟的遞嬗演變，幾乎就是先民開發山城的滄桑史。

展望未來，璀璨光明

苗栗是一個農鄉景觀極濃的縣分，不過，近年由於工商業發展的腳步，加速推移的速度，地方經濟結構，也加速蛻變中。

農業是傳統的主體產業，爲了提升農民收益，在政府輔導下，經營型態改變很多，地域性的獨特農業，漸漸取代昔日以水稻爲主的耕作方式，直接帶動了地方繁榮。

昔日苗栗工商業發展，比起鄰近縣令，都有一段不算短的距離，近年由於對外交通設施的改善，及充分利用縣內生產的石化原料，已有了長足的進步，分布縣內各地的石化、肥料、玻璃、煉油、陶瓷、製坯、塑膠、人纖等工業，所呈現的新氣象，在在使山城的地方發展，在傳統的農牧業和現代的工商業，相輔相成下，晋入嶄新的境界。

推展文化建設，以文化中心爲主導力量，結合地方人才及資源，持續性的推出各類藝文活動，收集整理鄉土文物……等，一步一步朝「建立文化大縣」的理想邁進，已有相當不惡的成果。

縣長張秋華先生以企業化、精緻化的理念，致力縣政建設，他表示：苗栗縣民忠厚樸實，誠懇勤勞，這種踏實的民風，就是開創山城美景的最大本錢。踵步前賢，繼往開來，齊心努力，明日的苗栗，必是璀璨光明。

苗栗藝文團體及刊物

⊙王幼華 作家

栗社

苗栗縣最早的文藝社團「栗社」，成立在民國十六年九月的中秋節。「栗社」的前身爲「天香吟社」。台灣詩社最盛期在民國二十年左右，全省詩社超過一百餘，舊文學爲台灣文學主流。「栗社」也是在此潮流下產生的。

「天香吟社」原爲地方士紳黃南球子弟及同儕好友組成的吟哦雅集，倡始於民國初年。後來規模越來越大，參與的詩人多達一百三十餘人，包含苗栗地區主要鄉鎮人士，於是擴大其組織成立「栗社」。社址在苗栗市中正路的文昌祠。當時衆人推舉苗栗名儒彭昶興爲社長，吳頌賢爲總幹事，李鍾蕚爲常任詞宗。每月或隔月開課及舉辦擊鉢吟會，所需經費由文昌祠支應。

「栗社」早期詩稿泰半毀於中部大地震時。台灣光復後，所集得的詩皆登載於油印的「苗社詩集」。除定期課題之外，「栗社」並於每年春秋二次文昌祭典之日（二月初三及八月初三）舉行詩人大會，邀請縣內及中北部各詩人參加，至今不衰，爲北部最著名的擊鉢吟會。

「栗社」初創時，黃南球七公子中之運寶、運和、運元三昆仲，一直是主要支持者，出錢出力，先後曾任社長，並有詩賦流傳。現在「栗社」第七任社長爲賴江質先生，號綠水，本縣耆宿，年近九十，書畫均擅長，曾任縣議員，苗栗縣文獻編輯委員。

除栗社之外，竹南鎭曾有「南洲吟社」、「鷺洲吟社」，後龍鎭有「龍珠吟社」，苑裡有「蓬山吟社」，惜爲時均甚短暫。

中原雜誌

「中原雜誌」創辦於民國五十一年六月，原來刊物名稱爲「苗友」。創辦人爲原籍廣東梅縣人「謝樹新」。謝先生於民國三十六年抵台，幾經輾轉來至苗栗縣。在苗栗縣任中華日報業務發行工作，公餘獨自辦了這份雜誌。據謝先生自述辦此刊物的宗旨爲：①宏揚中原民族優良傳統精神固有文化，以及研述中原語言、民謠、掌故、民情風俗等。②報導自由中國政治、經濟、建設、教育、社會等進步實況。

「苗友」在發行一年後，不少外縣市讀者反應是「苗友」涵義過狹，後幾經討論後改名「中原」，內容以宣揚客家文化、保存客家文物、研究客家民謠、語言、掌故等爲主。這類型的刊物在台灣算是首創，亦甚爲當時本省外省客家籍人士所看重。在研究客家人淵源、文物等方面有相當重要的開創性及啓示性。

除固定出刊外，另編有「中原文化叢書」、「客家歌謠專輯一～六」。六十二年爲鑑於客家禮俗的日見變質走樣，有失傳之虞，編成「中原禮俗實用範例專輯」。民國七十年「中原雜誌」由月刊改爲「中原週刊」，以報紙形式與讀者見面。民國七十六年七月徐運德先生接辦「中原週刊」，成立「客家文化學術研究會」，結合研究客家的專家致力於語言文字方面的整理、造字，陸續出版了客語會話、諺語、民謠等讀本，並準備出版客家字典，將三字經、昔時賢文等童蒙教材予以正音定字。對逐漸失傳的客家語有相當重要的貢獻。

三台雜誌

「三台雜誌」始刊於民國七十四年八月八日，發行人兼社長爲張瑞恭先生，總編輯爲現任頭份鎮大成中學校長，亦爲研究客家人、地方史志專家陳運棟先生。「三台」共發行十八期，至民國七十七年八月休刊。

這是苗栗縣甚或台灣省最大型的地區性的雜誌。「從創刊號開始，三台雜誌採行企畫編輯，內容概分爲自然、生態、人文、忠義先賢、藝文天地、特稿及系列報導。系列報導又分爲寺廟之旅、吾鄉吾鄉、杏壇之愛、十步芳草、山城第一，地名探源、三百六十行等篇幅。」封面皆選用縣籍畫家作品。這份雜誌製作了中港溪、後龍溪沿岸十八鄉鎮的地理景觀、沿岸及風土民情，結合縣內外藝文人士參與，舉辦各類活動，引起相當熱烈的迴響。曾參與編務及撰稿的作家、學者、攝影家、畫家多達百餘人。在客家報導上遍及花蓮、台東等全島性的整理及探索，成爲研究台灣客家人最具權威性的刊物。另外對縣內原住民的報導亦甚深入。

「三台」另於七十六月七月十日創辦「大龍港」雙週刊。此刊物走向較傾於新聞性、批判性，發行十四期後亦停刊。在出版叢書方面以「賽夏族、矮靈祭」一書爲收集研究賽夏族論文，傳釋其祭典等最稱完備的一部。張瑞恭先生於結束「三台」後，轉而製作電視「鄉親鄉情」客語節目，亦以客家語言、風土、史蹟等爲重點。

苗栗文獻

在研究地方史事較具學術性的，除民國四十八年的縣志外，民國七十年六月曾有「苗栗文獻」的出刊，發行人爲已故縣長邱文光，主編周振章，編委有張紹焱、陳運棟、賴江質、陳金田等人。此刊對苗栗史事有較精確的考證，亦有幾篇甚具份量的論文如：「苗栗縣沿革及境內古地圖」、「苗栗縣大地震文獻介紹」等。惜在出版三期之後，無以爲繼，遭到停刊的命運。

本縣文復會支會爲推行「全民精神建設」，刊印了不少書籍深具意義。如七十二年八月的「客家山歌」，編輯注釋者爲張紹焱先生，繪圖者陳朝寶。此冊山歌都是選錄流傳於民間而文情並茂的，共有七十首。編者對此間的山歌、大小曲做了些考證及傳釋的工作，頗具價值。七十三年八月另有一本「苗栗竹枝詞」的出版。作者爲栗社社長賴江質先生。詞共七十首，由曾桂龍先生插畫，陳運棟先生解說。七十首詞的內容皆有關縣內之事，計風光類十七首，風俗類十六首，產物類五首，盛德憶往類十二首，地名類二十首，頗具特色。

其他藝文團體

此外以文藝結社的尚有：

竹南鎭的薰風文藝會。此會成立於民國六十九年十月。會長爲竹南信用合作社董事長陳國梁先生，主編陳金田先生，同仁有連照雄、杜壯曇、蔡有仁、洪清和等人，作品發表於「竹信之聲」。

救國團專爲在學公私立國中、高中職學生所辦的「苗栗青年」。此刊創辦於六十八年十月三十一日，發行人爲歷任地方民意代表，社長爲救國團總幹事，總編及主編皆爲救國團幹部。社務委員則爲各校校長。此刊對宣揚國策、端正思想，對有志藝文的學子提供園地，有其一定的影響力。

苗栗美術協會——以提倡美術教育、增進教師研究美術以及鼓勵美術創作爲宗旨。成立於民國六十一年二月。發起人爲郭豐森、劉同仁、熊愼業、賴阿松、平鳳梧、陳樹業等。七十六年八月初，現任立法委員何智輝接任會長，賴阿松任總幹事。

苗栗縣蓬山美術會——原名「苑裡鎮後備軍人蓬山美術會」成立於民國五十八年十月。歷任理事長爲陳南邦、蔡明雄。林銘超爲現任會長。此會於民國七十年曾獲台灣省主席李登輝頒贈藝文獎。

苗栗縣西畫學會——原名「苗青畫會」，民國六十六年七月成立。由江隆芳發起。六十九年該會擴大，更名爲「山城畫會」。次年七月四日改組爲「苗栗縣西畫學會」。發起人爲羅日煌、張秋台、曾桂龍、張若寒、曾賢財和謝江松等人。現任會長爲陳標殷先生。

苗栗縣書法學會——以促進中小學生及會員學習書法風氣爲宗旨。成立於民國七十二年五月。發起人包括吳玉山、吳金山、黃發讓、林金春、鄭兆棋等三十二人。現任會長爲吳玉山先生。

苗栗縣攝影學會——本會原名「明鋒攝影俱樂部」，經由愛好攝影人士周昭政、郭豐煊、謝其炅等人發起。由謝其炅負責籌備。後改組爲「苗栗攝影學會」。並出刊「會務通訊」由李煥明執筆，以油印分發。民國六十六年元月改爲25開八頁「苗栗攝影」，銅版紙印刷。每月發行一次。會刊主編先後由陳雲錦、邱瑞勝、何春木、游行錦擔任。現任會長爲周昭政先生，總幹事何春木先生。

瞻前顧後新期盼

苗栗藝文活動概況

◎張瑞恭　台視「鄉親鄉情」執行製作

我們相信任何一個地區的藝文發展，與它所接受的文化沖激有著密切的關係，苗栗的藝文發展也不例外。就以近十幾年來說，民國六十七年十月，苗栗縣舉辦文物展覽，要求各鄉鎮提出鄉鎮志參展。在此之前，各鄉鎮從未作過史料的保存與整理，事屬首創。頭份鎮志則動員了八所國小的教師們，分頭作採訪的工作，由陳運棟先生總纂一年後初稿問世，再經過一年才出版，在當時可以說是本省三百多鄉鎮中，極爲完備的鄉鎮誌之一。同時竹南鎮志與竹南鎮先賢名鑑也印行問世，都具有承先啓後，昭示後人的重要意義。

遺憾的是，事隔十餘載，苗栗縣十八鄉鎮的另外十六鄉鎮並沒有出現第三册鎮志，其中包括醞釀多年，呼之欲出的苗栗市志。殊不知方志的編纂，愈慢作業則困難度愈高；愈早完成，則愈能彰往考來，明善惡察興廢。

民國七十二年後，苗栗縣政府沒錢編文獻，縣府書庫養老鼠飼蟑螂。地方上有志復興文化之士，結合一起，於民國七十四年八月創辦「三台雜誌」，定位在土地、歷史與民俗。前後三年間，發行了十八册，除了藝文報導，也偏重在鄉土史、族羣關係的研究，對於提升環保意識，發揚客家文化，確實扮演過相當吃重的角色。尤其凝聚整合了爲數可觀的藝文工作者，不求名不求利，互相切磋砥礪，精神令人感佩。目前這五、六十位作者仍然保持著緊密的聯繫，祇等大環境安定下來，三台雜誌隨時會復刊。

可喜的是，近幾年來，苗栗縣的新聞從業人員對於鄉土文化的報導，奉獻出很大的心力。像中國時報張强、聯合報何來美、新生報江乾松諸君，不僅對鄉土文化有强烈的認知，撰寫的能力以及報導角度也相當高明而感人。

另外，中原週刊社雖然是受輔導的社區報紙，但是編纂人員卻十分認眞而熱心，發行客家話與客家童謠讀本，同時進行客家詞典的編輯工作。爲了傳承客家話，吃力又不討好，但是意義是非凡的。

美不美故鄉水，親不親故鄉人。固然文化工作是艱辛而長遠的努力，甚至於經常受到功利觀念的壓力，但是爲了自己生長的鄉土親人，我們衷心期盼，更多的文化尖兵，抱負薪傳的使命感，熱烈的投入文化建設的行列。讓苗栗每個鄉鎮志逐一誕生，讓各項文化活動更形蓬勃，進而激盪出嶄新的文化理念，恆久傳承，永不止息！

◎高惠琳

合理有效地分配資源

「苗栗藝文環境的發展」座談會

時間：八十年九月三十日下午三時～五時半
地點：苗栗縣立文化中心
主席：蔣　震（本刊社長）
與會：曾光雄（苗栗縣立文化中心主任）
張正體（作家）
黃鼎松（苗栗鶴岡國中教務主任）
陳運棟（大成中學校長）
林尚義（國立藝術學院教授）
余鶴松（美術家）
葉蒼秀（記者）
陳達明（文物收藏家）

周惠丹（舞蹈家）
許金祝（舞蹈家）
王幼華（作家）
張瑞恭（台視「鄉親鄉情」執行製作）
涂敏恆（音樂家）
賴世烈（新竹社教館館長）
李瑞騰（本刊總編輯）
（以上按發言序）

討論題綱：

一、本地的藝文傳統
二、現階段的藝文活動之檢討
三、如何開創一個寬廣活潑的藝文環境
四、如何形成具有特色的苗栗文化

蔣震：

先謝謝各位在百忙之中，能抽空參加我們所舉辦的座談會。過去，政府在經濟方面的努力，締造了經濟奇蹟，但是，在文化方面，建樹卻十分貧乏。有鑑於此，政府在六年國建計畫中，積極從事文化建設的工作。不過，如果對於各地藝文環境不能了解、掌握，那麼，文化投資必定會落空。因此，我們獲得教育部社教司的支持，進行「各縣市藝文環境調查」系列，深入各地，主要是希望能喚起地方人士注重自己地方的文化，同時，也藉機讓政府了解各地的藝文生態，以確立未來的施政方針。

每一場座談，我們會詳細紀錄，在雜誌上發表，除了讓各縣市的人們了解其他地區的藝文發展狀況，同時，也提供給政府有關單位作爲參考。

希望在座的各位能踴躍提出自己的看法和意見。現在，我們先請文化中心主任說幾句話。

苗栗保存許多優良的傳統民俗藝術

曾光雄：

非常感謝文訊雜誌社能在本文化中心舉辦有關苗栗藝文環境的座談會。而站在從事文化行政工作的立場，我非常歡迎本縣籍的文藝界先進參與這個活動，並且期盼大家對於本縣的藝文發展或本中心的行政方針，都能給予寶貴的意見。

文化水準的提昇，必須要有能孕育高等文化的溫床。苗栗縣在全省二十一縣市中是屬於財政狀況較差之一，但是，我們卻擁有發展藝文的良好環境，除了美麗的自然環境，這裡的居民也十分淳樸勤奮，社會環境十分安定，此外，更有許多優良的傳統民俗藝術，例如三義的木雕、苑裡的草蓆、客家歌謠八音、茶藝、蠶絲等。而文風盛，造就了許多藝文人才，像雕刻方面，有朱銘、陳炯輝；音樂方面，有陳秋盛、涂敏恆；美術、舞蹈方面也有很多傑出的人才；此外，今年四月，文化中心曾將本縣籍二十六位傑出的文學作家資料建檔展示，在在顯示苗栗藝文人才輩出。

文化推展工作不僅是政府的職責，更需從事文化工作者無條件奉獻、企業家大力支持、全民參與，唯有結合以上四者，才能讓文化有效的發展。所以，透過今天這個難得的機會，希望大家能對於文化建設的未來發展方向提出建議，使苗栗的藝文能更具有成效、更能落實。

設立藝文活動展示館

張正體：

我個人是專門研究古典文學的，不過，向來對於藝文活動也十分感興趣。就我在苗栗居住四十年的經驗和觀察，苗栗的藝文人才濟濟，並且成績十分可觀。但是，由於地理環境的特殊，使得藝文活動不易被人注意，往往讓人誤會，以爲苗栗是個文化沙漠。所以，在此也建議文訊雜誌社，除了舉辦座談會，也能將各縣市藝文人才的資料調查、整理，以掌握各地的藝文資訊。

要從事文化建設，基本上需具備兩項條件：人才和經費。苗栗在全省各縣市中算是較窮的城鎮，雖然，近幾年來在文化中心曾主任的努力推動下，藝文發展的成績日漸可觀，但是在經費有限的情況下，使得許多事情無法進行。因此，透過此次座談會，希望政府有關部門，能針對各縣市藝文狀況，每年編列較多預算，作重點式的補救。

除了政府對於文化的投資不夠，社會方面，對於藝文活動也不夠重視，例如前不久，文化中心進行縣內藝文作家資料的建檔、展示，政府各級單位都派人前來與會參觀，堪稱是本縣的一件大事，但是，各報卻對此事只作些微的報導，相反地，對於社會事件，卻大作文章。而如何導正這股風氣，讓社會大眾將注意力轉移到藝文上面，是刻不容緩的事。

最後，我有兩點建議，一是苗栗有一大特色：宮廟寺院特別多，從該寺廟的源流、典故，甚至對聯，都值得挖掘、研究。第二、建議政府能在本地設立苗栗地區藝文活動展示館，不僅陳列本地的藝文作品同時藉以讓本地居民對於苗栗的藝文環境有進一步的了解。

摒除「重硬輕軟」、「重藝輕文」的觀念

黃鼎松：

今天文訊能夠來苗栗舉辦座談會，對於本地的藝文人士極具鼓舞作用，因為大多數從事藝文工作的人都是基於興趣，而不在乎名利，但是，卻也十分希望能獲得肯定。

苗栗自古文風鼎盛，像在座的張正體先生在古典文學方面的成就可說是苗栗地區的翹楚，足以顯現苗栗藝文環境的先天條件不錯，但是，受到社會環境影響，而有「重硬輕軟」的觀念，也就是重視硬體建設，忽略精神建設，因此，造成了從事藝文工作者常有力不從心，缺乏成就感。

關於今後的藝文發展，我想從幾方面來談。一是藝文活動的檢討，文化中心的設立，對於藝文發展具有引導的作用，但是，大部分的文化中心都是「重藝輕文」。苗栗文化中心算是例外，尤其是曾主任十分重視文學，經常邀請縣內文學作家聚會聊天，探討文學方面的問題。此外，經費和人才是每個文化中心共同面臨的問題，例如，苗栗文化中心三年來陸續推出了四本「鄉土風情」系列，由於限於經費，雖然四處尋求補助，但是能印製的量仍十分有限，無法讓全縣的縣民都能拿到這本書，因此，有關於經費籌措的問題，實在是亟需解決。

第二，有關傳承的問題。在四十年前，苗栗地方上的刊物很多，除了各校都有校刊發行外，還有

十天發行一次的「苗栗旬刊」。由於發表的空間很多，使得大家都熱中於創作、投稿。而現在，受到次文化的影響，不僅發表的園地比以前少很多，並且參與的意願也較以往低了許多。目前除了救國團每年四期的「苗栗青年」外，就連學校的校刊，也往往因為經費的不足而不定期出刊。在這種情形下，藝文的傳承自然受到阻礙，藝文推展的工作，其實並不只是文化中心的職責，而是多層面的，透過各個階層，才能有較大的成效。

其次，談到苗栗的文化特色，苗栗地區的客語系人口約佔百分之六十三，如何將客家文化，諸如文學、諺語、童謠、歌謠等整理、保存，都值得大家一起來探討。此外，客家語的流失也是一大問題，尤其近來我們發覺許多年輕人講的客家話實在是荒腔走板，令人不禁為客語文化的沒落擔心不已。

另外，像泰安鄉的泰雅族文化、南庄的賽夏族文化也都面臨式微的問題，實在亟需有計畫、有步驟的收集、保存，才不致在外來文化的衝擊下流失。

使文化具象化，讓人們感受、體認它

陳運棟：

苗栗以前的文風很盛，從早期的「天香詩社」到後來的「栗社」，都曾經造就了許多藝文人口，尤其是「栗社」，成員多達二、三百位，每有詩會，全省各地的詩人便會來此聚集，影響十分深遠。此外，光復後至今日，也陸續出了許多藝文作家，像江上、李喬、七等生、王幼華等，在文壇上都有很好的成績。

談到苗栗的藝文現況，普遍存在著「重藝輕文」的現象。例如，從小學到高中，學校都舉辦有國語文競賽，內容卻局限在朗讀、注音、演講上，爲什麼不能將層面提高，讓國中、高中生的比賽能嘗試詩歌或小說的創作，讓國語文競賽有更大的彈性。

其次，如何開創寬廣活潑的藝文空間？以前，苗栗縣政府有鑑於苗栗地區多寺廟，特別進行寺廟文化的研究，針對各寺廟的藏書、對聯、匾額等作考據，並且費時十多年，但是效果並不彰。那麼，爲何不考慮在純文學外，也多倡導應用性較高的文學，例如含括公文、書信、祭文等應用文也都值得加强倡導。

最後，關於形成苗栗的文化特色方面。剛才大家都提到客家話式微的問題，我卻不認爲這問題很大。因爲這種地方性文化屬於次文化，是必須在整體文化健全的情況下才能有良好的發展，同時，文化的變遷是潮流所趨，並不是人力就可以輕易改變。既然文化本身十分抽象，爲何不使之具象化讓人們能感受到。像維也納到處都可看到碑文，而苗栗既有優秀的藝文傳統，也可將當地藝文人士的文學創作、生平等資料立碑，讓人們在耳濡目染中能產生認同感，進而推廣、傳承。

培養民衆欣賞的能力

林尚義：

我對題綱三「如何開創寬廣活潑的藝文環境」較感興趣。

我小時候時常參加畫圖比賽，但是不曾得過獎，所以，也很少被人稱讚、重視。不過，我總覺得，這種英雄人物的塑造方式並不妥，要開拓更寬廣的藝文空間，應該培養全民化的藝文素質，甚至從中、小學教育中便培養孩子們的欣賞能力，讓他們能關心周遭的生活環境，繼而產生興趣。

而地方色彩的保存、維護，也是十分重要。像義大利無論大小城鄉，都能保有自己的地方色彩。苗栗雖然是客家人居多的鄉鎮，但是在陶瓷、雕塑等方面都有很好的傳統和成就，因此，我們可以從小處出發，充分運用既有的文化環境，並培養小朋友欣賞、喜愛，進而參與。如此，不僅能保有地方的文化資產，同時也能健全全民的美育觀念。

革新現行的教育制度

余鶴松：

我並不是苗栗人，但是在苗栗居住的時間遠超過自己的家鄉，所以也可以說是半個苗栗人。剛才大家談了很多，自己也頗多感觸，在此，只提出一項呼籲：改變現行的教育體制。我們都知道，文藝才華是一種天份，必須配合特殊的教育方式。但是，在台灣這種聯考制度下，爲了應付升學，使得許多有文藝才華的學生無法發揮自己的才能，也致使台灣的藝文發展無法有顯著的進步。所以，假使我們想開拓寬廣活潑的藝文環境，至少應先從教育制度上革新。

提振客家話

葉蒼秀：

苗栗擁有十分淳樸的客家風氣，同時，從清朝以來，也陸續出了許多傑出的文人。不過，由於客家人生性保守，在文化中心成立以前，很少有藝文活動，直到曾主任到任後，便積極從事藝文活動的推展工作，也帶動了苗栗的藝文風氣。

就苗栗地區未來藝文發展的重點，主要應先考量如何將客家的傳統文化發揚光大。而基本的策略，則應從鼓勵青少年從事藝文創作開始。因此，在此也建議文訊雜誌社，能否開闢一個園地，提供對藝文創作有興趣的青少年投稿的空間，藉以提高他們的寫作意願和信心。

此外，還有一個問題，就是客家話逐漸沒落，甚至現在三台電視公司客語新聞播報員的客家話都非常不標準。所以，客家話的推廣實在值得重視。

苗栗地區歷史最久、規模最大的藝文團體應該算是「栗社」。以往，每逢端午節，也都會舉辦吟詩比賽，盛況空前。而現在，卻很少舉辦任何活動了。因此，也籲請新竹社教館賴館長能從旁多協助、鼓勵，讓這股良好的藝文傳統再度發揚。

重視地方文物的蒐集、維護

陳達明：

我本人主要是從事地方文物的蒐集工作，因此，也就針對苗栗的地方文物來說。

苗栗可說是客族的大本營，所以，也保存了不少的客家文物。雖然，目前文化中心已經典藏了許多文物，但是就我所知，仍有很多文物散佈各地。因此，我十分願意和文化中心配合，一起下鄉蒐集這些文物。尤其這種蒐藏工作，並不需要什麼經費，主要是人力的支援，況且，有很多居民也十分樂意將祖先留下來的文物捐出來展示、典藏。最近，中國時報也刊登一則新聞，報導苑裡一座蔡家古厝將拆毀，興建大樓。看到這個消息，令人感到十分惋惜，尤其是苑裡的古厝極具特色，值得保存。所以，古物的保存、維護，實在有待文化中心和有關單位的重視。

最後，我想建議文化中心能多開放文物館，配合學校的教學工作，讓學生參觀體認客家文物之美，進而對客家文化認同、接受。

促進藝文下鄉

周惠丹：

我本身從事舞蹈工作三十年，在此必須感謝曾主任的支持與推展，使得苗栗的舞蹈活動能日漸活躍起來。不過，雖然從民國七十二年文化中心成立以後，提供苗栗地區的藝文團體一個良好的演出場地，但是，許多藝文活動大都在大城市舉辦，至於小鄉鎮則少有演出，我本人也曾同文化中心及「三台」雜誌提出建議，希望促成藝文下鄉的願望，不過，卻也因欠缺良好的演出場地而無法達成。所以，我非常贊同張正體先生的看法，在各鄉鎮設立藝文展示場地，讓藝文團體能下鄉演出，以提昇民衆的藝文欣賞風氣。此外，許多家長對於某些藝文活動有所誤解，例如老一輩的人總認爲學舞蹈就是要去當舞女，希望也能透過活動的舉辦、推展、灌輸民衆正確的觀念。

此外，有許多文藝團體來苗栗演出後，都會抱怨觀衆少、缺乏掌聲。而主要的原因在於媒體宣傳不夠。所以，也希望傳播媒體能多加强地方藝文活動的介紹、報導，以吸引民衆的注意、了解，進而參與。

從保存傳統出發

許金祝：

我是學舞蹈的，而在國中任教也有二十年了，就台灣整體的藝文環境來看，的確是有所進步。記得我剛從學校畢業，回家鄉服務，本來懷抱著滿腔熱血，提出許多建議，但是卻被人告誡，只要參加活動，不要有任何意見。因此，滿腹的理想全被打垮。而當時的舞蹈，也呈現只問比賽，不求品質的情況。直到文化中心成立以後，不但活動漸多，同時舞蹈藝術的層次也提昇許多。

其次，談到苗栗的藝文傳統。幾年前縣內的合唱團體舉辦客家民謠的巡廻演唱，他們找我爲歌曲配舞。從資料的蒐集中，我才發現，客族並無舞蹈傳統。那麼，與其將時間耗費在創新上，倒不如先從傳統出發，尤其客家的民風、民誌、婚禮、八音等，都是值得開拓的藝文傳統。

最後，有關傳承的問題，希望教育單位能在中、小學的教育中開設有關傳統的課程，針對當地的地方文化及特色，教導小孩子了解其地方傳統和歷史文化。也唯有透過文化的傳播，才能使文化傳承紮根、落實。

透過寺廟文化的推動來發展藝文

王幼華：

苗栗縣的藝文作家能有今天的成就，最主要應在於他們自身的努力。

苗栗地區有許多寺廟，我們也發覺，要民眾捐錢給寺廟遠比捐錢給藝文團體容易許多，因此，如何發展寺廟文化，甚至藉由寺廟的協助，發展藝文，都是值得加以探討的。

此外，就苗栗的人口，有百分之六十三是客家人，其中有位陳金田先生專事於文獻的研究工作，他所整理的資料對於苗栗地區的源流、傳統文物等方面都有所考據，對於苗栗的歷史傳統極具貢獻，也十分值得大家重視。

加强鄉土文化的教育

張瑞恭：

任何的藝文活動都是文化的一部分，而這些活動卻也必須具備某些條件，才能有所發展，也就是說，如果苗栗本身的經濟落後，，不僅無法達成各種建設，在藝文方面也難有所發展。此外，台灣各地也面臨一個問題：城市與鄉鎮距離太遠，致使藝文發展上有懸殊的差距，而未來的農業將呈現什麼樣的局面，也都值得去探討。

地方文化的保留和傳承，的確值得重視。前不久，我到美國維吉尼亞州參觀，發現小鄉鎮的學校中，他們教導孩子們了解自己家鄉的地理位置和環境，教導他們認識山的名稱、河的名稱，以及當地的動、植物種類。反觀台灣的教育，教的是大陸「地大物博」，有那些省份，盛產那些東西，卻往往忽略了自身周遭的環境，也導致一些離鄉的遊子，無從體認家鄉的美。有鑑於此，一羣爲復興苗栗鄉土文化的有志之士，於民國七十四年陸續創辦專以介紹苗栗地區民情風土的刊物，如「三台」雜誌、「大龍港」雜誌，各出版了十多期，後來因經費等問題而不得不停刊。

不過，從經驗中可以了解，要推展藝文，必須與許多條件結合，更須付出極大的心血。文化工作畢竟是千秋大業，唯有長期的投資、栽培，才會有枝繁葉茂的一天。

努力創作屬於苗栗的歌曲

涂敏恆：

由於我很少到苗栗市來，所以有許多人對我會感到十分陌生。我本身是學正統作曲，所以，先談談我的作曲生涯。

民國五十四年，我獲得全國作曲第一名，六十二年又得黃自紀念獎，不過，由於得獎作品屬於大合唱，很少有人演唱，因此，我便改變創作風格，開始編寫國語流行歌曲，至今已作了三百多首，其中最著名的「送你一把泥土」，起源於抗日期間，大哥隨國軍赴大陸作戰，母親交給他一包泥土，以治思鄉病；而「草莓的故鄉」，是寫我的故鄉大湖。

就我所創作的三百多首歌曲，仍可從詞意、曲風來區分。從曲風上，共有五類：一是從傳統出發，而配以更豐富的伴奏；二將唐詩、宋詞編寫成客家話來唱；三、快節奏、明亮、專門寫給年輕人的歌；四、兒童歌曲；五、天馬行空的自由創作。而在歌詞方面，也有五類：抗議、勸世、愛情、消遣、勵志等，而以勵志作品佔大部分。此外，我也有三項創作原則：一、不用典；二、不用冷僻艱澀字眼；三、只用健康、亮麗的客家調。

剛才有人提到，藝文活動的宣傳不夠，我本人任職民生報，在這方面倒可以略盡棉薄之力。在未來展望方面，我將再努力寫一些有關苗栗的歌曲，終究我生在這裡，長在這裡，只有根在，才能講發展、求進步。

在傳統與現代之間尋求交集點

賴世烈：

很高興有機會參加這次座談會，尤其我本人在教育廳服務二十多年，一直擔任社教工作，今年九月初才奉命到新竹社教館，因此，各位先進的意見，都有助於我日後的行政考量。

談到現階段的藝文環境，最主要是尋求突破，也就是在傳統與現代之間尋找交集點，讓傳統能在現代潮流中有更好的發展，而如何開創寬廣活潑的藝文環境：一、從事苗栗地區藝文人才的調查，以期統合這些力量，裨益藝文發展；二、培養藝文欣賞人口，目前教育廳已開始從國小三年級開設音樂、美術欣賞的課程，足見政府已加强這方面的教育；三、改變國語文競賽的方式；四、充實傳統的內涵，尤其台灣的寺廟很多，雖然在硬體上建造的金碧輝煌，極具特色，但是談到寺廟文化，卻不外乎乩童、神棍的低俗內容，令人感到遺憾；五、經費問題向來是文化建設的一大阻礙，剛才也有人提到，民衆較容易捐錢給寺廟，那麼，政府可從這方面著手，擬訂策略，充分運用這筆香火錢以作爲文化建設的經費；六、我們不能一直局限在本鄉本土的地方活動，而應透過全省大型的活動，推介各地的地方特色，以厚植地方的發展，七、由於政府有關單位的提倡，各地藝文活動日益增多，但是，在此情況下，尤應注意活動的品質，勿流於粗糙；八、在經費的補助方面，其實政府設有相當的金額作爲文藝推展的經費，不過，能獲得補助與否，除了有效地運用管道，主要還是端賴藝文團體自身的努力和表現。

大家一起努力，逐步將問題解決

蔣震：

在此我再做一點補充的意見。

目前，我們已進行了十一場藝文環境調查活動，每到一個地方，我們都會看到很多當地從事藝文工作的朋友，不畏艱困的環境，而默默地耕耘著，並且也做出了令人讚賞的成果。

其實，政府單位也非常了解文化建設的重要性，只不過，台灣正值轉型階段，有許多建設待進行，因此往往把眼光放在較易完成，看得到具體成效的建設上，這也就是所謂的「重硬輕軟」。至於文藝活動有「重藝輕文」的現象，我倒覺得無須計較，因爲無論文學或藝術都屬於文化的範疇，最主要仍是能激發民衆的興趣和參與，以培養全民的藝文風氣。

經費、人力、場地，一直是每個地方共同的問題，也唯有大家一起努力，一點一滴地將問題解決。

最後，我們請本刊總編輯做個總結。

合理有效地分配資源

李瑞騰：

在多次的座談會中，我們强烈地感受到，地方上充沛的藝文資源並沒有被充分地開採出來。不過，如今情況已逐漸在好轉，尤其是文化中心都能致力於資源之開發，並且深入各個範疇，在文化發展的推動上，所扮演的角色也就愈來愈重。同時，我們也感受到，由於中央對於地方事務很難完全掌握，所以，所看到，或所知道的，也就侷促一隅，甚至有所偏差。這也就是爲什麼有必要深入地方，去探討各地的形況，並且收集有關資料，對社會、對政府作完整的呈現和報告，讓大家了解地方的實況。

文化原本是從民間自發出來的，不須政府的參與。但是，由於文化是人生活的形態，具有集體性、公衆性，但是又不能被視爲商品，和其他事務自由競爭，也因此才有必要藉由文化行政體系的設立，扶持其成長，並尋求企業的贊助。所以當我們感到政府對文化發展的協助不夠，甚至經費都必須用「爭取」的，像在要求施捨，我們便希望透過媒體有效地把問題呈現出來；同時，也希望政府將文化事務視爲國家、人民的事務，能勇於面對、力求解決。

在經費方面，我們不僅期盼企業能將從社會中獲得的利潤撥出一部分以回饋文化；也希望政府的行政體系在執行文化事務時，除了開發、凝聚人力，同時也能合理有效地分配資源。尤其在國內經濟發達，金錢不虞匱乏之時，爲什麼城鄉的發展會有如此大的差距？所以，所謂的文化均富，不僅是中央對地方，就連地方本身也當如此。

「重藝輕文」的現象，其實是每個地方都存在著的。由於文化中心對於有形的活動，像舞蹈、音樂、繪畫等方面較容易舉辦，至於像文學創作等活動卻較難表現。不過，反觀文學創作，不僅可在報章媒體上有發表的空間，甚至更可透過出版而持續下去，而藝術表現卻得侷限在特定的空間，可發展的時空都較小。因此，我們如果能將「重藝輕文」從另一種角度詮釋，也就能諒解文化中心的苦衷。

基本上，文化事務仍必整體性的規劃，而不是看到什麼做什麼，唯有通盤性地計畫、執行，才能擁有健全的藝文環境。

桃園

灼灼桃花

飛躍的桃園縣

◎許金用　內海國小校長

桃園簡介

一

桃園縣位於台灣本島之西北部，西隔台灣海峽與福建省相望。西北以龜崙山脈蜿蜒接臨台北縣，爲台北盆地與桃澗高原之天然區劃。南疆山巒重疊，羣峯雄峙，仍爲泰雅族棲止生息之所，以拉拉山、濛濛山接宜蘭縣。西南以雪白山、李崠山與新竹縣接壤。

本縣地勢，自東南向西北傾斜。大漢溪橫貫大溪鎮，南崁溪、新街溪、老街溪、社子溪，河流短狹，都由東南注入西北之台灣海峽。

昔時，桃園、中壢、南崁一帶，統稱芝芭里，以全台開拓進展而言，尚屬較晚。當開拓之始，基業初奠，各地定名尚未定型，芝芭里乃循番音之舊稱。迨清雍正八年置淡水廳後，始漸設堡分庄。

明鄭時代，全台設一府二縣，本縣隸屬天興縣。清廷領台初期，設一府三縣，分屬諸羅縣。雍正九年歸屬淡水廳。迨至光緒元年，全台設二府六縣時，部分隸新竹縣，部分屬淡水縣。日據初期屬台北縣，迨至民前十一年分設桃仔園廳，民前九年隸新竹州至台灣光復止。光復後改制新竹縣，民國卅九年實施地方自治，設置桃園縣至今。

目前，本縣分兩市兩鎮九鄉。北區有桃園市、大溪鎮、八德、龜山、蘆竹、大園等鄉。南區有中壢市、楊梅鎮、龍潭、平鎮、觀音、新屋等鄉，另有山地復興鄉。

本縣開拓以南崁、竹圍地區最早，明鄭末期，遣陳絳經略淡水、雞籠一帶，以鎮撫土番，並在南崁地方構柵防守，拓地屯戍。淸康熙廿四年，福建漳州人氏移墾南崁、竹圍沿海一帶，招佃耕種，結寨而居。福建商賈往來於南崁港口，每有船至，輒購貨物，與土番交易，利市百倍。

雍正年間海禁開放，漳、泉二州人氏，蜂湧而至。未幾南崁、拔仔林一帶，阡陌相連，遂成樂土。漳人郭光天率族人入墾大坵園至現屬中壢之哈溪、芝芭里、三座屋。

二

桃園早於淸雍正年間仍爲土番棲息之地。當時東起龜崙嶺，西達崁仔脚（內壢），南自霄裡，北至南崁，統稱虎茅庄。乾隆初始有閩、粵人移住拓墾，墾業旣興，人口日繁，桃仔園街由此漸次結成草店，與龜崙社化番進行交易，遂成市街。

大溪原名大姑陷，是番音之舊稱，昔爲生番棲止之地。乾隆中葉，粵人移住拓殖，一時自石墩庄至內柵庄，墾業興隆。道光年間，漳人林本源（商號）移往大姑陷開發，經營樟腦製造業致富；劉銘傳開山撫番，商賈鼎盛。

中壢原稱澗仔壢，爲新竹與淡水之中間而名。乾隆中葉，先有閩人、後有粵人相繼入墾，披荊斬棘，廣拓斯土，集佃者日衆，良田縱橫。新屋、楊梅原屬竹北二堡，都由粵人拓墾，龍潭、安平鎮一帶，高亢地瘠，以植茶製茶爲主，因入墾較晚，且水利不暢，不適種稻之故。

本縣現住人口已達一百三十多萬人，除原住民泰雅族外，大多來自閩南、粵東，北區六鄉鎮市以閩南人居多，南區六鄉鎮市卻以粵東人佔多數。屬於閩南籍者，大多數來自福建省漳州各縣，及泉州府南安、東安、安溪各縣。屬於粵東籍者（俗稱客家人），皆由廣東省之潮、惠、嘉應州輾轉遷徙而來，閩、客人口各佔半數。

閩南人多分佈於平原盆地，土壤肥沃之地，粵東人散處高原地帶，畑田磽瘠，耕種較難，然對本縣開發之功，繁盛之績，閩粵諸氏，固皆併竭其力，各有千秋，殊不易軒輊於其間也。

據省志所載，朔考本縣閩客先民、移居歲月，顯以閩人爲先。蓋自明洪武季年，已有福建邊民來台捕魚經商。嗣後天啓年間，移住者益衆，或農或商，踵至不已。迨明鄭時期，客家人亦多從軍抵此。清廷在台置官設守，而閩粵兩省居民，始大量東渡，源源入墾。歷經年代，人口劇增，形成今日省民之兩大主流。

三

本縣現住人口中，二十大姓氏以陳、黃、李、張、林、劉、徐、邱、吳、王、楊、呂、許、葉、謝、曾、簡、游、彭、廖爲先。閩客同住一縣，雖分南北兩區，但習俗大同小異，宗教信仰也雷同。

先民開拓之際，多爲同族血親或同鄉之結合，聚落而居，互衞互助。由是形成以血緣爲主，而兼地緣之團體形式。因之每一聚落之間，往往有寺、廟、祠、社之設置，以爲聚落之精神重心。閩南區供奉開漳聖王、青山王，客家區奉祀三山國王、各姓宗祠等。每逢神誕，迎神賽會，盛況空前。

除了地緣形成的共同宗教信仰外，各宗族大多有祭祀公業之家族團體之組織，一爲敬祖先、敦人倫、敬宗睦族，以蕃衍子孫於萬世；一爲求互助、謀團結、自治自保，以促進本族之繁榮。

另有以地緣關係組成之神明會的民間組織，其成員多寡不一，配合神誕日聚會談心，交換訊息，不失爲守望相助，共存共榮之結合，不僅具有社會性、兼具宗教性、政治性，而發展爲鄉里保甲制度及地方自治制度之基礎。

自地方自治實施後，縣長、議長均由閩、客人士輪流出任之君子協定產生謀求南、北區均衡發展。四十年來，由於政治修明、社會安定、工商發達、教育普及農村繁榮，使得全縣人口劇增至一百三十多萬人。聞名國際的中正國際機場、風光明媚的石門水庫、四通八達的公路網、新近開發數處工業區，帶動蓬勃、飛躍的桃園邁向燦爛的前程，讓全縣民衆更能享受安和樂利的自由、民主的生活，迎接更富强、更安康的二十一世紀的來臨。

桃園藝文刊物略述

◎邱 傑 聯合報記者·作家

桃園縣藝文社團有些已運作多年，有些甫經成立，有的則仍醞釀成形之中。

桃園縣攝影協會、武陵十友書畫會、桃園縣藝文作家協會、新聞記者公會、桃園縣新聞學會、青溪文藝協會桃園分會、桃園縣美術學會、桃園縣美術家聯誼會等社團，是十年左右或十年以上的資深社團。

後起之秀有些雖僅成立一、兩年，卻有令人刮目相看的成績，如桃園縣知新文化學術研究會、眞善美聯誼會、大同理想實踐會等。

個人魅力單打獨鬥打出一番天下的，有黃秋芳創作坊、王敉勳讀書會、春雨文化廣場（蕭芙蓉所創辦）等。

藝文社團多，有些難免因享有政府補貼經費或某種程度的名位而引來排他性之譏評，恰如同地方刊物，此起彼落，繁如晨星，爲桃園的夜空平添各種亮度不同、色彩不同、光熱持續久暫也不同的亮麗。當然也不乏風骨硬挺者。

或許，從繽紛炫眼的地方刊物中，更能用以襯托出桃園文化人的若干動態吧？本文重點放在地方刊物之上，其意在此。當然，散居縣內各個角落，筆耕不輟，卻從不涉足藝文社團，也不在名利漩渦過程中爭逐，亦未參與興辦刊物雜誌大業者也大有人在。容日後有機會，另寫以「人」為主之介紹。

•桃園青年

由救國團桃園團委會主導的一份月刊，稱得上是桃園縣內持續最久、發行分數最大、水準也最整齊的一份地方性刊物，四十年代初期創刊以來，幾乎陪伴著全縣每一位學子度過初中（國中）和高中的歲月。

大致而言，這分刊物的編輯羣有相當強烈的「救國團」風格，也在刊物上充分反映。早年青年學子對學校提供刊物照單全收，現在已有不同聲音，也有人承認不少學生收到後竟任意棄置，不屑一翻，同時社會上也出現探討其經費、訂閱方式的聲浪。

創刊以來歷經多次改版，目前擁有的華麗外型，與當年卅二開單色鉛印本而言，眞是不可同日而語。

•桃園週刊

五十三年十二月十五日由桃園縣文化界人士趙百川創辦，是四開報紙型社區報紙，數年前另成立姊妹刊物「中壢週刊」。

刊載內容以地方新聞為主，又以縣、鄉鎮市政新聞比例最大，頗有配合政府做「政令宣導」之功能，唯除公家機關之外，一般民間廠商家庭訂戶極為鮮少，而發行之旨趣，近三十年來如一日，其中雖曾因編輯人數多，一度曾有擴大篇幅、改變風格之意向，但都未久即回復原狀，充分反映了原創辦人的性格。

•濱海農鄉的兒童節禮物套書

民國五十四年起，桃園縣濱海的大園鄉，委託當地永安出版社編印叢書，當做兒童節禮物，每年分送全鄉兒童。這是迄今爲止，頗受懷念的兒童節禮物。

叢書採三十二開本，封面單或雙色，內容有些取自本土兒童文學作家創作，有些則翻譯自日本兒童叢書，有文學、傳記、童話、民間故事、科學、自然等，內容活潑生動，頗具可讀性。

首創送書給小朋友的是大園鄉長黃仲秋。這一系列叢書包括孤兒流浪記、偉大的海倫、珍奇的禮物、父親的助手、偉人的故事、奇異的小船、兒子和鯊魚、壁上的魚、鳥獸奇觀，爲祖國唱歌……等數十種，每種售價兩元。可惜維持幾年之後，因鄉長易人，改送其他禮物而告中斷。

•文林

五十五年九月廿八日創刊，八開對摺報紙型的半月刊雜誌，每期發行一張半（六版）到兩張半（十版），發行人吳運國，社長兼主編藍光，社址在楊梅鎮新成路二〇五號，每期定價一元五角。

文林走的是兒童雜誌路線，內容有小說、童話、漫話、幽默小品、科學新知等，通常以一個版容納兒童作品。

由於訂戶不多，出版一年左右，即因經費不足而停刊，連熱心供稿的作者稿費都未發，可說是虎頭蛇尾，含恨以終。

•桃縣兒童

五十五年十月，桃園兒童在多位熱心兒童教育人士催生下創刊，這是一本卅二開的兒童雜誌，以全縣國小聯合報刊的身分發行，發行人兼編輯人葉日光、社長張芳杰，但這只是掛名的，眞正發行編輯作業的有許義宗、傅林統、徐正平、林俊澈四人，邱傑擔任插畫及美術編輯。

每個月固定出一期，每期又分中、高年級二種。園地雖然公開，但投稿人多半爲縣內國小教師及兒童文學作家，另以近半篇幅容納兒童作品。

爲了經費的問題，以及牽涉到了學生是否必須「半強迫訂閱」的爭議，這份刊物發行四年後中止。

•巨人

五十八年三月創刊，是一本可供放在口袋中的小開本月刊，由羅濟鎭任發行人、徐福郎任總編輯、吳朝輝任社長，社址設在楊梅鎭梅溪里九之二號，在新竹也設有連絡處。

這一份刊物，標榜著以知識性、趣味性、文藝性、生活性爲發行旨趣，每份定價三元。創刊初期，似乎志向頗大，可惜曇花一現，只出數期便告夭折。

‧桃園觀光

桃園縣觀光協會出版的月刊雜誌，五十八年六月創刊，創辦人為宋安業先生。宋曾出任桃園縣政府新聞股長職務二十多年，歷經縣長、代理縣長將近十年之多，目前雖已自公務員生涯退休，唯仍在觀光協會上班，並擔任文藝團體負責人，堪稱老當益壯。

桃園觀光雜誌以報導桃園內觀光資訊為主，但內容亦有擴及海內外旅遊者，偶亦連載小品、散文、小說。多年來由桃園縣政府購贈海外留學生，後因縣議會有不同意見而一度中斷，但發行迄今仍持續中，亦為桃園縣頗具歷史之老牌雜誌。

‧桃園攝影

是一份桃園縣攝影協會會刊，採月刊方式出版，六十年代創刊，主要內容有會員創作、攝影理論、活動報導、會務聯絡、作品選刊、比賽成績等，另外也有一些廣告，以挹注出版費用。出版情況尚稱良好。由於內容紮實，一些非會員也輾轉取閱，做為攝影界動態主要資訊來源之一。

‧桃園縣國小教師兒童文學創作選集

望「名」生義，一看這個題目，便可知道這一套書的性質。

這一套書自民國六十五年開始，以一到二年出版一本的速度推出，書名各有不同，經費來源，大部分是文復會編在桃園的經費，一部分是桃園縣政府籌編，另外還有一些則是地方熱心社團、工商界人士捐助。

這套書的編輯內容主要容納兒童文學作品，以縣內國小教師爲主要約稿對象，偶有縣內兒童文學作家，或一般國小學生參與。每一年的編輯方向也略有不同，有的是集童話、童詩、兒歌、少年小說於一册，有些則爲專題式，只錄散文或童詩。六十五年首册名爲「鶴園」。迄今仍持續出版。

・月光光

六十六年四月一日創刊，是一本由熱愛兒童詩教育的人士，出錢出力，辛勤經營的雙月刊，每單月一日出一本，由詩人林鍾隆先生創辦。其經費來源有同人贊助、自由樂捐、特別贊助。早期的特別贊助人和贊助人就有陳秀喜、純文學出版社、唐文標、趙天儀、洪醒夫、馮菊枝、曾信雄、鍾鐵民、應鳳凰、杜榮琛、李魁賢、賴傳鑑等人士，蘇宗健、夏婉雲、褚乃瑛、曾妙容……等均爲同仁，可說陣容堂堂、倍受重視——雖然她只是三、四十頁薄薄的一本詩刊。

八十年初，月光光的創辦人認爲她已達成了創辦的目的，因此將之停刊，改辦一份「台灣文學」雜誌，月光光至此，可說功成身退了。

・桃園山岳

六十七年十二月十日創刊的桃園縣山岳會會刊，目前由賴國風任發行人，編輯組有林清標、卓清波、白純宜三人，社址就設在山岳會所在地桃園市南山街廿二號四樓。

內容以山岳會登山活動、行程解說、會務報導、會員動態、遊記等爲主，不對外發售。

・美景

十六開本銅版紙封面印刷精緻的社區雜誌，六十九年由台灣新生報社駐桃園縣特派員王俊夫創辦，初爲季刊後經新聞局專案輔導，七十二年五月二十一日起改爲旬刊，至八十年七月才轉由簡國華接辦繼續經營。

王俊夫先生以對鄉土的關懷、對文藝的熱愛、對文化專業的興趣而創辦本刊，新生報系桃園編採業同仁也頗能衆志成城，將這本雜誌辦得兼具新聞性、文藝性、生活性之趣。後因創辦者健康問題而忍痛將之無條件移轉，接辦人亦頗具熱誠。

・桃園文藝選集

由台灣省文藝作家協會桃園縣分會負責彙編的一本地方性藝文選輯，自七十年起，每年出版一本，其中有兩次跨年編印，因此到八十年一共已出八集。

八集內容相去不多，主要分專論、散文、小說、報導文學、書畫評論、詩歌、書畫等部分，第八集由羅曼負責主編，第七集爲顏大豪，六集以前由宋安業主編。

・桃園論壇、婦女一周

七十一年初由立法委員黃主文及他的夫人黃淑瑛共同創辦的四開報紙型週刊。桃園論壇以政論文章、地方時政爲主，婦女一周則走軟性訴求，兩份刊物皆由黃主文的競選大將兼祕書廖博俊任社長及總編輯。

出刊初期，每期各發行一萬份，隨報免費贈送，而由廣告收入挹注發行經費，內容也頗能契合時政、針砭有方。可惜廖博俊投入其他事業，有分身乏術之苦，經先後停刊，現又改爲「黃主文通訊」，不定期出刊。

•校刊

桃園縣內各級學校出版校刊風氣頗盛，尤以近年來經費充裕，家長支援也出手闊綽，校刊更見精緻。

從校刊的形貌和內容，可看出學校的經費情形、校方支持的程度，也多少可以反映這所學校藝文人才的實力。

外觀上，有的是以四開報紙型印刷，有的厚達三百頁、燙金封面、華麗精美，其中差異性極大。內容則各有千秋，萬變不離其宗的是卷首總有一堆篇幅，以供校長訓話之用（雖然未必眞由校長執筆）。

不少學生生平第一篇發表作品，便是由校刊起步，也因而深受鼓勵，校刊仍有其相當程度的功能。而事實上，也確有不少學校把校刊辦得有聲有色。

•忠誠報

是由陸軍前鋒部隊（駐紮於中壢龍岡，現編制爲六軍團）發行的軍報，四開日刊，有時日出二張。

主要內容除了軍聞之外，另有副刊和不定期推出的特刊、週刊。這些副刊版面，不但是服兵役的戰士們的精神食糧之一，也提供了其中喜愛舞文弄墨者一塊耕耘的園地，只要摸對了她的特性，刊登率頗高，可說是一些新手試筆的小天地。

•泰陽週報

七十九年元月一日創辦的桃園縣社區報紙，地址設在桃園市三民路二段二八六號七樓，發行人翁玉卿，係翁財記財團旗下新聞媒體。

創辦初期，以獨家內幕新聞取勝，針砭地方時政，每能切中深處，內容深度，及取材之廣度，一度連若干資深新聞工作者都爲之折服。

早期曾大量免費贈閱，以求打開知名度，後開始接受訂戶，可惜訂戶數始終未能達到理想，廣告收入亦因全面性經濟不景氣而無法突破，最後在人才、經費、訂戶等難解的習題下陷入下坡，殊值惋惜。

桃園藝文活動概況

◎黃興隆　中國時報記者

桃園縣於遜清時，曾稱「桃澗堡」，屬淡水縣。

境內於開發初期，因遍植桃花，繽紛馥郁，遂以「桃仔園」爲名，而當時的景象，想必十分詩情畫意。

清乾隆十年後，居民漸集，大多來自閩粵兩省，十六年起置官設治。

日人據台後，於民國十五年設「桃仔園辦務署」，民前十一年置「桃園廳」、「桃園」之名乃定，民國九年編入新竹州。

民國三十四年十月廿五日，台灣省光復；原新竹州劃爲新竹縣與新竹市，現今的桃園縣仍屬新竹縣。

迨至民國三十九年十月廿五日，台灣省政府調整各縣市行政區域，桃園縣始由新竹縣劃出，設治桃園，曰「桃園縣」。

早期的詩社

桃園縣在日據時期，一些文人愛國情緒無由宣洩，乃寄託於詩辭歌賦，民國十一年遜清諸生吳少青在中壢創立了「以文吟社」，以啓發青年文學之興趣、研究詩文，追求固有文化之發揚、道德之光大，並圖社員親睦，養成高尚之人格爲宗旨，由於社規甚嚴，每月開例會一次，頗多佳作。

當時在桃園則由蘭若川、鄭永南、黃守謙、簡郎山創立「桃園吟社」。在龍潭則有「陶社」，是邱筱園有感於我中華民族精神之所繫者，莫不遭日人恣意摧殘，台胞對於漢學，有逐漸疏隔之趨勢，乃藉吟社之名，掩護其潛研國粹之進展，爲每週六開吟會一次，名爲「周末吟會」，不過在民國十九年社址遷至新竹縣的關西。另在大溪，由呂傳琪創組「崁津吟社」，亦爲當地人士致力於祖國文化之潛研；在八德，由八塊庄庄長葉連三創立「東興吟社」，社員皆爲八德鄉人。

由此可知，當時的文人愛國心境，藉詩辭紓懷，但也因此種下了地方藝文的種子。

民俗藝文團體

在民間藝術方面，桃園縣大致可分爲閩南人與客家人，均富進取與冒險精神，一般青年男女，乃至村嫗野老情感活動之自我發洩的歌謠，尤具有濃厚之鄉土色彩與奔放豪快之情調。在情歌方面，尤含纏綿悱惻、宛轉含蓄、哀而不怨、樂而不淫之情味，其體式分爲每首四句、每句七字的「七字仔」，以及長短句的「雜念仔」兩種，前者用於情歌或故事謠，後者大多描寫家庭生活或兒童遊戲。

早年的城鎮、村莊，多有音樂團體的組織，每當迎城隍、迎媽祖，必有鑼鼓陣或郎君唱、子弟唱等團體參加，平時也聚集數人吹奏，自娛娛人。至清道光四年，儒學盛行，文途大啓，延聘內地專家，訂購樂器，訓練學生演奏「雅樂」。日據時期，又引進西洋樂器，西洋音樂也隨之而來。人口日增，生活安定後，演戲娛樂之團體亦次第成立，即「××軒」的樂劇團，一度全縣擁有廿五個劇團。

縣內的原住民有其傳統的舞蹈，但後來受日人統治而有所變革，而日劇時代，日本式的話劇、遊戲、舞蹈也源源傳入，到台灣光復後才遭到禁止，並著重中華民族固有的傳統舞蹈，逐漸脫離日本舞蹈形式。

文化中心的運作

七十三年元旦，桃園文化中心成立，在文化中心成立之前，藝文活動的推展，是由縣政府教育局社教課，縣立圖書館、救國團、鄉鎮市公所的民政課、鄉鎮市圖書館、各地民衆服務站、社教館、或民間社團結合地方藝文界人士辦理，所辦理的活動則多爲藝文競賽、社會教育、社會關懷，以及青年育樂，鮮有精緻文化展覽表演，如有，也僅限於地方藝文人士所擅長的美術、地方民俗曲藝而已。

在文化中心成立後，文化的推展總算有了專責的單位，該中心結合了地方，甚至國內既有的力量，兼顧通俗性、社教性，逐步的導向文化藝術層面，因而各地藝文展演團體畫會蓬勃發展。

但是，文化中心經費尚不充裕，工作人員亦有限，所以推展起來，也就相當艱辛，諸如結合社團、寺廟經費，規劃辦理適合對方需要的藝文類型，而眞正較具文化實質意義的活動，仍需仰賴文化中心的經費去推展。

例如開辦戶外知性活動，實質文化藝術系列講座，上乘美術邀請展，國際間演奏會表演節目等，都是在文化中心成立後，才慢慢引進與縣民接觸。

文化中心藝文活動的類型，兼顧了以往的通俗性、藝文競賽、社教活動、民俗演唱外，並引領倡導精緻文化，如：文藝、美學、生活、親教講座及國外藝術團體的演出。

不過，參與層面仍嫌不夠廣，大多局限於桃園市與中壢市及其鄰近的民眾，且多屬中上階層人士。

在文化中心成立將近八年的歲月裡，由於中央有行政院文化建設委員會，以及教育部重視文化建設，督導該中心積極改善硬體、充實軟體功能，使得該中心所需推展藝文活動，不論在類別，推廣層面，以及在社會力量的結合運用上，也都有了明顯的變化。

在類別上：因應時代多變、物質精神不均衡，中央奉行加强推展多樣化藝文活動，除原展演外，也重視各地民俗文化的薪傳、親子教育、各類文藝研習，成立義工組訓，建立地方特色館，如中國家具博物館等。

在層面上：除文化中心及中壢藝術館爲展演中心外，需推展至鄉鎮市社區辦理，安排適合鄉鎮市社區學校藝文，如國樂演奏、客家民謠演唱、合唱團體巡迴演唱或親子活動等。

目前桃園縣文化中心所能運用在藝文活動的經費，縣府一年只編列了一百三十萬元左右，幸好桃園縣文化基金會每年有三百七十萬元左右的利息可資運用，再加上省教育廳的補助二百萬元，一年也不過七百萬元，在全縣一百三十八萬左右的人口算來，平均每個人不過五元，相當拮据，但卻比以往改善許多，不過仍局限在桃園文化中心本身及中壢藝術館爲主，至於欲推展到鄉鎮市社區的藝文經費，則明顯不足，仍有待結合社會、社區的力量。

民間社團的活動

除文化中心推動藝文活動外，社團、工商團體、學校社團、公營事業單位等，也都扮演部分推動藝文的角色。

社團所辦的活動，在類型上由社會的關懷，逐漸走向親子關係、生態保育、生活藝術、法制常識、講座，甚至接觸到文化藝術的領域，這相當可喜，因爲有文化中心外圍社團藝文活動的沖激，更能喚起縣民自發性的參與，以及主動的意識，而此一影響層面，自然也就更加寬廣、紮實。

近年來，因勞工意識抬頭，資訊蓬勃發展，各廠商團體也已開始重視員工的精神的調劑、逐漸爲員工辦理各類型藝文研習進修，甚至鼓勵員工參與各項藝文活動，以調劑其身心。

另縣府的勞工科，亦在勞工福利方面辦理部分藝文活動，鼓勵工廠員工參與。

以往在學校內的一些藝文活動，最近亦開始走向文藝服務社會的路線，如辦理各項展覽、畢業展、巡迴演唱、演奏，或服務社會，對藝文的推展有其正面的意義。

一些公營事業單位，如郵局、電信局、公賣局、煉油廠等，也因應目前社會急速的變化，鼓勵員工充實本身精神生活的內涵，以促進羣體和諧及工作效率，因此也常舉辦各類藝文講座，組織合唱團體，或參與文化中心舉辦的活動。

文化中心對於這些外圍的藝文活動，也多能給予配合、提供必要的協助，尤其是該中心海報的寄發、節目表的分送，提供藝文資訊服務、協助規劃活動、場地的安排，甚至經費的支援，唯一的目的，就是增加藝文人口。

從縣內金融單位存款數字，可以證明桃園縣民相當富裕，但是這是指物質生活方面，但有不少的人仍視桃園爲「文化沙漠」，顯示精神生活方面的貧乏，不過桃園是工商大縣，有廣大的中下階層，必須給予照顧。

期待

因此，未來的文化中心在推廣藝文活動，必須通俗與精緻兼顧，重視民衆需求，然後規劃活動內容，各取所需，而且，從通俗中培養民衆參與藝文活動的習慣，進而培養其藝文鑑賞的能力，全面提升民衆。

在文化中心方面，除主政者能大幅度增列預算推動藝文活動外，也要匯集社會力量，結合各種團體推展藝文活動，並多方協助縣內藝文界人士，從事創作或文化薪傳工作，讓鄉土文化能眞正扎根。

其實藝文活動的推展，不只是文化中心的責任，每一個文化工作者也責無旁貸，桃園縣有充裕的經濟實力，走出「文化沙漠」應可預期。

◎高惠琳

從鄉土的需求出發

「桃園藝文環境的發展」座談會

時間：八十年十月二十八日下午三時～六時
地點：桃園縣立文化中心
主席：李瑞騰（本刊總編輯）
與會：李清崧（桃園縣立文化中心主任）
宋安業（桃園文藝協會理事長）
賴傳鑑（畫家）
黃興隆（中國時報記者）
曾信雄（作家．桃園縣員樹林國小校長）
傅林統（兒童文學作家．桃園縣瑞豐國小校長）
林鍾隆（作家）
呂正男（桃園縣青溪國小校長）

馬鎮歐（桃園縣團委社工組組長）
張建輝（桃園縣美術協會理事長）
戚宜君（作家）
邱　傑（聯合報記者）
沙　究（作家．振聲中學教師）
張行知（作家）
（以上按發言序）

討論題綱：

一、本地的藝文傳統
二、現階段的藝文活動之檢討
三、如何開創一個寬廣活潑的藝文環境
四、如何形成具有特色的桃園文化

李瑞騰：

在我們這一次的系列活動中，之所以將桃園擺在後面，主要是因爲距離台北太近。上一次我們在新竹學辦座談會時，已經有許多學者、作家提出相同的看法，他們都認爲，離台北愈近，較容易邀請到北部知名的藝文人士和團體前來演展，但也很可能因此就忽略了當地藝文人士的表現和推展。

此外，我們一直探討一個問題：校園文化能否與社會文化結合？以桃園爲例，本地擁有中央、中原兩所大學，如果校園人力參與地方藝術文化的發展，空間應該十分寬廣，實際情況如何還有待觀察，但無論如何這是可以致力的一個方向。

我想，每個地方都有其特色的文化資源，以及文藝發展上的根本難題，希望能藉由座談會，大家共同去面對問題，一起呈現此地藝文環境的實況。

文化的推展，須具備企業經營的理念

李清崧：

桃園縣文化中心成立至今已有七年的歷史了，在文藝推展上已稍見成效，至少從兩方面可以看出來：一是參與人口不斷增加。以往，活動都是在可容納一百人左右的講座廳舉行，而且還時常擔心沒有人參加，如今卻因爲參加熱烈，改在容納四、五百人的演藝廳舉辦。二是民衆欣賞水準的提昇。以前，民衆們來欣賞演出，多是穿著背心、拖鞋，甚至連鼓掌的時間都搞不清楚，現在類似的情況已逐漸消失，這都是可喜的現象。

我個人來到文化中心服務至今還不到一年，不過，對於文化中心的發展方向則有幾項重點：一、企業經營的理念。以往不論是節目的安排、活動設計等，其主控權都在文化中心，而我們一直希望，將來能由民衆自己來設計節目，藉此讓民衆眞正參與文化的推展工作。二、以行銷策略推展文化活動。主要是從活動內容設計，及提昇服務品質等方面著手，以期使民衆有賓至如歸的感覺。三、加强宣導工作。以往文化中心的活動節目單，都是單張的日程表，從今年八月開始，我們改印活動手册，不僅排訂活動日期，並對每項節目加以說明，供民衆對活動能有初步的概念，也可作更多的選擇。

四、提供更好的創作發表空間。我於七十九年十二月一日到任文化中心，卻發現活動的檔期已排到八十一年六月。足見藝文活動的量已經足夠，如今應從「質」上加强。因此，我們考慮訂定節目的審查辦法，並將展演內容區分爲三類：一、須先申請，經由審查，始決定可否展演；二、由文化中心安排的邀請展；三、優良的得獎作品，可不經審查，予以安排檔期。透過這樣的管理方法，使文化中心的檔期能妥善的運用。尤其是邀請展方面，我們更可以從縣內藝術家出發，讓民衆對於自己本鄉本土的藝文人才更深一層的認識，同時也提供本地藝文人士有更多的創作發表空間。

談到目前縣內藝文推展的情形，去年，我們著手進行爲縣內作家建檔工作，截至目前，已完成三十四人，目前正繼續進行中。此外，今年文建會也正在擬訂作家作品出版補助辦法，此項計畫對藝文作家可說是一大鼓勵。

今天，很感謝文訊雜誌社擧辦這項座談，讓縣內的藝文人士有機會共聚一堂，一起採討藝文發展的情形。同時，也希望大家對於文化中心未來應加强的地方踴躍提出建議，供我們參考、檢討。

帶動文藝與娛樂結合

宋安業：

我先簡單敍述一下桃園縣文藝作家協會成立的經過。在此協會成立以前，文藝作家們大多是單打獨鬥，少有相互聯繫和幫助。直至文化中心成立後，台灣省文藝作家協會桃園分會隨之設立，此後，陸續有書法、美術等藝文團體的成立。

近十年來，文藝作家協會推動的工作大致可從二部分來談：一是對內方面，出版了藝文作家的選集，此外，每年也舉辦藝文活動，藉以表揚對藝文有貢獻，及表現優異的傑出藝文人士。二是對外方面，又可區分爲國內、國外兩部分。國內部分，時常透過演講、展覽、活動，使藝文的風氣慢慢成長，也常邀集會員們到觀光、遊樂地區表演，以促使文藝與娛樂結合。而國外部分，我們以台灣省文藝作家協會的身份兩次出國訪問，所到之處備受禮遇，同時也達成了文化外交的目的。

目前，我們正積極進行縣內作家作品的展覽，並且希望未來也能完成大陸作家作品展覽的理想。這些年來，由於文化中心的支持，使得許多藝文活動得以舉辦。但是，不可否認的，經費的不足也是阻礙藝文進一步發展的重要因素，因此，我們亟盼中央單位能夠投入更大的資本，予以輔導、推展、使藝文的發展更具生氣。

各縣市文化中心應加强橫的聯繫

賴傳鑑：

桃園縣算是開發較慢的城市，雖然擁有兩百六十年的歷史，卻少有文化遺產保留下來。日據時期，桃、竹、苗三地全隸屬新竹縣，當時日本一位著名的畫家來台任教，許多學子授業門下，不僅有了很好的成績，並且也帶動了新竹藝文風氣的發展。但是，台灣光復後，桃園脫離新竹，獨立設縣，藝文風氣逐漸沒落。而最主要的原因，則在於一些著名的藝文人士爲職業的緣故，大都將重心放在台北，少能兼顧自己地方的發展。幸而近年來文建會舉辦地方美展，使得地方藝文人士得以活絡起來，而我們也十分希望，能透過這樣的活動，邀請畫家們返鄉，裨益地方藝術風氣的提昇。

對於如何開創寬廣活潑的藝文環境方面，我有兩點意見：一、文化中心除了保存地方的藝文作品，更應該展示出來，甚至設立專櫃擺放，讓民衆對本地的藝文人士及作品有所認識。此外，也希望本地藝文人士或團體所出版的選集及畫册能提供文化中心，以豐富保存、展示的內容。二、各縣市的文化中心，除了與文建會保持直的聯繫外，也應加强橫的聯繫。例如與其他縣市交換文藝作品，以擴大發展領域，並可以合作出版選集或畫册，以解決經費不足的問題。另外，也應爭取縣內企業家的協助，加强對藝文人士的鼓勵和補助，也藉此啓發後進。

經費不足，相信是每個縣市文化中心都遭到的問題，但願將來文化部成立後，能從編制、施政措施等方面做徹底的改革，使文化活動在質、量方面都有顯著的提昇。

統合學院與地方的藝文力量

黃興隆：

我以新聞工作者的立場來看桃園的藝文現象，並提出下列幾點建議：一、編列更多的經費，以推展藝文活動。就我個人所做的統計，桃園縣八十二年的預算有一百八十多億元，而文化中心分配到的預算不到百分之二，其中活動的舉辦費用也有百分之幾，整體統計下來，全桃園縣人口的文化活動經費，每人只有九毛五。在此情形下，又如何推展藝文風氣？二、活動的推展有賴主管的重視與否。所以，在上位者若能增加藝文活動的預算，甚至大力提倡，自然會收風行草偃的成效。三、加强大專院校與地方的聯繫。過去，我在台中市服務，由於台中的學院多，活動熱絡，並時常與地方聯繫，所以在藝文的推展上，扮演極重要的角色。但是，我來到桃園之後，卻發覺此地學院與地方有脫節的現象。如果能由文化中心扮演統合的角色，充分結合這些學院的藝文社團及地方團體，定能帶動地方的藝文發展。此外，也可在每年大專院校學生下鄉服務的活動中，設立藝文方面的節目，使藝文也跟著下鄉發展。四、多舉辦吸引人的活動，以增加參與人口。這方面則須從節目設計、主講人選等方面著手。五、多運用社會資源。就我所知，桃園縣內有八千多家工廠，若能得到這些企業的贊助，不但能豐富藝文活動，更能提昇民衆的精神生活。六、目前縣內國中、小已設有美術、音樂班，足見基層人才的培育工作已具雛型，但是這些才藝班的學生卻少有演出的機會，假使能獲得足夠的經費，讓他們於縣內巡迴演出，定能吸引更多的人參與。同時，也逐步擴大到全省演出，以凸顯本地的藝文特色。七、桃園縣山胞輔導中心一直希望能設立山胞歌舞團體，以保留本地的舞蹈風氣，但是，多年來卻一直困於經費而不能如願。以一年一百萬的費用來看，並不算多，最主要仍是如何取得贊助的管道，使這項計畫得以完成。八、桃園雖然和台北相毗鄰，但是在購票、交通上仍有不便，而文化中心倘能解決此兩項問題，定能大大提昇藝文的欣賞、參與人口。

送文化到鄉下

曾信雄：

近年來，我在藝文寫作上已是呈半停頓的狀況中。不過，我參與桃園的藝文活動甚早，對於本地的藝文發展也十分關切。在此，也要推崇文化中心李主任，他從社教課課長到任文化中心主任，對於藝文的推展極具貢獻。

不過，就桃園整體的藝文環境來看，仍存在著一個盲點，也就是，雖然活動舉辦的很多，但並不代表眞正落實了。因爲，細觀每一場活動，眞正參與的人口並不多。而不能讓藝文活動成爲像柴米油鹽等不可或缺，主要是缺乏強而有力的誘因。當然，要造就這種情形，需要一段很長的時間，尤其是目前的社會現象，人們大都重視金錢，忽略藝術修養，要改善這種觀念，並非一蹴可幾。

在此，我想出一個方法：送文化到鄉下。以往，文化中心一直站在主導的地位，許多活動都環繞著它。我認爲，文化要落實，就須先下鄉去，只要克服場地、設備等問題，再偏僻的地方也可以舉辦藝文活動。在這方面，我有幾點建議：一、協調地方社團、廠商的支持。二、配合當地的需求安排節目內容，要能考慮各地居民的喜愛，而不是一味求高水準、高層次，反而容易遭到排斥。三、新聞媒體的充分報導。媒體的宣傳具有相當的效果，透過此管道，至少可達到吸引民衆注意的初步效果。

此外，我們可發現，國人看書的習慣遠不及日本，包括許多贈獎活動也不曾看到有書籍類的贈品，而我們不妨考慮與贈獎單位溝通，改用文藝作品作爲贈品，不但可以促進出版商的出版，也能激勵藝文人士的創作。

結合藝文活動和民俗活動

傅林統：

談到落實藝文，我倒看過兩件藝文活動與民俗活動結合的現象，在此提出來，供大家參考。一是大溪鄉有位先生，他擔任當地關帝廟管理委員會的主任委員，由於看膩了廟會大吃大喝的情形，於是便利用廟會，舉行藝文展演活動，其中包括書畫、鄉土文物展，及詩歌吟唱、鄉土戲劇、鄉土音樂的表演等。其中不僅有當地的藝文人士參加，同時也邀請一些在外而有傑出表現者回鄉展演，當時熱烈的景象，可謂盛況空前。第二、八德鄉鄉長正在積極編輯鄉誌，他不但邀請當地藝文人士，同時也造訪一些老前輩，將自己的經驗化爲文字以供流傳。此外，他不僅致力於傳統藝文的保存，也希望能設立一個展覽中心，供鄉民們對於自己土地的歷史、文物有深一層的了解。

有鑑於此，我也想出一個建議，讓學校校慶、校友會等能融合藝文活動。以往，這些活動大多是展示捐款成效，毫無文化學術氣息。假如能利用這些活動，讓大家提供自己創作或收藏的藝文作品作展出，多少也能促動藝文風氣的提昇。

以本地地理景觀作爲創作素材

林鍾隆：

在此我只能提出兩點意見：一、從藝文工作者大多是默默無聞，少人注意，像縣內的鍾肇政先生，可說是藝文界的名人，但是企業界卻少人聽過他。所以，我們不禁考慮，如何使一些藝文有貢獻者，能普遍受到尊重，以日本爲例，他們由地方上出發，對於自己本地有傑出表現的藝文人士，爲他們設立文學碑，將其代表作品或生平刻於碑上，讓人民了解、尊重他。我們可以仿倣他們，以促進人們對藝文人士的尊重，並也讓藝文人士看淡獎金，重視鼓勵。

二、透過藝文創作，將本地的特色傳遞經其他縣市的民衆。像日本作家川端康成曾著作了一部「伊豆的舞孃」，出版之後，大批的民衆湧入伊豆，採訪故事中所描述的地方景觀。所以，本地作家能多以本地作爲創作中的重要素材，未來一旦成名，自然可以吸引大量的旅客，造就地方的繁榮，並且也能形成本地的藝文特色。

設立民俗音樂學院

呂正男：

我於民國五十一年師範學校畢業後，便返鄉服務，剛開始時任教國小，後轉任國中音樂老師。當時正值五〇年代，流行西洋音樂，學生們只接受流行歌曲，排斥藝術歌曲。有感於音樂教育失敗，我便又回到國小，擔任教育行政的工作。直到民國六十四年以後，一般民衆們才開始逐漸接觸各種樂器，誠如李抱忱老師所說的，音樂老師們開始有了翻身的機會。

桃園地區音樂欣賞的民衆，共可分爲三種層次：高、中、低。而造成桃園音樂風氣不開的主要原因，也就在於行政單位在舉辦活動時無法先作欣賞層次的考量。再加上桃園近鄰台北，一些高水準的演出，許多民衆會前往欣賞，等活動巡迴到桃園，高層次的民衆已欣賞過了，而中、低層次的民衆也因不懂，而不去欣賞，致使演出乏人問津的現象。不過，近年來，拜KTV、卡拉OK流行之賜，桃園的歌唱風氣提昇許多。由以上的情形，我們提出一項呼籲：社教人員應該在藝文活動的安排上做徹底的改進，除了要求縣內各級學校每年都須舉辦音樂比賽，此外，更應配合民衆欣賞的層次，安排不同等級的節目內容，如此，才能普遍地吸引民衆參與。

其次，是活動內容太過單調。文化中心總是十分辛苦的安排許多活動，但是卻無法吸引大量的社會人士，主要原因即在於節目內容層次太高，且不夠活潑，無法發揮很大的號召力。上個月，我參加蘆竹鄉五福宮老人會館的成立儀式，他們用北管演奏流行歌曲，不但吸引大批的民衆，更博得大家的掌聲。因此建議文化中心在設計活動時，先投民衆所好，以吸引民衆，進而爭取得他們的投入。所以，除了剛才曾校長所說的，帶文化到鄉下，我也提出一個口號：吸引民衆進文化中心。而要達成此項目標，便需要新聞媒體能多報導這方面的訊息。第三，希望活動的內容能兼顧地方性和高層次音樂，以拓展欣賞的民衆羣。四、一些高水準的演出可考慮在大專院校舉辦，讓學生們適時地接受音樂教育。五、多舉辦巡迴演出，以前李主任擔任社教課課長期間即規定，每年縣內音樂比賽之後，優勝團體須巡迴縣內大小學校演出，並規定各校音樂老師前往觀摩，以了解其得勝原因，並藉以檢討自己的缺失。不過，現在這規定已沒有了，實在有重新出發之必要。六、經費能更加充實，就我們音樂協進會來看，一年只有兩萬元的預算，根本不敢辦活動，因此，十分盼望能在經費上，能有更多的補助。七、創立民俗音樂學院。目前，西洋音樂已經十分流行，反倒是傳統音樂有逐漸沒落的趨勢。記得以前，每有節慶，總會有許多民俗團體演出，相當精彩。因此，爲什麼不考慮將這些團體結合起來，並設立民俗音樂學院，聘請這些藝師傳授技能，使傳統的民俗音樂不致流失。八、鼓勵工商企業多認捐音樂團體。如河合、山葉等企業時常有回饋社會活動，但往往只侷限在公司附近的學校。如果能經過調查，了解哪些學校欠缺樂器，而予以協助，方能達到雪中送炭的實際效果。

重視勞工羣中愛好藝文者

馬鎭歐：

我本人是在救國團服務，所以，就針對自己的工作領域向大家報告一下。

曾文正公說：「風俗之厚薄，繫於一、二人心之所向」。而目前國內的藝文推展不易，主要與教育制度有關，由於考試壓力，學生們一有閒暇，往往考慮到，是育樂而不是藝文活動。因此，要提昇藝文風氣，一則應求在上位者之喜好、參與，二則從教育體制上改進。

多年來，救國團時常爲勞工青年朋友籌辦活動，我們發覺，雖然這羣勞工朋友中，愛好藝文者的比例並不高，但由於總的數量大，相形之下，參與人數也不少，尤其近年來，我們舉辦了勞工青年寫作營、編輯營，反應不錯，而且許多青年的程度並不差。如果能從這些喜好者出發，定能逐步吸收更多喜好藝文的勞工人口。

此外，就像剛剛有人提到，救國團每年都有大專青年返鄉服務的活動，歷年來我們也都偏重在育樂方面，今後，我們也加強藝文活動，並藉以傳播藝文知識給各鄉鎮的民衆。

藝文務求大衆化、通俗化

張建輝：

首先，我們對李主任表示敬意。從他上任桃園縣文化中心主任以來，對於整個桃園藝文的推展工作不遺餘力。我們都知道，地方的文化中心，必須配合地方的民間團體，才能在藝文發展上一起推進。文化的紮根工作理應從基層做起，但是，實際的執行上卻十分困難，一來是由於經費之不足，再者則是民衆對藝文接受程度不夠。

在此，我也提出幾點感想：一、活動的舉辦並不是過渡性質，也就是說，活動結束了並不代表舉辦的意義也隨之結束，而應是一種永久性和持續性，所以，民衆在態度上及認知上應有這種共識。二、藝文的提倡，不一定要會寫、會畫，也要能欣賞。而要達成此目標，則須先使藝文通俗化、大衆化。以往，我寫書法，總取材唐詩、宋詞，如今顧及民衆的接受程度，於是改以現代用詞表現，反而獲得更多人的喜愛。三、台灣目前的社會所呈現的是物質繁華，精神匱乏的現象，最主要的因素在於人們對於內在精神生活的忽略，凡事均以利益來衡量。而要掃除這樣的觀念，必須從教育上灌輸正確的理念，以培養民衆對於精神層面的追求。

文化人應有所定位

戚宜君：

我有五點意見，在此提出來供大家參考。

一、文化人應有所定位。我一直有個感慨，爲什麼醫生、律師們都可以專家自居，而畫家、作家、音樂家們卻不敢以自己的專才自稱，甚至還得客氣地謙稱隨便寫寫、隨便畫畫。而造成這種無法給文化人定位的現象，國家應負起大部分的責任，至少應提供屬於文化人的獨有空間，例如在身分證的職業欄上，能登載畫家、作家、或文藝之類，以表示對這些行業的尊重。二、成立文化人之家。這些年，政府在社會福利制度上改進許多，也爲勞工人士設立「勞工之家」，那麼，可否也爲文化人謀些福利，成立「文化人之家」。三、文藝豐富社會，社會滋潤文藝。文藝必須與社會結合才能存在，尤其許多文藝作品，更能鮮活地反映社會現象，並帶給人們精神上的充實。因此，我認爲，文藝不僅要到鄉下，更要到每個家庭，而大衆傳播媒體更具有主導性的功能，尤其是電視，假使能與藝文配合，就能將藝文帶入每個家庭中。四、文藝看情形，也要看時機。許多得獎的文藝作品乏人問津，而造成這種叫好不叫座的情形，主要歸因於作品曲高和寡。所以，也建議文化人從事藝文創作時，能斟酌社會現況，配合現代走向，以創作叫好又叫座的作品。五、桃園本身充滿文藝氣息。從「桃園」兩個字便可看出，此地是充滿文藝氣息，尤其在座的各位更是藝文的菁英。因此，我們不應妄自菲薄，要結合這些藝文資源，凸顯桃園的地方特色。

縣內作家過分仰賴文化中心協助出版

邱晞傑：

最近，我受文建會委託，採訪了縣內三十位作家。而我就針對這個工作狀況，談談個人感想。

就目前縣內作家寫作的情形，可分爲四類型：一、名位高、資歷深，但已很少創作；二、創作很多，卻很少被重視；三、安貧樂道，時而寫作，不在乎市場行情；四、寫作範圍廣，自我期許很大，經年筆耕不輟。

而綜合他們對於目前桃園縣內藝文發表園地的看法，則有五點要項：一、公營刊物排他性強，不輕易接受投稿；二、民營單位，由於市場競爭性不強，導致沒有大的出版企圖；三、縣內作家由於經費及管道問題，十分仰賴文化中心協助出書，缺乏對自己作品的主宰能力；四、縣內有許多讀書會、工作坊，但影響力有限，無法充分發揮其效能；五、台灣目前文化環境十分不好，尤其一些好的藝文作品須經過考試、補習、電視等層層阻隔，方能到達學生手上，在藝文風氣的推動上十分不易。

縱觀以上的現象，足見作家被尊重、作品受重視、藝文資源充分運用、讀書風氣的提昇等，都是縣內作家們最深切的期盼及目標。

加强「桃園青年」之內容

沙究：

我對桃園的藝文環境並不是很熟，今天，僅就我任教中學所看到的一個景象供大家參考。每次學校發「桃園青年」，學生們不僅在上面亂塗亂畫，而且也不帶回家，追究其原因，一來固然可能是因爲學生們對藝文不感興趣；再者是因爲刊物過分遷就於各個學校刊登比例的分配，使得內容籠統雜混，缺乏傳遞藝文的功能。

促成富而好禮的社會

張行知：

我有四點意見：一、文藝作品須娛樂化、戲劇化。像古典小說「西遊記」，就因極具娛樂性，使人百看不厭。所以，文藝作品倘能兼具娛樂、教化功能，定能廣受大衆的喜愛。二、文藝作品具有美好的主題。在當前資本主義社會中，人人都想賺大錢，這是時勢所趨，不能勉強阻止。但是，我們卻可以考慮，如何導正一些爲利是圖的歪風，運用充足的資源來發展藝文，以促成富而好禮的社會。三、文化應從中、小學紮根起，教育的工作是百年大業，而老一輩的思想大致也已定形了，因此，尤須從中、小學的教育紮根起，培養其對藝文的觀念和興趣，才能使藝文推展工作眞正落實。四、獎勵藝文，在目前藝文人士不甚被重視之際，唯有精神、物質兩方面獎勵，才能引發大衆對藝文人士的尊重，同時也激勵藝文人士積極創作的意志。

充分掌握、運用檔期

李清崧：

我就針對大家剛剛所提的一些意見，向大家解說一下。

第一，文化建設的工作是屬於長久性、持續性，所以，文化中心必須務實、平實、腳踏實地的去做，才會有好的成果。不過，文化建設的工作不僅是政府的工作，更須結合企業界及全體民衆，一起努力，才能做好。

第二，有關文化下鄉的事，文化中心自去年便已積極籌辦此事，並已舉辦了好幾場巡迴演出。今年，我們也進行了九場「民俗歸鄉」的活動。此外，在節目安排上，我們也務求通俗化，並盡量與地方配合舉辦，以迎合各地民衆的喜好。

第三，在出版方面，文建會已擬訂獎勵出版辦法，並以縣內已建檔的作家爲首先協助對象，除了印定量的書供公家單位保存，並視其創作內容，或者加印出售，增加作家們的福利。此外，爲了提昇民衆的讀書風氣，我們也訂定每年暑假，舉辦圖書推展活動，藉由書展等活動，介紹優良的讀物，同時也有利於刊物的出版。

第四，在活動檔期的排定上，由於今年檔期已滿，文化中心計畫從明年起，能充分掌握、運用，從事書畫展覽、音樂會、舞蹈發表會等各類型活動。除了充實展覽內容，並力求吸引大衆參與。

第五，在校園方面，我們也積極和學校聯繫，與其配合，透過舉辦藝術教育等活動，以落實學生的文化紮根工作。

第六，目前政府已決定在南投九九峯設立藝術村，此外，也計畫在全省設立六個文藝之家，並且規劃有畫廊、劇場、研習教室等。而桃園文化中心也正積極爭取文藝之家的配額，期盼能藉此提供縣內藝文人士休憩、聯誼的場所。

文藝發展有其一般性和特殊性

李瑞騰：

文學與藝術的創作是十分自我的，尤其是在從事創作時，無論素材的選擇和表現方式，都是屬於個人的行爲，但由於在創作完成後，必須經過社會化的過程才能和大衆見面，因此，文藝遂可能成爲公衆的事務。而希望整個社會能擁有好的文化品質、文化氣息，則必須政府、民間有關單位的重視及配合。

文藝發展的問題，可區分爲一般性和特殊性。就一般性而言，包括經費的不足、欠缺獎勵、在上位者的重視、落實施政，以及與民間、學校等單位的交換展覽等。而特殊性，往往因地理、文化發展等種種因素而不同，例如，剛才有人說桃園是文化沙漠，就我們遍訪全省許多縣市，幾乎每個地方的藝文人士都有這樣的感慨。但是這種體認是否是事實，卻有待商榷。另外，戚宜君先生也指出，桃園具有强烈的文藝氣息。那麼，在「沙漠」的指稱下，文化的具體表現是什麼？在此情形下，我們首先要考量的，是文化政策應落實在實際問題的了解，至於要達成此目標，則須透過周詳的調查。像剛剛邱晞傑先生針對自己採訪的內容，所報告的狀況，是我們平常很少知道的。而這些潛藏在鄉土的聲音，其所代表的意義是值得本地文化主管單位以及中央文化相關機關重視的。

我們所以進行這系列調查活動，最終的目的即在於尋找文化推展工作的入手處，和準確方向，以達到文化品質提昇、文化特色形成等理想。而這一切，也唯有從鄉土的需求出發，才能使文化建設的工作能落實、紮根。

宜蘭戲劇故鄉

宜蘭的開發與藝文傳統

⊙陳進傳
國立宜蘭農專副教授

宜蘭位居台灣東北隅，三面峯巒層繞，東臨大海，平原與河川交錯，對外阻隔，地界分明，形勢天成。境內地形，大致上是東北低隰，西南高亢，節節高昇，層次井然。另有海嶼龜山島孤懸海上，為一火山島，高約四百公尺，斷崖陡峭，現為國軍駐地。

全縣面積二千一百三十餘平方公里，整體來看，是略向東傾的三角形；平原內，則以頭城、三星、蘇澳為定點，橫成每邊大約長三十公里的三角洲，面積三百二十平方公里，是匯萃精華區域。因此，外三角與內三角為宜蘭縣地形的重要特徵。雨量方面，從「竹風蘭雨」的諺語中，即可領會宜蘭的潮濕多雨，尤其每屆冬半年，「若夫霪雨霏霏，連月不開」是最貼切的描述。

宜蘭人的悠悠歲月就在這個舞台上，一幕一幕的演出著。

先住民的老家

在漢人入墾蘭地前，已有先住民在此繁衍孳息，即泰雅人和噶瑪蘭人。前者分布很廣，就縣內而言，又可分為住居大同鄉的溪頭羣和南澳鄉的南澳羣，他們「茹毛飲血，勇猛閉鎖」且具排他觀念，時常與他族爭鬥，致使生活單純，墨守舊制，而有黥面刺紋，獵取人頭的習性。

至於噶瑪蘭人，是台灣平埔族漢化最晚的一支，分布於大大小小的蘭陽沖積平原上，共有三十六社。由於天性樸直憨厚，無求無欲，未知藏蓄，在漢人的巧取豪奪下，耕地削減，生機日蹙，飽嚐哀痛。處此情景，官方極表關切，楊廷理設「加留餘埔」制，翟淦議定「官設向首」制，勒石立碑，劃定界址，保留耕地，藉以維護其生存資源，然而利之所在，漢人步步進逼，需索無度，以致良好制度也無法維持，保障的美意亦失去作用，迫使噶瑪蘭人難以爲生，除漢化外，只得變賣耕地，節節退卻，苟全求生，過著隱遁畏縮的日子，甚至流落異地，遷徙他鄉。「禮失而求諸野」，目前噶瑪蘭人的血統、生活、語言、風俗等，保存最好的地方，不在宜蘭，而是花蓮縣豐濱鄉，就是這個道理。

漢人的拓荒生存

宜蘭的西北邊，地勢險峻，形成自然障壁，東邊是平原，爲平埔族的居住領域，形成人文障壁。因此，早期漢人的拓墾路線，就在東西障壁之間的緩衝帶，一線南下移墾，可謂夾縫中求生存。從地名中的「圍」、「結」、「鬮」等，所顯示的爲防番害與先住民爭地的武裝開墾，眞是充滿拓荒的篇章。

最早大舉入蘭的應推吳沙，他於嘉慶元年（西元一七九六年）以六十六歲高齡，率領漳泉粵三籍流民進墾烏石港南，建立據點，奠定開蘭根基。這種堅强不撓的毅力和無畏橫逆的勇氣，被連橫譽爲「偉大的殖民冒險家」，前縣長陳進東更讚曰：「眞成拓土無雙士，正是開蘭第一人」。

同治初年，蘭陽平原膏腴之地已開發完成，羅東附近由阿里史流番盤據，近山地帶則有泰雅族人棲息，出草打劫，官方無力管轄。陳輝煌乃聯合各社番與漢人民衆，積極拓墾近山八百餘甲，穩固溪南的開發。

就因吳沙和陳輝煌兩人先後輝映的拓荒成就，宜蘭的漢人社會才得以確立。

移民樂園

台灣是閩粵移民的新土，宜蘭因土地肥沃、良田千頃，更是北台地區移民的樂園。特別是在嘉慶、道光年間，人口呈高度的成長率，這說明此時的宜蘭，處在急速開發之中，外來人口大量的移入。

綜論宜蘭漢人的移動，在原籍上，以福建漳州府占絕大多數，其中又以漳浦、詔安、南靖、平和諸縣爲主；在過程上，分成四個階段，先從大陸各地遷到閩粵，後再移進台灣，接著轉居宜蘭，最後在縣內流徙定居；在開發上，與宜蘭史由溪北而溪南，再旁及於近山一帶逐漸發展的情況，頗相胳合；在流向上，日據前均爲北台地區單向移入宜蘭，日據後則是人口外流的現象；在組合上，普遍是幾位族親結伴同行，舉家遷移者鮮有；在年齡上，青壯年居多，婦女與小孩較爲少見。

由於移民入墾，造成宜蘭政治、社會、經濟、文教等各方面的變革與建設，一言以蔽之，清代的宜蘭史，就是漢人的移民史。

海濱鄒魯

宜蘭自嘉慶十七年（一八一二）正式設廳，光緒元年（一八七五）設置宜蘭縣後，歷任通判正堂刻意經營，確立規制，諸如興建廳城，開徵租賦，保甲聯庄，招撫社番，開闢道路，興修埤圳，鼓勵農作，促進貿易，樂居安民等方面均有長足的發展。

更難能可貴的是，宜蘭於設廳之初，就創辦仰山書院，敦聘碩學鴻儒講學，期盼宜蘭人向學。道光二十年（一八四〇），黃纘緒首中文舉，受此激勵，學風大盛，文人輩出，於是儒學、義學、詩社等文教事業，發皇倡導，使得每次科舉應試者有四、五百人之多，總計淸治的八十三年間（一八一二～一八九五），蘭邑進士一人，舉人三十餘人，秀才百有餘人，無怪乎，沈葆楨譽稱「淡蘭文風冠全台」。

這種鼎盛文風，造成文教仕紳相對增加，遂取代墾首、結首地位，而爲地方領導階層，並參與公共事務。因此，宜蘭以邊陲之地，開發之晚，面積之狹，在咸同年間，已與內地政治、文化水準相近，堪稱「海濱鄒魯」。

戲劇故鄉

蘭陽平原自開發以來，即爲台灣地方戲劇的重要據點，此因蘭人向來好音樂，每在迎神賽會，婚喪喜慶，農餘閒暇的時候，透過羣衆參與的戲曲活動，營造慶典光彩和生活情趣所致。因此，宜蘭地區曲風綿延，誠然是歌仔戲聖地，北管重鎭、傀儡中心，薪傳藝人的故鄉。

以歌仔戲而言，這是台灣唯一土生土長的劇種，源起宜蘭，且爲宜蘭人生活的一部分；以北管而言，可分西皮、福祿兩派，在「輸人不輸陣」的情況下，常有拚鬥，扣緊早期宜蘭社會的脈動；以傀儡而言，現存少數劇團中有三團在宜蘭，論其演出，亦傲視全台，其重要性不可言喻；以薪傳獎而言，先後有葉讚生、吳貴英、陳旺欉、林讚成、許建勳和福蘭社獲獎。值得稱道的是，每天在宜蘭和羅東的公園內，老年人羣聚一起，作即興式的表演，自娛娛人，熱鬧異常。

此外，宜蘭文化中心成立「台灣戲劇館」，並以之爲地方特色，展示歌仔戲的發展與變遷、身段動作示範、曲調介紹及傀儡表演藝術等。另設有資料室、研究室、收藏戲劇文獻、文物及視聽資料等。

文化立縣

現代化的社會，不僅要使國民有富足的物質生活，同時也要有健康的精神生活，以提昇文化水準，充實文化內涵。基於這個理念，宜蘭縣積極進行文化建設，揭櫫「文化立縣」的縣政理想。最具體而顯著的績效，就是爲紀念吳沙開蘭一百九十五周年紀念，特涵括各種年齡、性別、階層之民衆，及各種團體、族羣、學界於一爐，大氣魄、大手筆地共同舉辦十二項系列活動，引發全民參與，造成熱烈迴響，掀起陣陣高潮，尤以「頭城搶孤」轟動全台，到場觀衆達十萬人以上，至今仍令人津津樂道，懷念不已。

但宜蘭縣政府並不以此爲滿足，深一層的進行長遠性、前瞻性、鄉土性的建設，大型硬體工程，如台灣戲劇館的擴大、羅東運動公園的新建、冬山河親水公園的增闢、演藝廳的規畫、開蘭博物館的籌設、民俗技藝園區的擬議等。至於軟體活動方面，亦不斷推陳出新，常有優異的表現。這些都是秉持文化立縣理念，從精神領域出發，而爲新文化的闡釋者。

蘭雨潤澤下，俊秀的藝文花樹

⊙李潼　作家

每一場雨落都可喜

蘭陽平原的落雨日，一年約在兩百天左右。

由雪山山脈和中央山脈圍攏的這塊三角洲，綿綿蘭雨使得這形勢封閉的平原，除了蘊含甘甜的湧泉、滋養肥美水稻，似乎和此地殊異的人文生態也點滴牽連。

在這個人口常保四十萬的所在，何以養育如此豐大的藝文俊秀，與蘭陽平原涉有淵源，而在台灣藝文界自成氣候、別樹一格的「蘭陽子弟」，「隨便招招，也能坐滿一部遊覽車」，這些藝文子弟，在文學、繪畫、雕塑、戲劇、舞蹈、音樂、電影各有擅長：黃春明、藍蔭鼎、楊英風、王攀元、陳東元、吳炫三、阮義忠、楊麗花、吳靜吉、黃玉成……彷彿各家宗族都能推派一兩個代表出來。

所謂「地靈」，假若說是風調雨順，四季如春、「任意撒個種子也能生長」，蘭陽平原的地理和風水，實在還夠不上。年年來侵的颱風、一雨成災的河流，此地三十歲以上的人，猶記憶深刻，再加上體質虛弱的人不能適應的「天無三日晴」，能在蘭陽平原落腳、定居，非得是體魄强健、生命力旺盛，且能自得其樂不可。

蘭陽平原的靈氣，自是另外一番面貌。

是雨絲歇止後，山林和田稻，把握乍現的陽光，舒展一回，青綠一下；是風暴凌虐後，山壁和田土，映照露臉的藍天，堅固一回，肥沃一下。主要是世世代代的蘭陽先民，近乎强頑的生命體驗、淬煉自艱難生活的智慧以及無可救藥的人生美感。他們順應天災、減少人禍；能在洪泛中，蒐集巨木築屋架舍；在積水不退的淖田划船種稻、飼養水鴨；在有限的人力下，合力「牽罟」撈魚；在女子珍稀的移墾年代，農閒之餘，羣衆在竹圍稻埕，男扮女裝，鑼鼓唱和，自娛娛人。這樣的生活態度和方式，竟使得水患的「利空」換「利多」，每一場雨落都可喜，也在雙手和雙腳以及堅强而柔美的心情墾植下，造就文化，使得蠻荒蘭地，去了煙瘴換清靈。

假若有人能在蘭陽平原感受山川沙土的靈氣，應當知道，這「靈地」是由世代傳承的，平凡而殊異的「傑人」，積累歲月和血汗所創造。

草根性强烈，泥土味濃厚

在近代的台灣藝文範圍內，出身蘭陽平原，而爲人熟識的一些作品和作者，若要歸納特色，不外是草根性强烈、泥土味濃厚。不僅這些作品的創造者，本人如此，他們透過各種藝術形式和素材，所展現的人物、主題和情感，極其自然地頌揚的，不外乎笑淚難分的高大的小人物；在血汗淋漓的人生關卡，歷險後的平靜怡然；或柔韌如竹卻剛强如石的胸懷，以及由此煥發的悲憫關照的生活美感。

代有傳承的蘭陽藝文子弟，肯定在相異的血統中，流動著相似的特質，或在不同年代的遷徙裡，經歷了一樣的生活場景，因為蘭陽平原的山水風雨，所以耳濡目染，所以身心粗俗且清高，感受與他地不同，卻能喚人共鳴。

直到一八一四年，才正式收入清朝版圖的「噶瑪蘭」，被制式政治統治的時日，比較台灣西部，晚了將近三百年。在這之前，來自馬來亞、菲律賓的泰雅族和平埔族噶瑪蘭人、中國南方沿海的漳州、泉州、廣東移墾人，在這裡約定規範，自成天地，各血統在此自然融合，生存利益的分配，容有強弱長消，並不見大規模的武力或政治力量侵吞，基本上，還是「大家都是出外人，為求一口飯」的和平演變；天災在這些民族的消長裡，遠比人禍的介入來得深重些。

在早期的移墾定居年代，陸續還有試探性的西班牙人、荷蘭人、海盜、西方傳教士，曾在「噶瑪蘭」作短暫停留。這些迴異的各民族文化，多少都相互在宗教和生活的信仰上滲透與衍生，改變或豐富了整體文化。至於晚近的日本殖民和一九四九年前後大量來自中國各地的移民潮，他們民風習俗，自然也在這塊形勢封閉的平原三角洲，相互吸收與汰換。

這種民族的融合和文化面貌的演變，在世界各地並不多見，當然，以台灣島的際遇看來，蘭陽平原的情況，反過來只是個典型，但是，蘭陽平原的封閉形勢，以及遲晚而又迅速更迭湧進的移民文化，所激盪的文化收納，便是值得一提的特例了。

唯有機敏而堅強的移民，才能在這變遷中安身立命。機敏的人，必有靈銳的觀察體會，心智堅強的人，才能持久不頹，這機敏和堅強，正是從事藝術創作的最基本與有別他人的最最珍寶。蘭陽平原的藝文人口，多年來眾多而出色，不以先民的坎坷際遇為意，這歷史背景和血統性格，即是貴重的賜禮，和無可疑慮的必然。

且聽他們怎麼說

「南方澳的野孩子」，目前在國立藝術學院任教的邱坤良，回憶童年，「入夜後的南方澳漁港，總是燈火通明，來自外地的雜耍賣藝、穿插歌唱或魔術表演的藥攤、謝神的布袋戲和歌仔戲、口才驚人而逗趣的各種攤販，把南方澳漁港，弄得每天都像文藝季」他說：「聽說北方澳的岬角危巖上，長有好多好多野百合，我誘拐了幾個玩伴，走了半個上午，只爲要去看它們一眼。」

邱坤良每天參加「文藝季」的童年，和他的浪漫，對蘭陽平原的孩子，都只是「本來」，自然到「這有什麼特別好說的？」

從事繪畫的黃玉成，說他「小時候牽牛去吃草，那時候牛多，牛的工作量大、食量也大，斜坡的青草雖然長得很好，但是也有不夠吃的時候。牽牛回家，要是看牛的肚子扁扁，雖然牠不說，我總是很難過、很難過！」、「小學一年級的一張畫，老師批了個『戊』，我看不懂，拿著到處去問人，沒一個知道意思，我想，管他的，我還是要畫。」

黃玉成爲家中一份子的牛難過的事，他的心軟，和他倔强，在蘭陽子弟看來，都只是「應該」，自然到「本來就要這樣」。

後來走上政治之路的游錫堃，老家在年年氾濫的冬山河中游，坐落台九省道與高聳的鐵軌護坡之間，洪水一來，他老家比誰都先淹在「水庫」裡，「我媽媽交給我一把柴刀和鐵鎚，叫我帶弟妹先上去『樓拱間』，要是大水淹過這天花板，我就用柴刀和鐵鎚敲破屋頂逃生，」、「也有坐在屋頂上，看著大水把豬漂走、把桌椅漂走的，我們靠冬山河的魚加菜，靠它灌漑、在河邊洗衣、摸蝦，我們和它有感情，不會怪罪它，不是冬山河淹大水，是雨下得太多，是山洪爆發。」

游錫堃以柴刀和鐵鎚爲自己和家人劈開生路，爲沉默的河流脫罪，耳聞或有類似經驗的蘭陽子弟，大抵都能同意，甚至認爲「你說得還不夠刺激」。

曾爲宜蘭縣誌編纂的李傳池老先生，提到蘭陽平原一道「辦桌食品」的「糕⿰石羔」，他說：「宜蘭人勤儉持家，但絕不寒酸小氣，『糕⿰石羔』取用一般人不愛吃的雞胸肉加肉皮剁碎、攪漿，再結凍，切成方塊去油炸，這是惜物、惜福，而變通成一道特味，這是有智慧的作法」、「外表看來冷冷的『糕⿰石羔』，內行人會一小口咬破，讓糊漿的熱氣散出來，再慢慢享用，要是誰魯莽，一口吞嚥，這就難看了，不但嚐不到咱這『糕⿰石羔』的滋味，還會給燙得哎哎叫。咱宜蘭人的個性也像外冷內熱的『糕⿰石羔』，初見很平常、很含蓄，要交往長久，讓我們慢慢開口，一旦投機，熱氣就跑出來了。反過來，要是有人『壓霸』，將咱的含蓄當作沒本領，客氣當作沒見識，想來欺凌，一口吞嚥，他會很慘。」

李傳池老先生詮釋宜蘭人勤儉惜福、外冷內熱的生活態度和交往方式，是他浸淫文獻四十年、身爲宜蘭人八十年的心得體會，乍聽妙論的蘭陽子弟，常是莞爾一笑，而知禮的外來客，往往驚呼「好在」，至於魯莽闖禍的人，不免怨歎「你怎麼不早說？」

任職宜蘭縣文化中心台灣戲劇館的年輕傀儡師許文漢，十五歲那年立志承接父祖的戲班，爲「福龍軒」第五代傳人，獨生子的傳統責任，在多元化社會的今天，其實早已被稀釋，他毅然選擇這條路，完全是使命感使然，「台灣的傀儡戲團，只剩下七、八團，我一旦放棄，可能就永遠少了一團，『福龍軒』也不存在了，」、「傀儡戲除了民俗祭煞的功能，它的藝術美感，比起其他劇種也不多讓，從小跟在父親身邊，還有那個新生代，比我更明白傀儡戲的精美？當然也沒人比我更明白父親的技藝神髓，我不接，誰來接？傀儡戲的民俗功能和藝術特質的結合，只有靠我們年輕人來延續和發揚了。」

許文漢對傳統戲劇的熱愛與使命感，不僅對於宜蘭商職和吳沙國中「歌仔戲研習班」的少年學員，心有戚戚，對於從小自備矮凳參加各場「民間文藝季」的蘭陽子弟，也能視之爲當然，認爲「這是最生動的文化部份」。

原籍浙江的資深水彩畫家王攀元，移居蘭陽平原四十多年，「這一生，蘭陽平原是我居住最久的地方，已經是我的家鄉，在這裡，我教育了成千上萬的蘭陽子弟，我傳下畫藝和理念給他們，我和學生相互敬愛，我們都不知見外爲何物，」、「我把這一生最好的歲月，用在蘭陽平原，蘭陽平原也回贈我最安祥而充實的晚年。你問我哪裡人？我說，這裡是我的家鄉。」

八十高齡的王攀元老師，因爲全心奉獻所長，自然得人加倍敬愛，在這個從不排拒「出外人」的蘭陽平原，有幸承受他潤澤的蘭陽子弟，知道「大家都是或早、或晚的出外人」，只要眞誠示人，必須有心相待，王攀元在蘭陽平原，又得到一個「家鄉」。

一叢俊秀的藝文花樹

藝文創作者的最大資源，來自生活，愈丰采多姿的生活環境，愈有可能造就出色的藝文作家，蘭陽平原殊異的、大衆型的文化生態，如綿綿蘭雨，如豐沛湧泉，若未能培育一片、一叢俊秀的藝文花樹，反倒是怪事。

喜愛天高氣爽的人，習慣於乾旱，往往不能適應蘭陽平原的「抓一把空氣，不小心就擠出水」的潮濕，視爲後山濕地，而體魄強健、無所不能適應的蘭陽平原的「移墾後代」，卻有靈慧化黏濕爲茶水，將爲雨所困換成安心習藝，寫的、畫的、唱的、搬演的、揑塑的、舞動的一些藝術作品。

在多雨的蘭陽平原行走，千萬莫以藝文作家自負，若有等待青睞的期望，這很危險！極可能只是一些視若無睹的平常眼色。

這當然不是蘭陽子弟無感應於藝文，也不是「此地盛產出色的藝文工作者」所致，而是，在蘭陽平原，正式而盛大的藝文活動，「三不五時」就精彩地來上一場，至於非正式的民間藝文活動，日日不斷的公園歌仔戲、廟會出巡、喪家「弄樓」，乃至於「小小宣傳，便來上十幾二十萬人」的「搶孤」、「放天燈」，人人參與有份，個個才藝懷身，所以不覺得「很稀罕」。

蘭陽平原「隨便招招，便能坐滿一部遊覽車」的出色的藝文子弟，可以看做他們更專注些、時勢機運比別人好一些，他們深知今天的成就，無可驕人，對平原之外的人，不可，對平原之內的鄉親更萬萬不敢，反過來只敢出一份力、用一份心，爲藝文薪火搧風添柴。

蘭陽平原殊異的人文生態，有曲折坎坷的移墾背景、有人與人爭、人與天爭的求生局面，有人與人和、天人順應的學習過程，有小人物羣聚的英勇形象。當然，狂飇風雨之後的天光燦爛，懾人心魄也動人情思，綿綿蘭雨，更是另一種柔美，這些，一一都是造就蘭陽平原藝文人才的營養。這些，原來都該是凡常的，特意挑出來說說，反倒覺得「這個人眞愛說話，這種尋常家事，也敢拿來示人！」

宜蘭藝文簡述

⊙邱阿塗　作家

宜蘭縣古稱噶瑪蘭，是漳人吳沙率漳泉粵三籍流民和鄉勇於嘉慶元年（公元一七九六年）九月十六日入墾開拓出來的。也許是這種富於冒險犯難，披荊斬棘，從篳路藍縷中開創自我生存空間的精神流傳的關係吧，宜蘭人頗富有勤奮向上、處事執著的性格。不過，由於蘭陽地區山嶺阻隔，地處僻壤，交通不便，和台北都市地區的文化交流較少，故常被誤認為是「文化沙漠」，其實蘭陽地區文風鼎盛，早在嘉慶年間就有臺灣知府楊廷理規畫創建仰山書院，培養蘭陽學子、嘉惠蘭陽子弟，使蘭陽子弟愛好讀書者得以讀書作詩，文風大振，不僅讀書者衆，更培養出了楊士芳、黃纘緒、李春華、李望洋、陳望曾、李春波、李春潮、李春瀾、李逢時、林廷儀、林以佃、陳朝儀等進士、舉人。後來主其事的人更邀集了好學之士百數十人另組仰山社，每歲定期於四月集會，以文會友，對當時蘭陽地區文化之提昇，自有其不可磨滅的價值。尤其是在傳統詩創作吟詠方面，有盧纘祥、陳金波等人發起的登瀛吟社、仰山吟社等相繼成立，輪月舉辦詩人聯吟大會，為蘭陽地區留下了不少傳世詩篇。

文學創作

在新文藝創作方面則因爲有中國青年反共救國團宜蘭縣團委會已故世的文教組組長朱家駿（筆名朱橋）等人的熱心提倡，先後辦了「青年生活」、「青年雜誌」、「蘭陽青少年」等刊物，並經常學辦藝文講座、藝文座談會、書畫展等藝文活動，邀請名家蒞臨宜蘭指導，對蘭陽地區文藝風氣的提昇影響甚大。

最近幾年，由於宜蘭縣教育局的積極提倡、宜蘭縣兒童文學研究發展中心、省文藝作家協會宜蘭縣分會、宜蘭縣文化中心、救國團縣團委會「蘭陽青年」編委會、「蘭陽文教」編委會的相繼投入，努力推展，使蘭陽藝文風氣更爲提昇；不但從事文藝創作者日衆，文學人口日益增多，更有：黃春明、林煥彰、吳敏顯、李潼、邱阿塗、陳麗貞、廖風德（廖蕾夫）、李茂盛、李建興、江慶富（江彤晞）、莊展鵬（江湖白）、簡媜、吳靜吉、吳淡如、黃智溶、方素珍、李松德等人相繼榮獲了國家文藝獎、中山文藝獎、吳三連文藝獎、中興文藝獎、全國詩人獎、國軍金像獎、明道文藝獎、聯合報小說獎、時報文學獎、洪建全兒童文學創作獎等榮譽。朱橋、鄧文來所主編的「青年生活」、「青年雜誌」曾連續多年在中國青年反共救國團總團部舉辦的全國性文藝刊物評審中榮獲學生刊物的第一名；已故世的縣國教輔導團秘書吳旺盆，和宜蘭縣兒童文學研究發展中心總幹事邱阿塗、輔導員藍祥雲、徐英豪、陳清枝、劉秀男等人所努力推展的兒童文學研究發展成果「兒童文學在宜蘭」參加民國七十三年省教育廳舉辦的全省國語文教育資料展也榮獲全省第一名，及往後多年的特優（不排名次）多次，均承繼了先賢「淡蘭文風冠全臺」的遺風，而著有專輯專著者更是不勝枚舉，足見蘭陽文壇並非如外界所誤認爲的一片沙漠。

書法

至於宜蘭縣的書法、美術等藝術人才更是人才輩出，而且都有極高成就，甚受國內外藝壇人士推崇。如書法方面曾任「八六書畫會」會長的康灩泉老先生（已故世），書法遒勁奇偉，於日本紀元二六〇〇年時包括日本、僞滿、韓國、台灣在內的全日本書畫大展中榮獲第一名首獎（第二名爲日本人，第三名即爲書法名家李普同先生），從此名揚四海，馳譽中外。「八六書畫會」的創始人游藤先生則擅寫北魏體與康體，功力深厚，曾獲全省老人書法比賽的第一名，「八六書畫會」在他們幾位的努力推展下，對宜蘭縣書法的發展極有貢獻。另外，如已故的徐綾傑先生爲日本正峯書道會的正傳（該會教授級）、林耀西先生晋升至正峯四段即另闢途徑自己勤練，並從日據時代就在基隆地區創立東璧書畫會、基隆書道會，光復後更發起基隆市書法研究會及中國書法學會，提倡書道，對基隆地區乃至全國書道之推展貢獻不少。張岫雲先生則除了已升至正峯書道會六段最高段位，其作品經常排名六段段位者之第一、二名外，更精研于右老的標準草書和魏碑，連書室亦命名爲崇于草堂書法研究室，他所寫的草書極神似于右老親筆所書。陳以能先生亦爲正峯書道會六段，呂學海、蔡龍光、林光風、張豐羽爲四段；年輕一代的則有廖俊穆、周澄、詹游昭常、游昭明、張師從、何鏡聰、劉和明、陳忠慧、蔡時魁、王文志、陳昕白……等人，他們均曾在全國、全省書法比賽中榮獲第一、二或榮獲中山文藝獎、吳三連文藝獎、中興文藝獎等多項榮譽，爲本縣爭取榮光。另外如魏琴孫、白玉崢、陳光林、劉緩之、王雪恥、康懷、盧萬、沈暨、林英俊、游昭泓、袁樂民、張榮錦、黃書祥、曾瑋、馮國彥、邱宜熾、邱宜瑩、陳忠藏、魏得瑛、吳珣敏、賴崇慧、黃錦星、陳玉清、曾善嫩等也都有很好的表現。

美術

在美術方面則有擅長以水彩描繪寶島風光馳譽中外的前輩名畫家——藍蔭鼎先生；以雕塑著稱於世的名雕塑家楊英風先生；擅長篆刻、水墨畫，曾榮獲第七屆全國美展篆刻首獎、中興文藝創作獎（國畫）、中山文藝創作獎（篆刻）、吳三連文藝創作獎（國畫）幾項大獎的周澄；兼擅國畫及書法，曾榮獲中興文藝獎章、中國文藝獎章，現任文復會研究委員及台灣省文藝作家協會副主任委員的廖俊穆；喜愛畫非洲風情畫曾榮獲一九七〇年巴黎國際青年藝術家獎、一九七八年台灣十大傑出青年、一九七八年台灣金爵獎、中國文藝獎、一九八一年教育部文化特別獎、一九八六年吳三連文藝獎、一九八八年國家文藝獎等多項大獎的吳炫三；擅長表現漁村風光，曾榮獲第十二屆全國美展首獎、一九八八年教育部文藝創作獎首獎、四十三屆省展首獎、十六屆北市展首獎、第三屆南瀛獎首獎、第一屆北縣展首獎等多次第一名的黃玉成；獲中華民國畫學會金爵獎、國家藝廊個展獎的王攀元；曾獲全國油畫展金牌獎的林顯宗；台陽美展金牌獎的汪英德；全省美展油畫第一名、美術新人獎、日本每日新聞社賞的李健儀；曾榮獲中小學教師美術比賽第一名和中國文藝獎章、金鐘獎的藍榮賢；曾榮獲全國國畫第一名的夏國賢；全國青年書畫賽國畫第一名的戴比川；台陽展油畫部銀牌獎的陳俐俐；全國水彩畫展特別獎、全國美展水彩畫第二名的涂豐惠；全國美展篆刻第二名、台北市美展國畫第二名的林經易；還有無數犧牲自我、默默奉獻，提攜後進的前輩畫家，從民國四十五年開始的，由陳進東、何福祥爲首，加上謝松筠、劉松圍、張志銘、邱錦益等爲中心的「二月畫展」；至朱橋、吳忠雄、陳碧雲、江義雄等人爲中心的「蘭陽青年畫展」；再至民國五十年成立由魏琴孫擔任會長的「蘭陽畫會」；一月一人的美術個展；到民國六十年代，由藍清輝、陳忠藏、吳忠雄、林哲文等十七人共同組成的「蘭陽西畫會」；民國六十八年由陳忠藏、王攀元、田績之、魏琴孫、夏國賢、林焰瀧、陳碧雲、吳忠雄、袁樂民、林哲文等人爲中心組成的「宜蘭縣美術學會」，經常推出聯合美展，不斷提昇蘭陽地區的美術風氣。尤其是美術學會陳忠藏會長更憑依著他的熱心與關係，很成功的舉辦了一次中韓美術交流展，並和韓國仁川市締結爲姊妹會，自此每隔一年舉辦一次交流展，對蘭陽美術風氣之提昇，貢獻良多，現任會長吳忠雄更是盡心盡力，努力推展會務，另有魏琴孫、詹游昭常、游昭明、高錫麟、李讚成、黃玉成等熱心配合。也就因爲衆多前輩畫家的努力耕耘與提攜後進，歷任會長的熱心奉獻，經常舉辦個展、聯展，宜蘭縣才出了這麼多傑出的畫家，其他獲全國美展優選的更是不計其數。由此更可見蘭陽地區藝文風氣之鼎盛。

培育更好的下一代

宜蘭縣因地處僻壤，交通不便，文化資訊流通遲緩，故以往常被譏爲「文化沙漠」；但，事實上仍有不少人在默默努力從事藝文發展的工作，只是過去因爲做的人比較少，呈現的效果不很顯著而已。如今，文藝推展的工作，已普受重視，本縣早期的努力亦已逐漸顯示效果。惟藝文工作之發展，藝文人才之培養，均非一朝一夕所能見功，若要使蘭陽文壇永保青翠，成爲文化綠洲，仍須不斷加强努力，就因當時有楊廷理、盧纘祥、陳金波、陳進東、游藤、朱橋、何福祥等前輩的卓見和提倡，才有今天蘭陽文壇、藝壇的繁茂局勢，我們今天的辛勤耕耘，正是爲了培育更好的下一代。今後努力的重點，將配合現有的藝文團體多學辦藝文講座、藝文座談、藝文創作競賽、書畫展，甚至舉辦文藝研習營，多培養藝文人才；另一方面著手整理本縣藝文人才資料，編成文學史料、藝術史料，倘能在文化中心闢專室蒐存及展覽縣籍重要作家、書法家、畫家手稿、作品、生活照片等資料，將更能增添本縣藝文發展之特色，對縣籍作家、畫家、書法家亦有一番激勵作用。

◎高惠琳

讓自主性的生命外放

「宜蘭藝文環境的發展」座談會

時間：八十年十一月二十三日上午九時半至十二時

地點：宜蘭縣立文化中心

主席：呂春山（宜蘭縣立文化中心秘書）

　　　蔣　震（本刊社長）

與會：文超順（宜蘭縣政府教育局社教課課長）

　　　秘克琳（蘭陽舞蹈團主任）

　　　邱阿塗（作家）

　　　賴政宏（仰山文教基金會秘書長）

　　　林澄杉（宜蘭清水國小校長）

　　　楊欽年（羅東高工老師）

　　　周家安（宜蘭復興國中老師）

莊進才（歌仔戲藝人）
徐惠隆（宜蘭國華國中老師）
邱水金（宜蘭復興國中老師）
陳健銘（戲劇研究者）
吳忠雄（宜蘭美術學會理事長）
伍素瑾（蘭陽女中老師）
林正仁（雕塑家）・
邱坤良（藝術學院教授）
李　潼（作家）
李瑞騰（本刊總編輯）

（以上按發言序）

討論題綱：

一、本地的藝文傳統
二、現階段的藝文活動之檢討
三、如何開創一個寬廣活潑的藝文環境
四、如何形成具有特色的宜蘭文化

呂春山：

感謝文訊雜誌社舉辦這次座談會，使大家能有機會共聚一堂。近幾年來，宜蘭縣在文化的推展上不遺餘力，而縣長游錫堃對於文化活動的重視，也使得藝文工作的推動能有更好的成績。今天，透過座談，希望大家能踴躍提供意見，以助益未來文化工作的推展。

在會議開始，我先針對縣內出席座談的貴賓向大家介紹一下。（略）

接下來，我們請文訊雜誌社社長蔣震先生，針對座談宗旨，向大家說明一下。

蔣震：

非常高興有這個機會來宜蘭舉辦藝文環境發展的座談會。

主辦這項系列座談會，主要是有感於政府過去在經濟建設方面締造了「台灣奇蹟」，但在文化上卻有所忽略，不僅造成都市和鄉村文化發展的不平衡，此外，物質的富裕、精神上的貧乏，也使得社會呈現畸形發展。有鑑於此，就得加强文化方面的建設，而要談文化建設，則需先對當前的文化發展有深刻的了解。

我們是在教育部社教司的支持下進行此項活動，希望透過座談會，邀請各地方從事藝文工作的人士，談談自己過去所看、所做的事，同時對未來的發展提出看法。希望待會兒大家能踴躍發言，共同爲國家未來的文化發展草擬出理想的藍圖。

設置文化宣傳據點

文超順：

本人從事社教事務，不過，對於藝文方面接觸不深，有許多事情仍須就教於各位先進。

基本上，當我們要探討宜蘭的藝文發展，需先了解宜蘭有那些文化資產。目前，宜蘭的藝文活動多趨向外來化。雖然，舉辦展演活動可以提昇民衆的欣賞水準，但如果完全借重外來團體，卻會阻礙本土藝文團體的發展。像我們引以自豪的歌仔戲便是在外來文化的入侵下逐漸沒落。所以，當我們在策劃藝文活動時，應先作這方面的考量。

此外，宜蘭雖然經常舉辦各類藝文活動，但是，參與的人數並不很多，最主要在於文化訊息傳播不廣。宣傳和展演應是同樣重要，以往我們總是藉由報紙、海報、學校等來傳遞藝文訊息，一直未有更突破的作法。於是，有人建議設置文化宣傳據點，藉以擴大傳播領域，我們也贊同這個觀點。不過，礙於經費及行政上的考量，要能徹底實施此計畫，尚需一段時間才能達成。

即早促使文化部成立

秘克琳：

我在台灣待了很長一段時間，多年的觀察，使我感受到，文化的問題並不只是宜蘭才有，而是整個台灣都存在的。尤其台灣經濟快速發展，反觀文化方面，卻一直沒有較大的進步，實在令人感到遺憾。

目前，政府雖然有文建會掌管文化的事情，但是，它的權力並不大，而且也不算是專責單位，使得文化無法得到充足的發展空間。所以，要讓台灣的文化能夠被重視，首先應成立文化部，在足夠的經費和集中的管轄下，產生強而有力的推動力量。另外，在各縣市也應設置隸屬文化部的單位，專司地方上的藝文發展，並與中央的文化部相配合，落實全國的文化建設工作。

以前，我很喜歡到宜蘭近郊走走，因爲不僅有許多很傳統、漂亮的廟，而且很多自然景觀也十分迷人，但是，這幾年情況都改變了。廟被改建成很現代的造型，自然景觀也被鐵椅子、公共廁所給破壞，讓人看了很心疼，也很難過。

藝文的發展必須能和環境相配合，而要能保存這些自然景觀和傳統建築物，便需要一個能獨立於縣市政府之外的單位來主掌其事。所以，促使文化部及早成立應是目前談文化發展最重要的主題。

致力於文化資源的拓展

邱阿塗：

除了剛才秘神父所談的，從落實政府的政策方針，以引導藝文發展外，就我自己多年從事兒童文學、參與各類藝文活動等經驗來看，要做好藝文工作，必須先在經費和人力資源兩方面多加强。

經費的問題，我想應該是每個文化中心都會面臨到的，至於人才方面，宜蘭縣早期因交通不便，往往被外人視爲文化沙漠，而實際上，宜蘭地區的人才充沛，且都熱心藝文，像朱橋先生對於新文藝的推動便付出極大的心力，他在任職救國團期間，屢次舉辦藝文講座、座談會，不僅讓年輕一輩了解、接受新文藝，同時也造就了許多文學人才，例如黃春明、林煥彰、吳敏顯等當前知名作家，便都深受其惠。所以，宜蘭的藝文一直呈現熱鬧、豐盛的景觀。

宜蘭除了擁有歌仔戲、傀儡戲、南北管等傳統藝文外，兒童文學也是一項特色。從民國五十八年，在當年教育局吳祕書及一些有心人士的熱心推動下，日漸成長。除了每年舉辦的研習營，培養更優良的師資，而童詩、童話創作比賽，也提高了投入兒童文學的人口，民國七十三年，宜蘭縣並榮獲國語文教育資料展第一名，之後，每年都名列優等，足見宜蘭兒童文學的蓬勃發展。

所以，假使我們充分利用此一文化特色，連貫小學、中學，乃至高中的文學教育，鼓勵學生們多從事文學寫作，不但不會使藝文產生斷層的現象，反而可以孕育出更多的藝文人口。

建立良好的互動關係

賴政宏：

我雖然擔任仰山文教基金會祕書長的工作，不過，對於藝文並不是很專長。在此，僅提出自己從事行政工作的經驗，就教於各位。

剛才文課長談到設立「宣傳據點」，秘神父則提到，目前文建會在文化推動上並沒有很大的權責。整體看來，大環境的條件並不是很好。但是，在這種基本條件不足的情況下，我們不該就此認命，而當從做法上力求突破。

基本上，文化工作能否紮根、落實，須先建立民眾正確的觀念和態度。因爲，藝文是屬於民眾共同參與的活動。而所謂的民眾，則應包括官、學、產三種階層，官是指行政官員，應確實了解，文化的推動不是應付問題，而是徹底解決問題；學是學者，力求提供所長，共同致力於文化問題的探討、解決，並應突破專業的自我心結；產則是指產業界，能將營利所得，貢獻在文化建設上。唯有人才、經費，與良好的互動關係，才能落實文化建設。

落實傳統技藝的傳承工作

林澄杉：

我在師範學院讀書時，曾經看到這樣的句子：「對繪畫、雕塑、文學、設計的喜愛永駐，讓音樂伴你一生」。當時，心中受到很大的震撼，並且將它奉爲座右銘。只可惜，我一直從事國小教學工作，無法對文藝作深入的探討。近年來，我擔任國小美勞科輔導員，並任宜蘭縣民俗體育委員會總幹事，因此，在民俗藝術方面了解較多，今天，也就針對這方面來談。

藝文要能充分發展，首先必須從國小做起。尤其像發源於本地的歌仔戲等傳統藝術，正逐漸沒落，如果能配合教學，並深入社團活動，才能培養更多的欣賞、參與人口。此外，社區的力量也是不容忽視的，唯有普遍且廣泛地推展藝文，才能讓藝文成爲生活中的一部分。

其次是建立民衆對藝文活動的正確觀念。剛才賴先生提到，藝文活動是屬於全民的。尤其目前大家都講求物質生活，往往忽略了精神生活。省立宜蘭醫院有位醫師便曾經勸告老一輩的人，要多接觸戲劇、音樂，使得心靈上有所寄託。所以，我們在推展藝文活動之時，也應考慮到讓民衆了解，藝文是不分男女老少，不論階層的。大家如果能多培養這方面的興趣，可以提昇精神生活，有助於全民藝文活動的推展。

最後，是有關技藝傳承問題。宜蘭固有的許多傳統技藝已日漸沒落，如果不設法解決這問題，恐怕有許多技藝會因此失傳。例如冬山國小向來以製作風箏聞名，不過這些風箏師傅因年紀大了，即將退休。假使能設立「風箏陳列館」，放置各種形式的風箏，一來藉以保存，二來可以推廣。並且進而學辦風筝研習營，延聘這些老師傳來教授風箏的製作，多少可以使這些良好的傳統得以流傳下來。

改革教育體制

楊欽年：

藝文工作可以說是心靈的冒險，因爲其本質是孤獨且個人的，因此，環境對它來說，根本無所謂的好壞。不過，摒除個人的創作領域，藝文環境的良窳與否，對於整體社會仍具有相當的重要性和影響力。

我曾經從事作文的批改工作達兩、三年之久，每個月要閱讀一千到一千五百篇文章。由於是高中生的作品，所以大多是論說文，而他們在文章中經常舉例引證的，不外乎孫中山革命十一次，蔣中正八年抗戰等事蹟。面對這些大同小異、缺少創意的作品，我都抱持諒解的態度，因爲，台灣的學校並沒有文學教育的課程。因此，我們不禁想到，教育體制的不夠完備對於藝文的推展是一大阻力。像目前學校的教材幾乎淪爲道德、思想的框架，完全與生活脫節，如何能讓學生對文學有興趣，甚至產生以文學爲志業的野心，又怎能期待偉大作家的誕生？

以往，我們這些從事藝文工作者，總是仰賴民間藝文團體，或是文教機構來推動藝文活動。而實際上，他們的能力也十分有限。例如文藝研習營久久舉辦一次，倒有點像拜拜，吃完了就走，無法培養長期從事藝文創作的人才。所以，藝文人士仍須團結起來，共同爲經費的獲取，推展的方法等問題，謀求具體而有效的辦法。也唯有從這些眞正從事藝文工作的人士出發，才能眞正掌握重點、徹底落實。

從自己的傳統出發

周家安：

宜蘭的藝文傳統是十分深厚的，開台名將沈葆禎亦曾謂「淡蘭文風爲全台之冠」。而我也以數據方面作補充。清朝統治宜蘭只有八十五年，但是這段期間，宜蘭卻出現了一個進士、二十三位舉人、一百多名秀才，此外，全國知名的仰山書院，以及許多傳統詩社的成立，都證實了宜蘭的藝文傳統十分蓬勃。

關於現階段藝文活動的檢討，我僅提出兩點意見：一、宣傳據點未能建立。剛才文課長已談過這件事，我想，如果文課長能夠以社教機構主管之身分，號召各單位團體，選擇縣內幾十個據點，加以佈置、設計，以作爲宜蘭地區藝文活動訊息的傳播站，一定有助於藝文風氣的推展。二、從學校入手。記得曾經有一段時間，縣政府積極推動校刊的編寫和發行，並且獲得很大的回響，但是，後來卻不了了之，十分可惜。教育局倘能要求縣內國中、高中，每年舉辦校刊觀摩、比賽，並予以獎勵，促使藝文活動能從學校紮根，將來一定可以看到開花結果的美景。

至於開拓寬廣活潑的藝文環境方面，我的建議有三：一、宜蘭亟需藝術學校，如此才能帶動藝術風氣、培養藝術人才。二、宜蘭擁有許多民間藝文團體，但是這些團體大都沒有固定的會址，因此，每換一次理事長，就得搬一次家。而反觀文化中心，則擁有大型的硬體設備，如果能在裡面開闢辦公室，作爲這些團體的會址，不僅可以吸收更多的藝文人才，也能達到官方與民間配合的目的。三、成立創作村。宜蘭的自然景觀十分宜人，假使能尋找適當的場地，蓋一座創作村，供藝文人士在此休憩、創作和交流，定能爲宜蘭地區造就更旺盛的藝文風氣。

文化建設的工作不應貪多，而須從自己的傳統出發。像宜蘭在戲劇、文學、藝術等方面具有十分深厚的基礎，我們不妨從這幾項著手。唯有充分運用既有的資源，才能培植更多的藝文人才。

取締不良團體

莊進才：

在此，我只提出一個意見。歌仔戲一直是宜蘭地區極重要的傳統民俗，不論是廟會、謝神等活動，都少不了歌仔戲。但是，從去年開始，卻出現了康樂隊、脫衣秀。就在這些團體的侵入下，使得宜蘭淳樸的風氣日漸敗壞，而舊有的歌仔戲也乏人問津，團員們沒有戲唱，難以維持生計，希望政府單位能針對這個現象，取締不良團體，以維護傳統民俗的保存。

加强鄉土敎育

徐惠隆：

藝文所包括的範圍十分廣泛，不應有時空上的限制。今天，我們既然要探討藝文的發展，就應該把時間再拉遠一些。從歷史上來看，宜蘭自漢民來此開墾，至今已有一百九十五年的歷史，當時除了漢人，還有平埔族的噶瑪蘭人，以及泰雅族人。此二族既然在這塊土地上居住久遠，其歷史文化也有值得探討的地方。

我們都知道，創作者最需要的是資訊的取得，假使沒有資訊的傳播，不能互相觀摩，那麼，就像是在井底創作，難有突破。所以，設立宣傳據點是必要且亟需的。

要求藝文發展，就須先塑造良好的藝文環境。宜蘭的藝文傳統，可說是十分豐富，像歌仔戲、傀儡戲、北管，甚至二龍村的龍舟賽、搶孤等，都是宜蘭特有的民俗，但是，許多人卻不十分了解，主要是鄉土教育不足。因此，也應從教育政策上重加考量。

所有的創作主要是供人欣賞，而如果沒有人看得懂，就不能算是好的作品，所以，最好在作品下面能附上作者的原始說明。像清人劉銘登曾在宜蘭立下三個著名的碑，但立碑的原因，卻只有傳說，無人知道眞相。所以，或許作品附上說明會限制欣賞空間，但若不加以說明，更會阻礙作品力量的發揮。

再者，是有關校刊的問題。目前宜蘭縣有許多學校沒有校刊，勢必會阻礙藝文的推展，而除了貫徹每個學校都有校刊外，能否將校刊中好的作品挑選出來，交由教育局出專書，一方面鼓勵學生創作，再者也爲宜蘭藝文的成長作紀錄，至於由救國團發行的「蘭陽青年」，以往因爲行政考量，規定學生們訂閱。後來，曾經一度嘗試採行自由訂閱，結果效果不佳。實際上，現行的「蘭陽青年」已去除昔日略帶政治色彩的影子，完全從文學出發，因此，還盼學校老師能將此刊物的特色、發行之用意，對學生們說明，使他們能接受、閱讀。

談到宜蘭的文化特色，有一點要强調的，是宜蘭有許多的石碑，記載著從淸嘉慶十五年到光緒二十年間，此地政府的行政，以及民間的生活習性。可惜因爲人爲或自然因素，目前剩下來的不多。而如何維護這些石碑，甚至逐一記錄石碑上的文字，以作爲硏究的史料，都値得大家思考。

政府的關懷不夠

邱水金：

宜蘭的藝文團體有很多，其中以歌仔戲最被看好。至於歌仔戲能這麼被重視，最主要是陳健銘先生的功勞，尤其他在歌仔戲的研究成就，可以說是台灣第一。

相較之下，北管的發展反而不那麼好。宜蘭的北管是從彰化傳來，目前就宜蘭地區的北管團體有六十多個，高居台灣第一位。但是目前已日漸衰微，水準也比以前降低許多。其主要的原因，在於政府的關懷不夠。假使政府也能以推展國劇的方式來發展北管，那麼北管也會有很好的成效。也就由於政府的漠視，致使康樂隊橫行，傳統民俗沒落。或許這是潮流所趨，但是，以人類進化的觀點來談，卻可以看出，文明進步了，但文化退步了。

目前，在有心人士的提倡、推動下，已經有較多的人開始學習北管了。不過，要輔導北管最好是從國小開始，如此才能有較長遠的發展。相對的，如果台灣的教育問題不能從根本解決，那麼，要推展地方戲劇、民俗藝術，也就十分困難。

台灣今天的社會愈來愈功利化，甚至可以說已經生病了。至於要如何治療，則有待大家共同討論、解決。

重振本土藝文

陳健銘：

今天藉這個機會，可以回顧一下我所知道的宜蘭藝文活動發展過程。

剛才邱阿塗先生提到，「蘭陽青年」早期在朱橋先生的提倡下，培養了黃春明、吳敏顯等文藝青年。其實，除了「蘭陽青年」，宜蘭曾經出版過許多刊物。像「新宜蘭」、「正道」、「地平線」、「噶瑪蘭」等，可是大都無法維持下去而停刊。而最令人感到納悶的，在東部縣市中，花蓮、台東都能擁有自己的地方報紙，唯獨宜蘭沒有。雖然，目前「蘭陽青年」、宜蘭縣立文化中心館刊都辦得不錯，但是仍缺乏地方報紙及文藝刊物。

其次，從報章雜誌可以看到，國內的藝文活動很多，但是許多著名的藝術團體，像表演工作坊、屏風表演班等，卻從來不曾在宜蘭演出，實在令人感到遺憾。

此外，宜蘭的藝文活動很多，但是卻無法掌握地方的特色。以去年從台南引進的車鼓陣爲例，目前已十分流行。但是，像屬於宜蘭本土的技藝，如南排大鑼鼓、礁溪拳術，反倒不被提倡。因此，要談藝文發展，是不應只重視外來文化，而忽略本地傳統藝文。至於重振這些傳統民俗，也亟需大家的共識和努力。

將理念化成行動

吳忠雄：

宜蘭縣最早的藝文座談會應在於民國五十二年，由教育廳所主辦。三年前也辦過一次。這兩場座談，我都參加了，也提出許多意見，不過都不了了之。今天的座談會是第三次，我仍心懷希望，但願能藉此將理想化爲行動，而不再是紙上談兵。

我個人始終覺得，藝文界在社會上只是扮演花瓶的角色。像孫院長也是在卸任後才感歎自己對藝文活動的忽視。雖然，政府一直强調未來六年國建將重視文化建設，但是，就文建會十年來一直未能改制爲文化部，足見中央對於文化發展仍停留在起步階段。

針對未來藝文發展，我提出四點意見：一、及早成立文化部；二、文化經費應實際運用在地方上，並且透明化，使地方上的藝文人士有參與的機會；三、藝文政策的擬訂，應由具有實際參與經驗的專家們來計畫、執行，如此才能切中時弊，達到具體效果；四、宜蘭的藝文人口外流嚴重，應力求掌握這些人力資源，以謀求宜蘭藝文發展。

文化中心是宜蘭地區藝文團體的龍頭，因此，應該能負起藝文活動推展的重任，結合地方的藝文資源，一起爲文化治縣的理想而努力。

建一所適合表演的場所

伍素瑾：

我針對今天的議題，提出四點看法。

一、建立一所適合藝文表演的場所。剛才有人提到，許多著名的演出不能在宜蘭演出，主要是因爲缺少適合的場地。所以，建設演藝廳也成了當務之急。二、宜蘭地幅廣闊，唯有促動藝文下鄉，才能提昇宜蘭的藝文水準。三、加强藝文宣導工作。四、革新現行教育體制。在現今的聯考制度下，抹殺了許多具文藝才華的學生。所以，必須從教育制度上革新，並改變家長們的態度和觀念，才能促進藝文的發展。

接受外來文化，發展新生命

林正仁：

剛才大家所談的，都是實施方面的問題，而我就談談觀念上的問題。

要求藝文發展，除了保存傳統文化，必須也考慮到如何接受外來文化，以開拓新的文化。也唯有能接受外來文化，才有新的生命產生。

此外，要能尊重專業人士。目前台灣的一切行政措施大都由非專業人士執行，所以，許多事務無法達到良好的成效。如果，大家能摒棄守舊觀念，接受新思潮，同時接納專業人士，定能使文化發展有更好、更新的突破。

確立宜蘭的文化風格

邱坤良：

台灣近代的文化現象是古今中外所少有。它一方面接受了中原的文化傳統，另一方面也承續了日據時代前後新思潮的洗禮，因此呈現出混亂的局勢。近來受某些因素影響，人們開始回過頭，去關心以前的東西。

今天，我們討論宜蘭的藝文環境，主要是宜蘭擁有特殊的地理和歷史。由於它受地形的影響，得以保存傳統的民風、民俗，另一方面卻也保留了移民冒險、患難的精神，而有積極進取的特質。

在藝文傳統方面，剛才大家都提到了歌仔戲、布袋戲、北管等。事實上，宜蘭在日據時代早已有新劇方面的發展。而這種新舊藝文的融合不僅是宜蘭的文化特色，同時對台灣未來藝文的發展影響甚鉅。而如何確立宜蘭的風格，進而影響台灣的藝文走向，的確值得深思。

以地形來看，宜蘭就像一個大舞台，如果善加運用這個先天條件，定能帶動更大的藝文發展。不過，舞台上的表演必須是自發性，少官方干涉。而由各個社羣自力自濟，也才能引發更大的力量。此外，民衆積極參與也是十分重要，而整體的帶動，便是一種循環關係。至於如何產生好的循環，也就成了亟須討論、解決的主題。

立足宜蘭、放眼台灣、關懷人類

李潼：

議題裡面有一條是關於如何形成具有特色的宜蘭文化。剛才邱教授也提到，宜蘭具有移墾的特質。這不僅是宜蘭的文化特色，同時也是宜蘭藝文發展的重要依據。

此外，從噶瑪蘭人、泰雅人、漢人、日本人，乃至民國三十八年之後的移民潮，其生活方式和態度的融合，形成了獨樹一格的文化特色。基本上，宜蘭的文化資源十分濃厚，我們常開玩笑的說，藝文界人士之多，隨便招招，便可坐滿一部遊覽車。而草根性深厚，也是藝文人士或藝文創作中極重要的特質。

要談宜蘭的藝文發展，我只有一句話：立足宜蘭、放眼台灣、關懷人類。

讓本地自主性的生命外放

李瑞騰：

很高興有這個機會和大家一起面對大家所共同關心的問題。

剛才大家所談到的內容很繁雜，涉及的層面很廣，包括了理論、實際執行、中央和地方等問題。整體來說，在當代局勢中，面對此地的環境，要思考藝文的發展問題，必須具備兩點基本認識：一、在傳統方面。剛才大家都談到有關仰山書院、唐山過台灣、傀儡戲的起源、歌仔戲如何成爲此地重心、日據時代新劇的發展等。而這些宜蘭的歷史文化傳統，在今天，迫切需要較具體的東西來呈現，可以讓從事文化工作者看得到，以重新反省自己未來的發展走向。所以，我提出大膽的建議，由此地藝文人士共同撰寫「蘭陽平原的文學藝術發展史」。相信對整體台灣定有相當大的影響。

二、當代方面。目前人們致力於傳統藝文的保存，但是，除了這些傳統外，當代又有什麼新的發展？當十幾二十年後，我們回頭看現在，它可能發展出什麼新的、具本地色彩的文化類型？例如，在過去，宜蘭發展出仰山書院。現在，由企業界、政府行政人員共同組成了仰山文教基金會，那麼，這個基金會能否發揚過去文化傳統？並且透過其羣體力量，共同發展出新的文化？

要解決當前的文化問題是件難事，尤其當局勢改變時，我們今天的努力又將變成什麼？因此，我們不能不思考，我們努力的目標在那裡？理想又在那裡？也唯有能先確立理想和目標，才能去討論以什麼方式、步驟去進行。

目前存在著太多的困境，但是，相信只要能讓本地自主、豐富的內在生命外放，定能使許多困境得以突破。而現在最迫切需要解決的：

一、現有人力到底夠不夠推展現代的、新的事務？二、能否培養更多新的人力資源加入？

藝文的推展不是一蹴可幾，但是，大家如果能一起來面對、解決，相信藝文環境將更寬廣，前景更光明。

高雄

三山聳立

高雄縣開拓史

◉陳子波　作家

高、屏地區之開發，應該歸功於鄭成功父子。永曆十五年，鄭成功率兵二萬五千驅逐荷蘭人光復台灣，稱台灣東都，設一府二縣。府稱承天府，縣號天興（嘉義以北）、萬年（新品以南），今高、屏地區均屬萬年縣轄境。

萬年縣初設於二層行溪。（今湖內鄉太爺村），後移置埤子頭（今左營），當時高雄縣市一帶仍係原野，人跡罕至，屏東（舊稱阿緱）更不待言。

漢人非集體開發，必遭當地土番襲擊，且山嵐瘴氣甚重，觸之即病，故荷據時期大陸移民僅在台南近郊開墾而已。

鄭成功復臺後，感於金陵敗績，其逆勢非一時所能扭轉，且當時糧食不足，爲謀長治久安徐圖匡復之計，乃施行寓兵於農的政策，將大部份的部隊，投入墾荒行列，派各鎮的兵分駐各處，就地屯墾，自耕自足，名曰「營盤」，植竹爲社，斬茅爲屋，自成村落。

對於各處土番，順則撫之，逆則討之，並教以農耕，施以教育，各社土番亦知乎禮讓。鄭氏三代治臺計二十三年，對台灣開發及文教設施功不可沒。

康熙二十二年，鄭克塽降清，滿清領有台灣，清廷初擬放棄，施琅上棄留一疏，力言棄之必釀大禍，留之永固邊圉。清廷准奏，於次年四月台灣收入滿清版圖。其行政區域就明鄭舊制稍加更改，建一府隸屬福建省，名曰臺灣府，其下分設三縣，改天興爲諸羅縣，分萬年州爲台灣、鳳山二縣，臺灣縣爲府之附郭，鳳山縣自台灣縣界以南至沙馬磯頭（今恆春鎮西南岬）長四百九十五華里，自海岸而東至打狗仔港，廣五十里，計轄七里二保六莊一鎮，並平埔熟番八社，山豬毛歸化生番十八社，卑南覓歸化生番六十五社。其中各社熟番，部份原住高雄市一帶，因受漢人開墾影響，漸漸由高雄市退至屏東境內。至生番亦陸續歸化，所謂歸化，凡與社商交易而對官府輸納一定稅額者，由官府編入番戶丁口冊，謂之歸化生番。

在滿清治台初期，高雄縣市開發甚爲遲緩，從康熙二十三年設縣，至四十三年纔在左營建築縣衙，在二十一年漫長歲月中，鳳山縣的知縣和佐吏皆駐在府治（今台南市）辦公，由此可見滿清政府初期對台灣的不重視。

至於屏東以南，當時皆稱下淡水。下淡水乃溪的名稱，今高、屏兩縣以此爲界，水源自南雅仙溪以南，分流十溪、九溝、八圳、一塘，迄今東港入海，長七十里。昔時兩岸附近地帶皆係土番集居之地。

鳳山縣轄區遼闊，在下淡水置一巡檢維持治安，當時官兵或捕役倘派往下淡水駐防，如使絕域，春秋更代，以得生還爲幸。因荒土未闢人煙稀少，瘴癘所積，染之立病。「稗海記遊」中有一段記載云：「朱友龍謀不軌，總戎五公命某弁率百人戍下淡水，纔兩月，無一人生還者」。再證以本人所纂高雄縣志人物篇，自第一任至第九任下淡水巡檢，除第五任沈翔昇以老病請求調任外，其餘皆病死任所。由以上記載，可知屏東地區當時荒涼的情況！

高屏地區的開發，至乾隆十年以後進展甚速，因官府解除大陸人民渡台的禁令，閩粵人民來者甚衆，雖偏僻地區亦由後來的客家人分別開墾。

光緒元年，沈葆禎巡視琅（恆春）形勢，奏請築城設官以鎮民番，又設立恆春縣，更加速了台灣最南端的開發。

日據時代：光緒廿一年，日本據台，設立總督府統治全台。高雄縣名稱、轄區八度變更，或稱鳳山支廳、出張所、辦務署皆屬台南縣（廳）；稱鳳山縣、鳳山廳，則直屬總督府。

至民國九年，區域作大幅度變更，設高雄州，管轄鳳山、高雄、岡山、旗山、屏東、潮州、東港、恆春、澎湖九郡，郡置郡役所、下轄街、庄（等於今之鎮鄉）。自此大改革後，地方行政區域漸形穩定，至光復前並無重大變動。

光復時期：民國三十五年一月八日，高雄縣政府正式成立，暫假高雄中學辦公，四月一日遷回鳳山鎮，台灣省長官公署派謝東閔爲首任縣長，依據台灣省鄉鎮組織規程就原有街庄成立各鄉鎮公所，並就日據時期原有郡之行政區分改設平地七區，區置區長爲縣之輔助機構。計有：鳳山區、岡山區、旗山區、屏東區、東港區、潮州區、恆春區。三十八年三月，另設山地高峯、雄峯兩區署。鄉鎮之下置村里，成立村里辦公處。（鳳山區署早於三十五年撤銷。其餘三十九年撤銷。高峯、雄峯兩山地區署至四十年二月始裁撤。）

民國三十六年，台灣省行政長官公署撤銷，改設台灣省政府，當時感於各縣行政區域過大，曾擬議調整，惟恐牽涉過多，暫維現狀。迨至三十八年，因本省積極推行地方自治，乃將本縣與屏東以淡水溪爲界，分爲高雄、屏東兩縣。縣之面積縮少爲二八三二、五一七五方公里。

高雄縣與屏東縣劃分後截至目前爲止，計轄一市三鎮二十四鄉，因有鳳山、岡山、旗山，美稱高雄縣爲三山。

高雄縣文藝社團與刊物

◎蔡文章　國小教師・作家

高雄縣依地形畫分爲鳳山、岡山與旗山三個地區。這三個地區由於所處環境不同而發展出各異的文化背景，當然在藝文的發展上也就衍生出不同的風貌，尤其自一九四九年後，大陸來台第一代軍中作家聚居鳳山，豐富了文藝的資源，與光復後本土作家形成兩股藝文洪流，形成繽紛多彩的高雄藝文環境，從如下的社團與刊物可見一斑。

一、本地的藝文團體

・中華民國青溪新文藝學會高雄縣分會

青溪新文藝學會高雄縣分會成立於民國六十六年，原先的名銜曰「中華民國青溪新文藝學會南部分會」，當時是以台南以南恆春以北的後備軍人文藝作家大會師。第一屆理事長陸震廷先生、常務理事范亞倫先生、王振荃先生，理事李鳳行先生、朱章新先生、蕭超羣先生、王之騏先生、朱少雄先生、李朝進先生、常務監事王正和先生、監事劉星先生、吳春富先生、祕書王振荃先生，成立之初既無經費，又無會址，而是在地方當局、各方面全力支持和協助之下，展開活動的，卻也辦得有聲有色。民國七十二年該會改為現名，目前第五屆理事長王榮貴先生。從第一屆至第四屆理事長都由陸震廷先生蟬連。該會目前有會員近百人，大多數中年以上，急需加入新血。該會每月出版「青溪通訊」報導後備軍人生活動態，亦曾出版同仁刊物「青溪人」，目前第二集正在成册中，由李冰先生主編。

•中國青年寫作協會高雄縣分會

民國五十七年成立，當時理事長是司馬中原先生，之後因他去台北，會員多失去連絡而告停頓。民國六十六年，由李冰先生出面重新整理會籍，申請登記，吸收會員，並選出理監事。現任理事長李冰先生，總幹事李鳴盛先生。該會目前每逢寒暑假都與救國團合辦文藝研習營。每年文藝節舉辦徵文比賽，也常舉辦文藝講座，並出版會員作品選集「金色田畝」與「鳳凰嶺」兩册。現有會員八十六人，大多為在學學生。作家履彊、陳煌、梁憲初、王蜀桂、雨弦等都出自該會，培養許多出色的寫作人才。

•高雄縣美術研究學會

民國七十三年六月，一羣執著於美術創作與獻身於美術教育工作的中小學教師，秉持著創造美感、美化人生、探究現代美術學理、弘揚傳統藝術文化的共同理想，成立了「高雄縣美術研究學會」。該會自成立以來，即由地方熱心士紳林茂榮先生擔任理事長至今，推展會務，贊助活動，不遺餘力，貢獻良多。而在多位從事美術教育工作者如黃耀瓊、林勝德、韓永、陳正利、張清義、潘火珠、巫烱陽、李登華、呂浮生、吳如芬、朱朝助、廖慶良等之積極策畫與全力推動之下，歷年來，除了每年定期舉行「會員聯展」、「草嶺之旅畫展」之外，更經常不定期舉辦各種寫生、旅遊、參觀、訪問、研習、聯誼等活動，同時，更竭盡全力協辦「高雄縣美術教師聯展」、「高雄縣美術家邀請展」

等活動，成果輝煌，影響深遠，對提昇本縣美術水準，居功厥偉。

•高雄縣書畫學會

民國五十六年三月二十五日美術節成立迄今已近廿五個寒暑，在歷屆理監事及全體會員辛勤耕耘下，已奠定了堅實的基礎。從第七屆（八年前）即由曾傢東先生任理事長，對同仁以及縣內各機關學校社團活動大力支持，會務推展得非常順利，同仁精誠團結，坦誠相待，情如手足，呈現一片欣欣向榮的景象。該會同仁本著「藝以養性、藝以成德」的宗旨，勤習不輟，特將作品編印成册曰「戊辰書畫集」以展現同仁所下的工夫。多年來，該會曾舉行書畫個展、聯展、邀請展，以及配合縣市鄉鎭的各種藝文活動不下數十次，使高雄縣學書學畫之風氣大開，對提昇地方的書畫教育，改善社會風氣，有很大的貢獻。

•高雄縣攝影學會

高雄縣攝影學會創始於民國六十五年三月，創始人爲張嘉傲先生（現任高雄縣岡山兆湘國小校長），首任理事長鄭毓根先生，第二任何芳賢先生，第三任鄭美松先生、第四任曾明生先生，現任劉志剛先生。該會宗旨：爲倡導正常休閒活動透過攝影藝術以寫實、沙龍、報導、心象等各種題材表達出內心的感受與想像，以美化人生，陶冶心性。該會現有會員約一百六十人，每月舉辦一次攝影活動，每季舉辦一次季賽，一年四次比賽，並定期舉辦展覽及學術研討會。最值得一提的是該會每年辦一次榮銜申請：設有碩學會士及博學會士兩項。碩學會士須入會二年以上才可以申請，提出8×10以上之作品十二件，經學術委員會評審決定以達八十分以上爲通過考試，授頒證書。碩學會士須在一年以後再以專題作品十二張12×15以上參加博學考試，經評審決議通過，才能再授與博學會士，其考核嚴格，是其特色。

•高雄縣謎學會

在全省有設謎學會恐怕不多。高雄縣謎學會成立於七十一年，並有專刊發行（每半年一次），在理事長吳元劍先生大力推動下，會務辦得有聲有色，由目前會員多達二百多人即可見一斑。該學會在每年元宵及中秋節辦理徵謎二次，使活動帶至最高潮，將本縣民俗活動的闡揚功不可沒，值得一提。

二、本地的藝文刊物

「高雄縣——我的故鄉」

這套書是由高雄縣政府編印，是縣政府推動本地文化建設的重要一環。由歸國學人簡炯仁先生主持，彭瑞金、鐵民、吳錦發、洪田浚、蔡文章等諸位作家參與編寫。這套鄉土教材只是想把高雄縣境內的人、事、物、地告知高雄縣的小朋友，讓他們了解我們生長的這塊土地上的自然景觀、開發的歷史、文化習俗等等，希望他能更認同他們生長的地方，成爲一個有歸屬感、有根的人。這樣他們才能眞正關懷愛護自己的鄉土，將來不管他們走到那裡，有任何成就，他都會踏實的感覺到：高雄縣是我的故鄉。這套書依地形畫分爲鳳山地區、岡山地區、旗山地區及山地聚落四個部分去選擇各區域內最特殊性的人事物地，一一作深入淺出的介紹，文字上力求簡易流暢，使小朋友容易閱讀，並由名家每篇作生動有趣的插畫，是一本非常精美的書。該書第一冊已出版，縣內國小三年級以上至國中三年級人手一冊。第二冊在編寫中，今年的兒童節將送給小朋友作爲禮物。

「文學界」、「文學台灣」

文學界創刊於一九八二年，發行人爲鄭烱明先生、社長陳坤崙、執行編輯許振江先生，主要以居住在高雄附近的詩人、作家爲核心，分擔合作辦起來的文學刊物。他們是一羣有相同文學理念的人結合在一起，透過雜誌呈現所謂「文學脈動」，取材是以能夠有力地反映台灣這一塊美麗土地的形象爲作品標的，出版七年後停刊，並於一九九一年十二月，再以嶄新的面目重新出現，冀望以更有自主性的寫作空間去發揚台灣文學。仍以季刊發行，名曰「文學台灣」，發行人仍爲鄭烱明先生、社長曾貴海先生、副社長陳坤崙先生、主編彭瑞金先生、執行編輯還是許振江先生。在創刊號上展現的作品，給人有爲九〇年代台灣文學開拓嶄新的視野。

「高縣青年」

該書係於民國五十年間，因各高國中學校校長深覺文藝工作對青年啓發之重要，有必要出版一份校際性之刊物供青年學子閱讀，用以啓導青年正常發展，經全縣校長會議通過，委由救國團負責發行，全體校長擔任社務委員，輔導該份刊物之出版，迄今已有卅年之歷史了。該書內容以「端正青年思想，培養愛國情操，發掘新的作家，提煉好的作品」爲主旨，主編李冰先生在這方面很用心，他經常學辦文藝寫作研習班、文藝營、藝文講座、徵文比賽、編輯研習營、「讀者、編者、作者」聯誼等藝文活動，帶動文藝寫作風氣，增進青年寫作技巧。該書除去文藝方面的園地外，另闢有稅務常識、醫藥、環保、時事等專欄。該書發行以服務爲目的，一學期四本，僅收三十元，而且在內容與編排及版面設計上都很費心，是青年學生的良伴。

「蕉城」

創刊於一九九〇年十月，是以旗山地區爲主的地方性報紙型月刊。其宗旨「建立文化、關心旗山」，發行人黃飛虎先生，社長蔡枝榮先生、主編江明樹先生，其內容有蕉城焦點要聞、蕉城人物、蕉城藝術、文代講座、蕉城園地、學生園地等，是一份富有濃厚文化氣息的地方區域雜誌，每期發行四開二張，共三千份。

「今日美濃周刊」

創刊於一九七四年七月十六日，爲全亞洲第一份鄉鎮社區草根報紙，其宗旨是促進美濃鎮繁榮進步，提升新家鄉文化水平，發行人黃森松先生，社長邱國源先生，其編輯、撰稿人員陣容堅强，四開八個版面，分別是話題焦點、焦點新聞、客家風雲、地方政壇、人物春秋等，富有濃厚的地方色彩。

「阿公店」

該刊於民國八十年五月十三日創刊，是一份很年輕的刊物，也是由一羣熱忱澎湃的大專青年成就了這份刊物。這是一份屬於岡山鎮的地方性小型報紙，每月出版四開一張，分地方新聞、專題報導、兒童教育、校園學術四項，以宣導政令、蒐集輿情、報導鎮內活動，提昇文化水準爲宗旨。從內容、編排上看，這份刊物是文化的、鄉土的、趣味的，呈現它多面性，編排生動、活潑，可見總編輯劉瓊媚小姐用心之一斑，是一份可讀性高的刊物。

「今日高縣」

民國七十一年七月創刊的「今日高縣」，每月出刊一期，四開一張，有四個版面，主編該刊三年多的王牧之先生特闢一版文藝副刊，偏重民俗及鄉土的介紹報導，深獲好評。該刊對縣政的推展、宣導有其不可磨滅的績效，可惜後來遭議會删除經費，於民國七十九年七月停刊，令人深表遺憾。

「春雨工會季刊」

岡山春雨公司，基於「提倡工廠文藝、發掘寫作人才、充實精神生活、提升文化品味、創建美好人生」之宗旨，配合公司發展之信念，早在民國七十年十二月即創刊，由吳正任先生任社長兼主編，該書是一本三十二開型的精美書籍，刊物內提供大量篇幅，發表員工創作之文藝作品，大力提倡工廠文藝活動，藉以發掘更多的工廠作家。該公司員工成立文藝社時，有人懷疑：藍領階級的勞工朋友也會搖筆桿，參與文謅謅的藝文活動嗎？春雨文藝社一連串舉辦多項藝文活動後，事實證明，他們寫的散文、新詩和小說，都讓人刮目相看。該社曾舉辦徵文比賽，廣邀文壇知名作家演講，每年都事先擬定各項藝文活動，讓工廠人充實精神生活，提升文化品味。

高雄縣文化建設的情形

◉鍾鐵民　高中教師．作家

高雄縣人文分布的情形十分特別，這裡除閩南人之外，還有完整的客家人鄉鎮、山地原住民聚落以及外省眷村。有繁榮熱鬧的都市、繁忙的漁村、恬靜純樸的農莊，還有多采多姿的山地文化。在這複雜多元化的社會中生活應是多采豐富的。但是在傳統閉塞的生活態度下，不僅縣內民衆族羣間彼此有認知的隔閡差距，就是對各自的文化環境也多有認識不清的情形。

先愛鄉才能愛國

我們的教科書是站在整個中國的立場來編寫的，台灣只是三十六省中最小的一個地方，所佔份量微不足道，就更不用提高雄縣的學生能從教科書中認識多少高雄縣的人文知識了。文化認同才能產生感情，如果不能讓小朋友認識自己生長的土地，了解他們身邊的自然景觀與任何邊遠的地方同樣秀麗可愛，自己祖先開發的歷史和文化習俗跟任何民族同樣豐富珍貴，讓他們能喜愛自傲，我們怎可能期待他們會眞正關懷自己的土地，成爲一個有歸屬感、有根的人呢？關愛自己的土地才會正視這上面所發生的種種問題，從而熱心參與解決、發展。否則一心向外，視自己家鄉如賤土，自己的父老爲賤民，那是令人寒心的結果。

去年高雄縣政府大力推動本土化教育，結合區域內文學、藝術及教育界有志之士，共同策劃編寫本土教材。而推動這個工作的是縣府秘書簡烱仁，在縣長支持下，進行頗爲順利。原來的計畫是想編寫小學十二册。配合原有教材作補充讀物，每學期一册，由區域內地形地理、歷史人物、習俗文化、人文景觀等逐項介紹。但經費人力太過龐大，僅先編成「高雄縣——我的故鄉」一册，分送各國中小學生，希望從基礎做起，先愛鄉才能愛國。

本土文化教育

從去年開始，爲推動本土文化教育，縣教育局有一系列的後續活動。計有四次教師研修活動，研討教材編撰、充實、教學的方法。學生方面也舉辦演講、繪畫、壁報、讀後感寫作比賽。大家共同來認識自己的故鄉。今年六月份作品展覽和總檢討，檢視這一次活動的成果。由於第一部教材得到不錯的反應，如今正在進行第二部的編寫工作，預計兒童節後能送到全縣小朋友手中。

今年，距離淸代正式設立鳳山縣治正好三〇八年，爲慶祝建縣，縣政府以文化爲基點，配合時令與地方特色，將在縣內各鄉鎭展開爲期一年的慶祝活動，希望藉此宣揚各地文化特點，使縣民認識自己的文化習俗，了解自己的根源，對自己的鄉土有更濃厚的關懷。進而達到國際化的視野與境界。活動的內容有先民慰靈祈安法會、民間戲劇與民俗展、大規模的城隍神轎遊行、水果皇后選拔、荖濃溪泛舟比賽、布農族打耳祭和八部合音、羅漢門野食大餐、阿公店籃筐會，美濃客家懇親大會、高雄大都會公共政策研討會等。活動項目多，是熱鬧的一年。

以上兩項大活動是地方政府所作文化藝術全面性推展工作。各鄉鎮也都逐漸認識文化建設的重要，多有推展藝文活動。以美濃爲例，可以說明地方的努力。

油紙傘、田園藝廊、美濃窰

美濃農會在農委會指派下連續三年學辦農村文化發展成果展覽。去年在福安國小學行，發動學生分別介紹鎮內各村里農產及文化特色，爲來自全省各農會及機關人員展現一年來工作成績並地方歌舞表演。有文學、繪畫、陶藝、童玩、烹飪、農產品等項目介紹。有人批評這種活動是作秀，並沒有讓鎮民全體共同參與，意義不大。但是地區文化常常在地人不當一回事，總要別人肯定讚美後才肯重視。就如美濃油紙傘，在地方上早已被居民捨棄，沒有誰肯定它的民藝價值，如果不是造傘師父的堅持，藝術界及新聞界人士的再三推介肯定，那有今天的局面?許多努力所求的也就是民衆能理解並樂於接受，最後熱心參與。

今年五月，還有一次盛大的藝文活動，目前正在籌辦中，還特別編作大型歌舞劇，將美濃開庄至今種種歷史及客家生活習俗編成歌舞。這些工作都是由農會、學校及在地藝文工作者共同合作。農會參與藝文發展的推展工作，說明民衆觀念已有改變，農會總幹事鍾玉福與畫家曾文忠尤其是熱心有見識的推動者。

農會又提供了場所，與農委會、文建會合辦了台灣第一所田園藝廊，明訂宗旨是:

1.提昇農村生活品質、凸顯田園情趣、發展地方文化特色。

2.培養民衆美術教育風氣，響應「文化下鄉」，强化人文風俗之認識及關愛。

自去年夏季落成開館後，已舉辦了四五檔展覽，也請了柴松林教授等演講過。在農村要有這麼完善的畫廊幾乎是不可能的，雖然目前功能還不十分凸顯，但文化工作本來就要長久寂寞工作之後，才能慢慢被接受的。

比較起來，朱邦雄的美濃窯算成名得很快。多年以前美濃愛藝術文學的朋友聚會聊天，常常討論美濃地區發展的方向，都一致認爲只有藝文民俗可以讓地方獲得最有效的資源。像客家農莊的特色、客家生活工藝，都是發展文化造鎭吸引觀光的最佳寶物。因爲美濃沒有工業化的條件，農業沒落則是世界趨勢。朱邦雄前年果然依理想將多年心願付之實現，在故鄉設立了「美濃窯」。從草創至今不過兩年多，但是美濃窯已經享有不小的名氣，這兒已成爲遊覽美濃時不可錯失的參觀重點。

製陶是一個古老的行業，從人類懂得用火以後，就知道如何製作陶器，而且也知道利用泥土和火來表現個人的喜好和美感，應是人類最早的藝術了。美濃窯除了傳統的陶器外，更推展景觀造型藝術，塑造揉和了鄉土和現代的巨型陶壁及陶磁塑雕。爲美濃創造了另一種新的文化，現在美濃已經有第二家陶藝廠出現了。

鍾理和紀念館

民國六十九年，當文學界發起興建「鍾理和紀念館」時，美濃人不了解，外界也很多人不以爲然，認爲鍾理和是小人物，既不是高官也不是顯貴，沒有資格建館紀念。經過十年的努力，人們慢慢了解對一個提昇人類精神文明層次的藝文工作者，是值得尊敬的。而知道去尊重和表揚這類心靈工程師，也正是社會進步的象徵。這就是西方甚至日本，處處有紀念音樂家、文學家、畫家的紀念碑紀念館及雕像的原因。鍾理和一生爲文學奉獻，不論是他的精神、他作品中所展現的人性的尊嚴，都足以給後人啓示和感動。鍾理和紀念館得風氣之先，成爲台灣作家中唯一有此光榮的人。在美濃中正湖北端新建的一座橋命名爲「理和橋」，在中國平民文人中大概也是第一個得到如此推崇的吧！民間文化工作漸漸受到尊重，就是我們社會的進步。高雄縣各個鄉鎮也都開始用力從事文化工作，這是好的現象。

◉高惠琳

文化總動員

「高雄藝文環境的發展」座談會

時間：八十年十二月二十九日上午九時半至十二時半
地點：高雄縣立文化中心
主席：徐國華（高雄縣立文化中心主任）
　　　李瑞騰（本刊總編輯）
與會：吳正任（作家）
　　　陸震廷（作家）
　　　曾文忠（美濃畫會會長）
　　　周天龍（兒童美術教育工作者）
　　　蔡文章（高雄縣梓官國小教師）
　　　王牧之（作家）
　　　許振江（派色文化出版社社長）

曾俵東（高雄縣美術學會理事長）
王希成（作家）
張嘉傲（高雄縣兆湘國小校長）
蔡百峻（攝影工作者）
凌　煙（作家）
許福能（高雄縣復興閣皮影戲團負責人）
黃耀瓊（鳳甲國中老師）
郭美智（鳳山高中老師）
林勝德（高雄縣政府新聞股股長）
李志權（「高雄青年」主編）
吳元劍（高雄縣謎學研究會理事長）

（以上按發言序）

討論題綱：

一、本地的藝文傳統
二、現階段的藝文活動之檢討
三、如何開創寬廣活潑的藝文環境
四、如何形成具有特色的高雄文化

徐國華：

大體來說，近年來，高雄縣在藝文活動的推展上表現得並不差。比較起過去，現在的經費和人力資源寬裕一些，承蒙大家的努力，使得藝文環境有了明顯的進步。

今天這項座談會，希望大家能踴躍提供意見，除了供文訊雜誌了解高雄的藝文環境，也可作爲本中心未來行政上的參考。

文化人的熱情與理想

李瑞騰：

今天大家冒著寒流來開會，實在令人感動，這足以顯示從事文化工作者內在的熱情。當我們走遍全省各個地方，和各地的藝文朋友討論有關藝文的發展問題時，很明顯地感受到文化人的熱情和理想，而這些理想與熱情落實在文化工作的實務時，也就是各地藝文推展的主要動力。

我們舉辦此項座談會，已經持續了一段很長的時間，總的來說，所談到的，或接觸到的，可歸納成四點：一、是對黨政文化行政體系有許多意見；二、期盼民間企業能回饋文化；三、盼望社會大衆能參與文化活動；四、希望自己能做得更好。

此外，在問題的提出上也有三點共通之處：一、經費不足是普遍存在的問題；二、文化行政體系的支援不足、城鄉藝文發展不均，都是藝文推展上的阻礙；三、推行技術的困難，人們仍未能想出具體的解決方法。

剛才徐主任已說了，近來高雄的藝文已有顯著的進步。因此，希望大家能在既有的基礎上提出具體的意見，以作爲未來再往前邁進的基礎。

提倡勞工藝文

吳正任：

我針對今天的討論題綱來談。

一、有關本地的藝文傳統。高雄縣擁有許多優良的藝文傳統，像大社鄉、彌陀鄉的皮影戲、美濃的傘、旗山的竹編手工藝等。不過，如今卻逐漸沒落、失傳了。

其次，談到現階段藝文環境的檢討。高雄是個工業城，勞動人口佔很大的比例，所以，有關單位應考慮提倡勞工藝文。

在活動的舉辦上，我們總覺得事前的宣傳不夠，像明華園在高雄演出，由於報導不大，使得許多民衆喪失欣賞的機會。此外，藝文活動不能普及偏遠地區，欠缺藝術表演場所、藝文活動多偏向展覽類、範圍不夠廣等，都是有待改善的問題。

至於如何開創寬廣、活潑的藝文環境。除了加强宣導外，希望本地能設立民俗村、民俗技藝園，甚至設置培養藝文人才的學院，以充實人力。而文化中心，或有關單位則應多獎勵或補助藝文創作及出版，並且提供更多的發表空間，激勵人們從事藝文創作的興趣。

藝文的推展，需要官方、民間、傳播媒體等共同努力，才會獲得良好的成績。

舉辦徵文比賽，提昇寫作風氣

陸震廷：

大體而言，高雄的藝文活動和藝文資源是很豐厚的。以文藝刊物而言，從民國四十二年創辦的「韋星」月刊，之後的「文藝季刊」、「文學界」、「文藝雙週刊」等，都足以顯示高雄地區作家們充沛的創作力。

目前，高雄地區擁有兩個較大的文藝團體：中國文藝協會南部分會、青溪新文藝學會南部分會。歷年來，不僅舉辦了幾次大型文藝營，同時也爲高雄縣培植了許多文藝作家。

談到今後的藝文發展方面，我有幾點意見：首先，高雄市立文化中心經年舉辦徵文比賽，激勵了許多文藝人士創作好的作品，但是比賽規定，需設籍高雄市的市民才能參加。所以，建議縣立文化中心也能舉辦類似的活動，以提昇縣內的寫作風氣。此外，高雄有許多良好的固有傳統，希望大家能將它保存，同時，也加强發展現代文藝。在這種傳統與現代並美的情況下，相信未來高雄的發展將是無可限量的。

藝文力求本土化

曾文忠：

我針對自己的家鄉——美濃的文化特色來談。

基本上，美濃是個十分具有文藝特色的鄉鎮，例如在文學方面，「鍾理和紀念館」即是全省皆知，此外，本地也發行了「月光雜誌」、「美濃周刊」，在在顯示文學創作的蓬勃發展。而在傳統藝術方面，油紙傘、美濃窰、刺繡、山歌等，也都是本地的特色。不過，這些傳統藝文在現實社會中已逐漸被忽略了，實在令人感到惋惜。尤其是山歌，由於美濃的客家歌謠有別於苗栗和北部地區的山歌，有其值得研究、探討的地方。

因此，想要開創寬廣活潑的藝文環境，基本上，應先對這些傳統藝文，以及藝人予以肯定、重視，並且透過表揚、宣導，甚至提供創作經費和空間，使其能有足夠的發展。尤其美濃三面環山，因此形成了獨特的藝文特色，而這些特點，也唯有經由媒體的報導，才能被挖掘、保存，乃至發揚。像目前我正積極著手山歌的重編工作，期使能讓它進入藝術殿堂。

文化唯有從本土出發，才會有更紮實、更健全的發展。

文化推展需要全體總動員

周天龍：

我是鳳山人。鳳山最大的特色應該是廟很多。記得小時候，天公廟經常舉辦猜燈謎的活動，每次都吸引很多人參加，場面十分熱烈。但是，現在卻不辦活動了，最主要是時代變遷，人們不斷追求新的東西，卻把傳統的東西給漠視了。不過，反過來看，也由於教育普及，人們猜燈謎的能力進步了，因此，更應該提倡這個活動。

要徹底推動藝文發展，應該實行文化總動員，也就是不分派別、階層，大家共同來參與、努力，上下一心，必能獲得很好的成果。尤其是各地區領導人的提倡和參與，對民衆的加入更具有很大的影響力。

如何開創寬廣活潑，且具特色的藝文環境？一、多培養文化行政的尖兵。行政人才是十分重要的，不過，目前國內只有台大、師大兩所學院設有行政教育科系，培育的人才有限，在各學校都應該開設相關科系，以培育更多的行政尖兵。二、目前社會上的義工多屬慈善義工，文化義工卻很少，因此，應多做宣導，增加願意爲文化服務的人才。三、文化中心或社教館在積極開辦才藝班或講習會時，可以考慮與民間才藝班合作，除了求得更好的師資，也能達到政府與民間雙向配合的目標。四、發展工業文化，高雄是個工業城，但是在此範疇內，如果能大力提倡藝文，一樣可以造就具理性、科學化、現代感的文藝作品。

無論做什麼事，最重要的便是精神力量，因此，期盼大家能相互支持、勉勵，共同爲創造美好的藝文環境努力。

活用村里社區活動中心

蔡文章：

高雄是由鳳山、旗山、岡山三山所構成，所以在居民方面，涵蓋了山地部落、農村、工業區、商圈和漁村，形成了一個多元化的社會，因此，更具有藝文發展的條件。

過去，高雄的藝文活動並不是很熱絡，直到文化中心成立後，才開始有各項活動的舉辦。尤其像每年文藝季的舉行，幾乎是全縣總動員，足見民衆對藝文的重視。此外，高雄縣也編製了「鄉土教材」、「高雄縣我的故鄉」兩份刊物，更顯示我們對本土文化建設的積極態度。

對於高雄未來藝文發展，我有三點期許：一、藝文教育應從國小培養起，如此才能眞正落實；二、文藝工作者在創作時，應加强對人文關懷，才能創作出有感情、具理性的作品；三、文化中心應多活用村里社區活動中心，經常與其配合舉辦活動，除了使其不成爲一具空殼，同時也可達到藝文下鄉、普及化的功能。

摒棄褊狹的政治觀念

王牧之：

我先對高雄的藝文活動及團體做概略的介紹。

高雄最早的藝文團體應是民國四十多年創設的「鳳岡詩社」，當時不僅居全省傳統詩社的領導地位，更帶動傳統詩的蓬勃發展達三十年之久。此外，岡山電台在還沒有電視時期，也發揮了教育功能，而正聲電台的前身正言電台，於六十六年到七十四年間所設置的「文化沙龍」節目，陸續介紹了百餘位藝文人士，帶動了近十年的藝文風氣。而如今的文藝協會、青溪學會、書畫學會、攝影學會，甚至救國團團委會等團體，都有傑出表現，使得目前高雄的藝文呈現蓬勃的發展。

談到高雄的文化特色，則可歸結爲四種：一是宗教文化，像佛光山便是馳名國際；二客家文化，剛才曾先生提到過，美濃的客家文化迥異於其他地區，而我們在談到文化發展時，尤應摒棄種族觀念，大力推展；三、海洋文化，高雄號稱港都，可是從光復以來，卻少見有好的海洋作品問世，實在可惜；四、工業文化，這也是一項亟待加强的文化類型。

關於文化環境，我有兩點意見：一、應加强童詩以及兒童寫作，以培養民族幼苗、文化的接班人，二、目前人們的政治觀念太重，致使文學作品拘泥在某一範圍中，因此，人們應培養更寬廣的世界觀，才能創作出大氣魄的藝文作品。

最後，我有一點建議，從事藝文工作是項很苦的志業，政府應設立法案，最好能舉辦作家保險，予以保障，也唯有在無後顧之憂的情形下，才能吸引更多人投身藝文創作。

提昇軍中文化

許振江：

在我們談如何推展藝文之際，有一個前提須先建立，即是藝文人士應有自助人助的觀念，如果想一味仰賴政府的支助，到頭來，很難達成目標。例如鍾理和紀念館的設立，便是由文友們大家捐款、鍾鐵民捐地，才興建完成。「文學界」雜誌，也都是發動藝文界的力量才得以發行。政府的經費畢竟有限，所以，藝文人士要有自動自發的自主觀念，如此才能眞正落實藝文的推展。

此外，建議文藝指導單位能建立人脈資料，也就是將各地過去到現在，曾經從事藝文創作，甚至有所成就者的資料匯整，裨益文化的推展和活動的舉辦。

最後，我想提一項大家未談到的問題，就是軍中文化。陸軍、空軍等高級軍事學校都設在高雄縣，但是民間卻很少和校方的藝文活動連繫，使得軍中文化未獲得相當的發展。事實上藝文的推展並沒有文、武校之分，如此才能擁有更多元、更具包容性的發展。

高雄地緣廣闊，從大海到平地，到高山，居民有有閩南、客家、外省、原住民等，唯有融合這些族羣，才能使之更爲豐富。而如何融合，便也是亟須思考的問題。

整頓社會的迷信風氣

曾俵東：

剛才有人說高雄多廟，也有人說要培養寺廟文化，不過就我所看到的，目前除了佛教的蓮社，其餘的寺廟，不論在文字、雕畫上，幾乎可以說毫無文化可言。尤其觀看其對聯，大都充斥迷信的色彩，缺少藝文之美。由此，我們不禁想到，爲何這些寺廟不能與民間藝文社團配合，使寺廟的外觀與內景都能蘊含藝文的氣息。

此外，記得以前人們取名字，都有字號，且講求文雅，而如今卻注重筆劃、命理，造成許多庸俗的名字，甚至自創單字，毫無道理存在。

基本上，文化中心十分尊重藝文人士，但是卻少有鼓勵，例如我們費盡心力出了本畫册，寄到文化中心，卻遲遲沒有獲得一點嘉勉的話，令人感到十分灰心。所以，也希望政府單位，縱使囿於經費，但也應對有作爲的藝文團體時時給予象徵性的獎勵，定能激勵更高的創作興趣。

推展藝文須具備瘋子精神

王希成：

我想，做任何一件事，最重要的是要有心，因此，當我們想要擁有寬廣活潑的藝文環境，就須先擁有寬廣、活潑的心。

今天，我在岡山壽天宮遇到十多年沒見的一個瘋子，他還是和以前一樣年輕，對凡事都充滿著好奇心。我不禁想到，從某個角度來看，藝文工作者何嘗不是個瘋子，對文學、藝術抱持著癡狂的態度。不過，也因爲這種瘋子精神，才能支持著藝文向前發展。而「文訊」雜誌這種從事整體觀察的行爲，基本上也就是瘋子行爲，實在令人佩服。

藝文的工作並不只是談，更需要去做，以一種寬廣的心，確實的去實行。

延長藝文展示檔期

張嘉傲：

高雄縣於民國六十五年才成立攝影學會，直到最近，攝影才被列入文藝季的活動項目中。基本上，攝影是以寫實的方式來表達創作者的意念，人們可以藉由圖片，直接了解創作者的思想，雖然表現上十分直接，但是影響卻很大。這也就是近來攝影人口日益增加的原因。

高雄縣立文化中心目前雖有攝影展活動，但是每次檔期都很短，無法讓民衆慢慢欣賞，實在可惜。所以，文化中心是否能考慮延長檔期，讓更多的攝影作品有發表的機會？

充裕藝文經費

蔡百峻：

我是從事自然生態的攝影工作。對於藝文活動的推展，我認爲經費和力量是最必要的。過去藝文工作者一直處於單打獨鬥的狀態，工作十分辛苦，但是所得到的回饋卻十分微薄，不足以應付基本生活。因此，在這種情形下，要推展藝文也就十分困難。所以，要談藝文推展，至少應從充裕經費方面出發。

高雄是由「三山」組成，所以，山在高雄縣的地位也就非常重要，而當我們在討論如何形成本地的文化特色時，也就須要求在創作上能以自然文化爲訴求，並且在自然中尋求自我。如此，社會才會更和諧、幸福。

提昇藝文工作者的社會地位

凌煙：

在此，我想針對藝文工作者社會地位淪落的問題來談。

記得小時候，同學中有不少人立志長大當作家，而現在，卻很少有人有這樣的志向，反倒是有人立志當黑社會角頭。這種畸形的現象，是不是表示台灣藝文工作者的地位已逐漸低落？最近，我接到一位讀者的來信，他說自己時常在報章雜誌上投稿，並且經常被錄用，不過，他的寫作必須是瞞著當大學教授的父親，因爲，在父親眼中，當作家是沒有前途的。這樣的事情實在令人感慨，外國的藝術家可以享有崇高的社會地位，爲什麼台灣的情形卻偏偏相反。因此要使文學、藝術能重新提振、活絡起來，勢必要從小學教育著手。鼓勵校方多學辦藝文活動，同時教育學生了解藝文的重要性。也唯有從根本出發，才能再度提昇藝文的社會地位。

傳統藝術亟待拯救

許福能：

文化包含的範圍太廣，無法全部都談，所以，我針對傳統藝術來說。

台灣目前存留的傳統藝術幾乎爲零，大部分都被西洋文化所占領了。記得民國七十八年，我們一些傳統藝術團體到新加坡等地巡迴演出，受到當地民衆的熱烈歡迎，相對於國內的忽視態度，有極大的差異，也令人感歎，我們對自己的傳統藝文不如外人重視。

要提昇傳統藝術，不是學者憑智識就能傳授的，最主要仍需由藝人親自來教，不過，假使人們無心學習，就算有心傳授也沒有用。目前台灣擁有傳統技能的人不多，願意傳承的人更少，在此情形下，傳統藝術的沒落是必然的事。所以，要想開創好的藝文環境，除了要有足夠的經費，願意重視、肯學習，也都是十分重要的條件。

藝文要能深入基層

黃耀瓊：

目前功利主義盛行，加上教育體系不盡完善，使得學生們從事藝文工作的志向偏低。而要求藝文發展，則須培養學生們的藝文素養，才能提昇藝文風氣。

此外，有關文化單位在學辦藝文活動時，也應深入基層，吸引更多的欣賞、參與人口，所以，無論在交通，或是場地設備上，應有更妥善的計畫和安排。

培養藝文欣賞人口

郭美智：

國際合唱節最近才在台北舉辦，本縣也有許多合唱團體參加比賽，不過，比賽結束後，一些優良的團體卻只在北部表演，至於南部的居民，則無法欣賞到這些精美的演出。所以，政府有關單位既然要談推展藝文，就應該不分地域，讓好的節目能巡迴各地演出。

除了培養藝文創作人口，也應培養欣賞人口。基本上，應該由本地政府提供當地良好的藝文團體，再由學校邀請他們來演出，讓學生們對這些藝文團體有所認識，並且能接受、投入，促使藝文有更好的發展。

藝文下鄉也是十分重要，配合優秀的演出團體，深入各鄉里巡迴表演，以眞正落實大衆化、普遍性的藝文發展。

整合藝文團體

林勝德：

我過去曾在文化中心服務，如今任職於縣政府，就我在兩個工作的經驗，深切感受到高雄縣十分缺乏藝文企劃人才，因此，企劃人才的培育應是談藝文發展時首先必須考量的。同時，對於文化行政人員，應予以物質和精神上的補助與肯定，以抑制人才流失對藝文推展造成的阻礙。

高雄由於幅員廣闊，造就了許多不同類型的文化，對於這些文化，我們理應抱持保存、推展的態度，但在另一方面，也期盼縣政府或文化中心能負起整合的責任，凝聚各個藝文團體，拋棄人我之分，形成更大的力量，共同爲藝文推展工作奉獻心力。

有效地運用經費

李志權：

文藝活動之推展應屬於全面性的，必須在人力資源和財力上做有效的運用。至於要如何開創寬廣活潑的藝文環境？一、作家們要能拋棄褊狹的地域觀念，將眼光放遠，並且在寫作題材上能擴大其內容，創作出具時代性的好作品。二、積極地舉辦全國性的藝文活動。要推展藝文，則須全民團結，從地方到中央，共同爲蓬勃的藝文發展而努力。三、經費須有效的運用。大家都談到，藝文的推展需要足夠的經費，但是，在目前經費有限的情況下，更應該計畫、考量如何運用，以發揮最大的效果。四、鼓勵地方刊物之發行。地方刊物是文學創作發表的基本園地，應該多發行，以增加發表的空間，並且培養更多的藝文人才。同時，政府也應多加予以補助和鼓勵，使其有更精良的內容呈現。

提振傳統詩

吳元劍：

猜燈謎是中國一項十分優良的傳統，高雄縣歷年來也經常舉辦這活動，不過，主要的費用大都由廟宇來提供。但是，近年來，在功利主義盛行下，連廟宇單位也不願意再提供猜燈謎的經費，只好由我們這些燈謎學會的會員來籌募。由此情況，可以看出，國人對傳統藝文的漠視。

在此，我想提出兩點建議：一、高雄縣能將燈謎活動列入文藝季的活動項目中，一來以保存優良的傳統，並且藉由此活動，也可達到淨化人心，提昇精神生活品質。

另外，建議教育部或學校，能在課餘多提倡傳統詩的研究活動，讓學生們體認傳統詩之美，並提振傳統詩沒落之趨勢。

在既有基礎上往前邁進

徐國華：

剛才大家所提的問題，本中心會力求改進，至於經費及人員之不足，這也是我們所遭遇的問題，不過也都可以慢慢去克服。

有關於傳統文化沒落方面，其實我們早已積極推展中，例如每年春秋兩季，我們會邀請縣內五個皮影戲團到縣內各鄉鎮演出。如今，正在興建中的皮影戲館更是具體的表現。

至於推動藝文下鄉，我們每年也舉辦兩次，並且提供演講、親子活動等不同的內容，讓民衆能有多方面的接觸。

文化工作要能做得好，必須政府與民間能多支持、多配合，並且在既有基礎上向前進，才能獲得更好的成果。

李瑞騰：

感謝大家在短時間內，提出這麼多精彩、寶貴的意見。

大體上，我們都有十分强烈的感受，那就是傳統在日漸失落中，這問題長期以來一直存在從事文化工作者的心中，同時也成爲很大的隱憂，不過，與其感歎、抱怨，不如去面對，並且思考，我們到底能爲藝文做些什麼？例如，每個地方是否有這樣一份紀錄，刊載有關當地舊有的藝文傳統，以及流失的情形？而這種紀錄的缺乏，便也是一個值得加强的問題。

面對目前文化發展上的阻礙，如中央、地方經費的分配不均，政府重經濟發展，忽略文化建設等現象，我們總有份無力感與無助感，但是，我們如果不能力圖解決，而任由無力感持續下去，則終其一生，將無法看到藝文開花結果。

今天，聽到大家的寶貴意見，其中有許多論點是以往未曾聽過的，像周天龍先生所提的，要文化總動員，許振江先生說的，要自助才會人助，以及王希成先生談到的，藝文的心是癡、是狂。的確，假使人們能以奉獻宗教的心，相同地奉獻在藝文上，蓬勃的藝文環境則將是指日可待的。此外，許福能先生以一個歷史見證人的身份，爲我們提供寶貴的個人經驗，也值得大家的重視。

再次感謝大家在這個寒冬中，用最寶貴的意見溫暖彼此的心，謝謝！

台中

山海之間

台中的歷史及其文化發展

◎陳炎正

台中縣詩學研究會總幹事

引言

台中位居本省中部，依其地理環境而言，應涵蓋著整個台中縣、市一帶地區；若從其歷史文化發展的過程來看，亦有其密不可分的關係。

在整個大環境裡，台中是背山面海，呈東西狹長狀。東屏中央山脈，與宜蘭、花蓮兩縣相接壤；西瀕台灣海峽；南界彰化、南投；北鄰苗栗等縣。

總面積包括台中縣的二、〇五一・四七一二平方公里及台中市的一六三・四二五六平方公里，幅員遼闊，在地形上因受背山面海的關係，向西傾斜，除東北部和平鄉屬於山地外，其餘均爲平坦地形，爲台中盆地的主要構成因素，雖山坡地與平原約各佔其半，而自形成一縱長地帶。

境內主要河川有大安溪、大甲溪及烏溪（下游稱大肚溪），皆從東流向西，貫穿而過；其間以大甲溪最長，爲本省四大河流之一。至於山嶽部份，主要有雪山，海拔三、八八四公尺；南湖大山，高三、七四〇公尺；中央尖山，高三、七〇三公尺。除了高山地區外，餘皆爲亞熱帶氣候，年平均溫二十二度，終年無酷暑嚴寒之季節，自然資源豐富。經濟活動方面，以傳統農、漁、牧生產佔多數，近年來工商日趨發達，尤以台中港完成通航以來，發展潛力更是雄厚，現代化都市的形成，爲將來台中大都會區，更勾勒出美麗的遠景。

歷史淵源

台中素有「文化城」之稱，究其文化發展與早期的智識份子凝聚，不無原因。從歷史發展過程中，我們不難發現此地早期的文風昌盛與其文化人口之多，無不執全省之冠，亦爲本地區人文之特色。

從歷史的考察，我們可以看出台中地區孕育了不少人材，譬如早期的科學人物，有進士丘逢甲、舉人吳子光等，不但著作等身，才華洋溢，堪稱爲一代文豪。尤以日據時期，台中智識份子不堪異族欺凌，紛紛覺醒，先後組成「文化協會」以及創立「台中中學」等，而成爲當年抗日民族運動之中心，聲勢所及，各方響應，使日本統治者疲於奔命，霧峯林獻堂先生就是主要領導人之一。

台中市位居要津，人文薈萃，開風氣之先，曾爲中部首城，早在光緒年間即有興建台灣省城計畫。而台灣光復後，由於省府遷入中興新村，其地位亦隨之益形重要。

台中一帶地方，早期原爲土著族之平埔族（PAZEH）與泰雅族所盤踞。十七世紀以來，始有漢人入墾；迨至康熙年間，更有大批閩、粵移民來此開發，而奠定今天台中地區繁榮的基礎。至於早期移民社會，以閩籍居多，因地利之便，大都聚集於西部平原地區，如清水、大甲、台中附近地區，此處沃野千頃，多經開墾爲良田。其後，粵籍居民亦陸續來台，則往偏遠山區拓殖，如東勢、石岡等山城一帶。

開發先驅

根據文獻記載：「台中地區之開發，於康熙五十五年，岸裡社土官阿莫請墾貓霧捒之野，諸羅知縣周鍾瑄許之。」是爲台中開發之濫觴。康熙六十年（公元一七二一年）朱一貴事件平定後，總兵藍廷珍以台中附近平坦肥沃，宜於墾殖，於是招募大批移民來此開墾，日後遂漸成聚落。

至於台中平野整個開發，應歸功當時岸裡社通事張達京，以「割地換水」的方式從事大規模開發。當清廷領台之初，台灣可說仍屬遍地蠻荒，所謂：「生番出沒其中，人跡不經之地，延袤廣狹，莫可測識。」全台除府治外，土著雜居，卻因其生產技術落後，未能充分利用此一廣大土地，而急速形成爲漢人爭取目標。

割地換水

台中地區在早期先民取得土地權時，是以「割地換水」方式來進行交換，可說在諸多方式中最爲理想的一種。如張振萬（張達京墾號）等組成的「六館業戶」，以及業戶張承祖（張達朝墾號），分別於雍正十年（一七三二）及十一年間，先後與岸裡社等訂約，以開鑿葫蘆墩圳，引進大甲溪水灌漑爲條件，而換取台中盆地的大片土地。所謂「六館業戶」即開闢台中平原之著名六戶「墾首」，雖屢經分合、典押、頂讓而「六館業戶」之名始終未廢而爲世人所習知。其中所謂之六館以張達京爲首之「張振萬」墾號，即爲通事張達京所有。據乾隆五十六年（一七九一）四月初二日，台灣北路理番分府金黎給潘士興之「嚴禁覬覦社課番租諭示」，引土官潘敦仔之子潘士興稟文所稱：「奈番不諳耕種，隨招漢通事張達京即張振萬招墾成田。」由此可知，雍正十年（一七三二）十一月所立之「給墾約字」，張達京不僅早已招佃墾耕，有其「田地、牛埔地」，且鑿有「張圳」以資灌溉，惟張圳「水源不足」，未能使全域水田化，是以張達京與諸社番衆商議出「割地換水」之法，請到六館業戶，以提供工本錢，募工開築朴仔籬口大埤，而從事其大規模開發台中平原的計畫。

設官伊始

台中地區最早形成市街且設有官衙門者，當首推「犁頭店」（今台中市南屯）。此地位居台中盆地西側，在中部開發初期，爲彰化通往台中交通要道，與鄰近的四張犁、大里杙（今台中縣大里鄉）鼎足而三，爲台中早期三大市街之一。康熙末年，先民來此開發，以其地勢平坦，宜於耕種，隨之農業發達，製造及買賣犁頭（農具）者較多，因而得名。雍正年間，移民到此墾拓已相當繁盛，遂於雍正十年在此設置貓霧捒巡檢署。迨至乾隆五十一年（一七八六）大里杙庄人林爽文發動武力抗淸時，此地遭受兵火洗禮，村落商店，全被燒燬，後來雖重建市街，然其繁榮已不及大墩（台中市）。

台中市舊稱「東大墩」，又稱爲「大墩街」。當雍正十年，犁頭店設置巡檢司衙門時，曾派有兵員駐劄於此，並在其高處（今中山公園內之土山）建有砲台，遂之市肆漸成，商業亦日趨發達；後來由於林爽文、戴萬生之役，同遭兵燹，一時元氣大傷。到了同治年間，居民大增，商業活動隨之興起，遂將舊有市區劃分爲頂街、中街、下街等三區，市區以販賣土產或經營米穀生意爲其主要的交易。同時以今之西屯區，稱爲「西大墩」將大墩擴大延伸到西部，遂有東西之別，今台中市又稱東大墩。

建府始末

光緒十三年（一八八七）台灣陞建行省，巡撫劉銘傳將全台劃分爲台北、台灣（中）、台南三府，並以台灣府爲首府，設於台中橋仔頭地方（今台中市復興路酒廠附近），同時劃分原有彰化縣東北境，新設台灣縣（今台中縣、市）爲附郭首縣。在東大墩、新莊仔、橋仔頭間建築城垣、衙署、廟宇等以爲府、縣城及省會。

光緒十五年（一八八九）八月，府城由台灣知縣黃承乙奉命負責設計監造，地方仕紳吳鸞旂（貢生出身）爲總理。於是著手興建八門、四樓；並在府治東門外建立社稷壇及風雲雷雨山川壇，於小北門內建有文廟，文廟附近設考院（秀才考棚）及宏文書院（今台中市政府），而台灣縣署則建於府治中心。翌年，中路統領林朝棟，派兵役動工修城壁，至年底，壁基陸續完成，周圍凡六百五十丈，工程費達二十一萬五千兩，全城面積三百七十五甲六分餘地。當其時，除小北門外大墩街市肆林立外，城內聚落不多，大都尚屬水田郊野。

迨至光緒十六年（一八九〇）十月，巡撫劉銘傳因病辭職，由布政使沈應奎署理；翌年三月以邵友濂繼任。邵氏以台中距離南北均遠，海陸路交通不便，南北有事，接濟困難，且因建設經費難籌，乃中止建築工事，並將省會移於台北，建府之事功虧一簣，遂任其荒廢。

文風昌熾

台中地區未開發前原爲土著族所盤據地，先住民族有語言而無文字，即所謂之「無文字之文化期」，當無文教可言。溯自康熙五十五年（一七一六）請墾以來，始有大批漢人移住。雍正末年，初有晉江人蔡德榮至寓鰲（今清水鎮）設帳授徒。嗣後，嘉應州人古嘉會幙吳子光等相繼來台，獎掖後進，而多所造就。嘉慶四年，大肚西雝社創立，範圍包括台中西部濱海地區。道光年間，更有鰲峯（清水鎮）、文蔚社（南屯）、文炳社（四張犁）、文英社（神岡鄉）振文、鴻文社（大雅鄉），及光緒年間大肚磺溪書院等相繼成立，於是台中地區文運大爲振興。同時，由於文教興起，人材輩出，科舉人物，大放異彩；其間，以進士丘逢甲，聲名特著，先後主講崇文、羅山、宏文書院，造就人才，不勝枚舉。

光緒二十年（日明治二十七年）中日戰後，清廷失敗議割台澎。台人義不臣倭，乃立台灣民主國以抗之；義軍所在蜂起，抗敵保鄉，穴胸斷脰，可歌可泣。其間出身於名場中者，亦復不少，惟身歷變亂，義憤塡膺，每託於詩以見其志，故佳作輩出而特富民族正氣，無不感人肺腑，如丘逢甲之離台詩六首：「宰相有權能割地，孤臣無力可回天」等句，亦曾風誦一時。

日據初期，本省有志人士，爲鼓舞民族思想，維護我們傳統文化，每以詩酒掩其跡，於是各地詩社相繼創立；其間以台中霧峯林癡仙、林幼春所組成之「櫟社」最具規模，而社員皆一時之選，牛耳騷壇，特著聲名。當其時，日人爲收攬民心，並禮遇賢士，乃弘開所謂之「揚文會」；繼之，而我國大陸人士章太炎、梁任公等，亦先後蒞台，因而詩學盛極一時，酬唱風靡全省。

民國十年（日大正十年）後，爲本省新文學之發軔。溯自新文學運動，乃與新文化運動同出一轍，嗣受世界新文藝思潮之影響，傾向寫實主義，針對貴族文學而反對藝術至上之觀念，即所謂之「文學反映人生」。惟在其時曾展開一場新舊文學論爭，而本地大甲鎮人陳炘（美國哥倫比亞大學畢業）首先在「台灣青年」雜誌發表：「文學與職務」論文，主張文學之任務在於傳播文明思想，負有改造社會之使命。

本省光復後，近年來由於我國經濟社會突飛猛進，同時在文學藝術方面亦有相當發展。就近代文壇而言，即可分爲新、舊兩種；在舊式之傳統文學裡，以各詩社或聯吟會爲主，由於近年來老成凋謝，欲振乏力，大多流於名存實亡之狀態。至於新文學方面，因早期以日文寫作者，一時無法突破語言障礙而擱筆，但從日文轉至中文之作家，同時負有傳遞日據時期新文學運動香火，而建立其嶄新之台灣現代文學之使命。

近年來台中地區的藝文活動隨著文化建設的積極推展，已有長足進步，惟文藝寫作風氣及創作則有待提昇，爲結合文壇之力量，以開創台中文藝新氣象，先後曾成立不少藝文社團，以期共同推動各種藝文工作。

文化啓迪

在日本據台的最初二十五年間，日人統治權力大部分著重於經濟方面，對於教育並不重視。當時由於梁啓超的來台，給予民族運動當不無鼓舞作用，而後來這些文化運動啓蒙以及其主要領導人物亦不無以台中爲其大本營。

溯自甲午戰後，日人統治台灣，當以其利益爲依歸，不管在政治或經濟上所受壓迫與剝削，可說是一部日本的殖民統治史，亦是台灣社會運動史。從一九〇一（明三十四年）霧峯林朝崧（號癡仙）創立「櫟社」起，以及後來的「台灣文化協會」、「台中中學」等相繼成立，其主要幹部與活動，對於文化啓迪喚起民族覺醒，或投私財從事育英工作，或糾集青年知識份子於麾下，莫不以林獻堂爲中心，而朝向實踐運動發展。

古蹟林立

古蹟爲歷史文化的表徵、人類生活的反映。因此，我們可從這些文化古蹟，而獲悉早期的社會、政治、經濟和文化背景，同時鑑古知今，進而策勵將來，因爲歷史文化必須經過漫長歲月累積而成。台中地處本省中樞，向以物產富饒、人文鼎盛著稱。尤以早期世家豪宅遍佈境內各地，就其建築結構本身而言，無不格局嚴謹、裝飾精緻，亦不失爲前清傑出名匠師的精品，並極富其社教功能和歷史文化意義之價值。

茲以台中地區現存各類傳統建築爲例，略舉具有代表性及經國家核定列級者，簡述如後：

台中市昔稱大墩，光緒十二年（一八八六），台灣巡撫劉銘傳，勘定在此建立府治。十五年開始建城，並先建八門四城樓及周圍六百五十丈。嗣因劉氏卸任而告中止，日據時期，因修築街道，將其所有城基拆除迨盡，如今尙有北門城樓移置於中山公園內，亦即爲台灣府城僅存遺蹟。其次，如文昌廟、張廖家廟及萬和宮、萬春宮、樂成宮、元保宮等皆爲台中有名古廟。

至於台中縣方面，現有列級古蹟爲霧峯林宅（第二級）、大肚磺溪書院、社口林宅（大夫第）、大甲文昌宮及林春媽節孝坊（以上爲第三級）等。其間，尚有未列級古宅，如神岡筱雲山莊、潭子摘星山莊等建築，因其建築格局嚴謹，裝飾精緻，具有相當的特色而聞名遠近。

筱雲山莊，建於同治五年，爲光緒十四年戊子科學人呂賡年之別業也；與林氏「大夫第」、「摘星山莊」，其所採用之形制，似同出一轍，爲本省現存許多古厝中，獨創風格。呂氏三代俱爲秀才，故文風特盛；同治年間，名舉人吳子光來此講學，里中好學之士，無不翕然而歸。難怪在吳芸閣文集裡說：「呂氏別業成，樓台花木，壯麗甲于海東，其間並庋藏古籍數萬卷，經史子集，燦然大備。」而這些古建築其最大特色是「無處不雕、無處不畫、無處不書。」建築之精美，不但精雕細琢，同時亦反映出我國傳統的「書香門第」之氣息、極具歷史文化價值，至此觀覽，莫不令人發思古之幽情。

台中縣的藝文景觀

◎硯　農　作家

台中地區的地理環境

台中地區東臨中央山脈，西濱台灣海峽，北有大安溪與苗栗縣爲界，南有大肚溪與投、彰爲鄰，境內尚有大甲溪橫貫。大部分爲山地，平原地區約占三分之一。就地理景觀而言，台中縣市實不可分割，名聞中外的觀光勝地很多，如武陵農場、梨山、大雪山、德基水庫、谷關、八仙山、東勢及大坑等地，都有同屬的山脈水局。

然台中縣、市的發展卻有別，貧富差距亦大，究其因素，乃台中市南有大肚溪環抱，境內支流沿東部山麓蜿蜒而過，形成肥沃的平原，工商繁榮，人文薈萃，就連圍繞台中市而屬於台中縣的大里、霧峯、烏日、太平等鄉鎮，亦同沾其光而發展迅速。

至於台中縣的發展條件就遜些了，除了大甲溪中游經天冷然後往北流經東勢彎抱後，再西出台灣海峽，在溪水環抱的豐原地區稍有發展外，其他大甲溪及大安溪下游，都是溪水直衝大海，並未帶來肥沃的土質。也因山川阻隔，故台中縣有山線及海線之別，山線較有發展，海線則顯落後。

台中縣藝文景觀剖析

凡有河山綿延之處，風景秀麗，自是藝文創作的最佳環境，當然也是文藝人才的搖籃。撇開文化重鎮的台中市不談，就台中縣而論，雖不如台中市之蓬勃，但亦可就文化發展的遲速軌跡來析論：

文化高度開發地區——

以山線（豐原地區）爲代表，因有河川彎抱，且最接近秀麗的風景區，區內觀光資源豐富，土地肥沃。藝文景觀方面，以藝術創作較有成就，老一輩的藝術家如葉火城、劉國東、林有德、呂泉生、林之助等人，皆孕育於此；年輕輩的藝術家自能薪火相傳。這些藝術家大部分居住在豐原市及東勢鎮。

文化中度開發地區——

以海線（清水地區）及大屯區爲代表，河流雖未彎抱此地，唯因接近蜿蜒起伏的山區，鍾靈毓秀，文風亦盛，新生代的藝文作家輩出。美中不足之處是政府忽略他們的潛在能力，各種藝文活動未能普及延伸該區，致使他們孤獨奮鬥，缺乏照顧及提攜。這些藝文作家海線地區大部分集中在清水鰲峯山麓一帶，大屯區則以霧峯及太平鄉最多，部分散居大里及烏日；而大屯區則有台中市的優良藝文環境可薰陶，尙不寂寞。

文化低度開發地區——

山線以神岡、后里，海線以大甲、梧棲、大肚等地爲代表。這些地區或平原、或海邊，土地貧瘠，適合農漁業的發展。因爲少有文化刺激，藝文活動更不普及，故民風質樸，傳統技藝較能保存，如南北管、鑼鼓陣、獅陣、織蓆等。從事藝文創作者，大都離鄉背井，在外奮鬥，尤以海線地區儼然成了文化的「棄兒」。

台中縣重要的藝文團體

•台中縣立文化中心

該中心位居豐原市，成立至今已九年，在洪主任慶峯精心擘畫下，頗有活力朝氣。最大貢獻在年年舉辦藝術及文學薪火相傳，提攜許多藝文作家；有系統地典藏民間文化財等措施，頗能引起文化界廣大的回響及口碑，許多活動甚至成爲全國各地文化中心的典範。如果台中縣政府能再全力支持並協助該中心平衡山海線的藝文發展，則必能如虎添翼，不假時日，台中縣將可成爲文化大縣。

•財團法人台中縣文化基金會

該會在推廣詩畫、舞蹈、攝影等方面頗有績效；近年來更有意結合地方各藝文團體，曾舉辦多次聯誼活動，逐漸受到矚目。唯該會組織結構能稍加改組，開放有活力的藝文界領導人參與決策，重新扎穩該會的藝文角色，釐定發展策略，當是文化界明日之星。

•台中縣美術協會

該會成立於民國七十年五月，在歷任理事長曾維智、陳石連、林有德、林天從、劉國東的領導下，會務蓬勃發展，會員近百人。去年廖大昇接任理事長後，除了每年例行舉辦春秋兩季會員聯展、會員郊外寫生外，更創辦「中縣美術季刊」，已發行兩期；舉辦美術欣賞研討座談會系列講座，每兩個月舉行一場，已辦三場；目前更積極籌畫假中部各文化中心舉行巡迴展。這些一連串的出擊，已大大提昇該會的美術領導地位。

‧台中縣文藝作家協會

該會成立於民國七十五年九月，由張恕及洪富連創會，並擔任理事長及總幹事，會員有一百五十餘人。五年來，已舉辦數十場文學及藝術活動，無論縣內、中部地區及至全國性的藝文活動，已造成國內文壇的轟動。最有口碑的是每年策辦大型的散文、詩歌、小說研討會或研習營；八十年的「全國名家格言書法大展」中部巡迴展；出版年刊「中縣文藝」；爲台中縣立文化中心策畫「文學薪火相傳——台中縣文學家作品集第一輯十册」等。其中「中縣文藝」已出五期，期期精采，不但國內讀者索購一空，連大陸地區也有讀者投稿；至於台中縣文學家作品集更震驚文化界。由於該會有許多强勢的義工幹部及豐富的策畫人才和幹練的行政經驗，許多政府社教機構，紛紛委辦藝文活動，現今正承辦文建會的「全國現代詩研習營」就是明證。

‧其他藝文團體

①台中縣攝影學會：成立於五十六年，會員近三百人，經常舉辦攝影活動及技術研究。

②中堅攝影學會：成立於六十五年，會員五百餘人，年輕人居多，參加影展，屢獲佳績。

③台中港區攝影學會：成立於七十七年，會員百餘人，舉辦攝影活動，義務指導攝影技術，頗具活力。

④牛罵頭畫會：成立於六十七年，會員十餘人，每年於海線及台中市巡迴展覽，並協助淸水鎭舉辦各項展覽及寫生比賽，頗獲好評。

⑤葫蘆墩美術研究會：成立於七十九年，會員三十人，參加多次美展，成績良好。

⑥救國團台中縣團委會「中堅期刊社」：每月出版精美的刊物，深獲在學青年的喜愛。
⑦明道中學的「明道文藝」及每年與中央日報合辦的全國學生文學獎，則頗受矚目。
⑧其他如台中縣孔孟學會、慈光文教基金會及由各企業界支持的各種文教基金會，偏重社會服務或宗教活動，在此略之。

尚有許多社團，如文學類的台中縣謎學學會、台中縣詩學研究會、台中縣青年寫作協會、台中縣青溪新文藝學會；藝術類的台中縣兒童美術教育協會、台中縣音樂協進會、台中縣書法教育學會、台中縣書學研究學會、台中縣書法學會及逍遙學會等，有的偶有活動，有的已有名無實，有的多年不改選理監事，有的尚待出發。

以上各藝文團體係筆者所能搜集到的資料，如有遺漏或報導失誤之處，敬請包涵。值得注意的是這些社團，絕大部分會址或負責人，不是在豐原，就是在清水；尤其當前最有活力也最有績效的社團台中縣文藝作家協會及台中縣美術協會，會址及負責人皆在清水。

藝文界的心聲

台中縣因受限於地理環境，文化發展並不均衡，山線為藝文重鎮，又有文化中心就近經營，其藝文成長自不在話下。反觀海線地區的文化建設，落後甚多，許多有水準或高層次的藝文活動，該區民衆無福享受，其所受不平等的待遇，最直接反映的是中央民代及縣長選舉時，國民黨提名的候選人選票大量流失。藝文界及知識分子對政府多年來重山輕海的政策之不滿，可見一斑。

再者，大屯區的烏日、大里、霧峯、太平等鄉鎮，民衆的生活圈及藝文活動，皆與毗鄰的台中市連成一體，加以台中縣政府對該區的建設，稍嫌緩慢，籠絡力不足，台中市又頻頻向這些鄉鎮招手，欲「吞併」而後快，值得有關單位重視。

職是之故，筆者呼籲台中縣有關單位，要加强海線及大屯區的建設，普及藝文活動。尤其清水人掌握全縣半數以上有力的藝文團體，縣府應在清水人口稠密的市區設置藝文活動中心，積極爭取行政院文建會計畫中的「文藝之家」及「現代文學資料館」設置於清水。其次，加强大屯區的藝文界連繫與支持，莫使他們成了台中縣的「棄兒」，而被中市「收養」。再者，鼓勵而大力支持有活力的社團，共同推展藝文活動；並扶植奄奄一息的社區報紙，莫讓其自生自滅，而挫折這些藝文工作者的熱忱及志氣。最後要多培育本已受到忽略的文學家，協助他們默默的筆耕終能開花。當然從事文藝工作者，亦應挺身而起，合力爭取自身地位，並參與藝文活動，則是文化建設成敗的關鍵。

如果要均衡各地的文化水平，並與台中市達成互補作用，則台中縣市合併成院轄市，應是藝文界的期望，以台中縣的「地利」，配合台中市的「人脈」，則台中區應可發展成台灣的文化重鎮。

台中市的文藝社團

⊙桓　夫　作家

・中國文藝協會中部分會

戰後，中國文藝協會於民國三十九年五月四日在台北市成立。繼之在台中便有「中部分會」的組織，係由童世璋、楊念慈、李升如等主持。依據宗旨：「團結文藝界人士、研究文藝理論，從事文藝創作、展開文藝運動、發展文藝事業」而發足。早期十幾年的活動比較積極活潑，每年召開五四文藝節慶祝大會，推薦優良創作參加文藝獎，定期或不定期學辦作家聯誼，藝文作品展覽、文學創作座談會等；並在民聲日報、台灣日報開闢「文藝雙週刊」專頁，刊登會員創作理論與新詩，培育不少新人。又經常配合台北總會學辦活動。

當時活躍的作家有童世璋、楊念慈、王逢吉、李升如、王孝、王映湘、古之紅、高鳳池、武忠森、崔百城、徐伯超、白慈飄、何羽萍、崔焰焜、詩人有丁穎、林亭泰、白萩、桓夫、秦嶽、彩羽、張效愚、鄭仰貴等，均留下有豐碩的著作，其中白萩的詩獲得四十四年第一屆中國新詩獎、楊念慈的小說獲得四十九年第一屆中國文藝獎章，值得一記。

・台灣省文藝作家協會

中國文藝協會中部分會在其宗旨「團結文藝界人士」這一點不夠和諧，幾位共同主持者之間，由於主權之爭而告分裂。於民國六十五年李升如便另行發起組織「台灣省文藝作家協會」。嗣後據於省都地利之便，呼籲全省各縣市紛紛設立分會。

不過，其舉辦的活動實況卻與中國文協分會之動態大同小異，除了每年召開年會，發行「中興會刊」（年刊）外，同時頒發文藝獎章，鼓勵作家及文藝工作者的創作成就與功勞，而活動本身均屬聯誼性質，未有突出的文藝創作與研究成績。

・青溪新文藝學會台中分會

由具有後備軍人身份的作家及文藝工作者所組織的青溪新文藝學會台中分會，亦繼中國青溪新文藝學會於民國六十四年成立於台北市之後誕生。所有會員大多與前述中國文協台中分會及省文協之成員重複。歷任理事長爲童世璋、謝文昌、盧精華、陳篤弘等，現由王映湘擔任理事長，負責推動會務。

其活動內容性質，均不出於前述兩個協會所辦之範圍。祇因後備軍人爲對象，藝文作家素質參差不齊，而會員人數較多。

・中國青年寫作協會台中分會

跟其他縣市一樣，台中市青年寫作協會，亦以「團結青年作者、培養青年作家興起，提高寫作水準」爲宗旨，而發行「中市青年」雜誌，提供給高中、高職、國中青年學生爲對象的園地，推動青年文藝。

「中市青年」創刊早期每年出刊二期或四期，自第廿七期以後每年扣除寒暑假時間發行八期，迄今已發刊第七十八期。由詩人秦嶽主編，採踏實的風格，帶動青年創作風氣，提高寫作水準，頗有功效。

•台灣省兒童文學協會

台灣省兒童文學協會於民國七十八年十二月十七日成立於台中市。係全省從事兒童文學創作與理論研究，推動兒童文學教育的學校教師及社會人士一百六十多名為成員所組織。雖然成立不久，但以中部為活動起點擴及全省，每年定期執行的業務如左：

1.出版「滿天星」兒童文學雜誌，已發刊廿一期，刊登兒童詩、童話、少年小說與理論、研究報導等，提高水準，開拓兒童文學新的世界。

2.舉辦「全省兒童文學創作研討會」，會中發表論文，講評及座談，針對兒童文學的發展改進，提出實質的研討。

3.以小學教師為對象，舉辦春、秋季兒童文學研習班，並於暑假舉辦「兒童文學創作研究夏令營」，推廣兒童文學與教學指導研究。其實習作品均於「滿天星」雜誌發表。

4.舉辦小學老師及小學生為對象的「兒童文學創作有獎徵文比賽」，得獎作品均在「滿天星」雜誌刊登。

5.蒐集會員著作以協會叢書出版。充分反應多年來台灣兒童文學發展的風貌。

該協會業已進入第二屆，其連任理事長陳武雄以及十數位理監事均持最大熱情推廣業務，期以培養兒童優美的感性與善良人格的增長，能導致美好的社會環境而努力。

台中市的美術團體（編輯部）

•台中市美術協會

台中市美術協會創立於民國四十三年三月，是台中市成立最早的美術團體，但始至民國五十九年二月二日才正式在台中市政府登記立案。其創始會員計有林之助、楊啓東、顏水龍等十二位美術研究愛好者，重要活動計有：⑴每年美術節定期擧行美展，除會員外並徵求會外作品參加，並設置各項獎勵辦法以獎勵得獎作家。⑵擧辦多次特別展出，包括非畫家畫展以及各項義賣畫展。⑶協助地方擧辦寫生比賽和會員個展等。

•中國書法學會台中市支會

該會成立於民國五十五年七月十日，創始會員爲邱淼鏘、呂佛庭、林猷穆等人，擧辦的重要活動如下：⑴會員書法展。⑵會員書法欣賞會。⑶中部名家書法展。⑷台灣地區當代名家書法展。⑸台中市書法名家書法聯展。⑹中部青年書法展。⑺青少年書法展。⑻中日韓書畫展等。

•藝術家俱樂部

藝術家俱樂部成立於民國六十一年一月，創始會員爲黃朝湖、謝文昌、陳其茂、王榮武。曾主辦重要活動如下：⑴每年擧行會員聯展。⑵擧辦中日畫家聯展。⑶在東京擧行三次會員聯展。⑷在台北、高雄、澎湖、台南擧行巡迴展。⑸協助會員擧行個展。⑹協助社團擧辦美術比賽。⑺擧辦「美術家之夜」等。

•中華國畫聯誼會

此聯誼會創立於六十一年三月九日。創始會員有汪浩、許朝權等人。重要活動有國畫聯展，聯合義賣展，中、日、韓三國聯合水墨畫展等。

・東南美術會

該會創立於民國六十二年十二月十二日，重要活動計有：每年舉行二次展覽會（春季、秋季展覽會），以及協助會員舉行個展等。

・春秋美術會

春秋美術會成立於民國六十五年二月五日，創始會員有楊啓東、楊啓山、馬朝成、羅秀雄等四人。重要活動爲：春、秋兩季舉行作品發表會。民國七十年適逢成立五週年，該會在台北市省立博物館舉行五週年旅北聯展，此活動甚獲好評。

・具象畫會

具象畫會成立於民國六十五年九月廿八日，創立會員爲王守英、謝峯生、簡嘉助、倪朝龍、曾得標等五人。重要活動爲歷屆舉辦具象畫會展至今，並曾於七十年七月應邀赴日本沖繩學辦具象畫會琉球邀請展。

・國風書畫會

該書畫會成立於民國六十五年十月廿五日。創始會員爲施華堂、江錦祥、張邦雄等人。重要活動爲每年固定舉辦國風畫展。

・中部雕塑學會

中部雕塑學會創立於民國六十六年六月，創始會員有唐七、張純璋等人，重要活動計有：(1)每年舉辦中部雕塑藝術大展。⑵配合各種活動舉辦作品聯展。⑶鼓勵會員參加各種展覽活動。⑷舉辦座談會及欣賞幻燈片。

•中部水彩畫會

此會成立於民國六十六年九月二十一日，創始會員有楊啓東、楊啓山等十八人。重要活動爲每年九月舉行一次會員聯展。

•弘道書藝會

弘道書藝會成立於六十九年一月，由創辦人陳其銓教授擔任會長，該會曾舉行「弘道書藝師生展」，並於台中市設立「書法師資班」以及「書法基礎班」。

•「現代眼」畫會

該會成立於民國七十一年，創始會員爲陳庭詩、黃潤色等人。重要活動爲歷年舉辦「現代眼」年展。

•大中書畫會

創立於民國七十三年三月廿五日，創始會員有王雙寬、藍培林等人。重要活動則以在各中部文化中心展覽爲主。

•黑白書藝會

該會成立於民國七十三年五月四日，創始會員有何錦榮、王晴頌等人。重要活動爲舉辦聯展，並曾出版黑白書藝三集。

•墨緣雅集

此會創立於民國七十三年十月廿五日，創始會員有林進忠、林詠笙等人，重要活動爲舉辦聯展。

・大台中美術會

大台中美術會成立於民國七十五年一月三日，創始會員計有黃朝湖、黃榮輝、紀宗仁等卅一名。重要活動除了舉辦大台中美展外，並曾於台中市文化中心舉行中韓美術交流展。

・五線譜畫會

該畫會成立於民國七十六年元旦，創始會員有廖本生、賴仁輝、游昭晴、陳啓智等四人。重要活動以舉辦聯展爲主。

・中正百齡書畫會

創立於民國七十六年三月廿八日，發起於台中市文英館。創立會員有鞏健民、李麗芬、申明等人。重要活動爲舉辦聯展，並印製畫册。

・修特藝道聯盟

該會創辦於民國七十六年九月十九日，創始會員爲巫然基、楊啓東等人。重要活動爲在各文化中心學辦展覽。

・大道書畫會

該會成立於民國七十八年十月廿五日，發起於台中市國原藝品館。創始會員有湯登平、王健奭等人。重要活動爲定期學辦聯展。

・覊島美術學會

創立於民國七十九年七月廿二日，創始會員爲朱魯青、胡惇岡等人，重要活動爲學辦兒童感覺寫生比賽、藝術研習營以及會員聯展等。

•創紀美術會

創紀美術會成立於民國八十年十月，是台中市最新興的美術社團，創始會員有吳秋波、游朝輝、羅秀雄、黃義永、施純孝等五人。

本土文學發祥在台中

◎陳千武　作家

一

這裡所稱「台中」不是指一個縣或市，而是指日據時期的台中州，管轄彰化、南投、豐原、台中四縣市的大台中之稱謂。

凡是地方文學的興起，應該從其地方出身的作家詩人個人優異的創作成就，以及詩文結社活動的功效來考察。亦即個人優異的文學創作必會影響一般，可能提昇地方文運風氣與水準。而詩文結社，即靠衆多文人聚集互相琢磨，交換智識，促進追求文學實質的心靈活動，可能造成地方文學的特徵，得予增加文化資產，留給後代。

二

台中最初的文人結社，應該算霧峯林癡仙、林幼春於一九〇二年發起成立的「櫟」詩社。

「櫟」詩社係舊文學漢詩的擊鉢分箋、互相酬倡，以「風雅道義相切磋，兼以實用有益之學相勉勵」爲主旨的詩人集團。當時在日本殖民統治下，爲了保存國粹漢文學，抵抗淪陷苦境，强調民族意識與文化啓蒙，才齊集同志，期以「實用有益之學」相勉勵。當時的文人以作詩的行爲，認做「實用有益之學」，肯定精神活動的重要性，確實值得現今世人大大反省的信念。

參加「櫟」詩社社員遍及中部各地。較有影響力者，除發起人林癡仙、林幼春、賴紹堯外共有霧峯林獻堂、台中林子瑾、淸水蔡惠如、台南連雅堂、鹿港陳懷澄、潭子傅錫祺、大甲莊雲從、東勢葉篤軒、豐原黃炎盛、苑裡鄭濟若等，均爲地方耆宿名紳。

「櫟」社自成立以後，每年春秋均有聚會擊鉢吟詩，一直到一九三一年停止活動爲止，擁有三十年的歷史。其間：

一九一一年四月二日，迎接粵東名士梁啓超父女及湯覺頓，邀請社內外詩人二十多位，集於瑞軒聯吟作詩。

一九二二年舉辦「創社二十週年紀念題名碑」落成典禮，邀來台北瀛社、桃園桃社、嘉義羅山吟社及玉峯吟社、台南南社以及來自新竹、鹿港、彰化、台中等地詩人墨客三十五人，連社員共五十四人齊集一堂，朗讀祝詩，開音樂會、聯吟作詩。其詩榜揭曉竟至夜半十二時以後才完成。

可見「櫟」社在全台灣漢詩社之中，屬陣容較大、交流最廣，影響力最深的集團。「櫟」社留下著作文獻也不少，如連雅堂著「劍花室詩集」、林幼春著「南强詩集」、林癡仙著「無悶草堂詩存」以及「櫟社第一集」「櫟社沿革志略」等，對台灣詩文學的貢獻，確有不能否定的實績。

三

「櫟」社社員中，不少持有强烈民族意識者，不但寫詩，且意圖改善日政殖民差別，熱心於政治活動的人士，如林獻堂、蔡惠如即於一九一九年聯合留居東京的台灣青年組織啓發會。後又與其他社員陳懷澄、連雅堂及南投羅萬俥、彰化王敏川、霧峯林攀龍、林資彬、草屯洪元煌、清水蔡培火、台北林呈祿、台南吳三連等組織新民會，會員一百餘名。由新民會指導青年學生組織青年會，於一九二〇年創刊「台灣青年」雜誌，後改稱「台灣」並發展爲「台灣民報」，邁向台灣新文化開展，促進民主自立思想與政治運動的抬頭。

至一九二一年七月十七日，林獻堂又與台北開業醫師蔣渭水等組織「文化協會」，以助長台灣文化發達的啓蒙運動爲旨趣，實際上於喚醒民族意識，造成民族自決氣運爲目的。於一九二三至二六年間，在中南北部學辦政治活動演講會達七九八次，並定期發行會報，開設講習班，學辦夏季講習會等，積極推動文化。

從漢詩文學活動而延伸到民族意識自主氣運濃厚的文化政治啓蒙運動，是「櫟」社詩人們原有的主旨：「兼以實用有益之學」的原意符合而實踐的結果。

四

就新文學創作來看，台中出身的作家詩人，都走先鋒而建立其個人的文學成就。

一九二〇年「台灣青年」雜誌發刊，促進了台灣新文學的誕生。彰化二林人謝春木（筆名追風），在「台灣青年」改稱「台灣」雜誌的第三年，用日文發表台灣最初的新文學小說「她往何處去」，同時也發表題爲「詩的模倣」四首台灣人最初的日文詩。而同爲彰化鹿港出身的施文杞即發表「假面具」等，台灣最初的漢文白話詩。

日據時期二十年的台灣文學活動，從此啓開大門，出現了不少的作家詩人。有的用日文，有的用漢文白話，從事個人喜愛得意的創作。

在此時期，參與創作活動比較活躍的台中作家詩人，計有前述的謝春木、施文杞，以及賴和（彰化）、陳滿盈（筆名虛谷、彰化和美）、王白淵（彰化二水）、楊守愚（彰化）、蔡嵩林（彰化鹿港）、賴明弘（豐原）、吳坤煌（南投）、翁鬧（彰化）、吳慶堂（筆名繪聲、彰化）、黃衍輝（台中）、吳坤成（南投）、楊啓東（豐原）、楊俊傑（台中）、江燦琳（台中）、曾璧三（豐原）、巫永福（南投埔里）、陳瑞榮（筆名垂映、台中）、王火科（台中）、邱淳洸（字琴川、彰化）、曾石火（南投）、吳天賞（台中）、陳遜仁（台中）、陳綠桑（彰化員林）、呂赫若（豐原潭子）、張冬芳（豐原）、張文環（台中）、楊逵（台中）、林越峯（豐原）、張深切（台中）、葉榮鐘（台中）、張星建（台中）、莊垂勝（台中）、賴慶（台中）、葉陶（台中）等，幾乎佔了該時期重要作家詩人的半數以上，均留有相當水準與份量的小說、詩或戲曲、隨筆作品。其中張文環、楊逵與葉陶夫婦雖不是台中出身，但分別由南部遷入台中參與創作，極有突出的表現。還有小說家龍瑛宗雖是新竹出身，卻在南投服務，取材於當地執筆「植有木瓜樹的街鎭」，獲得日本「改造」雜誌小說獎。

上述詩人作家從事文學創作的個人成就，均屬本土文學發祥在台中，有其實質貢獻的明證。

五

再就新文學集團的情況來看：

其一，先有台中文人張星建、賴和、葉榮鍾與台北文人陳逢源、黃邨城等，於一九三一年秋成立「台灣文藝作家協會」，發行漢文半月刊「南音」雜誌。「南音」創刊號至第六期在台北舉行，第七期起改由張星建任發行人，在台中編輯發行至第十二期停刊。賴和在「南音」發表白話文小說，聞名最高，造成「南音」高水準的聲譽，開拓台灣語文創作的先鋒。

其次，由台中文人張深切、張星建、賴明弘等發起，聯合南北部文友，於一九三四年五月六日，在台中小西湖酒家召開「台灣全島文藝大會」，參與大會文友八十二人，同時組織「台灣文藝聯盟」，發行「台灣文藝」雜誌，形成台灣文學史上最精彩的紀錄。

台灣文藝聯盟成立以前，文藝界擁有兩個團體，一個是留日學生張文環、王白淵、巫永福、曾石火等在東京組織「台灣藝術研究會」，發行日文雜誌「福爾摩沙」。另一個是台北文學青年黃得時、王詩琅、廖毓文等組織的台灣文藝協會，發行白話文「先發部隊」雜誌。然而，由於台灣文藝聯盟的成立，前者發行三期便併合「台灣文藝」；後者發行二期，因日政府禁用漢文而自行解體。

「台灣文藝」雜誌是台灣文藝聯盟成立六個月後，於一九三四年十一月發行創刊號，至一九三六年八月廿八日出版第十五期後告停刊。在當時的文藝雜誌來說，算是壽命較長、登場作家最多，文化影響最大，最有號召力的刊物。黃得時在「台灣新文學運動概觀」一文說過：「台灣文藝以台中為活動中心，網羅了全島的作家之外，還跟東京支部始終保持緊密的連絡，對於散漫而無組織的智識份子，建立了一個堅毅不移的精神堡壘，爲了黎明期的台灣新文學運動，留下了輝煌的一頁。」也可以瞭解本土文學發祥在台中的實況。

其三、「台灣文藝」出版後一年，以作家楊逵與葉陶夫婦爲核心，集賴和、賴明弘、林越峯以及南部吳新榮、郭水潭，北部王錦江等，合辦「台灣新文學」，於一九三五年十二月廿八日在台中創刊發行。這本雜誌的生命也不短，經過一年半時間，於一九三七年五月十五日發行第十五期（最後二期爲合併號），於七七蘆溝橋事變前夕停刊，另有發行「新文學月報」二期，發表了不少相當夠水準的作品。除外還特輯一本「漢文創作」，卻因「內容不妥當、全體空氣不好」爲由，遭日政府禁止發行。

六

日本政府在太平洋戰爭進入激烈時期，於一九四三年十二月强迫張文環主編的「台灣文學」雜誌停刊。翌年一月也把日人作家西川滿主編的「文藝台灣」廢刊，重新由台灣文學奉公會發行「台灣文藝」雜誌，於一九四四年五月創刊。台灣本土文學創作也因此停頓下來。日據時期台灣詩人作家們的活動也消弭了。

接著日本戰敗、中國政府遷台，新的本土文學尚未起舞之前，有一段相當長時間的空白。而接這一空白的階段，台中卻出現了「銀鈴會」的文學小集團。由豐原后里的張彥勳爲中心，彰化的林亨泰、錦連、卓蘭的詹冰、嘉義的蕭翔文等參爲同仁，於一九四三年發足，跨越戰前戰後在台中活動至一九四九年；其間發行油印本「岸邊草」，後改版爲「潮流」，刊登了不少同仁作品，度過台灣本土文學清淡的時期。「銀鈴會」的詩學活動，雖無產生主導性文學創作的新趨勢，可是上述幾位同仁後來都參與於一九六四年創刊的「笠詩雙月刊」繼續活動，爲本土詩文學的傳承存續有其貢獻，值得一提。

七

戰後本土文學的再出發，是從吳濁流發起的「台灣文藝」及吳瀛濤等創辦的「笠詩刊」兩本雜誌，於一九六四年四月及六月創刊爲起點。「台灣文藝」係以小說爲主的綜合文藝雜誌，在台北發行。「笠詩刊」爲研究本土現代詩創作與理論的雙月刊，在台中編輯發行。

「笠詩刊」採同仁制，目前同仁有八十多位，遍及台灣全島及美國、日本。其成員包括老、壯、青世代；有日據時期開始創作的詩人，如巫永福、吳瀛濤、詹冰、桓夫、林亭泰、張彥勳、錦連（除吳瀛濤外均屬台中人）；有跨及戰前戰後出世的詩人，如白萩、趙天儀、杜國清、岩上、陳明台（以上台中人）、李魁賢、鄭烱明、李敏勇、陳鴻森、郭成義、李勇吉、龔顯榮……等；也有跟「笠詩刊」誕生前後出世的年輕詩人，如張芳慈（豐原人）、張信吉、陳謙……等；由發行人黃騰輝、社長莊柏林爲核心，和藹團結，共同開拓本土現代詩的新境界而努力耕耘。

「笠詩刊」並無標榜流派，同仁各有個人獨自的風格，以多樣性的詩質溶爲一爐，用熟練的現代主義手法融合現實主義的生活實質，表現台灣本土現代詩精神，建立自主獨立的藝術性。其成就早已普遍影響全島，在亞洲如日本、韓國也都受到中肯的認定。在現代詩的國際交流也做了不少的業績，甚獲好評。

八

不論於戰前戰後，台中出身的文學作家詩人們所努力創作的成就；組織詩文結社的活動成果；均直接普及地方文化造成風氣，提昇素質，使台中獲得了文化城的聲譽。

台中是個氣候溫暖、風景明媚的好地方。似乎也因此，台中人的精神氣質都比較好善、眞摯、積極而溫和。早在日據殖民統治下，即以民族自決自主的思想成爲精神活動的底流，堅持原則、忍辱負重，或以直接或以喻性的語言，表現抵抗、批判的文學創作；也啓蒙提昇民心的覺醒，重視人性、道德、倫理的觀念。

如上述，本土文學發祥在台中，文學作家詩人們努力創作留下來的作品文獻累積不少文化遺產。政府主管文化的機構、學校，應該重視，設法加以整理研究；其中必有閃爍的鑽石，使全體住民感到驕傲的精神結晶吧。

◉高惠琳

人力與資金的充分運作

「台中藝文環境的發展」座談會

時間：八十一年一月二十三日下午三時至六時半
地點：台中縣立文化中心
主席：李瑞騰（文訊總編輯）
　　　洪慶峯（台中縣立文化中心主任）
　　　曹烱林（台中市立文化中心推廣組組長）
與會：盧精華（台中縣大明中學董事長）
　　　陳忠秀（台中縣竹林國小校長）
　　　陳千武（作家）
　　　吳訓儀（台中縣太平國小訓導主任）
　　　雷養德（大甲鎮公所社教課）
　　　郭懿慧（台中縣東勢高工教師）

呂幸治（作家‧醫師）
黃明勳（台中縣瑞穗國小教師）
彩　羽（作家）
蔡鎮峯（台中市音樂協進會理事長）
陳其茂（畫家）
王瓊瑢（舞蹈家）
陳篤弘（台灣日報副總編輯）
楊念慈（作家）
陳石連（葫蘆墩美術學會總幹事）
廖大昇（台中縣美術學會理事長）
張自强（台中縣書法學會理事長）
陳炎正（台中縣詩學研究會總幹事）
丁秀雄（台中縣山河國小校長）
林素津（大甲高中教師）
白　萩（作家）
陳憲仁（明道文藝社長）
（以上按發言序）

討論題綱：

一、本地的藝文傳統
二、現階段的藝文活動之檢討
三、如何開創一個寬廣活潑的藝文環境
四、如何形成具有特色的台中文化

反省文化人所扮演的角色

李瑞騰：

過去一年中，在教育部社教司的贊助下，我們持續地舉辦了系列「各縣市藝文環境調查」活動。希望能對區域文化的特色，作深入、廣泛的了解，同時有助於台灣整體文化的發展，且爲長久以來城鄉不均的現象提供協調的可能性。

以往，我們每到一個地方，和當地的藝文人士一同面對大家共同關心的問題時，總會聽到許多意見，有些意見是針對整個國家的行政體系，有些則是針對地方的行政體系。其中，大家最關心的，便是官方在整個文化發展中，到底扮演著什麼樣的角色？以及當前整個社會對文化發展，提供了多少資源？尤其在經濟發展到相當的水準時，按理應該能供給文化發展十分寬廣的空間，但是事實卻不是如此。而在這種體制不夠健全的情況下，甚至造成了文化人某些特異的心理，例如，依賴的心態，他們依賴政府、依賴企業，卻忘了文化事務終究是屬於文化人的事。當然，也有許多文化人已經開始反省文化人所應扮演的角色。以上種種問題，可能會是今天我們所要討論的重點。

感謝台中縣立文化中心爲了此次座談，做了完備的準備工作。現在就先請文化中心洪主任先講幾句話。

相互溝通，凝聚共識

洪慶峯：

今天，文訊雜誌社在台中縣立文化中心舉辦地方藝文環境的發展座談會，可以看出文訊雜誌社對藝文推展的重視。舉辦這活動，我想，最主要的目的在於相互溝通、凝聚共識，期使各地的藝文活動能有更蓬勃的發展。

我個人是在七、八年前來文化中心服務，這些年來一直抱持「宣揚鄉土文化、建立地方特色」的理念。並且從七十四年舉辦「大甲帽蓆收集展」後，陸續舉辦了「台中港開發史」、「和平鄉泰雅族文物蒐集展」、「台中縣客家風物展」等，最近並先後推出了台中縣音樂、美術、建築等發展史。此外，和中研院、台大城鄉建築研究所合作的「台中縣建築發展——民宅篇」的田野調查報告也即將出版。同時，我們也進一步在策劃文學發展史的活動。

其次，在美術方面，從七十七年九月推出「藝術薪火相傳——台中縣美術家接力展」，如今已舉辦四屆，參展畫家有四十二位，並創作了二千件美術作品，足以顯示我們正在慢慢累積文化資產。而在音樂方面，七十七年在陳忠秀校長的協助下，舉辦了「天籟音傳——台中縣音樂家系列發表會」，先後邀請了呂泉生、陳盛田、朱宗慶等音樂家返鄉演出，並獲得縣民們的喝采。至於文學方面，去年我們出版了「台中縣文學家作品集第一輯」，深獲國內文壇的重視，同時也促成文建會訂定各縣市文化中心編印文學家作品集輔助專案計畫。最近，我們又推出第二輯，並獲得文建會一百二十萬元的經費補助，現正積極籌劃第三、四輯。

此外，在培植本地藝文人才方面，我們也做出相當的成績，例如教師合唱團、國樂團等，同時，民族舞蹈團、交響樂團等的設立，都是我們積極籌劃的目標。而許多活動的舉辦，也是爲了讓更多藝術人才產生，像最近舉辦的「彩筆畫故鄉」，主要是吸引台中縣籍大專二年級以上，對繪畫感興趣的年輕人，使他們能利用假期返鄉，並透過繪畫，對自己的家鄉能有更深入的認識。

除了以上所報告的以外，我們仍有許多要推動和努力的事務，希望在座的各位能踴躍提出高見，促使台中縣的藝文發展能更向前邁進。

現在，我先介紹一下今天與會的人士（略）。並請台中市立文化中心推廣組組長曹烱林先生說幾句話。

藝文人士深受政府的期待和鼓勵

曹烱林：

很高興有機會和台中縣立文化中心、文訊雜誌社合作舉辦座談會，並利用這機會聆聽、吸收大家的高見與需要，供作以後努力的目標。

回顧歷史，歷代有許多藝文人士遭受政治上的迫害，而現在，文藝人士不但未受到政治迫害，甚至深受政府的期待和鼓勵，因此，藝文人士對社會也就擔負起相當的責任。

在此，我也要向陳千武先生致意，由於他任職「台中市文英館」館長期間，傑出的表現，促使了各縣市文化中心的誕生，可說是文化中心的先驅，居功厥偉。

以提升文化水準爲共同目標

盧精華：

我是民國五十二年從台中市搬到台中縣大里鄉，並在那裡創辦大明中學。由於當時救國團與校方聯繫密切，他們希望我能爲台中縣藝文的推動幫點忙，於是，民國五十四年，我和陳千武創辦了台中縣第一本刊物「中堅」雙月刊。刊物的內容除了生活、倫理的教育外，絕大部分是學生們發表的園地。

民國五十八年，中國青年寫作協會台中分會成立，我擔任該會理事長達十六年之久；七十二年，台中縣文化基金會誕生，我是發起人之一。這些年來，各會陸續都舉辦了童詩創作研習營、文藝營。而縣立文化中心、青年寫作協會、文化基金會等也都經常合作舉辦活動，不僅造就了許多文藝人才，對台中藝文風氣的提倡也奉獻了許多心力。所以，無論是官辦單位，或是私人團體，最重要的是以提升文化水準爲共同目標，這樣，台中甚至台灣的藝文環境才會有健全且良好的發展。

促使藝術音樂與通俗音樂結合

陳忠秀：

我本人是從事音樂工作，所以就針對音樂方面來談。

我們經常可以看到，當文化中心舉辦具知名度的演唱會時，入場劵總會搶購一空，但是，一些旅外音樂家返國演出的活動，反而場面冷清。所以，要談到增加音樂人口，就須討論如何提升音樂水準，台灣有個十分特殊的現象，就是做父母的，在望子成龍、望女成鳳的心態下，願意花大筆錢，買琴給孩子、讓他們學樂器，但是，自己卻一直侷限在唱卡拉OK的範圍內。而要改善這種藝術音樂與通俗音樂不能結合的情形，勢必從教育上著手，不但在學校的音樂教材中安排較優雅的通俗歌曲，也應該多鼓勵社會大衆多接觸音樂活動。

此外，政府也有種偏差，以爲鄉下人負擔不起，也聽不懂較昂貴、具水準的演出，所以也就很少安排這類活動下鄉演出。事實上，對於音樂沙漠地區，唯有藉知名度高的活動才能吸引他們參加，並且促使他們有機會進一步去認識和參與。因此，推動藝文下鄉就成爲必要且必須的事情。

目前台灣的音樂環境呈現許多畸形的現象，而我們唯有從基層出發，一步步去做，才能拓寬音樂環境。

實實在在的「文化城」

陳千武：

我針對第一個討論題綱「本地的藝文傳統」來談。

大家都知道，台中號稱「文化城」，而這稱呼的由來，主要是在清末到日據時代這一階段中台中地區的文藝活動居全省之冠，甚且一度成爲文藝活動的核心。現在，我就舉一些例子來說明。

一、一九六四年，台中詩人林癡仙、林幼春等創辦了「櫟」社，並且以霧峯爲中心，擴及大甲、清水、潭子、豐原、南投等地，使得舊文學呈現蓬勃的發展。二、林獻堂辦「台灣新聞報」，後與「

台灣民報」相繼爲台灣的民主、自由，及文學發展貢獻心力。三、一九三四年，張星建、賴明弘等在台中召開全省文藝大會，並組織「台灣文藝聯盟」，發行「台灣文藝」，爲全省的文藝氣息注入新的力量。四、一九三五年，楊逵和鹽分地帶作家在台中創辦「台灣新文學」，帶動新文學的發展。五、張文環創辦「台灣文學」，並和日人所辦的「文藝台灣」相抗衡。

由於以上這些前輩作家、團體和刊物，使得台中在日據的二十年間，台灣的文學發展史上扮演極重要的角色。

此外，像「銀鈴會」，以及後來的「笠」詩社，也都是從台中發跡，都足以顯示台中的藝文傳統展現十分蓬勃的景觀，而它也實實在在堪稱爲「文化城」。

成立長期、專業的寫作班

吳訓儀：

我從三方面來檢討台中的文藝寫作活動。

㈠創作方面，由於學術多元化，及功利主義的影響，學生們走出社會後，大多是追求專業工作，以賺錢爲主，以往在寫作方面的興趣也因此銷聲匿跡。面對年輕一輩創作風氣每下愈況的情形，如何恢復其寫作信心，便値得大家深思。

㈡發表方面，最近許多報紙的副刊被裁撤，有些文藝刊物也因故停刊，使得創作發表的園地益發狹小。就台中地區來看，較具代表性的刊物有「台灣日報」和「明道文藝」，在僧多粥少的情形下，年輕人的作品很難被採用。所以，在此也建議上述單位，能否給予年輕作家們一些機會，或者降低稿酬，畢竟作品能被刊登，對新作家而言，確實有很大的鼓舞作用。此外，也期盼能多辦些公家雜誌，以增加縣內創作發表的園地。

㈢在指導方面，雖然文化中心會定期舉辦文藝創作研習營，提供年輕人相當好的學習寫作機會。但是，往往在活動之後，卻少有連繫，使得活動的持續成果不彰。反觀台北的「耕莘寫作班」，長期性地指導年輕人寫作、研習，及發表作品的機會。因此，「明道文藝」是否也能成立長期、專業的寫作班，邀請名師們指導、批改學生們的作品，相信定有助於創作風氣的提升，以及培育更多的文藝新秀。

從地方上做起

雷養德：

我來自大甲鎮公所社教課，今日就以基層單位藝文活動所遭遇的困難，向大家報告一下。

我想，辦藝文活動最大的困難在於宣傳和經費兩方面。以前者來說，由於以往海報欄的位置不對，使得宣傳效果不彰，後來，我便利用調查表，蒐集許多經常參加活動者的資料，並且每有活動，一定去函通知。成績雖然不錯，但是很費心力和郵資。其次，在經費方面，像朱宗慶打擊樂團之類較具知名度的演出，一場需三十多萬元，而我們鎮公所一年的文化經費只有十萬元，如何請得起？此外，文化主管單位大都只顧及各縣市文化中心的活動演出，往往忽略了鄉鎮公所對文藝活動的需求。實際上，以我多年辦活動的經驗，小地方的民衆並不是對文藝活動不關心，而是因爲能參與的機會太少。

再者，學校對於藝文發展的關心、參與不夠，這也是造成藝術人口缺乏的原因之一。所以，學校單位也應思考，從教育上去教導孩子們欣賞藝文活動，並鼓勵他們多參與，而不是只一味地在書本中打轉。

藝文的推動是需要長時間去經營，同時，也希望政府能從地方上做嘗試，多給予機會，使其能成長、茁壯。

發揚傳統藝文

郭懿慧：

我是個教育工作者，但在人羣中，也算是位受教育者，今天，我就以這雙重身分來談談台中的藝文。

㈠活動資訊少。我一直羨慕豐原人，擁有縣立文化中心，也羨慕台中人，有市立文化中心和美術館，更羨慕台北人，擁有更多的活動可以欣賞。以往，大甲火車站前有個活動看板，我總從其中獲得許多活動訊息，而現在，連僅有的看板也沒了，只剩下閱讀報章上的資訊了。

㈡對於藝文推展的情形，時常令人感到無力感。尤其在目前升學體制下，無論學校、家庭、學生本身，都以課業爲重，無法關注到藝文方面。面對藝文工作者來說，他們總希望能將生活與藝術結合，但在缺乏場地、經費的情形下，又如何伸展志向？

此外，傳統藝文也在日趨沒落中，像大甲以帽、蓆聞名，但在今天，卻也只能在一些展覽會中看到。對於這樣的傳統，實在有發揚的必要。

增加藝文人士的媒體報導

呂幸治：

縱觀台灣目前的生活水準比以前好太多，人們應該有更充裕的金錢及時間投注在藝文上，對大家來說，花點小錢買些藝文刊物，鼓勵孩子多參與藝文活動，都是易如反掌的事，同時，更能藉此鼓舞藝文新秀再接再厲，創作好的作品。

由於今天有幾位媒體工作者在座，也藉機建議他們，能否減少影視明星的報導、訪問，增加作家、學者的訪談，讓人們對藝文有更深的接觸和了解。

提昇美術欣賞能力

黃明勳：

剛剛陳忠秀校長提到，音樂人口和素養十分缺乏。其實，在美術方面也是如此。

我曾經在學校做調查，發現假日期間，父母會帶小孩到文化中心看畫展的比例很少，而最主要的原因，在於他們看不懂。事實上，就學者觀察，台灣民眾觀賞畫的水準只停留在國小程度，甚至連許多美術老師也不大會欣賞畫，這足以說明，國人在美術方面，往往只局限在繪畫技巧上，至於欣賞能力卻沒有太大的進展。而我也曾在美術檢討會上强調，學校的美術教育除了傳授技巧外，尤應加强欣賞的能力和水準。

多一些有心人

彩羽：

要使藝文環境擴大、發揚，必須從三方面著手：一、多一些有心人。像文訊雜誌社、縣市文化中心，及與會的各位，願意爲藝文發展貢獻心力，令人佩服。假使這社會能多增加這類願意爲藝文付出的人，相信藝文環境將會有更好的發展。二、多鼓勵藝文團體。只要是有作爲的團體，能給予精神上、實質上的鼓勵，定能帶動更蓬勃的氣息。三、藝文活動的場地須擴大。文化中心雖然舉辦了許多藝文活動，但是至今仍沒有劇院或音樂廳。在硬體設備不夠完備下，自然無法拓展藝文活動的空間。

凝聚音樂工作者的力量

蔡鎭峯：

我本身從事音樂三十多年，就針對台灣的音樂環境，談談個人的看法。

國內在音樂人才的培育上相當用心，但都限於學校教育，而這些人才踏出社會後，他們的去從便成爲一大問題。而國內只有兩個像樣的樂團，如何能容納衆多的畢業生？反觀國外，各鄉鎭都有自己的樂團，這些團員主要是興趣結合，不在謀利，至於經費，則由各地政府負責。所以，假使政府願意提供足夠的經費，鼓勵樂團的組成，自然有益於音樂風氣的提倡。

其次，多舉辦音樂觀摩、聯誼、學習等活動，以凝聚音樂工作者的力量，共同提振音樂環境的發展。

最後，利用這個機會，提出一件事供大家參考。多年前，音樂家呂泉生在政府經費的補助下，編選了「精選歌謠」，但在發行九十九期之後，卻因經費中斷而告停刊。這麼好的一份音樂刊物，如果能繼續發行下去，對於優良歌謠的保存、流傳，會有相當好的成績。

多聯繫、關照地方藝文人士

陳其茂：

由於我經常旅居英國，今天就提一下英國地方上文化中心的工作供大家參考。

英國每個小鄉鎮都有一個文化中心，外觀比不上台灣的堂皇，但是行政體系和工作內容卻很踏實。例如每個文化中心都有接待小姐，只要你想知道、了解那一位藝文人士，她都能立即將完整的資料拿出來。

由於英國重文學，因此對於藝文人士十分關照，只要當地有創作好作品的藝文工作者，他們便會主動安排檔期、找評論家、籌措經費、做巡迴演出等，不僅大力栽培地方新秀，同時也發掘、保存了地方的藝文資源。

此外，在外國有一特殊現象，要參加展覽必須先獲得地方上的肯定，而不是有人情關說就可以。因爲，外國人以爲，唯有從自己的家鄉出發，被家鄉人肯定，才能獲得其他人的認同，才有資格參展、被介紹。

藉由許多外國的例子，國內的文化中心實在有必要加强與地方藝文人士的聯繫，以及資料上的蒐集。

培育地方藝文人才

王瓊瑢：

我去年十月剛從北京舞蹈學院進修回來，在大陸的一段時間中，深深感受到他們在推展全國舞蹈上所做得努力。大陸舞蹈科系又區分為專業和非專業，專業又分成古典芭蕾舞、中國古典舞、中國民間舞、現代舞等系。至於非專業的學舞者大都是各地方上工廠的子女，他們最主要是被挑選來做舞蹈訓練，學成後回家鄉服務。這也就是為什麼在奧運或大型活動中，大陸能有這麼多優秀舞者演出的原因。

反觀國內的舞蹈環境，卻缺乏屬於縣內的舞蹈團，目前我已開始申請設立民族舞蹈團，但是並不容易，一場舞蹈演出所需的經費很高，以一個私人團體，如何負擔得起。所以，誠心希望有關單位能多提供經費，讓這些藝文人士在無後顧之憂的情況下，能創作出更好的作品，也相信在官方與民間充分合作之下，地方的藝文發展將會更活潑、更有朝氣。

輔導出版同仁刊物

陳篤弘：

民國六十七年，台灣日報改組，於是我奉派來台中。當時，在陳千武先生的協助下，我們以「文英館」為據點，巡迴各地學辦座談、講習，做出了不錯的成績。所以，我很贊同剛才大家所說的，文化活動須靠有心人去推展。

談到開拓寬廣、活潑的藝文環境，我有幾點建議：一、健全文藝社團組織。由於文藝社團在未來地方上藝文的發展居於主導地位，因此，對於有作爲者應多鼓勵，至於無法發揮作用者，則應考量改組或撤銷，如此，才能在經費申請、人力動員等方面，做最完善的運用。二、民間企業界應踴躍捐輸。文藝事務是屬於民間事項，所以應由民間自己努力求發展，政府只需扮演提供資訊的角色。而民間的力量，主要來自藝文界及企業界，如果能在充分自由的空間中，互相配合，定能開拓更寬廣、活潑的藝文環境。三、輔導同仁刊物出版。文藝創作如同藝術演出，也需有足夠的發表園地。當初報禁開放時，人們都期待副刊版面能相形增加，然而事與願違。在此情形下，同仁刊物的發行便成了當務之急。尤其國內每每須透過徵文比賽，才能獲得好的作品，甚至還會出現從缺的現象，而日本的「直木獎」，卻是從全國衆多的同仁刊物中篩選出優良作品，不但提振了人們的寫作興趣，也提升了創作的水準。相較之下，國內確實有加强之必要。四、培養藝文人口。國內的文化活動看似蓬勃，但效果不彰，其主要原因在於文藝人口的欠缺。以鄰國日、韓爲例，他們平均每人每月的閱書量爲一・八至二・二本，而台灣卻不到一本，因此，要使台灣文藝人口振興起來，除了擁有足夠的場地、版面，獲取衆多的讀者、觀衆也是十分必要的。

設立「文藝沙龍」

楊念慈：

剛才有許多人提到，台灣在藝文方面的發展進步並不多。記得民國三十九年，張道藩成立台灣第一個具規模的文藝團體「中國文藝協會」，當時卻找不到適合的場地召開成立大會，最後只好借用北一女的禮堂。不過，現在台灣不僅擁有二十多所文化中心，並且每一處都建築得十分堂皇，所以，說台灣沒進步，實在欠缺公平。

至於要如何充分利用這些文化中心？首先，必須讓文藝工作者感受到文化中心是藝文工作者之家，讓他們願意來這裡聚會、停留。剛剛也有人提議設立長期的寫作班，其實談文藝不在老少、師徒，只要能有一處類似台北「明星咖啡屋」的文藝沙龍或文藝俱樂部，定能凝聚地方藝文人士的力量。而各地的文化中心應該可以扮演這角色，以整合地方的藝文資源。

多盡點心力，少計較報酬

陳石連：

時代在進步，社會變遷，因此，教育和觀念也應有所改善。要提升藝文素養，首先，從事藝文工作者必須摒除功利的思想。綜觀目前的社會環境，一些從事藝文工作者都已經有商業化、物質化的氣息，在這種情形下，又如何去要求社會大衆？所以，就當前經濟環境趨於良好之際，本身從事藝文創作者要能肩負教育社會的責任，多爲藝文環境盡點心力，而少計較報酬，如此，藝文的環境和人口才會有更好的進步和成長。

人力與資金的充分運作

廖大昇：

談到藝文的發展，推廣的理念十分重要。記得當年我在清水國小任敎，陳忠秀校長正大力推動音樂，大家秉持一股熱忱，幫忙畫插畫、貼海報，每一場活動都引起很大的迴響，甚至許多北部的音樂家南下演出，都選擇清水為演出場地。

在繪畫方面，我們先從小學生作品的展覽出發，進而舉辦師生展，等時機成熟，便組織牛罵頭畫會，並巡迴各地展出。此外，每兩年畫友們聚會一次，彼此相互學習、討論。後來，陳其茂先生等人成立了「台中縣藝術家俱樂部」，為振興台中的美術而努力，並做出很好的成績。

目前我擔任台中縣美術學會理事長，本會不僅每季出版刊物，每兩個月並安排一次美術欣賞活動，如今檔期也已排至八十二年。此外，為了幫助欣賞者對作品的了解，在每次展覽中，我們總會請創作者在作品一角附上提示。如同其他的藝文團體，本會在經費上也十分匱乏，但是，與其抱怨，倒不如去思考如何落實。而謀求企業界的贊助便是很好的途徑。尤其目前許多企業公司都設立文化基金會，但是對藝文內行者少，導致提撥出來的資金卻不曉得如何去運用。所以，倘使藝文界能與企業界配合，在人力與經費妥善的運作下，必能發展出更好的藝文成果。

表揚對藝文有功人士

張自強：

我認為，藝術欣賞的教育十分重要。也就是說，不會創作，會欣賞，一樣能提昇音樂水準。

台中目前的藝文活動並不少，但多限於大城市，往往忽略了鄉鎮民衆。或許在大家的感受中，總以為鄉下人只對野台戲、清涼秀感興趣，事實上，就我們幾次舉辦活動的經驗，只要好好籌畫，他們自然會產生興趣。

其次，機關首長的配合也是十分重要，假使他們願意去重視、投入，自然會引起民衆的共鳴。至於那些在藝文上有貢獻的人士，我們也應予以表揚，增加人們對藝文的尊崇心。

剛才大家都談到經費的欠缺。其實，經費的取得是有許多管道，最主要是能提出好的計畫，也就容易獲得有關單位或團體的贊助和支持。

保藏先人文藝作品

陳炎正：

在此，我只提出一點呼籲，對於先人的文藝作品應予以蒐輯、彙整。例如，台中曾出版過「台灣藝文叢志」，但卻已失傳。畢竟，許多文物都是先人的心血，也是文化精神的代表，後人更需要予以保管、珍藏。

提振傳統藝文

丁秀雄：

近年來，台中縣立文化中心在藝文的推動上的確付出了極大的心血，包括從第一本「大甲帽蓆專輯」，到新近出版的兩本文學作品集，都充分說明了在藝文方面的用心。

談到藝文環境的發展，我有三點意見：一、學校應注重、加强藝文教育，並提振年輕人對藝文的興趣和參與；二、著重傳統藝文的推廣。台灣現在有許多民間故事、傳統藝文，都逐漸被西洋文化所取代，而在講求藝文活動推展的今天，提振傳統藝文便也成爲一大要務；三、結合學校、家庭、社會三方面的力量，共同建設有內涵、有程度的藝文社會。

健全文化體制

白萩：

許多人都提到，希望企業界能協助推動藝文。就我所知，許多企業界所設立的基金會，大都是爲了節稅，因此經費雖多，卻無重心、計畫。在此情況下，政府實在應起帶頭作用，指導企業界如何活用這些經費。

現今文化推動上的問題癥結有三：一、中央體制不健全；二、文化建設所屬單位不明；三、文化與教育並重，皆爲長期事務，不可有所偏廢。

此外，縣市文化中心雖然費了許多精力，辦很多活動，但是卻有重藝輕文的現象。例如，無論書法、音樂、美術等方面，文化中心總花費人力、金錢去找場地、辦活動。但是，對於文學，唯一做的事，只是出作品集而已。所以，在此建議文化中心，能否考慮出版文藝刊物，供作文藝人士聯繫、交流之用。

維護歷史古蹟

陳憲仁：

在現階段藝文活動檢討方面，我有兩點建議：一、讓外流文藝人才回來。剛才已有人提到，利用繪畫比賽，使在外地的畫家們回來台中，那麼，也可以透過一些方法，使文學作家也能回流，爲台中的文學發展奉獻力量；二、台中縣有許多非常豐富的文化古蹟，如今卻乏人管理，任其荒蕪。而電影文化城、民俗公園，這些都是政府花大筆錢建造的，但它們畢竟是人爲的。所以，希望政府能重視歷史古蹟，加以保存、維護。

促成「藝文沙龍」早日設立

林素津：

對於台中的藝文發展，我存有許多期待，其中，對「藝文沙龍」的設立懷抱最深的盼望，希望這樣一個提供藝文人士休憩、交誼的場所能早日完成。

即將完成電腦作業

曹炯林：

聆聽了大家寶貴的意見，等不及會議記錄出來，我已整理出十多項重點，帶回文化中心去改進、加强。不過，在此，我有兩點要說明的：一、台中市立文化中心已有「藝文沙龍」的設立，位置即在市立文化中心二樓左側，名爲「文會樓」，目的便是作爲作家聊天、交換意見的場所。二、市立文化中心已從前年著手電腦作業，預計今年四月可以完成上線，到時，便可以提供更完善、迅速的服務。

民間社團能主動出擊

洪慶峯：

有關白萩先生所提，文化中心「重藝輕文」的現象，在此，我提出說明，由於文化中心承辦的活動很多，所以，有很多地方會有疏漏。不過，我們在文學方面也做了許多努力，例如，爭取設立「藝文之家」、籌辦「現代詩研習營」等。

此外，剛才大家也提出了許多意見，不過，由於文化中心所能做的事有限，假使民間社團能主動站出來，爲藝文發展付出心力，必然有助許多建設的完成。

凸顯區域特性

李瑞騰：

時代發展至此，以往一些封閉的觀念也應有突破性的發展。例如，以往大中國、大文化的觀念，如今也應有所體認，大的事務應建立在小基礎上，因此，所有有關區域特性與文化傳統的相對應關係，便成爲人們不斷思考的課題，而凸顯區域特性也將成爲九〇年代人們追求的目標。

至於如何去呈現區域特性，基本上，對過去文化傳統資料的蒐集是十分重要的，畢竟現今的一切皆是由以往點滴累積而成，記得民初學者劉師培寫過「南北文學不同論」，認爲是地氣使然，而「地氣」正是由地理因素、特定歷史條件所組成。而這些小區域特質，及小區域間的共通性，便是構成整體歷史文化的必備條件。我們今後的文化工作，應朝此方向發展。

以往，人們總有中心，邊陲對立的觀念，到如今，這觀念卻可以打破，因爲「中心」是可以移轉的，甚至成爲多元中心。而最重要的，中心的建立，須從「人」的基礎上出發，並從鄉土文化入手，因爲，鄉土文化的教材即是龐大整體文化的基本教材。

很感謝大家提供這麼多寶貴意見，我們會愼重整理，呈現給社會大衆，同時，也將地方上的努力，傳達給決策單位，使他們了解我們的希望是什麼?需要什麼?謝謝各位！

基隆雨港樂音

基隆開發史略

◉洪連成 作家

引言

基隆位於臺灣北部，東南三面環山，東北面缺口臨海，基隆嶼、和平島屏障其前，形勢天成，海陸交通極爲便利，公路、鐵路之起點，縱貫全省，港灣深入市區，分爲港東、港西兩埠，爲全臺之鎖鑰。境內多山，東北峻峭而西南緩斜，最高處海拔七五〇公尺，雖位於亞熱帶邊緣，有賴海洋調劑，氣候尚屬溫和，山川秀麗，四季如春，地下資源蘊藏豐富，乃天然良港，全境面積一三二•七五八九平方公里；東西最大寬度約爲十八公里，南北最大長度約爲十二公里，平地面積甚少，市街通路及住宅分布於山水之間，實爲山城港市之特色。

戰火中成長

基隆原名雞籠，蓋取聲平埔族蓋塔格蘭（Ketagananan）原音，而字取肖形得名。漢族開拓此地，始於何時，已不可考，有官方文字記載，大約於明代，明史有雞籠傳可稽。

又基隆是在戰火不斷洗鍊中成長的都市，明萬曆四十四年（一六一六），倭夷村山等安以强大兵力取雞籠。天啓六年（一六二六）四月十六日西班牙人侵三貂角，翌日入雞籠社寮島（今和平島）築城，建砲壘。崇禎七年（一六三四）西人在雞籠者約三百人，而西船二十二艘同時入雞籠港，可見其商貿之盛。同時自淡水而臺北，沿雞籠河（西人稱基瑪遜河Kimazon）闢陸路至雞籠作長期佔領之打算。斯時荷蘭人已佔有南臺灣，十三年（一六四〇年）勢迫西人退出，至十五年（一六四二）適馬尼拉有事、後援無繼，遂爲荷人併吞雞籠。永曆十五年（一六六一）鄭成功驅逐荷人，臺灣正式歸中土版圖，荷人不甘，仍騷擾雞籠者再，鄭經命黃安逐之，永曆三十七年，清乘鄭經痛卒，子幼國亂，遂攻臺，八月克塽納降。綜計鄭氏治臺，凡三世，三十有八年而明亡。其間對臺灣之開發，貢獻頗巨，然由於時間短促以及兵馬倥傯，僅以安平一鎮，及南北二十四里（按里爲當時之行政區域）爲中心，此外點狀之開發甚多，但北部終明鄭時期，無漢人有規模之開發可言。

自然發展期

康熙二十三年（一六八四）四月台灣設府，隸福建省，地方則置臺灣、鳳山、諸羅三縣，舉北部均屬諸羅縣轄。然北路荒涼，尚無里堡村莊之設，僅有番社星佈各地。諸羅縣轄四里九堡九庄（里堡庄皆漢人聚居），九十五社（社爲山胞所居），而雞籠、金包里、三貂等處皆山胞部落，故曰社。

雍正元年（一七二三），閩省漳州人，由八里坌移居雞籠牛稠港虎子山腳，逐漸發展成集，稱崁仔頂街，是基隆市街創建之嚆矢。當年劃大甲溪以北至三貂嶺下之遠望坑止爲淡水廳，雞籠屬之。至乾隆年間，又建新店街及暗街仔街。嘉慶年間，開闢道路至噶瑪蘭，遂成交通要樞，此時泉州移民，亦漸次北來，然以地勢所限，迫向山地發展，即今之暖暖街爲中心，漢人與附近山胞在此交易，而且雞籠河可自淡水、八里溯河而上，載運對岸貨物至此商貿，一時較現在繁榮。道光二十年（一八四〇）時雞籠港口住戶達七百餘家。翌年，英國藉鴉片戰爭謀窺臺灣，英艦駛入雞籠港口，對三沙灣之砲臺開火，總兵達洪阿督率官兵鄉勇，予以還擊，英艦不支，倉皇逃出，觸礁艦碎，人皆落水，死者無數，九月再犯，仍損兵無功而退。此役於咸豐十年（一八六〇），訂天津條約，雞籠成爲淡水副港，海禁既開，於是漸成遠東航路之要道與通商口岸。

同治十一年（一八七二）六月，置雞籠海防同知，專司海上防務，以維治安。又置煤務司，從事官辦採煤業務。雞籠之初期發展，實與附近礦之開採有密切關係。

光緒元年（一八七五）改雞籠爲基隆，寓基地昌隆之意。改基隆海防同知爲北路撫民理蕃同知，建基隆通判署。

計畫開發期

光緒七年（一八八一），中法間以「越南事件」構釁，清廷起用劉銘傳蒞臺，籌設防務，因條陳海防十事，多被採行，以此期爲臺灣（尤其基隆）建設進入有計畫的時期。十年（一八八四）法軍襲擊基隆、淡水；兩軍相持達八閱月，二沙彎、獅球嶺、月眉山等地激戰，遭嚴重損失，我守軍堅禦不退，翌年二月和議成立，法軍抱撼撤退，敵酋憤死。

至光緒二十一年（一八九五）三月，馬關條約，割讓臺澎，臺民譁然；清廷派李經芳爲割地專使，及偵知遺民悲憤力拒，不敢登陸，遂由日軍於五月三十日强行由澳底登陸，三日攻陷基隆，日督樺山隨即自基隆港登陸，假三沙灣海關衙門，開設總督府，六月十七日移臺北舉行始政式。全島分設三縣一廳，基隆設支廳隸屬臺北縣，仍然沿清制轄金、基、貂、石四堡。以後行政區域或政制屢有更易，改設辦務署、設廳等，至民國九年（一九二〇）首任文官總督田健治郎，公布改定地方官官制，於九月一日實施州郡市街庄制，州以下爲郡或市，郡有守，市有尹，郡之下爲街庄。基隆郡轄基隆街及萬里、金山、七堵、瑞芳、貢寮、雙溪等六庄，後又將平溪庄劃入，隸臺北州。民國十三年（一九二四）十二月，以基隆街人口漸繁，商業日盛，港灣整備，實施市制，市尹（後改稱市長）掌理一般政務，另設警察署專管警察事務。

民國三十四年（一九四五）十月二十五日臺灣重歸中國，依原有區域，設省轄市，下轄中正、信義、仁愛、安樂、中山五區，三十六年二月臺北縣七堵鄉劃入本市，三十八年一月又奉准將七堵區劃分爲七堵、暖暖二區，於本市計轄七區。

民國三十五年四月，本市參議會成立，是爲本市民意機關之肇始，三十九年十月，第一屆市議會成立，地方自治基礎，乃告奠定。四十年一月七日，首屆民選市長產生，以後依自治法規，選出市議員十二屆，市長十一屆，市政建設與港埠建設併進，具現代港市之規模，仍居臺灣首要之國際貿易吞吐港。

文風曙光

基隆之開發，較中南部爲遲，雖在西班牙佔領期間，對原住民建敎堂傳播基督敎義及施行敎化，惟時間短促，且連年烽火不斷；明鄭治臺，視基隆爲北部邊陲，形同棄地，從未置一官半吏治理，入清以後至同治十一年始設官署，至光緒十四年（一八八八），始置基隆廳儒學，然未見具體教育設施，基隆籍士子能進縣學者，需遠至淡水廳屬之明志、海學兩書院應考入學，已知有十一名：張尚廉，居和興頭；林升階，田寮港人；陳錫疇，家社寮島，世以海爲田，先生獨耽誦讀，乙未割臺後，攜眷內渡不返；謝維謙，世居和興頭；陳維青，水返腳富室；許紹文，金包里人，武秀才；李清華，金包里富室；林李成，三貂遠望坑人，乙未後，攜家內渡不返；陳梫時，宜蘭人，乙未後移居基隆；蔡桂村，宜蘭人，乙未後，移居基隆；簡燦然，金包里人。另基隆籍貢生莊廷燦、莊如川昆仲二人，頗有才名，一門雙貢，傳爲佳話。

基隆籍士人應鄉試，例由海東書院給盤費。光緒年間中試者共三名，二文一武，惟究屬何歲科，乏證可考。其簡歷如下：舉人江呈輝，字蘊玉，原籍永定，世居福德街，人品純正，學問淵博，而孝友之風，閭里稱最，既領鄉薦，益以文章自勵，歷任各縣教諭。舉人連日春，字藹如，三貂嶺雙溪人，家世業農，而先生獨攻舉子業，文章精美。武舉人王廷理，暖暖東勢坑人，世以農起家，雖屬武科，亦頗通文籍，好爲文章，以是人多敬重。

光緒十九年（一八九三），舉人江呈輝呈准創立崇基書院，是爲基隆唯一之書院，亦臺灣最後之書院，因院舍至二十一年始落成，惜以甲午戰役，清廷敗績，臺省變色，以致僅及舉行首次月課，即猝遭改隸之痛。

同治以後當局雖始注視基隆，亦在草萊之期，民風未開，漢番糾紛，漳泉械鬥時起，尤以咸豐元年（一八五一）八月，漳泉在魴頂的械鬥最烈，四年雙方識者協議革除愚昧陋習，始有以姓氏輪流主辦中元普渡，延續一百多年，今則畛域盡泯，民情歡洽。

先民在此披荊斬棘、開闢草萊，遺留憑弔事蹟不少，因歷經兵燹，頗多損毀。二沙灣砲臺（海門天險），爲中英中法兩國戰役之古戰場，現已照原狀修復，列爲國家一級古蹟。其入口前即中正路前濱港小公園內立有「民族英雄墓」，爲葬忠骸之所。另近處亦有法國軍人公墓，因法軍犯基折損千餘人「悵望天西歸不得，游魂應慟血模糊」之異鄉亡魂，與我忠魂相鄰，實感慨亦尷尬。獅球嶺砲臺在市區之南，獅球嶺山巔，中法戰爭在此相持八個月，使不得逞，割臺之役，提督張兆連、道員林朝棟守禦於此，因失援撤退，爲戰場遺跡。清代鐵路隧道在獅球嶺下，光緒十五年（一八八九）臺灣巡撫劉銘傳銳意圖治，由基隆至臺北間鐵路築成，在嶺下鑿有隧道，在出口石壁上親題「曠宇天開」一額，並實以聯云：「十五年生面獨開，羽轂飆輪，從此康莊通嶼；三百丈岩腰新闢，天梯石棧，居然人力勝神工。」番字洞在和平島北方腰陟壁間，西元一六六四年荷蘭人撤退時用荷文刻帶名者名字於石上，故稱番字洞。其他尚有多處不再贅述，惟一處即清末的近代西式建築之海關衙門，日據時尚保存良好，利用闢爲鄉土館，陳列歷史風格特產，資證基隆開發往事，但光復即被拆除改建爲海關單身宿舍，最爲可惜。

結語

基隆文風，遠落全省各地，雖亦不少好學保粹人士，其活動因與臺北近在咫尺，被其吸收，另一原因係居民組合，來基者大多以謀生的寄寓心態，少有落地生根之念，事業有成則遷出或返鄉，諺云：「基隆無城，食飽就行」，意寓客居，無論成功與否皆無久居之意，因此顯出基隆特色的文化未能深植根基，望今後市民皆能認同當地社會，渾然一體共創基隆未來文明光輝！

基隆的文藝寫作活動

◎瑯環 作家

一個喜愛文藝的人，並不一定可以成爲一個作家；一個偶爾因感而發，隨興寫點「東西」的人，嚴格地講也難以「擠」身作家之林。此次筆者榮蒙函邀撰文抒感，內心深處，的確有無限的惶恐在波動。筆者自民國三十九年起在基隆市從事基層教育工作，始終以本身的「教書營生」爲重；雖然有時提筆爲文，那僅是排遣寂寞，砥礪腦力，練習書法的休閒活動。坦誠地講，祇不過是站在文壇的梯階下，湊熱鬧般地鼓幾下掌，喊幾聲好，或者吐露幾句：發自內心，而又不能恰得其宜的話而已。若自我認定，自己僅是一個愛好文藝，關心文藝的忠實觀衆。因此以下所述，是一個文藝觀衆淺薄的看法，並不一定深入，更難以鞭辟入裡，也難以旁觀者淸自許，不過是一己之見罷了。

多少年來，有許多有識之士，大聲地說：「基隆是文藝沙漠！」不勝嘆惜的語音，裊裊不絕，繞樑穿窗，翻騰入雲。驟然聆聽之下，似乎是頗有見地，一針見血，令人泛起「悲天憫人」的同感。但如果冷靜地尋思，似又言不成理。以筆者自民國三十九年在基隆市寄居以來，四十年來之感受，雖然全年有八個月的陰雨霏霏，但藝文活動卻是蓬勃熱烈；當然這是指廣義的藝文範疇。如音樂、美術、書法等組織；戲劇、舞蹈、詩學、謎學等社團；以及區里間中、西樂團隊；可以說組合衆多、活動頻繁。均能按時集會，參與節日慶典活動。

若把「藝文」兩字，顚而倒之爲「文藝」，縮小其範圍，偈限於寫作方面——這是一般人慣用的定義。可是，基隆市也不應被貶爲文藝沙漠，應該是水草處處，青葱在望。雖然有時彷彿「草色遙看近卻無」，那僅是沒去探訪觀察而已。其原因不外下述四點：

第一，文藝創作者的獨善保守：一個文藝創作者往往不善於炫耀自己的作品，率皆認爲寫作是「自家」的事，名和利應是小事。像曾獲軍中文藝獎的陳萬軍、程幻幻夫婦，獲得戲劇獎的王淸春，和以漁村爲背景寫作的王拓；以及小魚、王一中、鄭智德、陳火旺、林漢棲等諸位先生女士，都是籍屬雨港的如椽之筆，曾在文藝創作上開出燦爛的花朵。惟王拓先生近年將志趣轉移到政治運動上，以一個人有限的時間與精力，他那鄉土情意的作品已很少看見了。

第二，文藝組織乏經濟支援流於形式：自民國五十年初，本市社教單位便鼓勵所謂文藝作家組織社團，以便相互砥礪研究，但僅是醞釀未見行動。六十年初救國團亦有成立青年寫作社團的倡議；直到七十年初才成立文藝作家基隆分會，隸屬於臺灣省文藝作家協會。由於各人皆忙於生活，又缺乏經費，雖舉行過幾次文藝座談會，但出席者並不踴躍。還有若干文友認爲文藝不必組合，千山我獨行，「不在框框內打轉」，因此整體性的組織，便減弱了功能。

第三，臺北地緣關係的擴展掩蓋：臺北市工作環境廣寬，人文薈萃。大型的文藝活動在臺北舉行之後，便移「師」中南部，基隆成爲衞星聚落，多少文藝愛好者匯聚臺北，水深魚衆，有一較身手的空間，於是便冷落了基隆。

第四，僅侷限於成人文藝寫作活動：文藝寫作活動應屬於全民參與，沒有老中青的差距，才有薪火相傳的意義。住往大家僅注意豔麗的花朵，忘了欣賞茸茸嫩苗在長成中的喜悅。實際上在基隆市各級學校中，上自海洋大學，下至高中、職，以及各國民中學，都有文藝社團的組織與活動。尤其救國團主編的基隆青年雜誌，成爲青年朋友閱讀及發表作品的園地。並定期擧辦徵文，選載優秀作品，俾資觀摩。北部七縣市的文藝營，也由基隆市救國團在寒暑假中輪流承辦。成爲青年朋友吸取新知，切磋寫作技能的好時機，相信對基隆的文藝活動都應有深遠的助益。

近幾年來，本市文化中心成立之後，所有的藝文活動，有了展現的場所。然在自由開放的前提下，藝文工作者應該摒棄獨善自我的心情，擴展胸襟，爲藝文活動貢獻心力，使它開的花更美麗，結的果更碩大。

基隆的藝文團體和刊物

⊙賴東燼　民俗工作者

基隆的美術團體

㈠**基隆市美術協會**：基隆市美術根源由來已久，種類衆多、活動頻仍，是爲本省北部頗富人文素養、藝術氣息的地區。

本省藝術發展初期的前輩畫家陶芸樓、倪蔣懷等人，即在基隆播種，民國二十六年成立的東壁書畫會，因舉辦國際書道交流展，且于右任、董作賓、曹秋圃等先生經常旅基，促使基隆書法風氣盛極一時，名家輩出。

民國六十七年三月二十五日美術節當天，基隆地區書畫、篆刻、攝影界有識之士百餘人，羣集基隆市立圖書館，召開基隆市美術協會成立大會，推陶一經爲創會理事長。七十二年舉辦「張大千遺作廬山圖畫展」，轟動一時。七十四年承辦地方美展。七十五年因文化中心落成啓用，地方美展由文化中心承辦。其間基隆市美術協會會員參展作品日增，水準亦逐年提昇。七十六年至今未再見美術協會承辦藝文活動，令人惋惜。

㈡基隆市靑荷葉畫會：爲基隆成立最早的美術社團。六十年成立，該會成立的宗旨誠如其會名「靑荷葉」，象徵朝氣、靑春的荷花，出汙泥而不染的精神，結合地方愛好藝術創作人士、相互砥礪創作、撒播藝術種子、培養藝術幼苗。每年定期舉辦會員展覽、協助基隆市政府、青商會、救國團等機關團體辦理藝文活動。理事長爲叢樹鴻先生。

㈢基隆市書法研究會：前身爲「基隆東壁書畫會」、「基隆書道會」、「台灣省基隆市書法研究會」。四十七年正式向政府立案。本省書法團體向政府正式立案者以該會爲嚆矢。歷任會長：第一任倪蔣懷先生、第二任廖禎祥先生、第三任連育雲先生、第四任鄭添益先生。

目前因鄭會長去世，書法研究會會務暫告休息。由各會員努力推廣發展出來的書法研究團體新生代有廖禎祥先生指導的祥龍書會；鄭添益先生門生所組成的同勵書會；鄭百福先生指導的正心書會。最近更積極推動書法風氣，舉辦于右任先生墨寶展、林耀西墨寶全省巡迴展。並與北日本畫藝院學辦書法聯展。

㈣基隆市攝影學會：成立於五十二年四月，經過廿多年來的推動與發展，近年來鄭桑溪、賴秀雄、翁庭華、蘇文旺、吳邦夫、翁駒、楊燁、鄭銘淸、王東雄、陳楚泉等會員，不但在全國性、全省性，及地方性各攝影社團擔任重要職務，而且參加各項影展、影賽均獲佳績。

基隆市攝影學會每月五日固定出版「基隆攝影」會刊，除寄給會員外，並分送全國各攝影團體、知名攝影介人士，及各公關機構。內容除了理、監事會議紀錄外，尚有每月攝影活動、攝影講座消息及次月重要活動的預告。其中較具特色的是會員攝影月賽、專題影賽作品評介、活動花絮等。每月第二星期日固定舉辦長、短程不同的攝影乙次；第三星期日則假基隆市立文化中心第三會議室舉辦攝影講座乙次；每月會員攝影月賽及專題影賽作品，則在文化中心三樓畫廊櫥窗公開展出。

現任理事長爲白明德先生。

㈤**基青攝影學會**：基隆市攝影活動素來富於生氣、蓬勃發展。該會於七十二年十月廿五日台灣光復節成立，以研究攝影學理、提高攝影技術、發揚中華文化爲宗旨，透過攝影活動的推廣，使得社會和學校青年得以涵泳其間，參與正當的藝術活動。每月固定舉辦攝影活動、邀請先進舉辦幻燈欣賞會及攝影技術講座，每季出版「基青攝影」刊物。現任會長爲楊文博先生。

㈥**基隆市女青年書畫會**：七十四年三月八日成立，是由基隆地區愛好書畫的婦女朋友所共同組成，勤習書法、繪畫，藉以充實心靈、美化家庭，進而用以處事接物，期使生活充滿詩情畫意，生命得以充實豐沛。每二年展覽一次會員作品與二個月聚會一次。現任會長爲謝美芸小姐。

㈦**中國水墨藝術協會基隆市分會**：該會於七十五年五月二十五日成立，每年一度會員成果展覽，並且舉辦學生書法比賽，獎勵後進，參與藝術活動，並將優秀作品一起展出，現任會長是張堅華先生。

㈧**季風藝術羣**：由一羣愛好藝術的年輕人所組成，每年定期作品展出，並深入生活圈，與美容業、茶藝館業、咖啡業結合，將作品送入各行業中展覽，深獲好評。現任會長爲鄧新怡先生。

㈨**新生代藝術聯盟**：該會以四十歲以內的壯年組成，有志走向專業畫家路線爲目標，每月討論作品一次、三個月聚會一次。創始會員爲余國平、吳朝鴻、張舒欽、賴炳華、葉春新、林耀南、李得泰等。

㈩**雨滴小集攝影羣**：該會成立於七十八年十月十日，爲攝影境界能再深入、技術更精進，每次攝影時，先設定專題，再依主題分類，成員爲吳邦夫、陳進春、陸德發、鄭銘清、蔡坤地、王東雄、陳雙泉、白明德、陳添壽、謝子和。舉辦過的主題展覽計有：雨的追尋、基隆八景、歌我故鄉、向無名英雄致敬、海的呼喚等專題展覽。現任會長爲陳進春先生。

基隆的文藝社團

㈠**基隆市詩學研究會**：成立於六十八年十一月四日，每周一敦聘大詩家周植夫先生爲本會專任指導老師，古詩文欣賞。每周三敦聘陳祖舜顧問、研習近體詩入門，及對聯撰作等課程，及參與各縣市詩作比賽等活動。

㈡**鼎社聯吟會**：創會於民國二十五年十月，由基隆大同吟社、雙溪貂山、九份奎山吟社所組成，歷經五年，到民國三十年七月因中日戰爭而暫停集會。七十九年五月六日在基隆會訂：「基隆市詩學研究會、台北縣貂山吟社、宜蘭縣仰山吟詩社締結鼎社盟約」，並舉行第一屆聯吟會，以維護中華固有文化、宏揚詩教爲宗旨。

㈢**台灣省文藝作家協會基隆市分會**：民國六十四年成立，以培養文藝人才、團結全市文藝作家，研究文藝理論，從事文藝創作，展開中華文化復興運動、實踐三民主義文化建設爲宗旨。現任理事長：王清春先生。

㈣**青溪新文藝協會基隆市分會**：中華民國青溪新文藝協會基隆市分會，在基隆團管區司令部大力支持下，於民國七十二年九月正式成立。成員除了來自基隆市各藝文社團之外，尚有基隆市各區後備軍人主要幹部，及具有文藝素養的後備軍人眷屬所組成。每年舉辦會員年展外，並經常參加全國性藝文活動。並透過各種展覽、活動，促使藝文工作的觸角遍及各閭鄰社區。現任會長：廖勝茂先生。每月出版基市「青溪月刊」。年度則出版「基市青溪」專輯。

㈤**基隆市謎學研究會**：該會成立於民國五十二年，每月出版「中國謎苑」，及雨港春燈第一、二、三集。負責市府主辦燈謎活動。現任理事長羅慶雲先生。

㈥**基隆藝術家國際獅子會**：成立於七十九年九月二十日。本著獅子會熱中社會公益精神：一方面提昇獅子會的藝術領域，一方面使藝術家以獅子大無畏的精神，搭一座更寬廣的橋樑與社會大衆相見。把藝術的芬芳氣息播撒在每個角落，讓愛美的人不孤單，讓品味落實在我們每一處的土地上。

㈦**基隆市風箏協會**：成立於八十年七月。是從傳統走到現代。由單線風箏到現代科技風箏。經常舉辦大型活動，如八十年全省風箏觀摩會、紙鳶飛舞迎新春。並舉辦風箏下鄉至各社區教導市民及學校教導製作風箏及放風箏等活動。現任會長齊華齡先生。

基隆藝文活動據點

㈠**基隆市立文化中心**：成立啓用於七十五年八月二十七日，蓬勃了本市藝文活動，提昇了文化水準、拓展了知識領域、改善了市民生活品質，每年出版地方美展專輯、周年慶專輯及演講、座談專輯。每月出版文心月刊，由文化中心義工組成的編採團，編採地方特色、文物，包括人物專訪、名勝古蹟，及文化中心藝文活動報導等。現任主任孫慶勳先生。

㈡**長青學苑**：提供給年滿五十歲以上老人，休閒、娛樂、進修的好地方，由省社會處專案補助，市府社會局主辦；每周一至周六上午八時起到十八時止。設研習會，研習國文、英文、書畫、插花、標準舞、燈籠製作等等課程。

㈢**和平島天顯宮**：自民國七十七年肇建，舉辦免費親子藝文教育課程，有媽媽吟詩班、青少年國樂團、國畫花鳥班、兒童畫班、書法班、國畫山水班、燈籠製作研習班、電腦訓練班、作文班等，闡述宗教生活化、藝術化之精義，齊為追求祥和社會之風氣略盡棉薄。

㈣**拂塵居免費書法、篆刻、古詩文燈籠製作研習所**：由林春煌先生所提供，有書法研習班（由本市「同勵書會」先進義務教學）、篆刻研習、國畫研習、古詩文研習（敦聘基市詩學研究會專任老師指導）、燈籠製作研習。

基隆文藝團體登記在案的刊物

㈠**浪濤月刊**：以本市執政黨同志政績報導、公益團體活動、市政施政報導為主。

㈡**基隆青年**：內容有：和生活握手、文學獎、吾土吾鄉、鄉賢流芳、青春饗宴、法律劇場、張老師專欄、觀念整型、生理衞生、逍遙遊、攝影入門、我愛書法、書香、古典文學蒐錦、我有話要說、每月筆談、每月話題、小說會診室、青草集、作品賞析、隨想、詩諧、名家漫畫、漫畫看板、環保小常識、動腦時間有獎徵答、世界之港介紹、追根究柢、藝文看板等。

㈢**普門雜誌**：每月出刊，是文學、藝術、生活、宗教性刊物。

㈣**東海岸獅訊**：每月出刊，報導東海岸三〇〇F區獅子會活動訊息。

㈤**台松雜誌**：每季出刊，報導台灣松下公司活動，是工業知識、文藝的刊物。

㈥**省基醫訊**：每季出刊，報導省立基隆醫院醫訊的刊物。

◎高惠琳

塑造本土的文化特色

「基隆藝文環境的發展」座談會

時間：八十年二月廿九日上午九時半～十二時
地點：基隆市立文化中心
主席：李瑞騰（本刊總編輯）
與會：孫慶勳（基隆市立文化中心主任）
張星寰（作家）
洪連成（作家）
鄭桑溪（全國攝影教育學會會長）
陶一經（基隆美術學會理事長）
王　拓（作家・國大代表）
黃國珍（台北明湖國小教師）
連信道（中華民國音樂著作權協會監事）

陳耀坤（青溪文藝協會基隆分會理事）
潘谷風（基隆中正國中教師）
賴東燼（民俗工作者）
王一中（作家·海洋大學訓導處祕書）
黃素貞（基隆市立文化中心祕書）
（以上按發言序）

討論題綱：

一、本地的藝文傳統
二、現階段的藝文活動之檢討
三、如何開創一個寬廣活潑的藝文環境
四、如何形成具有特色的基隆文化

李瑞騰：

我們所進行的「各縣市藝文環境調查」系列，如今已接近尾聲。這一年多來，我們從屏東、台東、澎湖等偏遠地區出發，一點一滴去了解各地的藝術文化環境、現況，以及發展過程中所發生的問題。整體來看，這些現象都十分複雜，所呈現的問題也具多元性。至於每個地方藝術文化工作者投入當地文化建設的情形，有些地方呈現集體性的熱誠，有些地方參與的情況則不佳。在這麼多場座談會中，我們一方面慶幸地方上有這些人默默為藝文紮根的工作付出心力，另一方面卻也為中央行政體系與地方整體文化發展之間的差距感到遺憾。

基本上，地方的藝文問題是屬於全面性的，而不是各地孤立的事件。就基隆的地理位置來看，由於離台北很近，理應擁有充沛的藝文資源，但是，也是因爲近，致使在發展上有許多難以克服的地方。像桃園，也有相同的問題。而在這種情形下，本地區的藝文若想朝理想邁進，勢必要克服更多的困難，這些都值得大家深思。

感謝基隆市立文化中心爲此次會議所做的協助，現在就先請文化中心孫主任跟大家說幾句話。

積極進行作家作品集的編製

孫慶勳：

長期以來，我們在基隆的藝文發展上花費了許多心力。目前，正積極籌措經費，準備進行作家作品的編印工作。正如李總編輯所說，每個縣市都有自己的文化特色，依各地人文、地理的不同，所呈現的藝文風貌也就不一樣。像基隆，便和海洋、船、礦有關。至於如何把地方的特色用筆描繪出來，並且編製成册，呈現給地方父老，便是文化中心的責任。不過，文化中心的經費十分有限，幸好有基隆市文化基金會的贊助，多少可以助益此計畫的達成。

很高興基隆的藝文前輩能齊聚一堂，期盼大家能踴躍發表意見，供作本中心未來施政的考量。

從培植地方菁英出發

張星寰：

基於對藝文的喜愛，所以，以往基隆有任何藝文活動，我都會參加。今天與會的雖然只有十幾人，但是，比起基隆以前所辦過的座談會，已經算是爲數可觀的了。

我個人早期從事兒童文學創作，後來，也寫些小說，但都是些對大陸故鄉的回憶，「基隆青年」創辦後，我應邀寫些勵志的文章，以及古典文學的介紹。五年前，開始蒐集資料，撰寫有關基隆歷史掌故的文章。大致來看，基隆的藝文活動並不活絡，一來，是剛從事藝文創作的人自認能力不足，不喜歡在公共場所發表意見；其次，雖然基隆的生活環境以礦產與漁業爲主，但是，能將這些生活用筆記述下來的人很少。因而，造成了基隆的藝文十分貧乏。假使能從礦產、漁業兩個素材出發，定能塑造出基隆的藝文特色。

讓生長在基隆的青年認識家鄉、愛護家鄉，進而爲建設家鄉而共同努力，應是我們所要努力的目標，而要建設理想的藝文環境，也就須從培植地方菁英出發。

來自三地的文化

洪連成：

基隆的開發算很晚，一直到光緒十九年才有書院的設立，但是，在日據時代，遭日人破壞，只剩下一些殘存的文物擺在現今的慶安宮。

基隆的文化發展，主要是受三方面的影響：一、大陸。由於基隆是個海港，與大陸的潮州接近，所以，移民時期，許多潮州人渡海東來，自然也帶來了一些大陸的文化。二、台北。在毗鄰首善之區的情況下，許多事物便深受台北影響，但也因此，一些活動卻也被台北的大活動所掩蓋了。三、宜蘭。尤其一些大陸移民往北部回流，勢必先經過基隆，自然也帶來了一些文化，像民間樂團在基隆頗爲活躍，便是受到宜蘭的影響。在這些因素的影響下，基隆的文化看似繁華，實際上，也因受制於此，無法建立自己的文化風格。

主管單位的支持和鼓勵

鄭桑溪：

感謝基隆市立文化中心於一年多前出資協助我出版「港都舊情」攝影專集，基於身爲基隆人，最近，我也把多年來自己的攝影作品捐給基隆市立文化中心，讓市民們能藉由相片，了解基隆的發展。

攝影是視覺藝術，此外，也具有紀錄歷史的功能，尤其相片比文字更能直接、眞實的反映當時的社會、人文。以我拍攝、蒐集的相片爲例，囊括民國四十五年以來台灣各地的景觀和活動，從中可以明顯看出今昔之不同。

目前，全國各地的攝影活動都十分活躍，而基隆攝影學會也已經在民國五十二年成立。雖然，民間對攝影活動十分投入，不過，仍需主管單位的支持、鼓勵，如此，才能使攝影等藝文能有長遠的發展。

塑造本土的文化特色

陶一經：

我本人是學畫的，因此，就針對基隆的美術環境來談。大體而言，美術社團在基隆並非強有力的社團，而是基隆地區藝術人士在感情的結合下，貢獻每個人的力量所造就出今日的情景。

談到基隆的美術傳統，最早是由倪蔣懷先生所創辦的「基隆市美術研究會」。民國五十二年，基隆的中學美術老師、地方愛好藝術者，共同籌組了「基隆市美術學會」，但由於受到空間限制，無法舉辦很多的活動。直到民國六十年，「基隆市美術協會」正式成立，才開始積極舉辦各項活動。由於多年的努力，總算帶動了地方的美術風氣。如今又有文化中心，相信在較多的人力和經費下，未來的美術環境將會有更好的發展。

有關現階段藝文檢討，在此我願提出兩點：一、人才缺少鼓勵和培養。基隆不是沒有人才，像馬水龍、江兆申、李義弘、小魚等著名藝術家，都是基隆人。但是，爲何基隆的藝文一直無法進步發展，主要是缺少獎勵和支持，此外，也沒有專門培養人才的管道，導致了人才外流的現象。二、政府對文化建設不夠投注。雖然國內現有省、市立美術館，各地也有縣市文化中心，但是，他們眞正投注在本土文化的卻不多。而像全省美展，以參展的比例來看，大都是台北附近的藝術人士作品，足見對其他縣市關照不周。至於，政府或私人單位也經常撥款舉辦國外畫家的作品展，往往忽略了對本土畫家的介紹。

至於如何開拓寬廣活潑的藝術環境。雖然基隆的居民以漁、礦爲業者居多，但是，只要有心一定能做好。尤其大部分的藝文社團都願意擔任文化建設的義工，只要主導者用心在藝文的發展上，民間社團定能與其配合，共同致力於開拓未來的藝文環境。

最後是如何形成具有特色的基隆文化。其實，特色是用歲月累積，像書法研究會從日據時代創立，這期間透過大家的堅持、努力，才能造就今天基隆的書法在台灣的重要地位。因此，只要能匯合藝文愛好者的力量，以及領導者的決心，必能塑造出屬於本土的文化特色。

政府未盡到推展的責任

王拓：

我針對題綱三「如何開創寬廣活潑的藝文環境」來談。

基隆人文薈萃，出色的藝文人士不少，但是，本地人卻很少知道，最主要是政府未盡到介紹的責任。所以，我在此提出幾點意見，供大家參考。一、政府應編列編算，出版基隆藝文作家選集，以做爲中小學課外讀物。除了讓本地人知道基隆有那些藝文人士，同時，也是肯定本地藝文作家的方法。二、鼓勵文人作家集會，不僅能觸發彼此的靈感，對於藝文環境的開發也有相當的幫助。三、學辦文藝營。雖然無法有立即的影響，但是，日積月累，定能獲得相當的成效。例如鹽分地帶文藝營，也是經過多年的努力，才有今天的成果。同時，藉由活動的學辦，能刺激當地愛好文藝的人走上創作之路，也能刺激人們關懷更高層次的文化問題，對於精神品質的提高具有正面的影響。四、學校方面可利用週會時間，邀請本地的作家演講，談談自己的創作經驗，裨益學生們對藝文的喜愛及投入。

那麼，要如何才能形成具有特色的基隆文化？特色的形成，藝文工作者的責任很大，尤其以基隆的自然條件足以建構出自己的風格，至於如何做，便需要大家的構思、討論。

培養欣賞人口

黃國珍：

我是個小學教師，在我的感覺上，地方的文化環境和教育是很大的關連。從教育上來看，目前人們都積極在塑造天才，往往忽略了培養欣賞人口更爲重要。因此除了鼓勵從事藝文創作外，更需要培養大多數的人們有欣賞的能力。而文化中心便應該扮演教育者的角色，提供各種機會及環境給百姓和藝文工作者，並且和各級學校多做聯繫、學辦活動，除了藉以發掘藝文人才，更可因活動的學辦，刺激學生們對藝文的關注，以及欣賞、鑑定的能力。

加强藝文人士的交流

連信道：

六年前，我們組織了「雨港樂音」，這些年來，除了巡迴各地演出，更培育了許多優秀的的音樂子弟。此外，基隆市藝術家獅子會，主要是挖掘、結合基隆的各類藝術人才，並且每年學辦兩次活動，刺激更多作品產生。

至於，要開拓寬廣、活潑的藝文環境，我有幾點建議：一、除了在縣內學辦活動外，也應與外地藝術家多作交流，加强、改進藝文素質；二、目前，我是中華民國著作權協會會員，也是音樂著作權協會顧問，許多類似這樣重要的組織，成員中的基隆人實在少之又少，因此，希望基隆的藝文工作者能多參與這些組織，吸收新知，爲改進地方的藝文奉獻心力；三、多創作台語歌謠。基隆富有濃厚的漁、礦色彩，將生活編寫成樂章，藉由音樂的傳播，不僅能助長國人對基隆的認識，也能讓本地人更熟悉、熱愛自己生長的地方。

讓大家認識大家

陳耀坤：

回想民國六十五年，我從嘉義來到基隆，當時基隆根本沒有藝文的展覽場所，更看不到藝文活動。如今，我們不僅擁有一座這麼完善的文化中心，經常舉辦各類活動，並且還出版十分精美的刊物。所以，對基隆未來的藝文發展，我抱持比較「樂觀進取」的看法。

我本人除了從事美術工作，也在許多單位兼一些職務，因此，對基隆整體環境有較深入的了解。基本上，要開拓寬廣、活潑的藝文環境，必須讓大家認識大家，也就是讓藝文人士彼此熟識、相互切磋，並且也讓民眾和藝文人士多做聯繫，讓社會大眾了解藝文人士的心聲，鼓勵創作，同時也透過協調、溝通，觸發藝文工作者更多的創作靈感。

主動出擊

潘谷風：

大致而言，藝術工作者的性格有兩類：一是合作派，願意與官方配合；二是個性派，不喜歡與外界合作。而對於這兩類人，建議上級單位可以做四種選擇：一、作品不好，又不合作者，先行放棄；二、作品不好，卻很合作者，多予以鼓勵；三、作品好，也很合作者，多舉辦活動；四、作品好，但不合作者，採取迂迴方式，仍爲他辦活動。

要推展地方的藝文，根本上，領導者的起頭作用是很重要的。像基隆地區很有名的畫家小魚和楊成愿，最近都由台北縣立文化中心爲他們舉辦版畫展，並出版畫册。自己地方上的藝文人才卻在外縣市開畫展，實在令基隆市民感到遺憾。不過，最主要的原因，應是主管者不夠積極、努力，不夠看重藝文人士。

此外，主動出擊，應是主管單位應有的觀念和態度。像舉辦「田園藝廊」，應該是推展地方特色的絕佳管道，但是，基隆卻遲遲沒有動靜。自己都不主動積極，又如何去要求外界的關懷和支助。

所以，當我們對政府一些施政心懷感謝之餘，對於許多漏洞、缺點，也應大膽提出質疑，這樣，基隆才會眞正有發展、有進步。

用「心」耕耘

賴東爐：

我是個民俗工作者，民國七十四年起，便在基隆市立文化中心擔任燈籠製作指導，由於經常舉辦各類活動，便和許多單位有所聯繫。綜合許多經驗，我認爲，藝文活動要能活潑寬廣，最重要是主事者能深入基層，了解各類藝文工作者的專長、特色，透過接觸，才能建立彼此的信心。多年前，我帶領一百多名基隆的藝文人士，在台北國父紀念館舉辦「寶島民俗園」，造成很大的轟動。但是，這樣的活動卻無法在基隆舉辦，主要原因便是主管單位心不在此。諸如其他活動，文化中心往往也因參加人數少，而草草了事。事實上，藝文的推展並非立竿見影，就算只有一個人要學，也必須教，這樣才能薪傳下去。

目前，各地的文化中心都已建立起自己的文化特色，只有基隆文化中心仍在尋找中。其實，以基隆的人文、自然景觀，足以形成自己的文化特色，所以會延遲至今，主要是主事者不去觀察、了解。例如，基隆地區藝文人士的基本資料至今仍未建立，又如何去塑造地方的特色？

藝文的發展，是必須用心去耕耘，只問播種，不求速成。結合政府與民間的心，才能共同開創基隆新的藝文面貌。

結合校園與民間力量

王一中：

聽到剛剛大家的談話，明顯發現有一個共同點，就是大家對於藝文工作有很大的熱情，對生長的鄉土懷抱濃厚的感情，這些也就是激發創作的原動力。事實上，我們也都知道，只有表現自己地方文化特色的作品，才能獲得人們的重視。

我在海洋大學任職了十多年，也曾擔任寫任指導老師。由於海洋所設的十多個學系中沒有與人文相關之科系，因此，對於藝文方面的貢獻並不大，直到「林濤文學獎」創辦，才造就了一些寫作人才。

環視台灣目前的社會現況，過於重視經濟發展，忽略了藝文的發展。此外，國內許多獎項的獎金中，以文學獎最低，更顯示政府對藝文人才的不夠重視。事實上，當國家從開發階段邁向福利國家，假使不能重視藝文發展，勢必無法提昇其品質。

推動大學的藝文風氣，和社會的藝文社團多聯繫、結合，是當前要發展基隆藝文可行且必行的途徑。

特色的形成需歲月累積

黃素貞：

我針對剛剛大家所提出的問題，做幾點說明：

第一，有關文化中心出版作家作品的問題，目前，我們正積極進行出版的籌備工作，已建檔的作家已有十八位。至於協助作家出版方面，由於經費有限，所以，我們在這方面，大都採取無稿費，提供作家一百到一百五十本的成品。不過，目前仍沒有人前來申請。

第二點，關於小魚，楊成愿在台北縣立文化中心舉行畫展。事實上，我們也正著手準備爲楊成愿先生舉辦全省巡迴展，只可惜速度慢了一步。對於小魚先生，我們也屢次和他聯絡，最近獲得他的首肯，提供了一些個人作品及相片。

第三，文化中心有一些活動雖然參與不是很踴躍，但是，我們仍是持續在做，今年一月，我們舉辦了成人教育講座，包括台語正音班、英語講習、楊成愿西畫介紹及認識，每一場都有相當的人數參加，足見文化中心所舉辦的活動已經漸漸獲得重視。

剛才大家都提到，除了培養創作人口，也應培養欣賞人口，而這也是本文化中心努力的目標。不過，特色的形成是靠歲月的累積，基隆文化中心成立六年了，未來的日子，仍有許多要努力、加强的地方，還有待地方的藝文人士能多給予鼓勵與支持。

藝文發展無地域之分

李瑞騰：

在各個地方辦了座談會，我們可以發現，每個地方都存在許多不同的問題，其中，更以牽涉文化行政體系的居多。事實上，文藝或文學寫作是屬於個人的行爲，本不該由政府干涉，但是，從整體社會的文化發展角度來看，它也是公衆事務，所以政府需要設立主管部門專責此事。但是，人們也逐漸發現，雖然政府不斷在改進中，但政府的施政與民間的期許間永遠有著差距，因此，民間自力救濟的社團便應運而生。民間的力量永遠是促進社會、政治、文化發展最有力的推動劑。

雖然地方的藝術文化應有其地方特色，但是卻不該有地域之分。所以，除了對自己本地的藝文人才致力栽培外，也應支持其對外發展。而這種從教育、推廣、典藏、研究等整體性的規劃，則需行政單位妥善的考量。

文化有其通俗性及精緻性，而面對大多數文化人對政府文化事務提出質疑時，如何給予民間更大的信心，應該是主管單位念茲在茲的。

附錄

各縣市藝文環境調查的回響

對藝文環境座談會的回響

◎羅朝明　臺東社教館館長

文訊雜誌社，為了國家未來六年建設中的文化建設，能眞正落實基層，舉辦了藝文環境發展座談會，希望各地區藝文界人士，能提出對藝文建設具有前瞻性與地方性的高見，供政府參考。蔣社長震，李總編輯瑞騰及工作人員的「足跡遍布了全省十六個縣市及無數個鄉鎮」，您們實在太辛苦了，對您們的善心與精神，至感敬佩。

本館是負責東部地區社會教育發展的機構，而藝文教育正是本館工作的一環，故本人參加臺東地區座談會後，對於與會藝文賢達所提意見作以下的回應：

㈠繼續辦理徵文比賽：本館每年固定辦理兒童文學創作獎、青少年文藝獎及社教徵文賽等三項寫作比賽，以鼓勵愛好寫作朋友創作新品，並提高東部地區藝文水準。

㈡舉辦東區書法比賽：分成小學、國中、高中、社會（大專）等四組，於八十一年四月八、十日分別在臺東、花蓮兩地舉行，並邀請名書法家蘇天賜先生、陳為德先生、簡明山先生、許學仁先生、楊雨河先生擔任評審，全部收件二七八件，比去年多了一五三件。

㈢辦理東區藝術家聯誼活動：這項活動是本館從未有的創舉，自八十一年三月廿四日至廿七日，作四天三夜全省參觀及聯誼，深獲藝術家所稱讚。檢討會中藝術家們提出許多發展本區藝術教育寶貴意見，本館將列入下年度工作參考。

㈣藝術下鄉巡迴服務：於八十年十一月九日至十八日，在臺東及花蓮偏遠地區，選擇十所學校承辦，除將本館藏品供展外，另邀請復興劇校綜藝科學生配合巡迴演出。

㈤經年邀請東部地區藝術家個展外，另邀請西部高水準藝術家來東個展。此外亦規劃本地區具有特色藝術作品全省巡迴展，如：花蓮石雕藝術巡迴展及山地雕刻藝術巡迴展。至於音樂、國劇、舞蹈等，本館亦積極策劃辦理，不再詳贅。

㈥規劃辦理文藝作家聯誼會：預定於本年六月中旬辦理，會中將邀請名作家演講外，參與者每人必須提出最近新作品一件，俾使相互觀摩切磋。

藝文教育的推展，除需政府機構帶動外，民間社團亦應加以結合，共同參與，才能開創出光明亮麗的遠景。目前東部地區藝文團體有：音樂協進會、文藝作家學會、書畫學會、青溪學會、書法學會、美術學會等。為有效推展藝文教育；本館八十二年度的藝文重點工作，將是協調、聯繫、結合藝文社團，共同開創具有東部地區鄉土文化特色的藝文天地。

綿延與傳承

◎李清子　嘉義市政府教育局第四課課長

由北到南，從本島到外島，走過一年又四個月的路程，「文訊」的溫馨、采風、理想，一如當初的執著，不偏愛、不捨棄，無論是山城、風港或雨都、海陬，任由足跡讓給歲月的印痕，但把熱情留在人們的記憶。

感謝「文訊」也於八十年六月的夏日裡，風塵僕僕地來到諸羅山。亮麗了清溪旁一朵朵羞澀的、寂寞的小花；點燃了山腳下一盞盞謙虛的、搖晃的燭影。您的親切，您的誠摯，使我們敢於認眞地打開歷史、面對現實、展望未來。喚醒我們知曉傳統要保存、要發揚；眼前須辛勤、須努力；未來將璀璨、將光大。

個人的生命有限，鄉情的文化不朽。「文訊」給我們的啓示：寂寞的小花應關懷、應培育；搖晃的燭影該閃耀、該昇華。「文訊」已亮麗了小花，那麼誰再來關懷？誰再來培育？你我他——政府、學校、企業社團、藝文大家；「文訊」已點燃了燭影，那麼要如何閃耀？要如何昇華？政府的明確領導、寬籌預算；學校的十年樹木、百年樹人；企業社團的共襄盛舉、奉獻桑梓；藝文大家的坦開胸懷、千錘百鍊以及你我他的肯定接納、讚美鼓勵，這些都是必然的方向與作爲。唯有我們雙手相攜、匯聚力量，才能把散布在各個角落的淳樸凝結成濃濃的鄉情；唯有我們目標一致、揉合智慧，才能把零落在每個心田的才華幻化成久久的文化。

因「文訊」的用心與苦心，激勵了各地藝文環境與活動的再出發、再成長，路沒有枉走、汗沒有白流。而各地藝文環境與活動的更蓬勃、更興盛，想必便是「文訊」的最大心願了。不必說謝謝，卻要以成果來感恩，因此，達成「文訊」的心願，就是我們回送的最佳禮物了。然而這都不是句點，而是無盡的綿延與傳承。

扮演文化傳播的橋樑

◎葉佳雄　臺南縣立文化中心主任

初次接觸「文訊月刊」，是在本中心的期刊室，信手翻閱，心裡是既訝異又喜悅，訝異的是，國內竟有如此用心的藝文性綜合刊物，喜悅的是，文化工作已受到重視，而藝文資訊的報導是如此多元化、廣泛性；欣見「文訊」能帶著文化使命感，從關心文學起步擴大爲關懷整體藝文環境的整合，並由學術性、史料性轉變成普及性、生活性，深入分析探討時下的文化現象，眞是成功的扮演文化傳播的橋樑。

此次，「文訊」深具創意策劃「各縣市藝文環境調查」的系列專題，足跡遍佈全省十六個縣市，及無數個鄉鎮，透過資料的蒐集，及實地訪問，翔實的報導各縣市的人文、自然景觀、藝文發展的歷程、藝文團體的成長、藝文活動的概況，尤其是結合當地藝文人士舉行座談會，討論切合實際，促成民間與官方文化理念的雙向溝通，實有助於各縣市今後對文化工作之推動，做全面性的檢討——究竟已做的是什麼？未做的是什麼？

以一個雜誌的力量，歷經一年又四個月的時間，完成了此次深具意義的系列專題報導，這份執著與用心，値得肯定，因爲「文訊」願意遠離大都會，走訪地方，傾聽發自鄉土、質樸的聲音。個人於八十年七月受邀參加文訊辦理的「臺南藝文發展座談會」，聽取教授、學者、專家、藝文界人士暢談地方文化經驗，感受到的是大家一股强烈的文化關懷，不論是面對問題檢討現況，抑或展望未來的工作方向，大家的看法，均不約而同，形成共識，都有一種迫不及待的激情，相信對於臺南地區整個藝文界都有實際的催化作用。

茲値「文訊」製作的「各縣市藝文環境調查」的系列專題報導，大功告成之際，對「文訊」雜誌社蔣社長、李總編輯及「文訊」全體同仁，此次審愼規畫，揮汗奔勞，對整體文化之省思及探討所作的貢獻，敬表由衷感佩。期待這個身爲文化傳播、報導的尖兵，目標更高，理想更遠！

爲官方與民間溝通觀念，凝聚共識

⊙曾光雄 苗栗縣立文化中心主任

「文訊月刊」是藝文愛好者的好朋友，也是文化中心的好伙伴，多年來深入客觀地探討過許多藝文問題，亦忠實詳盡地報導了藝文界的動態和訊息，其對國內藝文環境和文化發展的關懷與助益，大家有目共睹。這次舉辦「各縣市藝文環境調查」活動，更是一項觸角廣泛、影響深遠的壯舉。

苗栗雖然是財政狀況較差的窮縣，但卻擁有發展藝文的良好環境，美景天成，民風淳樸，社會安定，更有許多優良的傳統民俗藝術，如三義的木雕、苑裡的草蓆、客家八音、陶藝、茶藝、蠶絲等，都值得薪傳光大。而且文風鼎盛，造就了許多藝文人才，像雕刻方面有朱銘、陳炯輝；音樂方面有陳秋盛、涂敏恆；美術、舞蹈、文學方面也都有很多傑出人才。因此結合藝文人才，發展地方特色，即是文化中心策辦藝文活動時，一直努力的重點。此外，爲克服財力不足之困難，更積極籌措經費，經常策劃各類高水準的藝文活動，爭取上級或相關單位補助，才能陸續出版「苗栗鄉土風物叢書」、舉辦本縣籍舞蹈家組成的「佛洛·黛蓮西班牙舞蹈團」巡廻公演……等活動，頗受佳評。

文訊雜誌社舉辦系列活動中的「苗栗藝文環境的發展」座談會，使本縣在各個不同藝術領域發展的傑出人才能夠齊聚一堂，不僅溝通觀念、凝聚共識，也增進彼此情誼，建立互相交流、合作的基礎。相信透過傳播媒體的關心、宣導，藝文界人士的參與、建議，和各級文化機構的共同努力，必能加速苗栗縣成爲「文化大縣」、國家朝向「文化均富」理想邁進的步伐。

集思廣益，提升文化活動水準

⊙洪慶峯　臺中縣立文化中心主任

文訊雜誌自民國八十年一月起，連續在十六個縣市舉辦各縣市藝文環境的發展座談會，這種恆心與毅力，誠令人讚佩不已！

在座談過程中，吾人發現參加座談之成員雖屬同一縣市或同一區域，但對藝文之認知差距卻是相當大，探究其因，不外乎各縣市藝文活動場所有限，藝文活動經費不足，加上本身所重視之藝文項目不同。因此，感覺到意見十分分歧，就是把所有意見記錄下來，各縣市文化中心也難以全部付之實施。所以有若干文化措施，如能儘早去做，可能對各縣市藝文環境之發展，會產生正面的意義和效果：

㈠普設文化機構，便利民眾參與文化活動：

目前縣級文化機構僅有文化中心，要服務上百萬的縣民，談何容易？必須普設文化機構，儘快達到「縣縣有美術館、縣縣有科學館、縣縣有博物館、縣縣有音樂廳」之目標，使民眾能在最短時間內達到他所要參與的文化活動場所。

㈡增加文化活動經費，全面推展基層文化活動：

各縣市文化中心成立迄今多則十年，少則五年，文化活動經費並未與日俱增，縣市長重視的文化中心，每年至少編列五、六千萬元；財源拮据之縣市僅編一千多萬元，試問扣除人事經費，所剩無幾，如何能展開全年的文化活動？在此建議，政府應明定各縣市文化中心預算應至少佔全縣市政府總預算百分之一，方有足夠的經費來推動基層文化活動。

㈢創造有利的藝文發展環境，廣植藝文人口：

文化中心是縣民的活動舞臺，而不是外來人士的秀場。譬如臺中縣立文化中心自民國七十七年九月起辦理「藝術薪火相傳——臺中縣美術家接力展」，迄今已辦理四屆，計邀請四十二位臺中縣籍美術家陸續返鄉展出。民國七十八年辦理「天籟韻傳——臺中縣音樂家系列發表會」，邀請旅外音樂家呂泉生、顧豐毓、朱宗慶、劉麗娟、陳勝田、郭聯昌等返鄉演出，頗獲好評。其他如辦理「中縣口述歷史專輯」，訪問境內耆老，編印地方歷史文獻；另委託中央研究院許雪姬研究員進行「臺中縣建築發展民宅篇田野調查」，費時二年有餘，計調查民宅一百四十五棟，於今（八十一）年二月正式完成，並出版專輯，爲國內保存民宅奠定了良好之模式。在演藝團體方面，本中心於去（八十）年三月輔導成立「臺中縣立文化中心國樂團」，使縣內愛好國樂人士能定期組訓和演出。最近本中心又在進行「臺中縣立文化中心弦樂團」之籌備事宜，希望文化中心能眞正成爲縣民藝文活動的最佳場所，進而有系統的培植縣內的藝術人才。

文化建設是長期性、全面性的工作，必須有計畫地推動，才能看出具體績效。此次文訊雜誌社主動承辦這項具有時代意義的座談會，凝聚各方意見，使今後文化建設工作的重點與方向更加彰顯，誠屬可喜可賀！

遙遠的呼喚

◎曾寬　作家．潮洲國中教師

文訊雜誌社工作人員，辛苦了。

您們是第一個下鄉的文化雜誌，像列車般一站一站停，走了一千公里，也走過了全省十六縣，眞是不簡單。

藝文環境調查，首站選在屏東，身爲參與者的我，十分感激，感激文訊關心臺灣尾的藝文環境及文化建設，也詳細報導了遙遠的呼喚。

過去，我們實在忽略文化建設，在一連串大力推動經濟建設下，全國上下祇知道向「錢」邁進，結果攀上外匯存底全球第一的高峯。然而，我們的文化卻因忽略而無法跟經濟齊頭並進，而呈現貧血、蒼白的現象。

也許臺北及各大都市的文化水準最高，而地方的藝文環境卻糟糕得很，雖然政府近年來很重視文化建設，可是，地方政府財庫拮据，年年赤字連連，奈何有餘力去發展藝文建設呢！

就舉個例說吧，高雄市年年都辦新春作家聯誼會，也頒發獎金優厚的文藝獎，而屏東呢？我們卻得過高屏溪到高市去分一杯羹，至於文藝獎金嘛，連一元也沒有，連起碼的「尊重」也付之闕如。

我是屏東人，我不怪縣政府主辦人員不力，要怪的是縣庫太窮。在此，很希望文建會不要一再重視點的建設，而能像文訊一樣，深入地方，聽聽微弱的呼喚，且以文訊藝文環境調查的系列專題，作爲地方文化建設的參考，也希望文建會能在各縣舉辦文藝獎，給予藝文工作者尊重、鼓勵。

文訊雜誌社苦心調查地方的藝文環境，各地方的參與者都知道文訊的理想與辛勞，很希望文訊的努力沒有白費，能像開路先鋒推土機一樣，開拓文化大道，更重要的是，政府當局能撥個核四廠的一半經費，專款專用，全力發展地方文化建設，把點與面結合在一起，提昇我們文化的品質，達到一流國家一流國民的境地。

關懷與期待

給爲自由中國藝文工作努力的「文訊」

⊙吳當　作家・省立台東高中教師

那一年，文訊蔣社長和編輯羣們來臺東的時候，正是臘盡冬殘的季節。

在社教館的會議室裡，他們靜靜的傾聽來自鄉土的聲音；在餐敍的雅室裡，他們垂詢了藝文人士的理想與做法；在雕刻家陳文生的居處，他們殷殷的採訪他的創作歷程……。短短的一天裡，他們爲臺東的藝文人士，注入了一股强心劑。然後，隨著他們搭乘的飛機消失在美人山後的雲霧裡，臺東又恢復了平靜。雖然生活還是同樣的生活，但是心裡，卻有著不同的情愫。我們知道，有一羣人在關心這塊土地。他們眞誠的伸出熱情的手，毫無代價的奉獻。那一雙手，超越了叢巒疊嶂，緊緊的和我們握在一起。

時光在努力中飛逝。春天去了，又悄悄的來了。一年又四個月，全省有十六個地方，和臺東一樣，有了他們風塵僕僕的影子。不管是繁華的都市，或是孤寂的離島，他們苦苦的在那裡與鄉土沈思，和藝術呼吸。他們帶去了熱情的關懷，卻帶回了沈重的負擔，鄉土深切的期待。他們在雜誌裡呼籲，鉅細靡遺的報導各地區的藝文活動，盼望能有更大的回響……。

在經濟快速發展的社會，在人類價值紊亂的時代，在劣質文化充斥的世界裡，在速食麵似的功利主義下，許多的藝術，徒有絢麗的外表，而缺少實質的內涵。過度商品化的包裝，媒體强勢的宣傳，很少有人肯孜孜矻矻的從事紮根的工作，總希望能夠一舉成名天下知。這種「三分鐘文化」，暴起得快，也大落得快。這樣快速的起落，文化其實已受到了極大的傷害。如果努力得不到肯定，憑藉外表的亮麗、誇大的宣傳，就能成功，我們整個的文化都將要解體了。而「文訊」卻試圖在這股激流裡，做一根中流砥柱。

「各縣市藝文環境調查」，是一樁龐大的工程。我們看到在「文訊」的穿針引線下，各縣市的藝文人士，做了一番深切的反省與檢討。愈是偏僻的角落，那種興奮，那種期盼，就更加强烈。而所有對文化政策期待的壓力，「文訊」能承受嗎？能夠發揮多少作用呢？「文訊」會不會有無力感呢？我們也擔心著，甚至也想給他們一分鼓勵，這雙熱情的手，穿過中央山脈的天塹，和他們緊緊的握著……。

很想告訴他們：在臺灣，支撐藝文工作者默默耕耘的力量，是來自心中那分湧動的熱力。即使沒有掌聲，他們仍然快樂的工作著。很想告訴他們：在他們爲自由中國的藝文環境汲汲的奔波時，那個臺東的傻瓜已經奇蹟式的完成了十二本撒播文學種子的書籍；在臺東，文學講座、研習，仍然不斷的進行著……。不止臺東，其他各地，也都會持續著這樣蓬勃的生氣。「文訊」的努力，「文訊」的心血所有的藝文工作者都知道，都會化爲力量！

山水間的風情畫

◎康原 作家·國立彰化高工教師

「文訊雜誌」的封小姐約我撰寫「藝文環境調查」工作後的感想時，我正爲彰化文化中心將出版的「文學的彰化」新書寫自序。這本以日據時代迄今爲經，以五十位彰化縣文藝作家、作品爲緯的新文學作家小傳，是近年我閱讀臺灣作家作品，了解臺灣文化運動與社會變遷過程中，努力把彰化縣籍或居住彰化的作家作品，放在區域環境中考查、思考，所得到的結論，我以「愛土地的人」爲序文，標舉出作家與社會環境之關係，肯定的說明偉大的作家都具有人道的精神，關懷土地的變遷與人民的苦難。作品表現出歷史變遷中，人民所思、所想、所感，以及所抱持的態度；令我深切的體會到，文訊策劃的「藝文環境調查」工作，是爲「文學與社會」關係留下見證，爲藝文工作留下史料，使閱讀或研究文學的人，更能掌握作品的時代性與時空感，爲文史學留下一些珍貴的證據。

藝術作品常常表現一個族羣的思考方式，在文學作品中的事件往往就是社會與生活的形態，反映出現實社會的狀況，這樣的作品可能成爲往後社會史的文獻資料；然而，藝文環境調查，是希望透過實際從事文化工作的朋友，在關心了解自己居住地區性的藝文活動狀況中，來追溯文化精神傳承的脈絡，進而去關心自然環境與人文精神。「文訊雜誌」系列的做完臺灣十六個縣市藝文環境調查後，呈現出臺灣地區近百年來人文活動的狀況，從歷史中尋找未來發展的動向。所以，文學研究必須考查作者的社會生活以及成長經驗與環境，了解作家跟社會的關係，因此，可以了解白居易所說：「詩歌合爲時而作，文章合爲事而作。」的道理。

有價值的文學作品，都是由作家對他的環境以及周遭人民生活的關切而產生；因此，作家必須對社會、對民族具有誠摯的愛心，對自己文化有深刻的體認，才能創造出獨特的民族風格。文訊雜誌的調查，著重地方藝文的發展情況、藝文團體活動及地區性刊物內容，做全盤性的檢討，以「了解歷史是爲了展望未來」的心情，做全面性回顧，讓文化建設能落地生根，使島上人民形成「生命共同體」的同舟共濟的意識，廣泛結合作家及文化工作者來重建文化，用心之甚可見一斑。

文化雜誌總編輯李瑞騰曾經說：「縣市藝文調查，主要是希望透過雜誌的傳播功能，彰顯各地區藝文現況；由於中央對地方的文化事務無法做精詳、準確的了解，因此在政策制定及執行上，往往不能和地方的需求相契合，因此『文訊』站在傳播媒體的立場，有責任將地方上實際狀況彰顯出來。再者，爲求對本土文化的發展能有較深入的認識，藉由探討各地藝文發展的過程中，能發掘問題……」這段話足以說明「藝文環境調查」的目的，而，實際調查工作，也已經告一段落，看各縣市的專輯命名就如讀一幅幅「山水間的風情畫」一般，比如：「卦山春曉」、「璀璨蓮花」、「府城春秋」、「稻香千里」、「栗質天香」、「灼灼桃花」、「竹影茶香」、「陽光海岸」、「美麗淨土」、「戲劇故鄉」、「三山聳立」、「雨港樂音」、「山海之間」、「諸羅風情」、「天人合歡」、「科技與人文」等，就足以凸顯各地區的地理特色與人文精神，彰顯區域性的文化特色，這些發自鄉土上的質樸聲音，透過「文訊」傳達出來，是值得有關當局注意的。做爲傳播文化訊息的「文訊雜誌」，能策劃這系列「藝文環境調查」工作，是文化建設行列中的重要工作之一，實在是一件有意義，同時，也是有成就的盛事，同時，是文訊全體朋友們苦心與同心的代價吧！在爲這個專題畫上美麗的句點時，我們呼籲「文訊的朋友，能再度出擊，爲揮出文化建設的全壘打而努力！我們不希望在高喊文化建設的今天，看到「文訊」雜誌劃上一記美麗而哀傷的休止符，那是文化建設中的不幸，社會、人民的不幸!!」這是我眞誠的期待與心願。

藝文的平衡發展

◉岩上　作家

全省藝文環境調查工作，從去年一月開始至今年四月，歷經一年四個月的時間已圓滿完成。期間由「文訊」每期的報導可知，除了「文訊」本身的工作人員外，各縣市藝文作家的參與人數高達二百多人；撰寫各縣市有關藝文的簡史、藝文團體及刊物的介紹、藝文活動概況的報導及座談會紀錄的文章共六十四篇，調查對象除臺北、高雄大都會外，遍及全省。

就參與的人力、調查的深度和廣度可說是前所未有之創舉，從這次的調查工作，我想可以看出久已存在的一些問題，不但可以作爲國家推動文化建設有效聲音的呼應；就各地方相互之間也可以增進了解，所以它的意義性是重大的。

而調查之後，文化建設要能多注重地方基層的紮根，才能落實。任何一個傑出的文學藝術家，都必須從他成長的環境中認同他，所謂立足本土才能放眼天下，建立臺灣特色的文化，應該是全體國民的責任。

臺灣的文化原本淺薄，富裕之後，更趨低劣庸俗，只講究感官快感，不重心靈和精神的品質，是目前臺灣文化一種盲流的導向。就藝文本身的情形來說，近年視覺藝術如繪畫、雕刻工藝品生意特別興隆，反之須要透過文字思考的文學作品，乏人品嚐，這都不是非常好的現象。據調查，八十年度全省人口和購書的比率是〇・七倍，一年中每人買不到一本書，而日本是我們的四十倍，這種情形怎不令人哀嘆！這種情形不能只責怪民衆，讀書風氣的低迷有很多因素，而大部分的文化中心只注重有形的展覽和熱鬧的活動，不重視文學的推動；只求眼前的成績，不設計長遠的影響也有相當大的關係，例如畫家的專輯各縣市都有，作家的專輯只有三兩的縣市出版，這是明顯的事實。

很顯然的，各縣市的藝文風尚都受著經濟的扶手，產生了不平衡的傾向，一些失去了可耕耘園地的作家，漸漸隱沒的現象和被出版商篩檢拋棄的情形，沒有兩樣，這是不是一種文化的隱憂？

作家要有生存的空間，最具體的方法是有發表的園地和有人買書看書。開闢園地，推動讀書風氣是對作家最實際的鼓勵吧！

從調查資料顯示，可看出從事藝文工作者的熱情仍然存在，希望領導決策單位擬訂具體的方案，共同爲國家文化建設而努力。

她提供了觸媒

⊙羊牧 作家・西螺農工教師

過去的近一年半的日子裡，「文訊」的同仁們每個月到一縣市舉辦「藝文環境的回顧與展望」座談，馬不停蹄地奔波，足跡遍及全省，甚至渡海到澎湖外島，這種敬業和用心的精神，無論如何是該向他們立正行禮的。

其他朋友的感想如何，我不得而知；以區區來說，自大學畢業返鄉任教，一方面在基層教育工作崗位上盡一己心力，教導家鄉子弟；一方面則因爲酷愛寫作，默默地在偏僻的角落裡，度著筆耕的寂寞生涯。因此，「獨學無友」一直是我最大的遺憾。「文訊」的同仁，大多是志同道合的好友，他們的到來，是多麼令人欣慰的事！

我居住的雲林縣，是個典型的農業部落，也是全省收入偏低的貧窮縣份。長久以來，鄉親謀溫飽尚且不易，下一代的教育已覺力不從心，更別談文學藝術的陶冶了。物質缺乏和文化落後惡性循環的結果，乃形成不毛之地的沙漠，這是早期的事。

然而，民國六〇年代以後，工商起飛了，經濟繁榮了；即使鄉下的鄉親們，也得以享受空前的富足和方便的物質生活，所得也大幅提高了。可是，生活水準的提高，並未相對地帶來文化素養的提昇，「文化沙漠」依然。

我常在想：文藝創作是一回事，文藝活動又是另一回事。前者以個人爲單位，後者則必須羣策羣力。然則地方文藝風氣的倡導和推動，卻有賴不斷地舉辦靜態、動態的「活動」，以吸引大衆的參與，增加文藝的人口，即使不一定人人「創作」，「喜愛」它而過文藝的生活也不錯呀！

談到「活動」，就不免牽涉經費的問題。以本縣來說，縣府近百億的年度預算，文化建設的經費卻僅編列二千二百萬元；而各鄉鎮上億的預算，截至目前爲止，文化建設經費始終掛零！

不分中央和地方，過去四十年從事有形的硬體的物質建設，已締造有目共睹的可觀成果；但對無形的軟體的精神文化建設，卻未同等重視，終於造成「富有的窮人」的怪胎，這是不容置疑的事實。

「文訊」的到訪，提供我們共同思索這些問題的機會；「文訊」回去之後，我們基於推動地方文化事業的共識，幾度頻頻會商，純民間的「地方文建會」的雛型乃得以孕育而生。我們深信，文化事業要從地方做起，要自力更生。謝謝「文訊」提供了觸媒，催化了我們潛藏已久的意念，化諸行動，共同追尋明日的綠洲。

文訊美宴的回響

◎薛國忠　省立馬公高中校長

文訊雜誌社以其高瞻遠矚的創思及其堅忍不拔的毅力，在短短的一年四個月中，締造了一件有口皆碑的藝文活動的佳構。眞可謂立下了千秋不朽的偉業，令人讚賞不已。

從去年（八十年）一月至今年四月，「文訊」的全體工作伙伴僕僕風塵，足跡遍及了臺灣全島，不論通都大邑、山涯海角，爲著各縣市藝文環境調查這一不同凡響使命的驅使，不畏風雨，不辭任何辛勞，邀請各縣市藝文同好懇談、或作田野訪問、或作專文論述，終於完成了一套十六冊有系統的報導縣市藝文活動巨作。道出了地區文藝的心聲、描繪出地區文化的特色，開拓了廣闊藝文環境的空間，其意義與成就就當代文藝界的領域，竟無出其右，令人刮目相看，厥功甚偉。

有系統的探索、發掘與整理本省各地區的藝文素材，展現不同的風格，是一部緜緜相傳的區域性文藝發展史略，奠定了國家文化建設不拔的宏基。

從陶醉於鄉土氣息的文藝座談中，不僅是血濃於水的情感交流、腦力的激盪、文藝創作的傾囊相授，更是薪火相承使命感的交付。這是「以文會友，以友輔仁」的另一種詮釋。

冀能從文化建設中：強化心理建設、袪除萎靡的氣息、樹立了正確的價值觀與道德觀、承襲了宏揚文化道統的使命感。

因此我們更殷切的盼望著：

㈠把各縣市的藝文屬性單獨編撰抽印成册，不致散佈各期刊上；如此既可廣泛流傳，而收「相觀而善之」的切磋之效；既使藏之於名山當爲不朽之作。

㈡深入而嶄新的分類與探討當地藝文活動，使每地區以單一的主題詳加闡述與發揮，更能淋漓盡致引人入勝。

㈢如何展現當地文化特色，而觸及到生活層面，以充實生活的內涵、提升生活的素質，使文化與生活合而爲一。

㈣如何使當地民衆感染到藝文氣息，變化氣質，形成主導社會、扭轉狂瀾的一股清流，當是責無旁貸。

在科技掛帥，人們生活內涵顯然過於物化的時候，我們熱切期望另一種精神層面的滋潤。鄉土藝文的點滴，不失爲一及時的甘霖，像文訊雜誌社這一種創新的作法，的確是神來之筆，讓社會更溫馨、更有朝氣、更爲和諧；讓文化的傳承更是源遠流長：讓感情與知性的筆觸文章，沁透每一個人的心坎，人生的眞諦不是更多彩多姿嗎？我們衷心地祝福她，永遠永遠。

擁有「文訊」，希望無盡

◎江春標　嘉義縣北回國小校長

從回顧裡，我們思索史蹟源流，在追憶中，我們導向創新文化。

文訊雜誌社一年多來，以最關懷臺灣地區藝文成長的過去、現在和將來，獨具「有心」地踏遍各處會訪地方藝文朋友，作一系列很有意義的報導，面對飽受新潮流衝擊，許多堪回味舊傳統的史蹟文物、地理景觀，逐漸被糟蹋、被摒棄、被破壞、被消失；許多有價值醇厚的藝文氣息、人情匯聚，悉數被沖刷、被淡漠、被轉化、被遺忘。多少年，帶著懷舊心境的人們，希冀重整那一幕幕魂牽夢繫的往日繾綣；投注感情世界的人們，憧憬尋覓那一件件可歌可頌的景觀文物，但簇擁瞬息萬變的潮流，淒迷於物質文明的驅策，試圖藉一些蛛絲馬跡、緬懷「古諸羅」的古樸風貌或「大嘉義」的傳統藝文，幾無脈絡可尋。

文訊雜誌社肩挑文化傳承、引導關懷鄉土、導航穿梭今古臺灣史蹟文物、縱情珍惜新舊時代文化軌跡，身爲「嘉義人」，執著沸騰奔放的愛家愛鄉情愫，感想「文訊」的「有心牽引」，對「大嘉義」藝文活動的專題追蹤，終於圓融了認同與肯定。儘管「諸羅遺跡」蕩然，「大嘉義」繁華盛景不再，令人心動的傳統民間藝術——說書、講古、鑼鼓陣頭、歌仔戲班、布袋戲班、文明新劇、藝文表達聚會場所，被電視、卡拉ＯＫ、櫛比鱗次餐飲酒店、喧囂熱鬧夜市攤位一一取代，但有「文訊」的熱情呼喚，不啻是爲銜接一脈相傳的整個臺灣史蹟文化作了最深入、有廻響的貢獻。儘管「諸羅」文情風發，「大嘉義」標榜榮耀未竟，教人遺憾的官方文化中心——藝術展覽、演唱表演、知識傳遞、文化講座等，迄今數十年還停步立於虛有其表的空蕩建築軀殼，該造就的各類學術研究院校，被「選學文化」掩蓋，被「高樓大廈」吞噬，被「汚染環境」侵蝕，被「世俗利慾」擊潰，但有「文訊」的勇於揭發，終究是爲一志共擎的整個臺灣二千萬國民作了最迫切，有意念的表達。

我們是需要政府的更具體的導引，想要的，絕不退縮，最需要全民的關注，有力人士的倡導，最想的，是有權力的政策成全；請讓「文訊」繼續更擴大傳遞文化的使命，請讓「文訊」促使更普及探討藝文的價値，敢請重視地區性的史話采風，延展整體建設的人性需求，把握兩岸文化交流時機，將臺灣與大陸的淵源作眞實的坦承，很自然地彌合四十多年斷層的血源，肇造大中國屹立寰宇的偉大目標，中國是世界古國之一，五千年文化足以傲視全球，傳統文化與新潮流文明強化整個現代化的中國，足以領導羣倫。

感想與期望

爲臺南爭取設立現代文學資料館催生

⦿楊文雄　國立成功大學中文系副教授

首先要向「文訊」同仁致敬，讓大家有機會吐吐苦水，實在功德無量。其實，各縣市藝文活動環境都有問題。由於制度不健全，沒有文化部的領導，各地文化中心事權無法統一，再加經費有限，人員編制不足，人少事繁，無法做出好成績。文化活動的櫥窗化，加上文藝人口的萎縮，文學性刊物的逐漸減少，各地藝文環境確實充滿危機。

那麼，我們政府到底有沒有文化政策？文化部又遲遲不能成立，而地方的文化中心限於經費與編制，恐怕非得借助民間力量不可。但臺南奇美基金會回饋地方被拒的例子，卻令人沮喪！奇美近年採取企業回饋地方的方式擬請政府出地，再由基金會出資十五億，籌建藝術資料館與藝術園區的大計畫，被臺糖公司以護產爲由延擱至今，雖經李登輝總統指派文化總會黃石城祕書長居中協調，仍然徒勞無功。奇美有心回饋社會，設立一個東南亞最像樣的藝術園區，綜合美術、音樂和雕塑，帶動國內的文化教育，號稱「再造臺南文藝復興」的大手筆，卻敵不過臺糖成立土地開發處在臺中月眉開發遠東最大的觀光遊樂區計畫，實在令人扼腕！最近前法國總統季斯卡來訪，談及法國文化的蓬勃，有賴政府領袖的責任，希望奇美造福臺南鄉梓的企劃案不要胎死腹中才好。

臺南素有「文化古都」的雅稱，但已不復當年盛況，上次藉由對臺南藝文團體的訪談，發現文學性社團逐漸走下坡，寫作刊物也萎縮，文藝活動積弱不振令人憂心。現在經建會已通過文建會所提在中南部設立「現代文學資料館」的計畫，唯求設館地點要詳細考量。去年臺南市文化中心陳永源主任風聞此事，即請施治明市長出面籌措土地，籌組「爭取現代文學資料館設置委員會」，地方士紳開會都有共識，力爭該館設於府城，並經立委王滔夫於三月十三日向行政院質詢爭取設於臺南，對提昇府城文化水準，帶動中南部文學研究與創作風氣必有幫助。我們樂聞此事成眞，使素有臺灣文化之都的臺南市恢復以往令譽。

一簇美麗的結晶

◎邱上林　作家・花蓮高工教師

這十六本期刊，抱起來沈甸甸的，跟它的內容一樣厚實、縝密。可以想見編輯羣審愼，不肯馬虎的工作態度。

我覺得這十六輯的封面設計，頗具匠心，印刷亦十分精美，尤其是封面上下標題的功夫，更可以看出編者的才情，不僅辭藻優美，且能緊扣地方特殊的地理環境或是傳統背景。我們信手拈來幾則，都是佳構。例如：「璀璨蓮花」（花蓮的藝文環境）、「府城春秋」（臺南的藝文環境）、「諸羅風情」（嘉義的藝文環境）、「竹影茶香」（南投的藝文環境）、「陽光海岸」（屏東的藝文環境）、「雨港樂音」（基隆的藝文環境）……等。

這全省十六地區藝文環境調查的完成，至少呈現如下意義：

一、幫助地方建立完整的藝文誌，藉這次座談會的統合，已爲斯時斯地整理出一套藝文脈絡，有助於後輩對現世藝文環境的瞭解。

二、讓多數人更深切的瞭解藝文界人士的努力與耕耘，進而獲得鼓舞肯定。

三、這份調查，不光祇是介紹的性質，經與會當地藝文界人士的討論，它同時也是一種反省，具有承先啓後的積極意義。

費時一年四個月，持續不斷的奔波、聯絡、主持一場又一場的座談會，完成採訪稿及零瑣的編務，在在都是能力與耐力的考驗。現在，文訊雜誌的編輯先生小姐們，將成果做出來了，這一份高瞻遠矚與決心，值得肯定與崇敬。

這是一程有計畫、有步驟的行動，更是把理想與智慧具體實現的美麗結晶。

重要的「紅蘿蔔」

◎李清霖　聯合報記者

正當國際藝術拍賣市場日見萎縮之際，相繼在臺灣和香港舉辦的蘇富比與佳士得中國名家書畫作品拍賣會，卻以迭創中國畫價高峯之姿收場，顯露了臺灣人的經濟力。

世界經濟活力中心，可預期將轉移到臺灣、香港和大陸這個金三角地帶。

臺灣的經濟力，確足傲人。

然而，撇開經濟、揭論文化藝術活動力，臺灣整體水平，似與世界舞臺有一些距離。

蘇聯、南斯拉夫等物質文明仍不發達的國家，卻有閃爍亮麗的交響樂團，芭蕾舞團和衆多藝術欣賞人口；如果這麼說，以臺灣的經濟力，支持數個國際性藝術團體成長，應無問題，可是，有嗎？在那裡？

文化藝術水平的判定自不能以少數幾個團體爲代表，不過，論藝術修養與欣賞人口，臺灣顯然瞠乎其後。

「文化建國，文化均富」是理想，文化希望它不是「驢與紅蘿蔔」的故事，永遠搆不著。

「文訊」雜誌花了一年四個月的時間，持續完成全省十六個縣市的「藝文環境調查」專題，是文化人對現存藝文環境率先提出審檢的行動，意義不凡。

參與座談的人士，來自不同領域，有學院、有鄉土，把以往「老死不相往來」的某些畛域人士，聚集了，談談彼此的想法，對文化環境的構圖，爲地區藝文團體的聯繫著了先鞭。

以新竹縣市爲例，有不少清華、交大教授從來不知道文化中心、社教館辦那些活動，對地方基本上仍無認同感，還有人甚至不知道文化中心在那裡；他們主要活動空間，以臺北、臺中都會區爲主。

當他們了解文化中心等本土文教機構人、物力均不足時，主動建議文化機構需要學院的支援，可以和他們聯繫，這是文訊辦藝文環境調查的效能之一。

在實際座談中，我們也發現了普遍存在於各縣市的問題，不外人力與經費不足，且文化資訊網絡不夠健全，參與者有限，無法擴大影響力等，讓藝文推動者有了著力點。

因此，政府先發給「紅蘿蔔」是必要的，有了誘因，再透過教育、訓練和活動過程，建立共識，導引企業界也樂意投入；人力充份，經費也不虞匱乏之時，文化藝術水平，才能普遍提昇。

文化藝術的推展、成長，非一蹴可及，而是點滴累積而來，文化水平的提昇，除了政府與民間充分結合，文化人也得主動出擊，積極參與，才能見到一些成果。

臺灣除了在經濟上傲人之外，如何也在文化水平上發展出傲人的光芒，相信是每位文化人的責任！

重振山城文風的契機

◎黃鼎松　苗栗鶴岡國中教務主任

「文訊」雜誌，兩年來投入大量的人力物力，進行「各縣市藝文環境調查」並舉辦各縣市「藝文環境的發展」座談會，希望藉此喚起地方人士重視本鄉本土的文化發展，同時，也讓有關單位了解各地的藝文生態，作爲地方文化建設施政上的參考。這是一項具有深遠意義的工作，別的縣市，筆者不清楚，以苗栗來說，這是多年來苗栗地區藝文界人士僅有的一次聚會，讓平日「單打獨鬥」的藝文工作者，終於有緣齊聚一堂，暢述己見，除了頗有「吾道不孤」的感受外，也激發了與會的藝文同好，對地方藝文風氣的提升，有一份「捨我其誰」的使命感。

地方藝文的發展，各縣市的文化中心是最重要的主導力量，苗栗縣立文化中心，這幾年在這方面已有相當可觀的成就，而且頗能兼顧「藝」、「文」的均衡推展，除了舉辦經常性的展覽、表演、活動外，去年已完成縣籍作家資料的建檔與展示，並聘請鄉土史學專家編撰「鄉土風物系列叢書」，對全縣史蹟文物、山川景觀、拓殖史料、鄉賢事功，做了一次極爲周全的搜集整理。今年則推出「縣籍作家作品選集」，一口氣編印了十册，包括小說、散文、新詩、藝文評論及報導文學，讓一些並非出自「名家」的精品佳作，集結出版，具有鼓勵與肯定的作用。

當然，地方藝文工作的推展，除了從事藝文工作者的默默奉獻，及文化中心的導引外，最需要的是激發民衆的興趣和參與，以培養全民的藝文風氣。兩年來，苗栗縣教育局在全縣中、小學戮力推行「書香滿校園」活動，指定民俗重點發展學校，鼓勵中小學編印校刊，這些措施，對藝文風氣的提升，雖無法收到「立竿見影」的效果，但卻是一項極爲重要的紮根工作，持之以恆，若干年後，絕對可以扭轉藝文風氣。

最近定案的「苗栗縣綜合發展計畫」，有關地方文化的建設與發展，已有極爲前瞻性的構思和做法，尤其在建立具有特色的苗栗文化方面，著墨最多，計畫也切實可行，主政者有此「慧根」，是相當可喜的現象。

苗栗，山明水秀，民風淳樸，拓殖以來，文風鼎盛，民間保存了許多優良的傳統民俗藝術，擁有相當良好的藝文發展環境。在沈寂了一段不算短的歲月後，從上面所述的種種積極現象，山城文風的重振，已展露了曙光，那是可以肯定的。最難得的是藝文界人士，他們不求名不求利，默默耕耘，可說是重振山城文風的最重要力量，透過「文訊」雜誌的座談會，結合了他們的意見與力量，更加快苗栗文化建設向前推移的速度，我們樂於見到，不久即將開花結果。

做了沒人做的事

◎邱傑 聯合報記者

同樣的一件事，有些人認爲那是一件聰明的事，有人認爲那是一件傻事。

例如在高速公路上利用「高明」的技術，左閃右繞、路肩行駛、超速超載，而能避過告發。這是聰明事呢？還是傻事？

例如巧取豪奪，汲汲鑽營，賺了大錢而避過繳稅；例如當每個人家的子弟年滿二十歲，都必須去當兵，有人則用了一些「妙計」，逃躲過兵役義務……，是聰明事呢？或是傻事？

如何認定呢？不同的人，有不同的認定標準。

我的好友胡榮華兄，每天拿著掃把，掃社區中的狗屎、空罐、垃圾，誰曉得是他聰明呢？還是亂丟亂拉而不必自己清理，自有人會代他清理的人聰明？他常說一句話：事情，總得有人去做的。

文訊花了這麼大的精神、人力、物力，去做各縣市藝文環境調查，我不知道在人們心目中，這是一件聰明的事呢？還是一件傻事？可是，總得有人去做才行，文訊去做了。

而且做得很認眞，很踏實。我自己只參與了這件大事業中的小小一場座談會，但從座談會的全程，再加上事後有機會翻查全部系列報導，感覺上做這件事的人沒有偷工減料，是按著原來設定的方向和規模一步一步去完成的。

我個人也曾有過一些小小規模的行動，例如為了採訪大甲媽祖北港進香團，我跟在隊伍中走了七天六夜，走得磨穿鞋底，嚐到「腳踏實地」的滋味。為了看看桃園縣的文藝作家現在的生活狀況，我依據名單，大街小巷一家家走訪，一共敲開了三十位作家的門扉。在我二十年的採訪生涯中，我至今還學不會不進礦坑便能寫出「煤礦災變地底一千二百公尺現場採訪」的本領，總得一步步攀爬翻越，才下得了筆，寫得出東西。正如胡榮華所說的，事情總得有人去做，現場，總得有人去守。

文訊這一件事業，何嘗不是走遍現場之後的報導？甚至可以說，文訊是在守著現場。

放眼一片蓬勃耀眼的出版市場，五彩繽紛，熱鬧之至，我卻常常感到孤寂。因為滿地多的是利字導向的聰明人出的聰明書，市場價值凌駕於一切價值之上。文訊此時做了這麼一件很辛苦很付出卻可能很不賣錢，沒有賣點的事，誰曉得是聰明事還是傻事呢？

與來自鄉野的藝文心聲迴流

◉李潼 作家

臺灣的藝文活動，多年來，一直以臺北為樞紐，當然，臺北是臺灣的文化團體、藝術機構、傳播媒體最主要的聚集所在，活動由此策發，有其方便，但是藝文的策劃和推展，還得由臺北之外的其他地區來考量和落實，才見普遍的成效。

「文訊雜誌」能以將近一年半的時間，在全省十六縣市展開「各縣市藝文環境調查」，這種不畏艱難的宏觀認識和作法，足以喝采。

這項調查所得，當然只是基本的瞭解材料，作爲將來其他藝文活動的背景參考。不論這次調查收取的資料是前所未知或早已耳熟能詳，誰都沒有資格表示白費工夫，除非這項調查資料被輕忽、被束諸高閣，從此無人過問。這些散居臺北之外，各市鎮鄉村藝文工作者的意見，實在應當分類歸納，提報文建會、文化總會推展藝文的案頭備忘，以及各文化中心、文藝社團、文教基金會和新興的廟寺藝文活動小組在擬定方向或執行時爲依據。

在這次巡廻座談中，有些寶貴的意見：「藝文推展，須具備企業經營的理念」、「編列更多經費，統合學院與地方的藝文力量」、「以本地地理景觀爲創作素材，讓旅遊和文學結合」、「以動態的藝術表演，提振靜態的藝文欣賞」、「透過寺廟活動來推展藝文」、「文化中心以次文化出發，結合本土傳統，吸收民衆參與和支持」、「多舉辦藝文活動，提供藝文創作者和社會人士共同學習、共同領受美感經驗的機會」、「讓校園藝術走出圍牆」、「善用民間資源，造就地方藝文」、「以傳統人文出發，培養文藝風氣」、「藝文工作者必須摒除功利思想」、「活用村里社區活動中心」、「摒棄褊狹的政治觀念」、「不嫌草根味，加强鄉土教育」……。

這些林林總總意見，有期許，有批判，但都具高度熱誠，大部份的理念之外，也有具體的施行方案。「各縣市藝文環境調查」在告一段落後，應把握這一熱誠，儘可能透過其他通路，積極回應這些來自鄉野的藝文心聲，這是臺灣藝文發展之福。

一幅藝文工程藍圖

⊙蔡文章　作家・高雄梓官國小教師

文訊雜誌，有目共睹，是藝文界的朋友。從「文訊」出刊，我都是持肯定的看法與態度去接受它，因爲它對藝文的報導，其範圍、層面最廣，也能盡量做到客觀、公正與周詳，如果說它是在爲作家、藝術家服務的亦不爲過。

最讓人推崇、讚揚的是從八十年開始，整整一年又四個月的「各縣市藝文環境調查」系列專題報導，我幾乎每期都認眞過目，讓人了解各地文化的特色、藝文環境發展的諸多問題，以及未來發展的方向……都可以作爲將來文化建設的參考藍圖。

文訊雜誌這次的系列專題活動，足跡遍佈全省各縣市，又在人力不足（或許）、財力的困難下，能夠圓滿達成，其苦心及用心可見一斑，令人敬佩。

記得，在「高雄藝文環境」座談會時，文訊雜誌社副總編輯封德屏小姐曾要我寫一篇「高雄縣文藝社團與刊物」，我雖應諾，但不積極進行，事後亦有點後悔，因爲我平常很少參加一些社團活動，要我去了解、蒐集有關這方面的資料，恐怕能力不及，眼看日期逼近，我行推託策略，並推介另外人選，但封小姐由臺北一直打電話催促，使我不得不欣然接受，而努力去完成。這雖是小事，但可見文訊同仁工作態度認眞、執著的一面。

總之，文訊雜誌社已完成了浩大的藝文工程藍圖，希望交由有關文化部門，好好建設它，我們在此期待那份成果的早日實現。

傾聽沙漠裡的水聲

⊙陳憲仁　明道文藝社總編輯

讀了文訊雜誌「各縣市藝文環境調查」系列專題，發現「文化沙漠」是不少縣市共同的慨嘆。與此同時存在的現象，卻是許多執筆報告的人，幾乎都可以在「不必翻查資料」的狀況下，就舉出當地許多傑出的作家名字，也洋洋灑灑地列出了豐碩的文藝成果。

這個看似矛盾的現象，其實並不矛盾。

原因在於各縣市有成就的作家，的確不少，只不過如今大都不在家鄉罷了。

也因爲，不管是文化中心或民間文藝社團或是基金會，的確辦了不少藝文活動，只不過大都是重「藝」而輕「文」。

因此，大家慨嘆的是文學作家外流了。

擔憂的是文學創作的人才無由培養，文學風氣無從鼓舞。

歸結衆人的看法，癥結所在，似乎是由於各縣市大都沒有一份足以凝聚當地作家的刊物，可以讓有興趣寫作的人發展作品。

近兩年來，各地文化中心除了辦藝術展覽、印畫册之外，漸漸地，也辦了文學研討會，也開始出版文藝作家的作品集，並積極地建立縣籍作家檔案。

也有的文化中心，邀請旅外作家回饋鄉里，其重要的意義是：傳承經驗、激勵後學。

這種情形，就好像在漠漠黃沙中，聽到遙遠的水聲滾滾而來。

原來，沙漠中是有水的。

安部公房的「砂丘之女」，那個男主角，因爲發現了砂丘之中蘊含豐富的水，而不想再逃走。

過去，寫作人才外流的問題，是不是因爲在沙漠中聽不到水聲？

現在，水聲漸近，文學的創作是否能因此得到滋潤？

恐怕還有一個重要的關鍵，那就是大家所期盼的，有一本刊物，來挖掘創作的水源，來灌溉文藝的花草。

在「藝文環境」報導中，我聽到的，是這樣的聲音。

我不知道這個聲音是不是會引起重視？因爲這是一件需要專款、也需要專業人才才能做好的工作。但是可以肯定的，若是哪個縣市，能長期出刊一本具有水準的文藝刊物，那「文化沙漠」的慨嘆就會消失的。

鼓舞地方藝文建設的專題製作

◉王岫 作家

「文訊」是我每個月經常閱讀的五、六份雜誌之一，除了個人對文學的一點小興趣外，或許也與自己的工作需要知道許多藝文及出版界的訊息有關罷。

「文訊」從民國七十二年創刊後，即以刊登文藝論述、報導藝文動態、訪問作家、介紹新書消息爲主要宗旨，唯早期的編輯風格似乎較無顯著的規劃。而自李瑞騰先生、封德屏小姐等接掌編務後，則開始一方面固定各種專欄，一方面則不斷推出專題企劃，顯示他們對這本刊物有一份理念和旺盛的企圖心。

「文訊」最近的一項專題是深入各地方基層所作的「各縣市藝文環境調查」系列報導。從南部的屏東到最北的基隆，「文訊」的工作人員於一年多的時間在各縣市舉辦座談會，邀集各地方的藝文人士一起討論本地的藝文環境和如何開創本地的藝文活動以及如何形成具有特色的地方文化……等。我個人覺得「文訊」這項專題製作，對地方的藝文界人士有極大的鼓舞作用，因爲現在的報章雜誌媒體，固然有許多藝文版面了，但通常極少去注意到地方上的藝文活動；中央主管文教的單位，恐怕也鮮少去了解到地方藝文刊物的慘澹經營。如今「文訊」能夠重視他們、報導他們；他們的建議也反映在座談會的記錄裡，這些記錄應可供文建會推展地方文化活動的參考。

「地方藝文環境調查」的專題，不僅對地方的文化事務進行紀錄、調查，同時也鼓舞了地方文藝的發展——這是「文訊」這十六期來對文化建設的無形貢獻。而個人展讀每期的報導，發現每次專題座談紀錄之前，都有一篇由鄉賢文人所撰寫的各縣市簡史，這是我看過資料最新穎且精簡扼要的地方志了；而各縣市藝文刊物及社團活動的報導，將來也是修各縣市地方志中的藝文誌最值得參考的，我想這也是「文訊」這個專輯另一種隱然的功用罷！

走過從前，放眼未來

⊙尹章中 文建會秘書室主任

十年前，文建會剛剛成立，有一位縣市長告訴我們說，在我們這裡推展文化活動，猶如在水泥地上撒麥種，很難期望它會開花結果，當時，我的心情非常沮喪，迄今未忘。如今，有些縣市民眾買票聽演講、看表演，眞是不可同日而語。

「文訊」從八十年一月，開始巡廻各縣市，展開縣市藝文環境調查，前後十六期，每一期我都仔細拜讀，裡面有許多出席人是活躍在基層的老戰友；有的則是陌生的新面孔，由於我們有共同關心的話題，透過「文訊」依然讓我倍感親切與熟悉。在系列報導之後，我深深覺得，十年來的耕耘，還是有很大的收穫，冰冷的水泥地也逐漸解凍。

基層文化建設的工作，不可能由文化中心或者任何一個團體所能承擔的，必須由文化中心結合地方資源共同努力來完成。「文訊」的縣市藝文環境調查，我篇篇拜讀，對於從事文化行政工作的我而言，這個系列報導，有二點特別值得肯定：

一、瞭解需求：縣市文化工作者在座談中，提出他們的期許或希望，對於行政部門而言，讓我們瞭解到他們的需求，在這些需求裡面，有的是制度上的、有的是經費上的、有的則是需要行政部門的關懷、鼓勵，都值得我們深入瞭解，適當的溶入施政方針中。

二、找到朋友：文化中心也需要一些古道熱腸的朋友，在歷次座談中，有許多在不同的工作崗位，不同的知識領域都卓然有成就的朋友，他們對文化工作都充滿了熱情，對於行政工作者而言，他們都是我們未來的工作伙伴，相互扶助的好朋友。

「文訊」在這個系列報導中最大的成就，讓散落在各地的珍珠串聯起來，讓各地的文化工作者透過「文訊」緊緊的結合在一起，希望「文訊」能繼續扮演這種角色。

地方人文心靈的探索

⊙沈清松　國立政治大學哲學系教授

拜讀了文訊雜誌所做各縣市藝文環境調查，深覺這是一個浩大工程的開端，也孕育著新的文化建設的工作方向。每一次的調查報告，大都由地區歷史發展、藝文概況和座談會紀錄三部分構成，並賦予一個提點特色的標題。例如我的家鄉雲林縣的標題是「稻花千里」；其它如屏東是「陽光海岸」；宜蘭是「戲劇故鄉」；臺東是「美麗淨土」；新竹是「科技與人文」；臺中是「山海之間」……。從規劃、執行、到呈現，代表了文訊的用心。

尋找地方傳統，結合地方資源，爲地方藝文活動創造特色，這實在是文化工作落實的基本方向。文訊在這「返回基層」的方向上正確地做出了一些推動的教授陣容，而向生活在地方，在地方上寫作，說寫地方事的藝文工作者移樽就教。這是一個醫治性的轉折。因爲過去我們的藝文界、報章雜誌只顧捧藝文明星，隨時潮翻滾，然而終究沒有留下什麼。可是，那些眞正體驗生活，咀嚼生機的，是日日沈浸在地方自然與人文環境中的藝文工作者。

然而，由於過去長久受到忽視，這些基層藝文創作隊伍正逐漸萎縮，成爲微弱的一環。如何提煉素樸的心靈成爲創作的動力，如何在草根的泉源提煉偉大的創作，是今後更重要的工作。因爲，如果地方人士感到驕傲而出自地方的藝文人士皆不再居住本地，而本地的藝文工作者又對地方藝文的傳承與發展說不出一個完整的故事，那麼，即使我們明知地方的藝文創作是塊璞玉，總也叫人對如何治理感到憂心。

十分遺憾的是在文訊的調查中沒有選刊一些地方人士的作品，也沒有這類的分析，因而無緣了解作品與地方人文心靈的關係。座談會上談的多是如何改善地方藝文環境，動員創作力量，資源分配，對政府期望的建言，但是，沒有作品。而藝文的本質正是作家與作品，以及他們如何以藝文巧思彰顯其生活世界。

其實，有許多地方藝文工作者，以及藝文推動力量多在地方上的各級學校：小學、中學、專科，甚至大學，可以多動員他們在地方上多盡一份力量，並把他們與地方上的藝文力量結合起來。在如今社會變遷之下，鼓勵他們多寫地方事，提煉地方的人文心靈。因爲最具地方特色的人文心靈，同時也將含蘊著最感人的普世性格。

文化特色要深入發掘

◎高業榮　屏東師院副教授

文訊雜誌以一年又四個月的時間，馬不停蹄造訪了臺灣十六個縣市和離島，就區域性文藝傳統、特色，藝文環境的開拓等問題，和藝文界舉行座談，交換了意見。姑不論此舉成效如何，光是這項行動本身就深具開創性、前瞻性，值得我們肯定、喝采。

就各地區二百零二位與會人士的談話內容看，所涉及的範圍可說是相當廣泛，有的就文藝傳統特色發表意見，有的對當前文藝活動的推展提出建言，大家似乎是知無不言，言無不盡。使我們强烈地感受到，默默耕耘的文藝界人士對這塊土地的熱愛和關心，而這種無私之愛也是沒有年齡、性別、省籍的分別的。然而，也有不少人對臺灣目前文藝活動所面臨的困境，表達深深的關切，苦思脫困的方法。

臺灣區域性藝文的發展的確存在著許多困境，如城鄉發展的不均衡現象就是。但如衡諸臺灣數百年開發史，今天不論在精神或物質上，都比以往任何一個時期都要好得多，客觀條件既已形成，藝文活動蓬勃的發展只是時間問題而已。提昇藝文活動的內涵、促進創作的層次方法固然很多，但筆者認爲比較穩當的作法，如發掘各地區文化傳統，從研究中取得創作的內涵，仍就促進文藝創作、蔚成區域性文化特色的不二法門。

花蓮杜淑貞女士認爲，除了漢民族文化傳統之外，原住民文化的研究和發展，也可以豐富區域性文藝活動的內涵，這個看法大體上在最近雲門舞集公演中，獲得了印證。多年來，筆者認爲排灣族所保有的家庭制度、社會福利制度、環保觀念、祖先崇拜的信仰以及優美的彫刻和織綉等，都有值得我們學習的地方。此外，在音樂方面，最近許常惠教授發現到，在歐洲中古世紀天主教盛行、現已消失的四度或五度的即興唱法，卻在臺灣鄒族、布農族迄今還保存這種古風。

也許我們該冷靜下來，用更開闊的心胸去發掘這塊土地所曾有過的傳統，肯定區域性文化的價值；不但要研究自己的文化特色，也要接納他人的文化特色。不但要肯定自己的文化，同時也應尊重他族的文化，從而建立一個大地無塵、人間有愛的社會，把和諧的人生滲入每一個人的心靈，庶幾文化建國、文化大國的美夢才能成眞。

當然這個遠景絕非是一蹴可幾的事，這是靠文藝界主動參與，也要靠主管文化的部門積極地配合，大家共同努力，才能開創文藝活動的新境界。

◉黃才郎　高雄市立美術館籌備處主任

自信與謙遜

「孔子像」與羅丹「沈思者」的抉擇

個人對文訊的注意，說來還是因地方藝文環境專題的關係。去年，逛書店時在雜誌架上匆匆一瞥，深受那別致貼切的標題所吸引，不由得佇足翻閱，至今仍然印象深刻。

標題著墨不多，精緻明白。以陽光海岸映照屏東的藝文環境、美麗靜土細說臺東的藝文環境、卦山春曉談論彰化的藝文環境、竹影茶香摹寫南投的藝文環境、稻花千里引論雲林的藝文環境、天人合歡凸顯澎湖的藝文環境、諸羅風情但見嘉義的藝文環境、府城春秋長敍臺南的藝文環境、璀璨蓮花取象花蓮的藝文環境、科技與人文直指新竹的藝文環境、栗質天香稱頌苗栗的藝文環境、灼灼桃花沁染桃園的藝文環境、戲劇故鄉抒寫宜蘭的藝文環境、三山聳立畫出高雄的藝文環境、山海之間點畫臺中的藝文環境、雨港樂音說的是基隆的藝文環境。簡潔的詞彙，具見編者對地方人文景象的深入與用心，也流散著唯情唯美的浪漫。

對於這一輯一輯勾勒各地藝文環境的內文與琅琅上口的詞藻，我的感受特別深、感觸特別多。

民國七十一年筆者初任公職，在行政院文化建設委員會擔任美術科科長，第一次的出差訪視全省第一座開放營運的文化中心——澎湖文化中心，我的任務是瞭解文化中心美術展覽、文物陳列的設施與四周戶外景觀。最初是十分興奮，然而，一路下來卻是十分辛苦。原因在澎湖文化中心兩件雕塑——戶外中庭仿羅丹的沈思者，以及文物陳列室巨型孔子立像。

當時天眞的我直覺到羅丹與澎湖何干？整個中華文物應不至於貧乏到只剩儒家宗師孔子像？檢討座談會前，同行的同事要我少說幾句。他自許爲熟諳公務員行事理律，對於我一路上聒噪焦急的質疑深覺不妥。還記得他說：「公務員沒有人這麼直接的！只要看看說說好話，鼓勵一番就是，不要傷和氣。」以前沒當過公務員，雖不完全懂得他的提示，倒是也很識相。經歷一番「天人交戰」煞費心力的折騰，我保守的廻避心中的疑問，提出自以爲旁敲側擊的話題來共同勉勵，大致上是諸如：「我們能不能去發掘整理，我們所擁有的究竟是什麼？有形無形，且原本就存在我們生養成長環境裡的東西，有那些可用的？我們眞正需要的文化中心究竟是怎麼個樣相？透過這些思考來釐清。之後，藉地方資源與藝術工作者的能力來組織地方文化中心的軟體規畫，粧點硬體佈置，將會更有意義！」吱吱唔唔，欲言又止，我也很窘，深信當時在座應該根本弄不清我在說什麼或想說什麼。

其實，我喜愛羅丹肉雕手法塑成的沈思者像；我也尊崇儒學，只不過我們文化的光采還有諸子百家，豐富而多元。對地方文化中心，我有一個憧憬：地方文化的泉源。

事後，文建會的長官要我以書面提出訪視報告。在報告中，我直言文化中心建築物宏偉美觀，是地方財力的挹注，但其成果也是國家之進步，體面的象徵。有這種成績的社會已不需要千篇一律的複製文物陳列室或拷貝舶來品。應謀以地方文物來充實典藏，以地方資源爲根本來張揚或發展出地方特色來。若是需要大型戶外雕塑或裝置物來粧點環境景觀，不妨以當地物產、蘊藏、地理景象、氣候、水文、住居、人文等意象爲主題來營造各地不同且多樣的象徵物。才是以彰顯地方文化特質與印象。加大這一個無分大小主從的文化自信，我們才有更大更深遠的文化發展空間。

稍後，文建會首任主任委員陳奇祿先生親訪澎湖文化中心，口頭告知下，仿羅丹的沈思者像移出文化中心。又在各地文化中心陸續開館營運後，陳奇祿先生規畫各地文化中心應朝分期建立特色館的方向拓展業務，並傾全力在微薄拮据的文建會經費中撥出規畫補助費協助物色專家規畫設館。乃有今日的宜蘭戲劇館、臺北縣陶磁博物館、桃園家具博物館、南投竹藝博物館等。

個人在美術科長任內鼓勵全省二十二縣市舉辦「地方美展」，希望這是整理地方美術史料的暖身動作，試辦三年之後，並在民國七十四年、七十五年、七十六年再以三年時間由各地來編整自己的地區美術發展簡史，輯印成册，留作將來文獻彙整徵引之線索大要。國人喜歡倡言進軍藝壇，平衡城鄉資源，進而追求國際發展，個人總保守的以爲應從認識自己同時開始才是。

又文建會成立初期，當時第三處處長申學庸先生親率美術、音樂、表演藝術科幹部，就教於各地藝術工作者，分別在北、中、南三地召開藝術界座談會。許多藝術家的意見、構想和期待都反映在文建會後續的藝文業務規畫計畫。

民國七十七年我在美國國家藝術基金會研習藝術行政，正值該會從事兩年一次的全國藝術評估調查，分類、分項、分區，從各地藝術工作者的薪水所得，到抽象的藝術道德權的保障事例分析，鉅細靡遺。恰好這計畫是由我的指導教授的辦公室負責主導，得便可以隨時請教，瞭解也較爲深入，深爲他們爲眞正掌握施政政策發展的參考必要而發起藝文調查計畫所感動。

同年因在美之便，辦公室指派我就近參加美東華人學術會議，會中學者提會討論的論文也有以數據爲調查成果作註腳者，卻因取樣與參數的問題而頗受質疑。爭論中有人笑稱：「盡信數據不如無數據」爲爭議不休的討論打圓場。自國外電視報導看到五二〇事件的脫序，螢光幕上大打出手、相互抛擲物品的皆是血緣同胞，爲何激動而失控。雖與藝術行政無直接關係，但當時就感覺到我們的社會將進入另一個轉型。行政人員需要有不同的處事態度，即連藝術行政也不能自外。

在我回國的報告時，我建議爲下一個段落的文化藝術行政發展，我們應對各地的藝術工作者再作一次全面的接觸，何況距文建會初創時與藝文界的座談溝通已有七年之久。新舊工作人員也因人事變化更需要直接而全面的與各地藝術工作者面對面相互瞭解，有助於將來藝文施政方向的規畫，特別是文化藝術涉及的尚有難以數據爲釐定的品質講究。更需要深入面對面的接觸。不久我因進修離職，但已很習慣去留意我們週遭的藝文環境及其相關的公共事務。

經歷了這些事，對文訊雜誌以雜誌社有限的人力、物力深入各地製作一系列地方藝文環境特輯倍感欽佩。十六期每期二十多頁的篇幅，持續十六個月從地方簡史、藝文發展小史的彙整、地方藝文團體、出版物、活動等以及地方文化中心等相關於藝文發展環境的各種條件，逐項詳加記述並配合登載包含當前文化藝術發展的文化行政工作者、教育工作者、藝文工作者等各地方藝文界意見領袖的座談。務實執著的作法歷歷可見，其深刻的程度可從專輯標題所凝聚的優雅意象的貼切具體來檢證認同。

拉拉雜雜只為說明一個從事藝術行政工作的人，對文訊雜誌策畫地方藝文環境專題報導後的感受。希望該專輯能成書繼續出版，產生更深遠持久的影響。

敬意與謝意

◎葉海煙
輔仁大學哲學系副教授

十六次座談，十六期專題，十六個月的辛勤奔走，足跡遍及全臺，觸角並深入各地藝文環境的諸多面向；並且翔實地紀訪各縣市的歷史沿革、區域特色、民俗風情，總合地呈現各縣市的藝文活動及其發展實況，其中廣涉各種藝文團體、刊物及人物，不殫繁瑣，不辭細節，而勾勒了地方文化的面貌，抒發了草根幽微的音聲，也挖掘出不少湮沒無聞的瑰寶。文訊雜誌此番手筆確是前所未見的，而其貢獻更具有深遠的意義。

整體看來，臺灣的藝文環境確實有著不當的二分：臺北以及臺北以外。這顯然是重中央輕地方的文化行政體系所運作的結果。座談的建言，有不少是針對此一城鄉差距的不均衡現象而設。不過，也有一些樂觀的展望與期許，特別是在各地文化中心據點上，地方的藝文資源已開始作整合，地方性的藝文活動已多所展開，如屏東縣立文化中心結合各種藝文團體的努力，便爲屏東人有目共睹。宜蘭縣政府介入歌仔劇的保存與發揚，也是一個範例。苗栗縣的文化中心則將該縣的傑出文學作家的資料建檔展示，更是彌足珍貴。可見在有限的經費囿圍之下，仍然大有可爲。更大的關鍵是如何誘引人才下鄉，如何以少數的藝文菁英去培養更多的藝文人口，這一方面關涉全國性的區域發展，一方面則和地方父老能否以鄉土之愛形成共識，密不可分。人與土地的臍帶到底是不能割裂的，但今日臺灣泛商業的趨勢已導致田園變色，鄉親不親，冷漠的算計滅熄了不少眞摯的熱情，這才是扼殺地方人文生機的凶手。埔里的文化造鎭，則是得天獨厚的例外。

如同第一次座談紀錄的標題：「尋找區域文化的特色」所顯示的大方向，許多意見都集中在各地方的共通性與特殊性應如何調和的問題上。爲了回應這個問題，不僅要從事互通有無的文化推廣，還需向下的紮根與向上的發揚，區域文化的深度與高度也是不能疏忽的。譬如臺南市的廟會景觀要提昇爲人文景觀，就不能單靠民俗活動。如何質文並重，使文化內在的質地耀現精采，其實不必迢迢千萬里由臺北或國外引進一些蜻蜓點水的表演。羊牧先生感歎雲林縣幾乎淪爲「電子琴花車王國」，這是許多人心裡共同的悲哀。臺灣生活文化的沈疴已不是幾場精緻的文化秀所能挽救的。我們期待三萬六千平方公里的每一塊土地，都具有其自發的芬芳。

民間力量的重組，實爲當務之急。新竹的「竹塹大學」，雲林的笨港文教基金會，宜蘭的仰山文教基金會，以及美濃農會所集結的地方文化資源已然十分可觀，特別是美濃農會連續三年舉辦農村文化發展成果展，還辦了臺灣第一所田園藝廊，更足以振奮人心。少數鄉土藝術家的心血，點滴灌溉出藝文奇葩，執著的精神令人敬佩。林聰惠先生的石雕，朱邦雄的「美濃窯」，不僅爲個人開創了生命的春天，也爲鄉里帶來殊勝的美景，其經濟效益豈止是大型的遊樂區所能比擬？

遺憾的是眞正的弱勢團體一直是搖筆桿的。以作家的身份立足於故里，確有其幾分尷尬。馬祖禪師的感慨：「學道不還鄉，還鄉道不香。」確有幾分道理；如今是學文不下鄉，下鄉文不彰。藝文界的朋友所以不輕易離開首善之區，的確情有可原。當然，還是有不少文學性靈滋長於山隈海嵎，詩人陳黎長年執教於花蓮，那一塊淨土對他的創作分明有重大的助力。鍾鐵民一直守住父親嘔心瀝血的家園，積極參與地方性的文化活動，不愧是臺灣文學界少見的父子檔。因此，如何在個人的創作活動之外，再集合同道，一起爲草根文化舒筋活血，實在是蟄伏於泥土之間的風雅之人的光榮使命，而政府以及因地皮發跡者更不能自外於此一生命大業。

殘存的「意識掛帥」，已逐漸收尾作結，康原的切身之痛應已不再。不過，如何開發多元多向度的藝文空間，除了藝文界自身不斷的醒覺與拓荒的決心之外，官方的立場與政策也有其相當的決定力。我們不希望再看到高學大旗卻了無實惠的作風，血肉之軀與巧思慧心是不能有所脫卸的，如何盡庇天下寒士俱歡顏，可不是一個常年以監督者或教育者自居的政府能夠勝任的。

不僅西部客面對美麗的東臺灣理應「擺脫過客心理，爲這塊土地投注心力。」所有這個島上的住民在從事各種生產與創作的同時，是最好有如同原住民的天眞與純樸。對臺灣的不二之心，其實有助於未來之放眼神州，重整一切屬於中國的。我們祝禱此地的生活文化能夠生根茁壯，並且由粗陋轉生精華。此次文訊的全面采風，而且提供大量建言，是比虔誠合十更爲積極，他們的心血應該不會白費，而他們爲臺灣文學所建立起的資料庫若無法繼續充實繼續擴大，那將是我們共同的損失。

地方的藝文環境乃國家文化建設的不動磐石。如今，六年國建如火如荼，但是藝文環境卻依然熱絡不來。文訊所作的努力適足以反映文人心，更足以活潑文人情。十六次的座談不僅是一陣陣腦力激盪，更是生命火力的相互支援，彼此照明，必可對全臺藝文環境的全面改善，發揮催化作用，如果這些寶貴的心聲與眞實的紀錄能不被湮沒的話。李瑞騰先生的心願：「文化人心中永遠有一個夢，這個夢是引導我們往前進的動力，我們希望我們的夢及理想有一天都能達成。」在此，身爲文訊的受惠者，謹向幫助我們實現夢想的一羣朋友獻上敬意與謝意。

㉑苦難與超越（當前大陸文學二輯）／文訊雜誌社主編／定價 200 元

苦難與超越，一方面表示當前大陸文學的內資及其所對應的社會和人民之處境，同時也說明它的存在意義，以及我們對它的期待：超越苦難，走向和平、幸福的理想之境。

㉒結婚照第二輯／文訊雜誌社主編／定價 140 元

美麗的鏡頭，甜蜜的笑容，千年萬年愛的證言，回憶起來，雖遙遠卻恍如昨日。

㉓藝文與環境(台灣各縣市藝文環境調查實錄)／文訊雜誌社主編／定價500元

在十六個縣市裡，總計二〇二位藝文界人士參與「各縣市藝文環境調查」的系列活動，發表了五十九篇文章，並舉辦了十六場座談會。最後結集而成這本厚達七百頁的《藝文與環境》。

㉔鄉土與文學(台灣地區區域文學會議實錄)／文訊雜誌社主編／定價320元

六場區域文學會議，十九篇論文，二十二篇座談引言，近四百位文學界人士熱烈參與討論，有文學歷史的陳述，也有文學現實的探索，結集而成的這本《鄉土與文學》，便是歷史與現實交會的產物。

⑩智慧的薪傳（15 位學界耆宿）／文訊雜誌社主編／定價 140 元

年高德劭的學界前輩，走過輝煌的年代，展現出智慧的光芒。十五位耆宿將他們的智慧，透過年輕的銳筆薪傳給我們，我們能接下他們的棒子嗎？

⑪哭喊自由（天安門運動原始文件實錄）／李瑞騰主編／定價 140 元

一九八九年北京學運最原始文件，翔實記錄了六四慘案以前天安門運動的眞相，海內外首次披露，極其珍貴。

⑫信心・智慧與行動（李登輝先生的人格與風格）／文訊雜誌社主編／定價 160 元

本書尋訪知他識他的多位關係人，由作家和記者共同執筆，報導他的成長過程、生活狀況、思想形態，以及爲人處事的原則等等。要認識李登輝先生的人格與風格，不能不讀這一本「信心・智慧與行動」。

⑭結婚照／文訊雜誌社主編／定價 140 元

美麗的鏡頭，甜蜜的笑容，龍瑛宗、羅蘭、宋瑞、林艮、鍾肇政、丹扉、華嚴、洛夫、瘂弦等三十位作家，以文學之筆，訴說永不褪色的愛情。

⑮陽光心事／文訊雜誌社主編／定價 120 元

張曼娟願做個文學擺渡者，林黛嫚以敏銳的心透視萬物，楊明藉著文字塑造全新的自己，林雯殿利用寫作眞正做點事，鄒敦怜用開放的心觀察世界，她們的心事値得您傾聽。

⑯人間有花香／文訊雜誌社主編／定價 140 元

林佩芬的溫柔敦厚，林剪雲的隨意隨緣，李若男的熱情週到，黃秋芳不迷戀不帶人間煙火的少年愛情，衣若芬每一件事都認眞看待，楊麗玲擅長人物塑造，請細看她們筆下的人間景象。

⑰深情與孤意／文訊雜誌社主編／定價 140 元

蔡秀女以「人」的立場探詢人世，朱天心深情於這個世界，陳燁充滿傾訴的願望，梁寒衣用寫作做爲「靈魂的出口」，葉姿麟不肯自囿於閒愁，詹美涓藉小說看到不同的自己，讓我們一起走入她們的情意世界。

《近代學人風範》系列

⑬第一輯：知識份子的良心（連橫・嚴復・張季鸞）　定價 200 元
⑱第二輯：憂患中的心聲（吳稚暉・蔡元培・胡適）　定價 200 元
⑲第三輯：但開風氣不爲師（梁啓超・張道藩・張知本）　定價 200 元
⑳第四輯：理想人生的追尋（于右任・蔣夢麟・王雲五）　定價 200 元

中國近代史上，救亡圖存的重責大任大多落在先進知識分子身上，他們在中國文化的檢討、西方思潮的引進、新制度的探討以及國體的論辯上，貢獻良多。如今，國家發展又面臨另一個關鍵時刻，知識報國，不但是知識分子的責任，也是社會大衆的殷切期許。如果典型已在夙昔，在風簷展書讀之際，是否可以找出一些典範以爲借鏡，進而尋思我輩在當前的情勢中一些可行之道。

文訊叢刊㉓

藝文與環境 台灣各縣市藝文環境調查實錄

主　　編／封德屏
編　　輯／周欣雅
校　　對／高惠琳・孫小燕・周欣雅
封面設計／劉　開

發 行 人／林時機
出 版 者／文訊雜誌社
社　　址／台北市林森北路七號
編 輯 部／臺北市復興南路一段127號三樓
電　　話／(02)7711171・7412364
傳　　眞／(02)7529186

總 經 銷／聯經出版事業公司
地　　址／臺北縣汐止鎭大同路一段367號三樓
電　　話／(02)6422629代表線
印　　刷／裕臺公司中華印刷廠
　　　　　臺北縣新店市大坪林寶强路六號
電腦排版／浩瀚電腦排版股份有限公司
電　　話／(02)7771194

定價500元（如有缺頁、破損請寄回本社調換）
郵撥帳號第12106756號文訊雜誌社

中華民國八十三年三月二十日初版
行政院新聞局局版台誌第6584號

國立中央圖書館出版品預行編目資料

藝文與環境：臺灣各縣市藝文環境調查實錄／
文訊雜誌社主編．——初版．——臺北市：文
訊雜誌出版；臺北縣汐止鎮：聯經總經銷，民
83
面；　公分．—(文訊叢刊；23)
ISBN　957-99944-0-4(平裝)

1. 中國文學—歷史—民國 38-　年(1949-　)
—史料　2. 藝術—中國—民國 38-　年(1949-
)—史料

820.908　　83000966
MEMO ① B1020201